课堂变革研究丛书

总主编　张传燧

理念·行动·建构

——兼论"四生课堂"的理论建构与实践探索

张传燧　著

湖南大学出版社　·长沙

HUNAN UNIVERSITY PRESS

内 容 简 介

本书分别论述了新世纪基础教育课程未来改革的理念、理论以及在先进理论年和理论指导下所采取的教改行动及其建构策略。在理念部分，着重论述了未来基础教育课程改革必须确立的"课堂比课程重要、教师比教材重要、学生比学科重要"的"三个重要"理念；在理论部分，论述了未来基础教育课程改革的"本土课程教学论"，以及在其理论指导下生长出来的"四生课堂"教学模式理论；在行动部分，指出基础教育课程改革是一个长期而艰巨的过程，并对中学课堂教学现状、小学语文数学外语课堂教学改革进行了实地建构性探索；在建构部分，着重对"四生课堂"进行了理论建构并介绍了实践探索过程，最后从深化课程改革角度提出了"五会型教师"培养问题。

图书在版编目（CIP）数据

理念·行动·建构：兼论"四生课堂"的理论建构与实践探索/张传燧著. —长沙：湖南大学出版社，2021.12

（课堂变革研究丛书）

ISBN 978-7-5667-2341-3

Ⅰ.①理… Ⅱ.①张… Ⅲ.①课堂教学—教学研究—小学 Ⅳ.①G622.421

中国版本图书馆 CIP 数据核字（2021）第 219877 号

理念·行动·建构——兼论"四生课堂"的理论建构与实践探索

LINIAN·XINGDONG·JIANGOU

——JIANLUN "SISHENG KETANG" DE LILUN JIANGOU YU SHIJIAN TANSUO

著　　者：张传燧		
责任编辑：严小涛		
印　　装：长沙创峰印务有限公司		
开　　本：710 mm×1000 mm　1/16	**印　张**：24	**字　数**：409 千字
版　　次：2021 年 12 月第 1 版	**印　次**：2021 年 12 月第 1 次印刷	
书　　号：ISBN 978-7-5667-2341-3		
定　　价：60.00 元		

出 版 人：李文邦

出版发行：湖南大学出版社

社　　址：湖南·长沙·岳麓山　　　**邮　编**：410082

电　　话：0731-88822559（营销部），88823547（编辑室），88821006（出版部）

传　　真：0731-88822264（总编室）

网　　址：http://www.hnupress.com

电子邮箱：yanxiaotao@hnu.cn

总　序

　　本丛书是教育部人文社科规划 2013 年度课题《从课程到课堂：新世纪基础教育课程改革的未来趋向研究》、全国教育科学"十三五"规划课题《中小学"三养教育"综合实验研究》、教育部名校长领航班"左鹏工作室"项目和湖南省教育科学"十三五"规划重点资助课题《基于小学生核心素养培育的"4S课堂"教学模式研究》的结题成果。这几个课题有一个共同点，那就是都以"课堂"为对象展开研究。除此之外，之所以将该丛书取名为"课堂变革研究丛书"，是因为随着我国教育进入优质均衡发展新时代，无论是均衡发展还是优质发展，基础、重心、途径与主要阵地都在课堂。无论是"课堂革命"还是"双减"，最根本的途径和阵地依然在课堂。

　　无须讳言，新世纪基础教育课程改革（简称"新课程改革"或"新课改"）以来，无论是课程理念、课程制度、课程标准、课程结构、教材体系、教师队伍等都发生了很大改变，课堂状况及课堂面貌却不容乐观，知识、考试、分数、升学是课堂教学的主要价值观，教师讲、学生听是课堂教学的主要方式，死板、沉闷、枯燥、低效是课堂教学的普遍情形。同时，尽管学术界对课堂教学也有不少研究，但深入课堂内部去具体研究师生教学行为表现的并不多。可以说，对课程、教材、学科的研究胜过对课堂、教师、学生的研究。所以中小学存在着"理念先进，理论丰富，制度完善，课程完备，课堂依旧，面貌未改"的严重现象，课堂教学模式要不是落后陈旧的，就是照搬移植西方的"翻转课堂""智慧课堂""走班制""大单元教学"，缺乏创新性的本土教学模式！这种状况不改变，就难以推动基础教育优质均衡高效地发展，就难以适应新时代落实立德树人根本任务的需要。

我关注课堂很久了，早在王姣姣读博时，我就指导她把课堂师生的教学行为研究作为她博士学位论文的选题，后应《湖南师范大学教育科学学报》主编徐超富先生之约撰写了一篇短论发表于该刊 2013 年第 2 期上，明确提出了"课堂比课程更重要"的鲜明独特观点。同年，我以《从课程到课堂：新世纪基础教育课程改革的未来趋向研究》为题，申报教育部人文社科规划年度项目，提出了"三个转向""三个中心"的观点。我自学生起就对人们习以为常的大中小学课堂教师讲、学生听的教学模式感到不满意，当大学老师后，我力图改变这种课堂教学状况，自觉嵌入了"讨论""合作""探究""实践"等要素，强调学生"主体""自主""主动"等作用；后来，为了改变学生"课堂上积极发言的不多、课堂外自觉看书的不多、学习中联系现实生活的不多"的"三不多"现象，在长期实践探索和理论研究基础上融合中外古今教学理论，提出"生为本、学为主、大主题、全开放"的课堂教学模式，后进一步凝炼为"生命性、生长性、生活性、生成性"课堂教学模式，即"四生课堂"教学模式。

为什么我要关注、研究和改革课堂？因为我认识到，立德树人是学校教育的根本任务，学校是以培养人为专门职能的地方，学校培养人的中心和主阵地在课堂！离开了课堂教学这个中心和主阵地，培养人就无从谈起，学校就不成其为学校了。《学记》曾言："呻其占毕，多其讯言，及其数进，而不顾其安。使人不由其诚，教人不尽其材。其施之也悖，其求之也佛（拂）。""故隐其学而疾其师，苦其难而不知其益也。"这种教师讲、学生听的满堂灌注入式课堂，绝对不是好课堂！而《论语·先进》"子路、曾晳、冉有、公西华侍坐"一章所描述的孔门师徒主体主动、平等对话、民主开放、关注现实的"言志"教学情形，则是理想的课堂教学情形！

理想的好课堂应当具备以下特性：第一，整个课堂都充满着生命性。每个人的主体地位都得到高度尊重，每个人的作用都得到充分发挥，师生全身心投入，充满热情、激情、活力和朝气，积极性、主动性很高，想教想学，爱教爱学。第二，整个课堂都充满着生长性。课堂不仅达成了课程计划、课程标准规定的预设的"双全"（全体学生、全面发展）"双基"（基础知识、基本技能）教学任务，而且满足每个学习者不确定性、差别性的个性化发展需要。"生长"不仅意味着纵向的向上、向前发展，即水平的提高，着眼于未来，指向终身学习和未来生活；还意味着横向的向左、向右发展等，着眼于知识能力的提高，还指向道德、审美、个性、人格、情感、态度和价值观念的完善。第三，整个课堂都体现出生活性。课堂教学不仅着重记忆背诵、熟读诗书，传递和掌握书本上现成的知识，还能关注、联系和将所学知识运用于现实生活（生成性知识、活的知识），又能关注现实生活并将其引入教学内容以作为补充，并且突破课堂空间的限制，将现实生活作为实施教育教学的重要途径和方式。第四，整个课堂都呈现出生成性。教学过程不仅是教学设计（课程计划、标准、教案）的落实、执行过程，而是在执行、落实教学计划的同时，随时随地（适时）根据实际情况加以调整、校正和改变，使其呈现出开放性、多元性和灵活性。"四生课堂"合乎"保证教学质量的好课堂"的四大标准，即具有生命性、生长性、生活性和生成性，所以"四生课堂"是提高课堂教学效率、保证教学质量的好课堂。通过《基于学生发展核心素养培育的"四生课堂"建构研究》（《陕西师范大学学报》哲学社会科学版 2017 年第 5 期）、《"四生性"：我的课堂教学观》（《湖南师范大学教育科学学报》2019 年第 1 期）等论文，我对"四生课堂"的内涵、理念、特点、理论依据、结构模式、操作程序、实施策略等做了比较全面、系统、深刻的理论阐述。我还指导研究生对"四生课堂"做了实证研究，从实践上证明了"四生课堂"在中小学实施的可能性和有效性。

　　湖南长沙高新区明华、麓谷小学校长左鹏博士作为校长，自然知道课堂对于教育质量和人才培养的重要意义，所以一直抓住课堂教学不放，始终把课堂教学置于学校全部工作的中心位置。特别是当他接触到"四生课堂"理论后，他认为在教育高质量发展的现代，"四生课堂"能够改变中小学死板、沉闷、低效的课堂教学情形并且非常适合中小学，表示愿意将其引入小学课堂，落实到小学教育实践中，开展课堂教学改革实验。我俩合作的《基于小学生核心素养培育的"4S课堂"教学模式研究》申报并获批湖南省教育科学"十三五"规划重点资助课题后，他带领湖南长沙高新区明华实验小学和麓谷中心小学师生开展小学全科"四生课堂"教学模式实验，并以此带动学校工作的全面推进，促使全校教职员工观念的全面更新，全体师生参与教改行动，各科课堂面貌全面改观，学生发展丰富多元，教师专业全面提升，学校办学面貌焕然一新。目前，"四生课堂"教学模式实验正以"教育部名校长领航班左鹏工作室"为组织形式，以"四生教育研究院（筹）"为科研平台，继续深化"四生课堂"实验，并向"四生德育""四生管理"拓展，向"四生教育"联盟学校延伸推广。"四生教育"将成为一项创新未来学校建设的伟大事业！

本丛书一共7册，围绕"课堂"展开理论与实践研究。

第一册《从课程到课堂：新世纪基础教育课程改革的未来趋向研究》，采用思辨与实证的方法，从历史、现实与未来相交汇的三维坐标视角，着重论述分析了新世纪基础教育课程改革的未来趋势问题，为了促进基础教育优质均衡高效发展，提出必须实现"三个转向"，即从"课程"转向"课堂"、从"教材"转向"教师"、从"学科"转向"学生"，核心和重点是转向课堂。随着高新技术的飞速发展，特别是网络技术、AI技术、虚拟成像技术、远程数据传输技术等在教育领域的广泛应用以及随之而来的教育现代化，课堂的时空都会发生较之传统课堂的显著变化，师生教学活动的场所不限于狭隘的教室而是整个世界。即是说，凡是有人教有人学的地方就是课堂，无论它是虚拟还是实体，是线上还是线下，是人为还是AI。可以说，离开了课堂，教育即不存在。所以无论任何时代，也无论技术多么发达，课堂永远是教育质量的根本保证。

第二册《理念·行动·建构：兼论"四生课堂"理论建构与实践探索》，主要从理性思辨的角度论述未来基础教育课程改革必须有先进的教育理念引领和根植于本土的正确科学的课程教学理论指导，着重从理论上论述"课堂比课程重要、教师比教材重要、学生比学科重要"三个重要新理念；着重从传统、理论、实践和借鉴四个方面对本土课程教学理论，特别是"四生课堂"教学模式的理论进行建构性阐发。

第三册《主体·行为·策略：新课改背景下中小学师生教学行为研究》，首先在明确师生是课堂教学的共同主体或曰双主体基础上，采用问卷、观察、访谈等实证方法，用大量篇幅研究了新课程改革背景下城乡中小学生的学习行为状况，并对师生课堂上教学行为的表现进行了具体分析。在本册中，无论对师生教学行为的优化还是对教师综合素养提升、教学能力的训练，以及专业水平的发展，作者都提出了一些可供参考的策略建议。这些策略建议经过一定的理性思考、实践检验和经验反思，具有一定的针对性、可行性和适切性。

第四册《"四生课堂"教学模式的小学校本整体实验研究》，反映的是湖南长沙高新区明华实验小学和麓谷中心小学师生开展小学全科"四生课堂"教学模式实验的成果。两校围绕立德树人的根本任务和学生发展核心素养培育的目标，以全科"四生课堂"教学模式实验为核心，以科研课题研究驱动学校各项工作的全面推进。就"四生课堂"教学模式实验而言，学校在"四全"（全科、全面、全体、全员）基础上做到"四有"（有研究规划、有实施方案、有专家引领、有全员赛课），教师的教学也应做到"四有"（有教学设计或教案、有课堂实录、有专家指导、有教学反思）。

第五册《基于"四生"理念的课堂教学生成性评价理论与技术研究》，它是在"四生课堂"教学模式实验基础上，基于 AI 监测技术，对"四生课堂"教学模式评价的理论与技术进行理论和实证研究。生成性评价是立足过程指向生成促进发展的全程进行检测和评估的理论和方法，是与诊断性、形成性、增值性、目的（结果）性、发展性等评价既有联系又有区别的评价，具有过程、结果和发展的统一，个体、群体和全体的统一，学生、教师和学校发展的统一，现在与未来的统一，单一与综合的统一等特征。生成性评价具有与已有评价不同的目标、内容、理念、体系及方法，探索建立体现"四全"的新型评价指标体系，其技术可以根据其功能分为工具开发、信息采集、信息分析三类。

第六册《"四生课堂"模式下"三养"教育综合实验研究》，所谓"三养"，即养身、养心、养德。"三养"涉及培养什么人以及怎样培养人这个教育的根本问题。"养"的思想由来已久。孟子是中国古代"养"思想的主要代表，他的"养"思想主要体现在"养性"和"养气"两方面。"养性"即如他所说的"尽心知性"与"存心养性"，"养气"则如他所说"善养浩然之气"。近代教育家王国维从培养"精神与身体""调和发达"的"完全人物"的教育宗旨出发,认为精神又分为"知力、感情及意志"三部分,与之相对的教育就是智育、美育和德育。王国维的思想与孟子有不谋而合之妙。两人的不足在于未设计身体教育即"养身"的问题。"三养"教育之"养心"与"养德"与孟子的"养性""养气"、王国维的智育、德育、美育异曲同工。"养身"教育实则体育。传统教育的一大缺陷就是忽视体育。因此,"三养"教育弥补了传统教育的不足,适应了新时代教育优质均衡高效发展的需要,与现代教育强调个体人格德智体美劳健全和谐发展相吻合。"三养"教育的基础和重要途径在课堂。深化课堂教学改革,推行"四生课堂"教学模式,是实施"三养"教育、落实立德树人要求、培养和谐健全发展的人的根本要求。

第七册为《新世纪基础教育课程改革背景下农村中小学教师课堂行为研究》。教师及其行为直接影响着课堂教学的状况、质量和效率。农村中小学教师的质量直接影响着农村中小学教育的质量,本书运用问卷、访谈等实证方法研究了新课程改革背景下农村中小学教师的教学行为状况、存在的问题及其原因,在此基础上提出了针对性强、切实有效的改善和优化农村中小学教师的教学行为、教学能力、综合素养和专业水平的对策措施。

教育的根本目的和任务是育人,育人的基本途径和主要阵地是课堂。课堂研究既是教育领域古老的命题,也是课程教学论领域前沿的课题。只要育人的教育永在,课堂就永在。《周易·系辞·上》曰:"生生之谓易。"事物虽永恒存在,却处在永恒变化之中。为了适应社会、科技和人的发展变化的需要,教育特别是课堂必须进行调整和变革,课堂变革永远在路上!丛书虽然花费了我们团队不少心血,但还有待我们拓展和深入,而且现实和未来的课堂也还会出现新现象、新问题和新矛盾,需要我们不断探索、不断发现、不断解决。我们不会停止课堂探究的脚步!期待有志有识有能之士与我们一起不懈努力,为理想课堂、美好教育而奋斗!

张传燧

前　言

本书为"课堂变革研究丛书"的第二册。取名《理念·行动·建构——兼论"四生课堂"的理论建构与实践探索》，其意有二：

一是理念是变革的先导。大凡改革，都是从理念的变革开始的。新世纪基础教育课程改革（简称"新课程改革"）以来，形成了许多新的课程教学理念，如自主性学习、生成性学习、探（研）究性学习、过程性学习等。进入新时代，围绕立德树人的根本目标，基础教育课程改革正向纵深推进。未来基础教育课程改革，必须以课堂变革为中心，有先进的理念引领，确立"课堂比课程重要、教师比教材重要、学生比学科重要"的"三个重要"新理念。

二是理论是变革的指南。大凡成功的改革，都是有正确科学的理论指导。新世纪基础教育课程改革是以国外当代课程理论如建构主义课程论、后现代课程论、活动课程论、多元智能理论等为指导，结果表明，这些理论存在"水土不服"现象。未来基础教育课程改革，急切呼唤适应性强的本土课程教学理论的指导。只有在本土课程教学理论指导下，才能创造性地提出和创新性地生成具有本土文化根魂的课程教学模式。因此，本册将从理论和实践两方面对本土课程教学理论及其"四生课堂"教学模式进行建构性探索。

目　次

第一章 新世纪基础教育课程未来改革的理念

理念是改革的先导。大凡改革，都是从理念的变革开始的。新世纪基础教育课程改革（简称"新课程改革"，下同）以来，形成了许多新的课程教学理念，如自主性学习、生成性学习、探（研）究性学习、过程性学习等。进入新时代，围绕立德树人目标，基础教育课程改革正向纵深推进。未来课程改革，必须落实到课堂中，理想的课程只有通过课堂教学实践，特别是师生课堂教与学的行为才能得以真正实现。因此，未来课程改革应当确立"课堂（教学）中心""教师中心"和"学生中心"的价值取向，确立"课堂比课程重要、教师比教材重要、学生比学科重要"的"三个重要"新理念，实现从"课程"（curriculum）到"课堂"（classroom）、从"教材"（textbook）到"教师"（teacher）、从"学科"（subject）到"学生"（student）的"三转变"（即从 C→C、T→T、S→S 的转变）。在这些新取向、新理念指引下，顺应国际基础教育课程改革的新趋势，走出一条扎根中国大地的基础教育课程改革本土化新路。

第一节　基础教育课程改革的未来价值取向[①]

新课程改革基本完成了从理想课程形态到文本课程形态的过渡再到实践课程形态的转变[②]。但在学校课程实践中"理念先进、课程完备、课堂依旧、江山未改"等问题仍然严重存在。其原因在于，新课程改革存在着明显的重"课程"轻"课堂"、重"教材"轻"教师"、重"学科"轻"学生"的取向。实践证明，理想的课程只有通过课堂教学实践，特别是师生的课堂教与学行为才能得以实现。基础教育课程的未来改革应当确立"课堂""教师"和"学生"价值取向，实现从"课程"到"课堂"、从"教材"到"教师"、从"学科"到"学生"的转变。为此，要求做到：深入课堂，研究课堂，改进课堂，优化课堂，提高课堂效率和教学质量；充分尊重、相信和依靠教师，重视教师课堂教学行为，促进教师专业成长；尊重学生主体，研究学生的学习方式，提高学生的学习能力，改善和优化学生的学习行为，提高学习效率和学习质量。

其实，"课程"与"课堂"、"教材"与"教师"、"学科"与"学生"之间不是严格的对应关系。"课程""教材""学科"都包括在广义的课程之中。"三轻三重"的意思是指重课程轻教学、重客体轻主体。同时，学科的含义，一是指学术的类别，如自然科学中的化学、物理学，社会科学中的法学、社会学等。二是学校"教学科目"的简称，也称"科目"，即学校教学中按知识逻辑程序和教学逻辑顺序组织安排的一定知识、技能和活动方式的基本单位，如中小学的数学、物理、语文、音乐等，高等学校的各类课程等。刘克兰编著之《教学论》（西南师范大学出版社，1989）说："一般地说，（广义的）课程是指实现各级各类学校培养目标而规定的全部教学科目，以及这些科目在教学计划中的地位和开设顺序的总称。""狭义的课程指一门学科。"笔者在《课程与教学论》（人民教育出版社，2008）一书中认为："广义的课程指课程计划中规定的所有教学科目……狭义的课程特指一门具体的教学科目，如语文、数学、综

---

① 原载《教师教育学报》2016年第5期第52-60页。收入本书时个别文句有所改动。
② 张建琼. 课堂教学行为优化研究 [D]. 兰州：西北师范大学，2005.

合实践活动等。"本书的"学科"即广义的"课程",特指学校所设置的所有课程与教学的科目。当课程建设逐渐成熟时,若仍只关注课程的理念化、制度化、文本化,势必会忽视课程的动态化、实践化、行为化,课程的理念、理想必须通过课堂教学实践才能得以实现。因此,学校的课堂教学活动及师生的教与学的行为必将成为未来我国基础教育课改的重点。国内外研究表明,人们已从课改之初的关注课程开始转向关注课堂教学。但从现有相关研究看:一方面,这些研究显得不具体、不透彻、不系统,没有前瞻性,存在表层、片面、零散、短视等问题;另一方面,对课堂之于课程、教师之于教材、学生之于学科的重要性仍然缺乏清醒、深入、系统、前瞻性的本体性认识。

为此,本书提出,基础教育课程的未来改革必须确立"三个重要"① 的课改新理念——"课堂比课程重要、教师比教材重要、学生比学科重要",实现从"课程"到"课堂"、从"教材"到"教师"、从"学科"到"学生"的转移,确立"课堂(教学)中心""教师中心"和"学生中心"的价值取向。

一、 基础教育课程改革未来价值取向的确立依据

(一) 课改实践的呼唤

课堂教学是学校教育的中心工作,课堂教学质量直接决定着学校的教育效果,决定着学生的身心发展水平,也直接决定着课改的成效。变革就是一个解决问题的过程。问题可以看作我们的朋友,是通向更为深入的变革和达到更好结果的途径。只有深入到问题之中并加以具体分析,我们才能获得创造性的解决办法。② 新课改实施以来,虽然取得了一些重要成果,但问题也仍然严重存在。

崔允漷认为:"新课程改革所倡导的先进理念得到了很大程度的认同,但先进理念与残酷的现实之间的'两张皮'现象不是存在,而是十分严重……尽管在教师的日常话语中,课程标准已经代替了教学大纲,但课程标准似乎并没有给教学实践带来任何实质性的影响。"③ 关于课程标准在课堂教学实践中如

---

① 张传燧. 课堂比课程更重要 [J]. 湖南师范大学教育科学学报,2013 (2):2.
② 迈克尔·富兰. 变革的力量——透视教育改革 [M]. 北京:教育科学出版社,2004:35.
③ 崔允漷. 基于课程标准:让教学"回家" [J]. 基础教育课程,2011 (12):69.

何实现的研究过于贫乏。"新课程到底倡导什么样的'新'教学,教师应该根据什么来组织和开展教学,是根据上级或专家规定的'好课'的标准上课,还是按照课程标准所倡导的理念与目标来开展教学;根据教材按部就班(即'教教材'),还是基于课程标准自主处理教材(即'用教材教');是模仿别人的'优质课',还是基于课程标准创造自己的优质课,这些问题还依然存在。"① 程少堂根据自己亲身参与指导新课改的实践指出,当前的基础教育课堂存在一些不容忽视的问题,具体表现在"四个满堂"和"四个虚假"。"四个满堂"即"满堂问""满堂动""满堂放(课件)""满堂夸";"四个虚假"即"虚假地自主""虚假地合作""虚假地探究""虚假地渗透"②。

　　一些长期行走在课改实践一线的学者概括了此轮课改存在的问题:(1)课堂上把启发式教学简单化成问答式教学;(2)把自主变成自流,不尽教师的传道、授业、解惑的责任;(3)有活动没体验;(4)新瓶子装旧酒,穿新鞋走老路;(5)合作有形式而无实质;(6)探究的泛化;(7)贴标签式的情感、态度、价值观教育;(8)忙于做课件不研究教材。③ 新课改实施 15 年以来,根据互联网以及教师、学生、家长私下的议论,可以知道这些形式主义的问题都普遍存在。21 世纪教育研究院、新教育研究院、北京市西部阳光农村发展基金会于 2011 年 10 月 14 日联合举办了"新课堂、新教育"高峰论坛,论坛主办方在会上发布了与中国教育网合作开展的关于"教师对新课改的评价"的网络调查结果。有近 4000 名中小学教师填写了问卷,受调查教师覆盖了全国 29 个省、市、自治区的城乡各级学校。该调查显示,在新课程理念方面,74%的受调查中小学教师认同"合作、自主、探究"的新课改理念;在新课改实施方面,63%的受调查中小学教师认为新课改在自己所在的学校得到了积极开展,有 62%的教师基本认同"新课改在城市还可以,问题主要是在农村学校";在教学方法改革方面,以启发式教学为主的中小学教师占比 52%,以小组讨论为主的占比 26%,以讲授式为主的仅为 22%;在新课改推进素质教育方面,31%的教师认为新课改在促进素质教育方面效果"不明显",47%的教师认为新课改后学生的课业负担反而加重了,仅有 8.5%的教师认为新课改对学生负

---

① 崔允漷. 课程实施的新取向:基于课程标准的教学 [J]. 教育研究,2009(1):74-79.

② 程少堂. 第三只眼睛看课改——中小学课改四年的回顾与反思 [N]. 深圳特区报,2004-11-02(08).

③ 邬向明. 课程改革:问题与对策 [J]. 课程·教材·教法,2005(2):4-7.

担有所减轻；在新课改成效方面，教师们对新课改的实际成效评价不高，对新课改的总体评价表示"很满意"的教师仅占 3.3%，"满意"的教师占比 21.3%，即仅有不到 1/4 的受调查中小学教师对新课改的实际成效表示满意；在教师培训方面，对培训成效表示"很满意"的教师仅为 7.8%，仍有 8.5% 的教师未参加过任何培训。[①] 该调查启示：虽然大部分教师认同了课改新理念，但是实践效果非常不佳，课改依然任重道远。

新课程实施中存在的诸多问题有待解决，不能停留在课程的静态化、理论化、文本化的浅层面上，必须重视并加强课程的动态化、实践化、行为化的深层次发展，重视学校的课堂教学活动及其师生的教学行为研究，重视对中小学师生课堂教学行为的改善与指导，教师培训也应该加强教学活动和教学行为的探讨，提高教师培训的针对性和实效性，从而提高中小学教育教学效果。

（二）历史的经验教训

新课改实践中出现了诸多问题，如：三维目标虚化——"双基目标弱化"、过程方法目标游离化、情感态度价值观目标标签化，课堂教学的形式主义——课堂有温度无深度，"启发""对话"变"问答"，有活动没体验，合作有形式而无实质，探究泛化且有形无实，"自主"变"自流"，等等。这些问题如果不加以研究并采取有效措施解决，必将导致课改重蹈美国 20 世纪上半叶"进步主义教育运动"以及我国 20 世纪二三十年代课改的覆辙，其后果不堪设想。

产生于 19 世纪末 20 世纪上半叶的美国"进步主义教育运动"，以卢梭、裴斯泰洛齐、福禄培尔、杜威等人的教育思想和理论为基础，反对落后的传统教育，强调儿童的兴趣和能力，强调个性发展，强调教育与社会生活的联系，重视从做中学。其理念不可谓不先进，声势不可谓不浩大，但最终还是因效果不佳而受到批判并逐渐衰落。原因之一就是进步的教育理论和实践本身存在许多矛盾。如过分强调儿童个人的自由，忽视社会和文化对个人发展的决定作用；过分否定学校教育工作的一些基本规律，导致教学质量的严重下降；进步主义教育者在时间和能力上都对教师提出了过高的要求。要素主义教育家针对这些问题对其进行了猛烈抨击。进入 50 年代中期以后，美国社会各界对教育

---

① 程聚新.《2011 年教师评价新课改的网络调查报告》显示不足三成教师对新课改成效满意 [EB/OL].（2011-10-14）[2015-06-03]. http：//theory. people. com. cn/GB/15989086. Html.

问题的批评越来越多,批评的焦点集中于美国教育质量差,因此开启了重视读写算的基础知识、基本技能以及基础科目学习的新一轮基础教育课改。

我国 20 世纪二三十年代的课改也是如此。当时,一部分教育家们接受了当时美国所谓先进课程理论和思想,一方面为了消除传统教育的缺陷,另一方面为了配合新学制的实施,在中国掀起了声势浩大的基础教育课改实验运动,理念不可谓不先进,设计不可谓不科学,但也未达到课改实验的预期目的。其原因一方面是未能将实验成果推广到全国,在当时的条件下要推广到中西部地区、不发达地区和农村地区的中小学校也不可能,另一方面是不够关注日常课堂教学活动以及在教学活动中起主导作用的教师[①]。

(三)学科的自觉意识

"课堂"取向、"教师"取向和"学生"取向可以追溯到 21 世纪初关于教学论应从"大课程论"中独立出来的讨论。新课程改革之初,由课程改革受到自上而下的高度重视,课程理论受到人们的极大关注而教学理论则相应受到一定冷落,于是有了"大课程论"[②]的说法。随着改革的深入,课程与教学论专家以及有识之士针对课改中出现的各种问题,并基于学科发展的自觉意识,纷纷呼吁逐渐加强对"教学(论)"的研究。杨启亮赞成"课程与教学"的提法,主张将教学论独立出来。他认为,课改必须百倍关注过程性的教学行为,释放教学的张力,否则我们就几乎无法使一线教师们深刻地弄清楚"大课程""课程实施""实践的课程"中的教学行为的意义,而导致其将教学的意义变异为新"制度课程"的传授与掌握,将教学仅仅视为将文本化课程付诸实践的工具性行为,依然百倍地关注教师如何讲授教材、学生如何掌握教材,从而根本上架空了主体性、创造性、健全人格的丰富性等指标。他强调说:"课改中的教学问题比之制定课程标准和编写教材,有着百倍的复杂和艰难,如果对此掉以轻心,人为地置主体行为的'教学'于结构性、物质性'课程'的依附地位,课改的实质目标可能会因此而失落。"[③]

课程教学论学科发展的根本目的和任务在于解决现实课堂教学问题。徐继

---

① 张传燧. 课程改革在路上:历史、现状与未来 [J]. 课程·教材·教法,2015 (8):3-9.

② 黄甫全. 大课程论初探——兼论课程(论)与教学(论)的关系 [J]. 课程·教材·教法,2000 (5):1-7.

③ 杨启亮. 课程改革中的教学问题思考 [J]. 教育研究,2002 (6):49-53.

存指出："课改的关键是课程实施，而课程实施的最基本途径是教学。"① "教学论学科发展的根本目的在于解决现实教学问题。教学论学科中的问题只有来自现实教学问题中的教学论时，才是有生命力有现实性的教学论问题。要推动教学论学科的发展，我们不能仅仅停留于对教学论学科中的问题的思考上，重要的是要研究和探讨现实教学问题中的教学论……教学论研究者也只有置身于现实的教学世界……捕捉现实的教学问题，研究现实教学问题中的教学论，才能真正理解教学论，才能有所谓真正的教学论的创造和发展。"②

新课改的知识基础不足问题已逐渐显现。从政策形成、方案拟订到现场实施，很多构想都源于学术界。可以说，课程与教学论的研究人员对新课改起到了引领作用，这种引领是以专家的课程理论知识为基础的。但随着新课改的深入推进，课改实践人员（包括课程管理人员与课程实施人员）课程知识先天不足的问题逐渐显露出来。因此，专业研究者必须投身于课改实践，研究课改实践中的实际问题，总结、概括、提炼、创造出反映课程运行规律、适合课改实践人员需要的新知识基础，以推进和指导课改。

课改实践的落脚点在哪里？在课堂，在师生共处的、日常平凡的课堂。只有深入课堂、参与课堂、研究课堂，才能发现课堂、指导课堂、提升课堂。

"课堂教学"已经成为近几年全国课程与教学论会议的关注焦点。2011年年底在青岛召开的"课程与教学论研究的责任与使命"学术研究会中，与会者一致认为课堂应该成为理论与实践的中介环节，"走进课堂"是处理理论与实践关系最可取的解决方法，而从多种学科如社会学、伦理学等角度观照课堂教学并营造课堂精神空间将是课程与教学论研究者的责任与使命。从研究的角度，研究者也需转换以往的研究视角，需重新审视课堂空间的意蕴，重视课堂的生成以及学生对课堂教学的反馈效应。2012年7月在长春召开的全国教学论学会第十三次学术年会的总主题是"教学质量与教学改革"，分主题有"教学质量视域下的课堂教学研究"，可以说，这些主题抓住了问题的关键，把握住了今后一段时期基础教育课程实践与理论发展的走向。2012年10月在福建武夷山市召开的第八次全国课程学术会议收到的百余篇论文中有近50篇是讨

---

① 徐继存. 教学制度创新与基础教育课程改革 [J]. 教育研究，2004（7）：78-79.
② 徐继存. 给予现实教学问题解决的教学论——关于教学论学科发展若干问题的辨析 [J]. 当代教育与文化，2010，2（1）：74-78.

论课堂教学和师生的教学行为的。这些会议关注的问题表明，课程理论工作者已逐渐转向课堂教学问题研究。

近几年，高校课程与教学论专业研究生也把"课堂教学"以及师生的教学活动作为研究生学位论文选题的主要问题之一。如，西北师范大学张建琼的博士论文题目是《课堂教学行为优化研究》，湖南师范大学王姣姣的博士论文题目是《实践与反思：课堂教学行为研究》，上海师范大学姚志敏的博士论文题目是《课改背景下的教师课程执行力研究》，等等。

综上所述，无论是新课改实践所出现的问题还是课程与教学论学科发展的自觉性，都要求我们坚持新世纪基础教育课改的"课堂"取向、"教师"取向和"学生"取向，重视课堂教学与师生的课堂教学行为研究。

二、 基础教育课程改革未来价值取向的内涵

第一，所谓"课堂中心""教师中心""学生中心"价值取向，是指我国基础教育课程未来改革的重心要从现在的理念化、制度化、文本化课程转移到动态化、实践化、行为化课程上来。

任何课程，无论理论有多先进、形态有多美好、结构有多完善、制度有多健全，如果不落实到课堂中，不被广大教师和学生所理解和掌握，不转变成教师和学生的观念和行为，就只会是专家"把玩"的对象和制度的摆设。因此，课改，只有将理念化、制度化、文本化课程付诸实践，落实到课堂中，并且充分发挥作为课程主体的教师和学生在课程实施过程中的积极主动作用，将课程理念、课程政策、课程文本切实转变成广大师生的课堂教学行为，才能取得积极的成效。

这就要求课改必须变"课程取向"为"课堂取向"，变"教材取向"为"教师取向"，变"学科取向"为"学生取向"。因为课程关注教育的理论性、制度性、文本性、可预设性和易评价性，教学关注教育的实践性、行为性、艺术性和灵活性，难预设也难评价。课程教学论应当重点研究课程实施，即教学实践，从理论上对课改的实践加以指导，对其实践经验进行概括和提升，对实践中遇到的问题进行理论反思并探索解决办法。

第二，基础教育课改的"课堂"取向、"教师"取向、"学生"取向，并不是否定课程研究、教材研究、学科研究的价值，而是根据深化课改的要求，凸

显"课堂"研究、"教师"研究和"学生"研究的重要性。

"从对立的两极出发，并以抽象的两极对立关系为基础而形成的旧唯物论和旧唯心论，被探索两极融合、过渡和转化的中介哲学——现代哲学——所取代了。这种取代，是迄今为止的最深刻的哲学革命。"① "有什么样的理论思维，就会有什么样的改革实践。"② 我们要摒弃"非此即彼""非左即右"的二元对立的思维模式。我们所要坚持的"课堂"取向、"教师"取向、"学生"取向不是要将以往的"课程"取向、"专家"取向、"科目"取向完全推倒重来，大破大立，另起炉灶，矫枉过正，而是视两者为"共生共存"的关系，是在承认及尊重以往"课程中心"取向（狭义的课程）合理性的基础上，确立课改历史发展过程中不同阶段的不同重心。这种转变承认前后两种取向之间存在着一种相向的张力，承认两者之间相互作用的可能性，并在一定时间、一定程度上慎重地主动激活这种张力。

第三，"课堂"取向、"教师"取向、"学生"取向，并不等于固守课程实施的"忠实"取向，不是简单地将课程理念单向贯彻落实的问题，而是秉承"相互调适"取向，将课程理念、课程文本与课程实践看作双向多维互动的过程。

课程实施的"忠实"取向在实践中是不可能存在的，因为课程实施的两个主体——教师和学生——都有着自己的价值判断、个性、情感等，而且现实的教育教学情境又是千差万别的，理想的课程设计一旦被付诸实践，必然会被二次处理，灵活运用。相比之下，"相互调适"取向显得比较实际。"教学理论应用需要理论主体与实践主体的共同努力……寻找和形成相互协作的平台和机制。"③ "课程与教学论的学科价值取决于两点：承认科学的假说性和确认课程与教学现实的问题性。"④ "教育学既是一种可以言说的知识，一套自洽、不矛盾的命题，一套可以演绎成篇的逻辑，也很可能是教育学者种种认识迷雾叠加的结果。相对于复杂的教育实践，教育学知识永远是不足的，教育学者个体所拥有的教育学知识是极其有限的，甚至可以说是无知的。因此，教育学者要认

---

① 孙正聿. 从两极到中介——现代哲学的革命 [J]. 哲学研究，1988 (8)：3-10.
② 郝德永. 从两极到中介：课程改革的路径选择 [J]. 教育研究，2010 (10)：33-37.
③ 徐继存，罗儒国. 教学理论应用辨正 [J]. 当代教育科学，2004 (17)：6-9.
④ 徐继存. 关于课程与教学论功能的思考 [J]. 山东师范大学学报（人文社会科学版），2004，49 (5)：110-114.

识到自己只是'建议者',而不是'决策者'。恪守这一界限,不仅有利于削减试图用理性的教育学知识改造和影响教育的致命的自负,克服唯理性主义的迷误,葆有对教育的一份敬畏和谦卑之心,也有助于教育学者自觉地养成一种民主的生活方式。"① 然而,实践中"人们过多地关注了实践者对理想的课程是否认同、是否误读,而忽视了这种认同或者误读如何对待教学的可能性。人们重视从理论指导实践的角度思考问题,但忽视了从实践检验理论的角度思考问题,因此,把复杂的相互作用关系弄成了简单的贯彻落实"②。

杨启亮认为,教师对新课程理念的"认同"可能不是在教学可能性基础上的可行性认同,而可能是体制文化约束下的虚假认同,也可能是不负责任的认同。因此,不能根据教师对新课改理念普遍"认同",就轻易断定教师的理念变了。另外,我们在实践的教学中读不到理想的课程,不能轻易地就判断为实践者误读,如果从实际出发进行判断,还有可能是正解。教师对新课程理念的"误读"体现了教学的可能性。因此,我们不能一味否认一线教师对新课程理念的自发纠偏,不要一味以"专家"的姿态居高临下地指责教师对新课程政策、文本、理念的误读,而是秉承课程实施的"相互调适"取向,尊重教师与学生、相信教师与学生、依靠教师与学生,和中小学教师与学生一起,站在实践检验理论的角度,共同研究、调整课程文本甚至课程理念,然后进行再实践检验、再调整修订。

第四,"课堂"取向、"教师"取向、"学生"取向,意味着基础教育课改既尊重理想课程以及课改的国外经验,又尊重中国国情背景下的教学实践,坚持走本土化的道路。

离开了本国土壤,以引进国外的理论为基础的课改就成了无源之水、无本之木,无法生根、发芽、开花、结果。因此,只有扎根于自己脚下的这片土地,才能找到理想课程与教学实践的契合点,自由地行走在理论与现实之间。"中国的教学土壤不仅意味着中国当代社会的政治经济制度、生产力、学科发展等条件,而且意味着中国的课程与教学传统、中国的教师与学生素养。"③ "课程与教学论本土化,既指外来课程与教学论思想理论体系中国化,

---

① 徐继存. 教育学知识的限度及其意义 [J]. 教育学报,2011,7 (1):26-31.
② 杨启亮. 论理想的课程与教学的可能性 [J]. 教育研究,2009 (12):47-52.
③ 杨启亮. 论理想的课程与教学的可能性 [J]. 教育研究,2009 (12):47-52.

也指中国传统课程与教学论的现代适切性改造与转化。"① 继承中国课程与教学优秀传统也意味着本土化的道路并不一定就完全不走"老路"。

三、 基础教育课改未来价值取向的具体要求

"课改的推行是一个从理念到实践的全面改革过程，但这一过程显然具有两极性，即理想的完善性与实践的现实性，也使得各国课改更具复杂性和艰巨性。（中、英、美、加）四国基础教育课改中遇到的具有共同性的问题是：都试图设计出平衡、生态、协调的课程结构，但要考虑到哪几对因素的平衡，如何平衡，平衡点如何选择等问题，又需要立足本国教育、课程理论与实践发展现状进行应对。可以说，课改的艺术性就在于将完善的课改蓝图与现实的课改问题对应起来。"② 为了确立"课堂比课程重要、教师比教材重要、学生比学科重要"③ 的课改新理念，实现基础教育课改从"课程"到"课堂""教材"到"教师""学科"到"学生"的未来价值转向，必须做到以下几点：

（一）深入课堂，研究课堂，改进课堂，优化课堂，提高课堂效率和教学质量

我国基础教育课改的课堂（教学中心）取向要求我们：一是要走出课程理论研究的书斋，变关注课程为关注课堂，深化课改，不能仅仅停留在课程理念的宣传上、课程制度的健全上、课程结构的完善上和教科书的编写上，而要深入到课程实施活动的实践中，到中小学校去，到课堂中去，观察课堂、研究课堂、改进课堂和优化课堂，关注课堂教学活动以及师生的课堂教学行为。二是要走出"唯洋"是瞻、照搬移植的西化思维局限，到中国的学校课堂中去，强调中国的基础教育课改要扎根中国的土壤，继承创新中国的传统，扎根中国文化，充满自信地做本土课改的理论研究与课堂教学的实践探索者，而不是照搬移植国外的课程理论与课改实践经验。

深入到中小学校去研究课堂，必须尊重中国传统课程教学理论与本土课程

① 张传燧，石雷. 论课程与教学论的本土化 [J]. 教育研究，2012 (3)：82-86, 91.
② 陈晓端，龙宝新. 中、英、美、加四国基础教育课程改革比较 [J]. 外国教育研究，2006 (7)：24-30.
③ 张传燧. 课堂比课程更重要 [J]. 湖南师范大学教育科学学报，2013 (2)：2.

教学实践经验，借鉴国外的课程教学理论与实践经验。特别应总结一线教师长期实践探索获得的行之有效的、反映了课程教学活动规律的成功的经验，尊重教育的实践逻辑，实现理论与实践的双向互动，进行"相互调适"的课程实施研究，而不是一味地用从国外移植过来的在国外都不怎么流行的所谓先进课程理论、模式去框定他们鲜活的实践。改革是一种实践，遵循的应是实践逻辑而非理论逻辑。在教育研究特别是课程研究领域，人们对实践逻辑还缺乏足够而深入的认识，大多停留在学术的理性思辨上。譬如，师生在对预设课程进行二次处理或预设课程在与教学实践相互调适时，究竟该如何把握"度"的问题，如何尽量使课程实施不偏离甚至背离课程理念和目标，调适的依据与标准又是什么，这方面的讨论还非常鲜见，需要在研究教育实践逻辑的基础上进一步深入探索。

研究课堂教学，应当着重研究课堂教学行为及其优化策略，既包括课堂外部环境的优化，如制度创新（课改的层层推进需要教学制度创新，如果课改囿于某种现成制度，就将会流于形式①）；也包括内部环境的优化，如教室布置、桌椅摆放方式等物质环境的优化；还包括课堂价值观、课堂规范、课堂意义符号、师生关系、课堂氛围、课堂情境等课堂文化环境的优化以及教学设计的优化，等等。

（二）充分尊重、相信和依靠教师，重视教师课堂教学行为，促进教师专业成长

与课程教材相比，作为课程教学主体之一的教师，在课程实施过程中无论如何都是最重要的。未来课改的"教师取向"，就是要求课改必须从依靠"专家"向依靠教师转变。课改不仅是"专家"的，也是"师生"的。如果不调动广大一线教师的积极性，如果没有广大一线教师的全身心投入和大力参与，如果不发挥广大一线教师在课程实施过程中的积极作用，课程理念再先进、课程制度再健全、课程结构再完善、教科书再科学都是徒劳。广大教师长期在教学第一线摸爬滚打、与学生朝夕相处，对教学实际情况非常熟悉，对学生学习的特点相当了解，积累了非常宝贵的教学实践经验。广大教师不应被视为课改的旁观者，更不应是被指责的对象，而应是课改能取得成功、达到预期目标的主

---

① 徐继存. 教学制度创新与基础教育课程改革［J］. 教育研究，2004（7）：78-79.

力军和主要依靠力量。

课改的落脚点在课堂，课堂教学效果的优劣取决于教师如何教、学生如何学。毫无疑问，教师在教学活动中起着主导的作用。因此，教师的课堂教学行为决定着课改的成败及其课程效果的好坏。教师课堂教学行为的良好与否与教师综合素养的高低分不开。不可否认，我国中小学教师尤其广大农村中小学教师总体素质与课改的要求存在相当大的距离，这就是国家下大力气举行各级教师培训的原因。但从效果来看，不尽如人意。原因在于，这些培训流于形式，未进入到课堂；从内容来说，主要是"通识培训""学科培训"和"教材培训"，未落实到"行为培训"；从方式来说，主要是空降"专家"居高临下式的讲座，基于学校实际问题解决和教师教学行为改进的培训太少。也就是说，这些培训都是以转变教学观念、把握课程知识为目的。如果培训不针对学校教学的实际和教师的课堂教学行为，不研究教师的课堂行为进而力求改善和优化，那么培训就起不到指导教学、改进教学、提高教学质量的作用。

针对上述情形，"教师取向"就是要求关注教师在课改中的地位和权利，关注教师的素质和课堂教学行为。行为发展是教师专业发展的一个重要方面。推进教师专业发展应当加强对教师课堂教学行为的研究。有什么样的教师就有什么样的课程、什么样的教学，课改需要教师的专业发展，课改与教师发展是相辅相成的两个方面。我们需要加强对以下问题的研究：教师课堂教学行为包括哪些方面、现状如何、存在哪些问题、影响因素有哪些、如何改进与优化等等。有研究表明，教师课堂教学行为总体而言大致包括"五会"（会教、会管、会研、会做、会学）[1]。具体而言，包括讲解、板书、演示、表情、倾听、动作等六种行为[2]。正是这些行为组合，演绎出千姿百态、丰富多彩的课堂教学的绚丽景观；也正是这些行为的协调重组优化，才保证了课堂教学的实效和质量。

荀子曾说，学习要做到"入乎耳，箸乎心，布乎四体，形乎动静"（《荀子·劝学》）。21 世纪我国基础教育新课改以来，虽然教师们接受了很多新教育教学理念，但不仅没有将其内化为自己的教育教学理念，也没有转化为自己的教育教学行为（能力），更没有转变成外在的教育教学实践活动。课改需要

---

① 张传燧. 基于"五会型教师"培养的教师教育课程设计［J］. 教师教育学报，2014（3）：22-28.

② 参见张传燧《课程与教学论》课堂教学讲义及课件。

千千万万一线教师去实践、去行动，才能达成目的。中小学教师应当逐渐摆脱由来已久的课改工具意识，形成课改的主体意识和自主能力。相关的教育主管部门要帮助教师开展"师本教研"，反思教学，改进教学，使教师释放出创造精神和活力，让课堂教学不仅成为教师发挥自我、发展自我、成就自我、体验成功与幸福的平台，还要成为整合教师专业生活和专业发展的有效途径和方式。笔者认为，应帮助教师转变课堂教学思维方式，多思考课堂教学改革的价值及成败的原因、怎样设计课堂教学、还存在什么问题等更深层次的问题。总之，通过促进教师的专业成长，优化教师的课堂教学行为。

（三）尊重学生主体地位，研究学生的学习，提高学生的学习能力，改进和优化学生的学习行为

新课改以来，虽然"生为本""学为主"的理念深入人心，但由于受到长期的"教师中心"理念的影响和应试教育的制度及其理念的制约，学生在课改中的主体地位并未得到应有的重视，其主动作用也未充分发挥出来。在课改过程中，就课程与教学的关系来说，有重课程轻教学的嫌疑；就教与学的关系来说，则大多是重教轻学；课程教学理论研究大多数偏重于课程和教师的"教"，而对学生"学"的关注及其研究相对薄弱。这样一来，本来是课程教学主体之一的学生在课改中的地位就被严重弱化，其在教学特别是学习中的主动作用被严重漠视，致使课改的效果大打折扣，课改的目标远未达成。

未来课改的"学生取向"，要求重视学生及其学习。中国传统课程教学论的特色就在于"以学论教"①。所谓"以学论教"，就是坚持两个出发点，即从学生出发和从学生的学习出发。需要特别说明的是，从学生出发不等于从学习出发。现在特别流行的"三个一切"②口号的确是从学生的发展出发的，但不是从学生的学习出发的。学生及其学习是教育教学的基础和归宿。课堂教学行为不仅包括教师教的行为、师生互动行为，还包括学生学的行为。课程或科目设计得再好，教师教得再好，也只有通过学生的学习才能转化为学生的成长，否则一切都是空谈。因此，我们需要加强对学生及其学习的研究，重视发挥学

---

① 张海霞."以学论教"——主体性教育的本土言说［D］.聊城：聊城大学硕士学位论文，2014.

② 即"一切为了学生，为了一切学生，为了学生的一切。""三个一切"口号看似从学生出发，其实质上仍是从教师及其教的角度来思考问题，有忽视学生在教育教学过程中的主体地位和主动作用之嫌.

生的主动作用，培养和提高其学习能力，改进和优化其学习行为。

加强对学生的研究，具体要求是：研究互联网时代我国各年龄阶段学生在面临中外文化时所呈现出来的心理生理特点、人生观、价值观、知识观；研究网络信息化知识爆炸时代学生学习的特点、价值和意义；重视发挥学生在教学过程中的主体地位，探索学生的学习为何发生，怎样发生；研究如何提高学生的学习能力和学习效率；改进和优化学生的学习行为；研究开发支持学生个性化自主学习的信息系统；将学生作为一个整体的人来对待，全面关注其认知、能力、情感、态度、价值观等方面的发生发展机制、相互作用机制；关注学生是否和如何实现个人的经验世界与社会共有的精神文化世界的沟通和富有个性、创造性的转化；关注学生是否和如何主动实现精神生命成长；探索学生的生命与教化的关系；探索如何处理学生的主动性与教师的主导性之间的关系，学生自主性与人类自主性的根本区别等。

四、　结语

未来基础教育课程改革需要从当前强调课程的理念化、制度化、文本化的"课程"取向、"教材"取向和"学科"取向，转向强调课程的动态化、实践化、行为化的"课堂"取向、"教师"取向和"学生"取向，即重视学校课堂教学活动及师生课堂教学行为，也就是从"课程中心"取向（狭义的课程）向"教学中心"取向转变。这是我国基础教育课改向纵深推进的必然取向和必由之路。

第二节　基础教育课程改革的国际化与本土化[①]

为提高中小学教育质量进而增强综合国力，20 世纪末 21 世纪初，世界范围内掀起一股基础教育改革的浪潮。各国基础教育改革在时间和进程上平行又继起，在课程目标、结构、内容、管理、评价等具体改革内容上呈现出诸多共

---

① 原载《教育科学研究》2014 年第 3 期第 17-23 页。收入本书时个别文句有所改动。

同趋势。受其影响，各种"国际化"的课程与教学理念、制度规范、文本设计等充斥着我国新世纪基础教育课程改革①，以致我国传统优秀的课程理论和实践经验遭到有意无意地忽视。然而，21世纪初十余年的课改实践证明，单一向度的国际化参照谱系不能从根底上解决我国实践层面的课程与教学问题，"国际化"不是简单的"拿来主义"，不是盲从地"削足适履"，而是在坚守本民族优秀课程与教学传统及其文化基础之上的变革与创新，是基于国际视域的基础教育课程改革本土化。

一、 基础教育课程改革： 国际背景与国际趋势

20世纪末21世纪初，随着社会政治经济格局的变化，特别是信息技术和知识经济的兴起，美、英、德、日、法、澳、俄等世界主要发达国家进行了面向未来的基础教育改革。基于自身实情，各国均制定了切合本国情况的基础教育改革政策，颁发了系列文件，采取了相应措施，助推了改革进程。各国的基础教育改革几乎处于同时期，且大都将课程改革作为改革的重点。

（一）基础教育课程改革的国际背景

《国家处于危机之中：教育改革势在必行》调查报告的发表，吹响了美国20世纪末新一轮教育改革的号角。其后，为保证基础教育改革的持续性和连贯性，一系列改革文件〔美国在罗纳德·威尔逊·里根（1981—1989年）、乔治·布什（1989—1993年）、比尔·克林顿（1993—2001年）、乔治·沃克·布什（2001—2009年）、奥巴马（2009—2017）等五个政权时期颁发的相关文件包括《普及科学——美国2061计划》（1985年）、《美国2000年教育战略》（1991年）、《2000年目标：美国教育法》和《初等与中等教育法》（1993年）、《美国国家科学教育标准》（1996年）、《1997年重建美国学校伙伴关系法》、《小班化计划》（1998年）、《学校为社区中心：规划与设计公民抉择指南》（2000年）、《不让一个儿童落后法案》（2002年）、《2009年美国复苏与再投资

---

① 本节标题与书中提到的基础教育课程改革均指以教育部根据2001年国家颁发的《国务院关于基础教育改革与发展的决定》制定并颁发《基础教育课程改革纲要（试行）》为标志而启动至今的我国第八次基础教育课程改革，简称"新课改"。

法案》等〕陆续颁行。与此同时，大西洋彼岸的英国也开始了新一轮基础教育改革，并颁布了一些关于基础教育的法令〔英国在保守党政府（1979—1997年）、布莱尔政府（1997—2007年）和布朗政府（2007—2010年）时期颁发的教育改革法令有《学校课程》（1981年）、《国家统一课程》（1987年）、《1988年教育改革法》、《1993年教育法》、《2000年新国家课程》、《2002年教育法》、《儿童计划》（2007年）及《2009年教育与技能议案》等〕。欧洲大陆的德国于20世纪80年代制定了《综合教育计划Ⅱ》，对小学课程和中学课程改革提出了一些建议，标志着德国新一轮基础教育课程改革的开始；法国继1985年初等教育课程改革之后于1989年制定了《初等教育方向指导法》，进一步深化其基础教育改革。东亚的日本于1987年发布《关于教育改革的第四次咨询报告》，制定了《关于当前教育改革的具体政策——教育改革推进大纲》，1996年发布了一份新的教育咨询报告（即《关于面向21世纪的我国教育》），1998年颁布了新的《学习指导纲要》，正式开始了新一轮基础教育课程改革。俄罗斯于1992年颁布了《俄罗斯联邦教育法》及《俄罗斯民族教育方针》，2000年又签署了《联邦教育发展纲要》。此外，澳大利亚、印度、韩国、新加坡等国均在同一时期拉开了基础教育课程改革的大幕，世界范围内的基础教育改革呈现出浪潮叠涌之势。

世界各国的基础教育改革在时间和进程上平行又继起，在战略上旨在"提高中小学教育质量进而增强综合国力"，在切入点上聚焦以发展学生"对自我的认识作为课程改革的重要目标"、促进学生"对多元文化的学习和了解"[①] 等问题，在目标上瞄准基础教育改革对社会发展的促进作用，以及对学生"成人"的"基础性"作用，通过改革而达成个人与社会的和谐统一发展。

（二）基础教育课程改革的国际趋势

课程改革的实质是课程如何现代化的问题，进一步看，还是如何促进教育现代化的问题。随着世界范围内政治、经济、文化等领域竞争的加剧，各国的基础教育课程改革正往纵深发展，在改革的具体内容上呈现出诸多共同趋势。

第一，课程目标不断调整。德国先是对中等初级教育领域的共同课程目标

---

① 国家教育行政学院. 基础教育新视点［M］. 北京：教育科学出版社，2003：93-95.

作了四项说明，之后又提出了七项文科中学高级阶段的课程目标。[①] 英国政府在《2046 年教育计划》中提出了教育和课程需要完成三大总体目标：为每一个人创造深入学习的机会；发掘人的潜能，以更大限度地提高其学习能力；实现教育标准和技能水平最优化。[②] 日本于 1987 年 11 月提出改善课程标准的四项目标：培养学生成为心灵纯洁、情操高尚的人；重视基础知识和基本技能，充实和完善发展个性化教育；培养学生适应社会变化的能力和创造精神；培养适应国际社会的日本公民素质。[③]

第二，课程结构不断优化。德、法、日、韩等国在课程结构方面倾向于在"保证共同基础的前提下，设置多样化的课程"[④]；日本在课程设置上，增加了分层次、分类别的选修课程；德国在课程设置上，注重不同类型课程的教学任务侧重，其改革的总趋势体现为"更为灵活的课程设置和课时分配"[⑤]；此外，英、美等国在课程设置上，强化了国家统一课程，减少或取消了地方杂乱课程。

第三，课程内容日益综合。美国在课程内容标准上不仅制定了幼儿园至12 年级各核心的、必修科目的课程标准，甚至在课堂教学上还提出了六项科学教师课堂教学标准[⑥]；英国在课程内容上，引入了关键技能课程；德国在教学内容的改革中强调学生的知识、信息管理、艺术、交往等能力；[⑦] 日本在课程内容上提出"综合学习时间"，包容多种"分类课程难以完成的教育内容，如环境教育、人口教育、国际理解教育、青少年心理教育等"[⑧]。

第四，课程管理弹性平衡。当前课程管理整体上走向平衡，以克服原有中

---

① 冯生尧. 课程改革：世界与中国 [M]. 广州：广东教育出版社，2004：245-246.

② 冯生尧. 课程改革：世界与中国 [M]. 广州：广东教育出版社，2004：310.

③ 冯生尧. 课程改革：世界与中国 [M]. 广州：广东教育出版社，2004：181.

④ 李其龙. 国际普通高中课程改革趋势 [J]. 全球教育展望，2003（7）：54-59.

⑤ 刘丽丽. 德国基础教育的课程改革 [J]. 比较教育研究，2005（7）：23-26.

⑥ 即："标准 A，科学教师为学生规划探究性的科学课程计划"；"标准 B，科学教师指导和促进学习"；"标准 C，科学教师对教师的教学、学生的学习进行持续的评价"；"标准 D，科学教师设计和管理学习环境，为学生学习科学提供时间、空间和资源"；"标准 E，科学教师创设科学学习的社区，它反映了科学探究的学术严谨性，也具备有助于科学学习的态度和价值观"；"标准 F，科学教师积极地、持续地参与计划和开发学校科学课程计划"。参见：冯生尧. 课程改革：世界与中国 [M]. 广州：广东教育出版社，2004：154-155.

⑦ 李其龙，徐斌艳. 德国中小学课程改革动向与启示 [J]. 全球教育展望，2001（4）：25-31.

⑧ 高峡. 当前日本义务教育的课程改革及其特点 [J]. 课程·教材·教法，1999（6）：52-58.

央集权或地方分权模式所带来的弊端，如英国在中小学课程管理上，逐渐形成了"以国家课程为主体，地方课程、学校课程和个人课程并存的新特点"①，这种中央和地方分权管理课程的举措有利于课程管理的民主化、弹性化。

第五，课程评价逐步优化。德国在课程评价方面，提出课程整体评价六趋势（即：课程的宽广性增加；加强有关欧洲的教育；完善双语教学体系；加强作为思想方向的价值观教育；采用水平测试，强化课程质量管理；把信息与通讯技术教育渗透进各门课程。）②；英国在教学评价上，实行"证书制为中心"的考试来保障教育质量、构建终身教育体系；美、日等国注重过程性评价，美国在学生评价上主要是"用成长记录袋的方式评价学生"，而日本采取的是"学生指导要录"。③

总的来看，各国基础教育课程改革体现出以下特点和趋势：把基础教育课程改革作为增强综合国力的战略措施，全面关注学生的发展，实行课程编制、实施、评价一体化的整体改革，注重课程结构的整合性和均衡性、课程内容的综合性和现实性，关注学习方式的转变、课程管理的民主化和规范化，强调信息技术教育，注重道德、价值观和国际理解教育等。④ 各国在改革的具体内容和举措上相互借鉴和甄选，使得20世纪末21世纪初的基础教育课程改革成为世界教育改革的亮点和中心点。

二、 基础教育课程改革： 本土与本土化

每一次重大的历史变革都带来政治、经济、文化的深刻变化，教育改革亦受此推进。经历辛亥革命、军阀割据、新民主主义革命，从"废科举，兴学校"、"中体西用"到新文化运动，受赫尔巴特的"传统教育"理论、杜威"实用"教育思想的影响，蔡元培、黄炎培、晏阳初、陈鹤琴等人的教育实验，植根于中国传统文化和特定社会土壤中的中国20世纪上半期的教育改革始终坚持着本土的和本土化的路径，既没有完全"西化"也没有全盘"苏化"，而是

---

① 冯生尧. 课程改革：世界与中国［M］. 广州：广东教育出版社，2004：308.
② 冯生尧. 课程改革：世界与中国［M］. 广州：广东教育出版社，2004：265-268.
③ 李其龙. 国际普通高中课程改革趋势［J］. 全球教育展望，2003（7）：54-59.
④ 《基础教育课程改革通览》编委会. 基础教育课程改革通览［M］. 北京：中央民族大学出版社，2002：5-8.

建立起"既包括课程设置标准也包括课程结构形态，如兼容分科课程与综合课程、学科课程与活动课程、必修课程与选修课程、学术课程与职业课程等"的"以分科的必修课程形式为主要特征"[①] 的现代课程体系，开启并延续了我国本土教育现代化的进程。这种教育改革"从本质上说，并不是什么以谁为师，而是人类历史上各民族都要经历的一种社会转型，一种历史大转折"[②]。新中国成立后的 50 年内，我国进行过七次基础教育课程改革（这七次基础教育课程改革的时间分别为：1949—1952 年，1953—1957 年，1958—1965 年，1966—1976 年，1977—1985 年，1986—1991 年，1992—2000 年）[③]。新中国成立初期主要是改革旧课程并重建新课程体系，包括课程设置、教学大纲、教材三方面的改革；"一五"期间的课程体系改革在新中国成立初期的基础上增加了教学方法的改革；1958 年至"文革"前首先在基础教育领域采取了"下放课程管理权力""改革教材和教学方法""设立生产劳动课程"和"强化思想政治教育和对教师的思想改造"等举措，之后又作出"复归国家基础教育课程的统一管理"、"制定新的教学计划"以及"教材编写"等策略调整；[④] "文革"期间，课程"革命化"，教科书"政治化""形式化"，课程实施"实践化"，考试"开卷化"，脱离了基础教育课程改革的正轨。从新中国成立到改革开放这30 年间，基础教育改革在课程体系初步建构方面作出了一些有益借鉴和尝试，但课程改革显然还没有真正步入正常轨道。

改革开放以后，我国基础教育改革逐步拨乱反正，并于 1985 年开始了新时期第一场教育改革，大致涵盖以教育体制改革为中心的宏观改革（1985—1996 年）、以推进"素质教育"为中心的教育改革（1997—2003 年）及以提高质量、均衡发展和制度系统创新为重点的教育改革（2004 年以后）三阶段。[⑤] 其中，从 1985 年至 20 世纪末，我国基础教育课程改革取得了一些突破性的成就，如提出小学、初中和高中的培养目标，加强了德育，优化了课程结构，增强了课程设置，提出了课程三级管理构想，规定了考试考查等。[⑥] 具体

---

① 黄书光. 中国基础教育改革的历史反思与前瞻 [M]. 天津：天津教育出版社，2006：79.

② 胡德海. 论 20 世纪中国的教育改革 [J]. 教育研究与实验，2003（1）：16-20.

③ 叶澜. 中国基础教育改革发展研究 [M]. 北京：中国人民大学出版社，2009：266-268.

④ 彭泽平. 1958-1965 年我国基础教育课程改革的重新考察与评价 [J]. 东北师范大学学报（哲学社会科学版），2005（2）：155-160.

⑤ 叶澜. 中国基础教育改革发展研究 [M]. 北京：中国人民大学出版社，2009：65.

⑥ 黄甫全. 新中国课程研究的回顾与展望 [J]. 教育研究，1999，（12）：21-28.

表现在以下几方面。

第一，课程管理三级平衡。1989 年吕达等人在其撰写的英国教育考察报告中就曾提出"三级课程、三级管理"①的建议；1992 年我国首次提出了课程由中央、地方和学校三级共同管理的思想，1996 年颁发的《关于印发全日制普通高级中学课程计划（试验）的通知》（以下简称《课程计划（实验）》）对这一管理形式进行了确认；1999 年 6 月颁布的《中共中央国务院关于深化基础教育改革全面推进素质教育的决定》（以下简称《决定》）第 14 条再次肯定了这一形式："调整和改革课程体系、结构、内容，建立新的基础教育课程体系，试行国家课程、地方课程与学校课程。"②

第二，课程设置趋向综合。1986 年《义务教育全日制小学初级中学教学计划（初稿）》（以下简称《教学计划（初稿）》）除了提出开设常规的小学、初中必修课外，还提出"根据条件和需要，开设职业选修课或文化选修课，发展学生的兴趣和特长"③，对课程类型进行了必修和选修的初步划分；1992 年《九年义务教育全日制小学、初级中学课程计划（试行）》（以下简称《课程计划（试行）》）设置了国家课程（含"活动"）和地方课程，并提出"地方课程可以安排必修课，也可以安排选修课。可以开设适应地方经济建设需要的短期课，可以开设文化基础课"，"还可以为准备就业的学生提供职业预备教育或劳动技艺教育"④。国家、地方两级课程结构的提出与设置较之于 1986 年的《教学计划（初稿）》，本身即是重大改进。1996 年颁发的《课程计划（试验）》在课程设置上更明确地提出"普通高中课程由学科类课程和活动类课程组成"⑤。这一时期还出现了"从课外活动到第二课堂、第二渠道再到活动课、活动课程"⑥，从活动课程到借鉴国外经验、总结我国经验而"开设的各类活动课程整合起来的综合实践活动课程"⑦。此外，课程设置上的另一重大举措是学科综合课程的开设。新中国成立后至 20 世纪 80 年代，"分科课程一直占

---

① 吕达. 论我国基础教育课程改革的趋势［J］. 课程·教材·教法，2000（2）：1-5.
② 李建平. 基础教育课程改革项目启动［N］. 中国教育报，2000-07-18（001）.
③ 义务教育全日制小学初级中学教学计划（初稿）［J］. 人民教育，1986（12）：3-5.
④ 九年义务教育全日制小学、初级中学课程计划（试行）［J］. 人民教育，1992（9）：2-8.
⑤ 国家教育委员会. 关于印发《全日制普通高级中学课程计划（试验）》的通知［J］. 课程·教材·教法，1996（6）.
⑥ 张传燧. 综合实践活动课程论［M］. 广州：广东教育出版社，2004：104.
⑦ 张传燧. 综合实践活动课程论［M］. 广州：广东教育出版社，2004：108.

据主导地位"①。80 年代末 90 年代初，教育界及主管部门日益重视综合课程问题，并为此进行教学研讨，开展了系列综合课程改革实验，② 其中，上海综合文科课程改革实验中《社会》课程的设置"打破了传统的史、地分科界限，综合程度较高。尤其是中学阶段的融合型《社会》课程，在国内尚属首例"③。综合实践活动课程纳入中小学课程计划必修课当中，以及学科综合课程的开设正是在教学实际的基础上基础教育课程改革本土化发展的必然行为。

第三，课程评价日益全面。1992 年《课程计划（试行）》首次全面提出了评价的内容、方式、类型、时间、制度等；1996 年《课程计划（试验）》在规定评价的内容、方式、时间、制度外，又创造性地提出将部分必修学科作为考试科目，部分作为考查科目，活动课程只进行考评。

第四，课程目标逐步完善。1992 年《课程计划（试行）》在 1986 年的《教学计划（初稿）》的基础上分别对小学和初中的培养目标进行了提升：1992 年的小学阶段目标补充了"初步养成关心他人、关心集体、认真负责、诚实、勤俭、勇敢、正直、合群、活泼向上等良好品德和个性品质"④ 等要求；初中阶段的目标内容又充实为"具有守信、勤奋、自立、合作、乐观、进取等良好的品德和个性品质，遵纪守法，养成文明礼貌的行为习惯"⑤ 等。

第五，课程内容适时调整。1986 年《教学计划（初稿）》在制订教学计划的原则中提出，"调整课程内容，适当降低数学、物理、化学等课程的理论要求和适当降低习题难度，适当拓宽知识面，增加一些新的知识和实验，力求课程内容难易适度"⑥。1999 年《中共中央 国务院关于深化基础教育改革全

---

① 白月桥. 我国中学综合课程研究现状与改革前景 [J]. 教育研究与实验，1992（7）：5-8，39.

② 这一时期关于综合课程的实验主要有：东北师大和东北师大附中的"初中课程设置与综合教材的研究实验"，上海师大和上海师大附中的"初中综合理科研究和实验"，华中师大和华中师大第一附中的"初中课程改革"，辽宁教育学院和辽宁实验中学的"初中生物课综合开设的研究与实验"，上海市中小学课程教材委员会制订的"全日制普通高中课程改革实行方案"等。参见：白月桥. 我国中学综合课程研究现状与改革前景 [J]. 教育研究与实验，1992（7）：5-8，39.

③ 张肇丰. 中小学社会学科综合课程研究 [J]. 课程·教材·教法，1995（4、5）：14-17，10-17.

④ 国家教育委员会. 九年义务教育全日制小学、初级中学课程计划（试行） [J]. 人民教育，1992（9）：2-8.

⑤ 国家教育委员会. 九年义务教育全日制小学、初级中学课程计划（试行） [J]. 人民教育，1992（9）：2-8.

⑥ 国家教育委员会. 义务教育全日制小学初级中学教学计划（初稿） [J]. 人民教育，1986（12）：3-5.

面推进素质教育的决定》指出："抓紧建立更新教学内容的机制，加强课程的综合性和实践性、重视实验课教学，培养学生实际操作能力"[①]。

20世纪的我国基础教育课程改革，取得了诸多成就，促进了社会发展，虽然改革本身还远没有达到预期目的，"固有的知识本位、学科本位问题没有得到根本的转变"[②]，但在吸取历次课程改革教训、借鉴国外课程改革经验并基于"现实存在的课程与教学"实践基础，我国基础教育课程改革在很大程度上对传统优秀课程改革思路与改革成果进行了继承和发扬，在实践中逐渐形成了自身的特点：以探究我国素质教育课程体系的内在性格为立足点；以探究世纪课程改革的整体走势为基本内容；以课程改革专题研究（包括一般课程改革专题和学科课程改革）与国别研究纵横交织为逻辑线索。[③] 面向21世纪，受国际基础教育改革浪潮的助推，也因加入WTO（世界贸易组织）后教育面临人才标准、课程体系、教师功能、教育观念、教育服务等领域越来越国际化的挑战和压力，我国于20与21世纪之交陆续颁布了《九年义务教育全日制小学、初级中学课程计划》（1993年）、《全日制普通高级中学课程计划（试用）》(1996年)、《中共中央　国务院关于深化教育改革全面推进素质教育的决定》(1999年)、《国务院关于基础教育改革与发展的决定》(2001年)以及《基础教育课程改革纲要（试行）》(2001年)等文件，开始了新一轮基础教育课程改革。

三、 基础教育课程改革： 国际化与本土化的博弈

我国新一轮基础教育课程改革实践已十年有余，然而改革似乎并没达到预期成效，伴随新课改的深入，各种论争亦愈发聚焦于课程改革的方向性、理论基础及策略选择等问题，尤其是课程改革的"适应性"问题。是"削足适履"的国际化，还是"不必外求"的本土改良，抑或基于国际视域的本土化改革？全盘"国际化"，实际上是"唯西方中心"，也就是放弃了民族化和本土化；"不必外求"实际上是"唯我独尊""闭关锁国"，无须借鉴，盲目自信，不知

---

① 中共中央国务院. 中共中央　国务院关于深化基础教育改革全面推进素质教育的决定 [J]. 中发 [1999] 9 号，1999—6—13.

② 朱慕菊. 走进新课程——与课程实施者对话 [M]. 北京：北京师范大学出版社，2002：7-8.

③ 钟启泉，张华. 世界课程改革趋势研究 [M]. 北京：北京师范大学出版社，2001：前言.

彼此，也就会丧失在全球改革浪潮下赶超先进国家教育水平的良机。我国 21 世纪头十年的课改实践尽管仍显现出国际化与本土化的博弈，但毋庸置疑，坚持基于国际视域下的基础教育课程改革本土化应是我国未来课程改革的必然路向。

（一）"削足适履"的国际化不适合我国基础教育课程改革的实情

新课改实施以来，新的课程理念、课程体系建设如火如荼，大有否定传统、推倒现行教学体系而重建之势，如新的课程、教学、知识概念的厘定，自主、探究、合作学习理念的倡导，过程性、生成性、常模性、多元性评价的借用，还有对话、发现、范例、交往教学模式的引进等，无一不反映出课程与教学体系重建的特色。且不说这些新理念和新体系究竟在多大程度上可以反映并指导教学，单凭一个"新"字就使得某些概念似有从我国古代先贤典籍中析出之嫌，如合作学习、探究学习、对话教学等。另一方面，上述诸多理念都具有"非制度化"的特征，在现实的改革中，我们常常"以制度化的方式驾驭非制度化目标的变革，从而为变革造成了双向两难的困境"[1]，在"拿来"的时候，拿到了"形"却没有弄到"质"。再者，我们期待新课改的新理念、新设计、新方案、新内容、新模式、新评价等能给我国的基础教育带来翻天覆地的可喜变化，然而事与愿违，"十年声势浩大的课程改革所表现出来的种种证据表明，新课程所倡导的先进理念得到了很大程度的认同，但先进的理念与残酷的现实之间的'两张皮'现象不是存在，而是十分严重"[2]。当"先进理念"不能在中国的土地上开花结果的时候，至少说明了这样两个问题：一是西方先进的"理念种子"不适应中国基础教育课程改革的实际"土壤"，二是不顾长期耕耘的本国基础教育课程改革实际"土壤"去迎合西方的"理念种子"是行不通的。前一个问题可视为"外在提供"，后一个问题则属于"内在选择"，一旦选错了路径，背离了方向，后果自然"十分严重"。

我们轰轰烈烈地模仿西方各国的课程建设，搬用其课程理念，不问其体系和理念是如何建立在他国课程改革和教学实际基础之上的，更不问其体系和理念究竟如何能动地适应我国的课程与教学实际"土壤"，不加甄别地进行推广，

---

① 杨启亮. 课程与教学变革中的继承与借鉴［J］. 教育研究与实验，2007（6）：25-28.
② 崔允漷. 基于课程标准：让教学"回家"［J］. 内蒙古教育，2017（9）：20-24.

将西方的改革经验作为我国课改的"不二法宝"，唯西方之"优良品种"是瞻，并放弃自己长期耕耘的"责任田"，甚至要求"种田人"也抛弃固有的哪怕是先进的"农耕文化"，这种对现实的不尊重所导致的直接后果只能是前文提到的"两张皮"现象而非其他。"星星还是那个星星，月亮还是那个月亮"，理念是理念，实践归实践。盲目地追求国际化，削自己足去适别人履，不但在事实上背离了过往一个半世纪我国在优秀传统文化引领下所积累起来的行之有效的基础教育课程改革经验，而且在现实性上忽视了当前我国基础教育课程改革中不同区域对不同层次、不同教育资源的客观需求。"削足适履"的国际化犹如失去本国土壤的"国际花"，没能生长在自己的土壤上，成为"无源之水，无本之木"，缺乏根本的生命力，枯萎凋谢亦在所难免。由此看来，我国基础教育课程改革必须从本国的国情实际出发，追求一种"合适的变革"。

（二）坚持国际视域下的基础教育课程改革本土化

基础教育课程改革本土化，首先是一种"继承中的变革"，即建立在坚守本国优秀的课程与教学传统及其文化基础之上的变革与创新，选择一条民族化的路向。批判地继承我国优秀的课程与教学传统及历史绵长的民族或本土文化，包括古代的课程与教学智慧、近代以来的教育改革理论与实践经验，以及新中国成立后特别是改革开放以来历次课程与教学改革的理论与实践经验等，是不断推进我国基础教育课程改革向前发展的根本的内源性动力。例如，"正业"与"居学"相结合的课程内容观，教学相长、循序渐进、启发诱导、因材施教、"豫""时""孙""摩"的教学原则观，"善教善学"的教学方法观，"考校视察"的教学评价观等；又如，清末民国社会转型时期洋务派、维新派的教育革新与实践，近代学制（壬寅-癸卯学制、壬子-癸丑学制特别是在此基础上制定并完善的壬戌学制）改革下的课程改革理论与实践，蔡元培的"五育并举"方针与课程实践、黄炎培的"手脑并用"教学原则与"敬业乐群"职业道德标准下的课程实践，陶行知的生活教育、师范教育和创造教育思想下的课程实践，晏阳初的平民教育和乡村改造运动下的课程实践，梁漱溟的乡村教育与乡农学校下的课程实践，以及陈鹤琴的儿童教育与"活教育"理论下的课程实践等；再如，我国 20 世纪 80 年代课程结构调整，90 年代三级课程管理的提出，综合课程的开设，21 世纪初综合实践活动课程的实施等；这些皆为实践所证明行之有效且至今仍熠熠生辉的我国本土课程教学理论与实践，同样亦证明，只有植根于优秀文化传统的课程教学理论与实践才能焕发出巨大的现实生命力。否则，再好再先进的理论都只能如建构主义、后现代主义等课程理论一样风靡一时，无法触动我国基础教育课程体系的根基。

其次是一种国际化视域下的本土改革与发展，即在比照、借鉴的基础上博采众长，"美人之美"，取人之长，将外在的"化"为本土的，让西方的"种子"适合中国的"农田"。从这个意义上讲，基础教育课程改革本土化不是"不必外求""井蛙观天"式的本土改良，而是以"发明本心"、继承优良传统为主体，立足本国实际，批判吸收国外先进的课程与教学理论与实践经验，以达至"洋为中用"。处于世界基础教育改革大潮之中的我国基础教育课程改革，不仅离不开国际化而且也需要国际化，并且还将带着本土特色走向国际化。在保有民族特色的同时，以"国际化视域"来审视我国的基础教育课程改革，承认国际差异，尊重并吸收他国优秀理论与文化，使其合理的成分能有机地融入本土，"美美与共"，促进本土文化发展与课改实践创新，不仅必要，也是必须。

国际化视域下的基础教育课程改革，是"在国际化视域中生成本土化"①，是"外铄式"吸收与内源性发展的恰切结合，也是我国未来基础教育发展及其现代化的必然路径。国际化与本土化相辅相成，国际化是外因，本土化是根本，"外铄"的国际化只有回归本土的教育理论与实践中，才能更好地促进我国基础教育的本土化生长。因此，必须坚持继承本民族优秀的教育传统和本土实践，坚持基于国际化视域下的我国基础教育课程改革本土化，"和而不同"②"周而不比"③（孔子语），既要顺应和适合国际基础教育课程改革的大趋势，又不能一味迎合、盲目照搬、随波逐流，要走出一条有中国特色的基础教育课程改革本土新路。如此，本土的也就是国际的，民族的也就是世界的。

---

① 杨启亮. 守护家园：课程与教学变革中的本土化 [J]. 教育研究，2007（9）：23-28.
② 《论语·子路》："子曰：'君子和而不同，小人同而不和。'"
③ 《论语·为政》："子曰：'君子周而不比，小人比而不周。'"

第二章　新世纪基础教育课程未来改革的理论

　　我国新世纪基础教育课程改革在一片全面推进素质教育的呼声中已经进行了 20 年，目前正向纵深发展。这次基础教育课程改革是在引进国外当代课程理论如建构主义课程论、后现代课程论、活动课程论（实践课程论、探究课程论、过程课程论都属于此类课程理论）、多元智能理论等指导下进行的。实施的结果表明，这些由外国移植来的理论具有"水土不服"现象。习近平总书记在全国教育大会上指出，必须坚持扎根中国大地举办中国特色教育。面向未来，新时代基础教育课程改革急切呼唤本国课程理论或曰本土课程理论的指导。所谓本土课程理论，即在本土（国）生长、由本地（国）人创建、为本土（国）课程教学变革发展服务的课程理论。在本土课程教学理论指导下，才能创造性地提出和创新性地生成具有本土文化根魂的课程教学模式。于是，立足教学主体生命、着眼于教学生命生长、密切联系社会现实生活、重视教学活动弹性生成的"四生课堂"理论和教学模式应运而生。

第一节　本土课程教学论：实践呼唤与理论自觉①

本土课程教学论，是由我国传统教育家在中国的教育土地上原创的土生土长的适应和反映了中国悠久课程教学实践的特点和规律的课程教学思想理论体系。起源非常久远，内容十分丰富，体系非常完整，思想非常深刻。影响基础教育课程改革成效的原因很多很复杂，其中恐怕与课改实践的急于求成、课改理论的崇洋媚外有关。这种状况已经严重不适应课程改革实践对理论的呼唤，建设适应本土课程教学实践的本土课程教学理论体系，已经刻不容缓地摆在广大课程教学理论工作者的面前。建设本土课程教学论，不仅是课程教学实践的迫切呼唤和课程教学论学科自身发展的内在需要，更是民族文化主体自觉、本土课程教学理论自信的表现。建构本土课程教学论，应采取以下策略：（一）继承和创造性转化传统课程教学论思想；（二）借鉴和创造性转化国外课程教学论思想；（三）大力开展课程教学实验；（四）推进当代课程教学论的整体创新和原创性探索。

一、内涵与内容

要理解"本土课程教学论"的内涵，首先必须弄清楚"本土"的含义。所谓"本土"或曰"本土的"（indigenous），即指本地的土生土长的（事物）。本土的事物，一般具有三个特征：第一，本地性，即土生生长的而非外来的事物；第二，适应性，即与本地事物发展情形相符合的；第三，原创性，即由本地人创造的而外国没有的事物。很多人将本土的看成传统的，那是一种片面的、静止的、僵化的看法。其实，本土的不等于就是传统的，比如"佛教"之于中国，现在肯定属于中国传统的了，但它不是本土的，而是外来的。因此只要符合上述三个条件，就都是本土的，不管它是传统的还是现代产生的。

由此可知，本土课程教学论，就是指由我国传统教育家在中国这块土地上

---

① 原载《课程·教材·教法》2016年第4期第57-64页。收入本书时个别文句有所改动。

原创的土生土长的适应和反映了中国悠久课程教学实践的特点和规律的课程教学思想理论体系。由于中国现代课程教学论主要是在移植西方近现代课程教学论基础上建立起来的，虽然经过百年来几代人的努力，在吸收消化的基础上，经过实践和理论的双重改造，已经有了部分本土化的成果，[①] 但也不得不指出，这些成果的本土痕迹仍不甚明显而移植的痕迹却相当浓厚，几乎是西方近现代课程教学论的翻版，离真正的本土化相差甚远。所以，"本土课程教学论"，主要是指"中国传统课程教学论"，那些所谓把由外国引进的课程教学理论"本土化的中国现代课程教学论"不在本书讨论之列。

由"本土"的特性可知，本土课程教学论也应具有三个特性：一是本地性，即本土生长的，也就是说本土课程教学论是中国这块土地上产生的而非来自国外的；二是适应性，即这种课程教学理论是符合中国课程教学实际情形并反映了中国课程教学规律的；三是原创性，即中国本土课程教学论是本国人自己通过研究与实践创造出来的具有鲜明本国特色的。因此，本土课程教学论是本土原生的，扎根于本土的，也是为本土课程与教学实践服务的。

本土的或曰传统的课程教学论包括哪些内容，有没有体系可言？笔者研究传统课程教学论多年，发现本土或曰传统课程教学论不仅内容十分丰富，体系非常完整，而且思想非常深刻和科学。

进入新世纪基础教育新课程改革以来，理论与实践界无不提倡"体验教学""生成教学""实践教学""自主学习"，并将其视为所谓国外的新的或曰现代的先进的教学模式和理念。其实，懂一点中国教育史的人都知道，这些既不是纯来自于国外，也不是所谓新的现代的，它们早已根植于我国数千年教育的历史，源于我国历代教育家的教育智慧，在教育教学实践中发挥出很大的指导作用。

譬如，"体验教学"，一般认为，始于约翰·杜威，成于大卫·库伯（David kolb），后者在《体验学习：体验——学习发展的源泉》（*Experiential Learning*：

---

① 比如，王策三的《教学论稿》（人民教育出版社，1985）、陈侠的《课程论》（人民教育出版社，1989）、李秉德的《教学论》（人民教育出版社，）1991、吴也显的《教学论新编》（教育科学出版社，1991）、廖哲勋、田慧生的《课程新论》（教育科学出版社，2003）、裴娣娜的《现代教学论》（三卷本）（人民教育出版社，2005）、张传燧的《课程与教学论》（人民教育出版社，2008）、黄甫全的《现代课程与教学论》（人民教育出版社，2011），以及更多的其他专家的课程与教学论著作，在此恕不一一列出。

Experience as the Source of Learning and Development）一书中提出了颇具影响的体验学习概念。实际上，中国早就有体验学习思想。宋代教育家朱熹在《朱子语类》卷一一九中说："讲论自是讲论，须是将来自体验。""体验是自心里暗自讲量一次。"又说："从容乎句读文义之间，而体验乎操存践履之实。"① "体验"即"切己体察"，为"朱子读书六法"之一。明代教育家王守仁在《传习录》卷中批评当时读书学习风气，提倡体验学习，他说："……皆是就文义上解释，牵附以求，混融凑泊，而不曾就自己实工夫上体验。"这些，讲的恰恰就是"体验式学习"，比杜威、库伯等早了好几百年！

又如，"生成教学"，学界认为其最初提出者是维特罗克（Wittrock），1974年，他在《美国心理学家》杂志上发表《作为生成过程的学习》（*Learning as a Generative Process*），正式提出生成学习理论。他认为，生成学习过程主体根据自己的态度、需要、兴趣和爱好以及认知策略对当前环境中的感觉信息产生选择性注意，获得选择性信息并利用原有的认知结构建构该信息的意义，从而获得新知识、新经验的过程。简言之，生成教学是指教师和学生根据不同的教学情境和状态自主构建、动态形成教学活动的过程。这种思想其实早在先秦儒道两家就有。在孔子与其学生关于"礼""仁""孝""行""志"等问题的对话中可以看出，他的教学重点不再使学生获得一般性或通识性或公理性知识，而是发现和生成属于学生个体的差异性、选择性知识。他们的教学活动也没有固定的模式，而是一个复杂多变的动态生成过程。道家老庄以及后来受其影响的魏晋玄学都强调学生个体认识的"自生""自成""自化"。老子就有"相生相成"的"生成"思想："有无相生，难易相成。"② "生成"合为一词最早出自《晋书·应詹传》："（韦泓）既受詹生成之惠。"后历代士人都用到了此概念，为"生长""形成"之意。譬如唐杜甫《屏迹》诗之二："桑麻深雨露，燕雀半生成。"宋范仲淹《水车赋》："假一毂汲引之利，为万顷生成之惠。"明唐顺之《重修瓜州镇龙祠记》："夫生成百谷以粒民，孰非天地之功。"李东阳《求退录·奏为陈情乞恩休致事》："伏望陛下垂天地生成之仁，推家人父子之爱，特降俞音，许令退休。"虽然没有明确提出"生成"的概念，但明显具有"生成学习"思想的性质。

---

① 张伯行. 学规类编卷四·诸儒读书法［M］. 上海：商务印书馆·丛书集成初编本，1936：36.
② 《道德经》第二章。

再如，"实践教学"，一般认为，施瓦布是其代表性人物。他掀起了课程走向实践的运动。他强调课程的实践旨趣，以行为选择为目标，把课程看成一个实践探究的过程，强调具体情境中的教学，强调知识的意义来自于特定情境中的构建。他认为，教与学的问题要根据实用的而不是理论的观点来处理。他一连写了四篇论文《实践：课程的语言》《实践：转换成课程》《实践：折中的艺术》《实践：课程教授要做的事情》，施瓦布通过"实践"系列论文详细阐述了他的实践课程观。强调实践的教学价值，其实起源于中国先秦。儒家孔子非常重视行（实践）在教学过程中的作用，主张"力行"。[①] 他认为，行是学的前提，"行有余力，则以学文"；[②] 行是学的目的和检验知识真伪的标准："诵《诗》三百，授之以政不达，使于四方不能专对，虽多，亦奚以为？"[③] 从根本上说，"行即学"，行的过程就是学的过程："贤贤易色；乃父母能竭其力；事君能致其身，与朋友交言而有信，虽曰未学，吾必谓之学也"。[④] 墨家墨子特别强调行，把行提到基础和根本的高度来加以重视，"士虽有学，而行为本焉。"[⑤] 就连道家老子也非常重视"行"："上士闻道，勤而行之；中士闻道，若存若亡；下士闻道，大笑之。"[⑥] 到后来，宋明理（心）学家朱熹、王守仁也重视行。朱熹说："夫学问岂以他求？不过欲明此理，而力行至耳！""故圣人教人，必以穷理为先，而以力行终之。"所以他持"知轻行重"观："论先后，知为先；论轻重，行为重。"[⑦] 王守仁主张"知行合一"，"知行原是两个字说一个工夫。"[⑧] "知是行的主意，行是知的功夫；知是行之始，行是知之成。若会得时，只说一个知，已自有行在；只说一个行，已自有知在。"[⑨] 王守仁认为，学习并不只是纯粹观念上的，而必须落实在行为实际当中。清初颜元更是彻底的"实践教学"论者："读书无他道，只须在'行'字上著力"[⑩]，

---

① 《礼记·中庸》。
② 《论语·学而》。
③ 《论语·子路》。
④ 《论语·学而》。
⑤ 《墨子·修身》。
⑥ 《道德经》第 41 章。
⑦ 《朱子语类》卷九《学》三《论知行》。
⑧ 王守仁. 王阳明全集卷六·答友人问 [M]. 上海：上海古籍出版社，1992：209.
⑨ 王守仁. 王阳明全集卷一·传习录上 [M]. 上海：上海古籍出版社，1992：4.
⑩ 颜元. 颜元集·颜习斋先生言行录卷上·理欲第二 [M]. 北京：中华书局，1987：623.

要求学生"只向习行上做功夫，不可向言语、文字上著力。"[①] 强调在学习过程中要把读书和习行活动紧密相连，结合实际情况进行练习。后来，陶行知主张"教学做合一"，主张"教的方法要根据学的方法，学的方法要根据做的方法。事怎样做就怎样学，怎样学就怎样教，教与学都以做为中心。"[②] "教学做是一件事，不是三件事。我们要在做上教，在做上学。在做上教的是先生，在做上学的是学生。从先生对学生的关系说：做便是教，从学生对先生的关系说：做便是学。先生拿做来教，乃是真教；学生拿做来学，方是实学。"[③] 这些思想至今仍有非常重要的理论与实践价值。

再譬如，"自主学习"，它是学生充分发挥其主体作用，通过独立的分析、探索、实践、质疑、创造等方法来获取知识、培养能力、实现学习目标的一种学习方式，具有自立性、自为性、自律性三大特点。自主学习亦非如学界所说的"是与传统的接受学习相对应的一种现代化学习方式"，而是在我国具有久远的历史，始于先秦儒道两家，历代教育家均高度重视。老子主张"自生""自化"："无为而民自化，好静而民自正，我无欲而民自朴。"[④] 孔子"自省"："见贤思齐焉，见不贤而内自省也。"[⑤] "自省"及"反思"，他主张做到"九思"："视思明，听思聪，色思温，貌思恭，言思忠，事思敬，疑思问，忿思难，得思义。"[⑥] 强调学生主体的主动学习："仁远乎哉？我欲仁，斯仁至矣。"[⑦] "为人由己，而由人乎哉？"[⑧] 宋代教育家朱熹更加重视自主学习。他说："读书是自家读书，为学是自家为学，不干别人一线事，别人助自家不得。"又说："某此间讲说时少，践履时多。事事都用你自去理会，自去体察，自去涵养。书用你自去读，道理用你自去究索。某只是做得个引路底人，做得个证明底人，有疑难处，同商量而已。"[⑨] 中国古人论述自主学习的思想不胜

① 颜元. 颜元集·颜习斋先生言行录卷下·学须第十三 [M]. 北京：中华书局，1987：663.
② 陶行知. 教学做合一下之教科书. 陶行知全集（第2卷）[M]. 长沙：湖南教育出版社，1984：289.
③ 陶行知. 教学做合一下之教科书. 陶行知全集（第2卷）[M]. 长沙：湖南教育出版社，1984：289.
④ 《道德经》第57章。
⑤ 《论语·里仁》。
⑥ 《论语·季氏》。
⑦ 《论语·述而》。
⑧ 《论语·颜渊》。
⑨ 《朱子语类》卷十三。

枚举。其原因在于，中国古代教育家往往是以学论教，强调学生独立自主的学习。在他们的教育活动中，往往是教师教的时候少，学生学的时候多，有疑难处在一起讨论商量。学生充分发挥出作为学习主体的主观自觉能动作用。这和自主学习思想不谋而合，可以说，后者是对前者合乎逻辑的继承和发展。

除了这些具体思想内容外，"课程"与"教学"这两个课程教学论的核心概念，也更是始于中国。

"课程"一词在我国始见于北魏。北魏凉州沙门慧觉在翻译《贤愚经·阿难总持品第三十八》中说："有一比丘，畜一沙弥，恒以严敕，教令诵经，日日课程。"这里，"课"为考核，"程"为进度。所谓"教令诵经，日日课程"，意思是比丘每天考核弟子持诵经文的进度及其效果。"课程"虽含有教学内容及其进程之意，却为动宾词组，与现代"课程"的含义不甚相同。唐代孔颖达在《五经正义》中将《诗·小雅·小弁》"奕奕寝庙，君子作之"句注疏为"以教护课程，必君子监之，乃得依法制也"。在这里"课程"已变为名词，指内容及其修业进程之意。到了宋代，"课程"概念被理学教育家们普遍使用开来。如朱熹多处使用"课程"："读书穷理，则细立课程"，"严立课程，宽着意思"，[①]"立一个简易可常的课程，日日依此积累工夫"，[②]"量力所致，约其课程而谨守之"，[③]"宽着期限，紧着课程"，[④]"小立课程，大作功夫"。[⑤] 陈鹄、刘克庄等人的著作业出现过"课程"概念。如陈鹄在《耆旧续闻·卷二》中提出："后生为学，必须严定课程。"刘克庄《后树集》中的《即事诗》之一说："秃翁未敢侠余生，洗竹浇兰立课程。"元代程端礼的《读书分年日程》就相当于现在的课程计划及日课程表，也就是课程科目及其实施进程之意，明确规定了学校的分阶段课程及其实施进程和考核标准。明代王阳明在《牌行委官陈逅设教灵山》一文中有"亦或时出经书策论题目，量作课程；就与讲析文义，以无妨其举业之功"句。[⑥] 其中的"课程""经书策论""讲析"等，就是课程科目及其教学的意思。到近代，"课程"概念的使用就较为广泛了。如清光绪年

---

① 毛礼锐等：《中国古代教育史》（重排本）［M］. 北京：人民教育出版社，1998：344.
② 《答吕子约》。
③ 《朱子大全 读书之要》。
④ 《朱子读书法》。
⑤ 《朱子全书 论学》。
⑥ 《王阳明全集》之《知行录》之六《公移》三。

间陈惟彦编写有《幼学分年课程》，王晋之著有《问青园课程》，两书都以"课程"命名。这里，要数朱熹的课程思想最为系统，首先，他的"课程"不仅含有教学的范围、科目及其教学顺序和进程的意思，也具有教学的标准、计划的意思。其次，他主张课程设置应当严格、具体、规范、简明（"严立""细立""小立""简约"）；再次，教学应当根据学生的实际情况严格按照课程计划进行（谨守）；第四，课程实施即教学是一个长期的持恒的循序渐进过程。可见"课程"并不是一个外来词，而是我国土生土长的，具有鲜明的本土化色彩。在我国古代，课程思想不是没有而是十分丰富，不是落后于而是领先于西方。如果从北魏算起，则使用课程的概念早于西方 1500 年〔在西方英语世界里，课程（Curriculum）一词最早见于英国教育家斯宾塞（H. Spencer）《什么知识最有价值?》（1859）一文中〕。如果从元代算起，系统设计和编排学校分学年及学日课程的书比西方要早近 600 年!①

"教学"一词在中国始见于《礼记·学记》，在该书中，作者提出了"教学为先""教学相长"等概念，当然这里还不是现代意义的"教学"。《孔子家语·七十二弟子解》："颜由，颜回父，字季路。孔子始教学於阙里而受学。"《后汉书·章帝纪》："（章帝）诏曰盖三代导人，教学为本。"《东观汉记·邓禹传》："（邓禹）笃於经书，教学子孙。"《南史·崔祖思传》："自古开物成务，必以教学为先。"北宋欧阳修在为北宋大教育家胡瑗撰写"墓表"说："先生之徒最盛，其在湖州之学，弟子去来常数百人，各以其经转相传授。其教学之法最备，行之数年，东南之士莫不以仁义礼乐为学。"② 宋代以后，人们所使用的"教学"概念的含义已接近现代了。从专著出现的早晚来看，夸美纽斯所著的《大教学论》堪称西方第一本教学论专著，而它的出现比《学记》晚了近 2000 年。《学记》反映了传统中国人高超的教育教学智慧，是中国人为世界教学论所作的开创性贡献。在汉语语境里，"教"字的原始含义就包含教师的教和学生的学，③ "教学"更明显地指示了教师的教和学生的学的含义。在英语语境中，无论是"teach"还是"instruct"都只有教而没有学的含义。所以到近代，陶行知不满意学界停留于西方只论教不论学的状况，主张"教学合一"，

---

① 元代程端礼于元延祐二年（公元 1315 年）即编成《读书分年日程》，西方直到 1918 年才由博·彼特编著出版第一本《课程》专著.

② 《欧阳文忠公文集》卷 25《胡先生墓表》，四部丛刊本.

③ 张传燧. 中国教学论史纲 [M]. 长沙：湖南教育出版社，1999：73-75.

提出把"教授法"改为"教学法"，[①] 无疑是继承了这种传统思想。可见，传统中国人对"教学"的理解是全面的深刻的符合教学实际情形的。

本土课程教学论不仅内容丰富，而且体系完整。其体系包括："以学论教"的教学本质论[②]、"君子、成人"的教学目的论[③]、"教学相长"的教学主体论[④]、"仁礼文行"[⑤]并重的课程论、"启发诱导"的教学模式论〔传统教育家们提出并实施的教学模式主要有：启发教学（孔子）、致疑教学（问题教学）（朱熹）、趣味教学（王阳明、王国维）、自学指引（朱熹）、置疑商讨（朱熹）、会讲论辩（朱熹）、习行教学（颜元）、实践探究（"教学做合一"陶行知）等。〕、知行合一的教学过程论〔传统教学过程思想的观点主要有：学思习行（孔子）、闻见知行（荀子）、学问思辨行（《中庸》）、知行合一（王阳明）、学问思辨习行（朱熹、王夫之）、教学做合一（陶行知）等。〕、系统完善的教学

---

①　陶行知. 教学合一［J］. 时报·教育周刊·世界教育新思潮，1919（1）.

②　"以学论教"就是从学生学的角度来论述教学。主要观点为：以"学"为中心，重学生，重学习，重体验，强调主动学习、德艺双修。

③　孔子认为，"君子"是基本的教学目的，"成人"是最高的教学目的，"君子道者三，我无能焉；仁者不忧，智者不惑，勇者不惧。"（宪问）"若臧武仲之智，公绰之不欲，卞庄子之勇，冉求之艺，文之以礼乐，亦可以为成人矣。"（宪问）荀子后来也提出"全粹之成人"的教育目标观。《劝学篇》："君子之不全不粹之不足以为美也。故诵数以贯之，思索以通之，为其人以处之，除其害以持养之。……是故权利不能倾也，群众不能移也，天下不能荡也。生乎由是，死乎由是，夫是之谓德操。德操然后能定，能定然后能应。能定能应，夫是之谓成人。天见其明，地见其光。君子贵其全也。"与孔子的"成人"目的思想如出一辙。

④　孔子就有师生互动、教学相长的思想。他说："（起予者）赐也，始可与言《诗》已矣。"（《论语·学而》）"起予者商也，始可与言《诗》已矣。"（《论语·八佾》）《学记》明确提出"教学相长"，虽是指教师的教学互促，但仍可指师生互动关系。韩愈提出"弟子不必不如师，师不必贤于弟子"，实质也是指师生教学相长的关系。朱熹强调学生自学，教师辅导答疑，主张"有疑难处，同商量而已"。（《朱子语类》卷八）

⑤　这是孔子及儒家关于以道德教育为核心以文化知识为基础以礼仪规范为轨仪以躬行实践为置想的课程内容结构观。《论语·学而》："君子务本，本立而道生。孝弟也者，其为人之本与？""仁"是儒家伦理道德的总规范。孔子把以仁为核心的道德教育放在非常突出的位置。据《论语·先进》载，他把"德行"科放在德行、言语、政事、文学"四科"之首："德行：颜渊、闵子骞、冉伯牛、仲弓。言语：宰我、子贡。政事：冉有、季路。文学：子游、子夏。""礼"是与"仁"紧密联系的科目，属于"政事"范畴。"礼"指西周以来的政治制度和礼仪规范，礼仪教育是培养有教养的"君子"所必须的，使其成为文雅、守纪之人。"文"即文化知识教育。孔子十分重视"文"教，将其作为"四教"（《论语·述而》："子以四教：文、行、忠、信。"）之首。孔子开展文化知识教育所使用的教材就是经他编纂整理编写的《诗》《书》《礼》《乐》《易》《春秋》等六部西周遗存下来的儒家经典（后世尊称为"六经"）。"行"指实践行为训练，以培养学生的生活实践能力及其相应行为。"仁礼文行"四类课程相互关联，共同构成孔子"君子"教育的整体课程体系。

原则论①、发达实用的学习方法论②、知能结合的教学评价论③以及系统成熟的教师论④，如下图所示。⑤

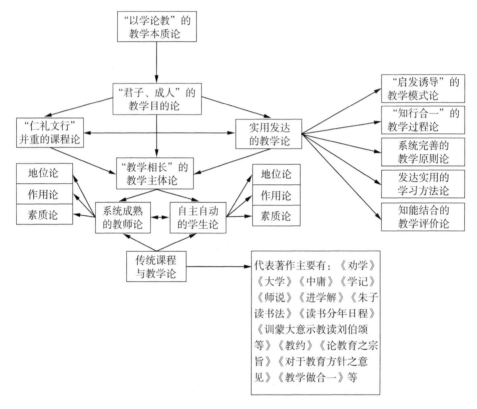

本土课程教学论体系结构图

---

① 传统教学原则思想的内容，概括起来主要有：尚志激趣、因材施教、启发诱导、循序渐进、知行结合、温故知新、德智统一、教学相长、藏息相辅、长善救失等。

② 传统学习方法思想观点主要有：立志守恒、虚静专一、学思并重、博专结合、知行合一等，主要集中在荀子《劝学》、韩愈《进学解》、朱熹《读书法》等篇章中。

③ 《学记》的教学评价观是德行结合："比年入学，中年考较：一年视离经辨志，三年视敬业乐群，五年视博习亲师，七年视论学取友，谓之小成；九年视知类通达，强力而不返，谓之大成。"汉代察举制的教学评价观是德业结合，表现为孝廉试经、秀才试策；隋唐科举制的教学评价观是知识与能力结合：帖经与墨义是考知识，策问（策论）是考综合能力。

④ 孔孟荀及后世教育家均有十分丰富的教师思想。集中论述教师问题的莫过于韩愈言简意赅、系统全面深刻的《师说》。

⑤ 张传燧. 本土课程与教学论：内涵、体系及其特色［J］. 湖南师范大学教育科学学报，2014（1）：36-40.

习近平同志 2014 年 10 月 5 日在文艺工作座谈会上讲话指出，这些年来，文艺界很多人"以洋是尊""以洋是美""唯洋是从"，跟在别人后面亦步亦趋，东施效颦，还有一些人甚至热衷于"去思想化""去价值化""去历史化""去中国化"。因此，我国基础教育课程教学改革要进一步深化发展并取得良好成效，不能完全依靠"洋理论"，迫切需要符合我国文化传统和基础教育实际的能够指导我国课程教学实践的理论即本土课程教学理论。唐名相魏徵说："欲求木之长者，必固其根本，欲流之远者，必浚其泉源。"① 本土课程教学论不仅起源最早、内容丰富、体系完备，而且观点辩证，见解深刻。值得我们深入发掘，继承创新，发扬光大，用以指导当今课程教学实践。

二、　实践呼唤

新世纪基础教育课程改革，已经取得了五大显著成效和五条有益经验。（五大显著成效是：一、促进了先进教育理念的传播；二、基本建立了有中国特色的、更加符合时代要求的新课程体系；三、制定和颁行了新的课程计划和课程标准，编写出版了体现新课程理念的多样化教材；四、一些新的课程理论如"国家课程、地方课程、校本课程、综合课程"等理论渐趋成熟；五、多层次教师培训取得明显实效。五条有益经验是：一、政府高度重视是课改实施并取得成效的有力政治保证；二、先进科学的理论指导是课改实施的必要理论条件；三、课程改革实验需要坚持先实验后推广的科学原则；四、开展多层次教师培训是课改有效实施的基本人才保障；五、课程改革实验需要加大宣传力度以获取社会大众的广泛支持。）② 但毋须讳言，课改并未达到改变沉闷、僵化、封闭、单一的课堂教学整体现状的目的，中小学课堂教学的现状仍然是：教师穿着课改的新鞋走着应试的老路，工作仍然很累；学生的书包依然很沉，学习负担仍然很重。不仅是许多专家学者的共识，就连教育行政部门也不得不承认这一点。教育部《关于深化基础教育课程改革进一步推进素质教育的意见》都

---

① （清）董诰、阮元、徐松等. 全唐文·卷一百三十九·魏徵·第二疏（谏太宗十思疏）［M］. 北京：中华书局，1983.

② 张传燧《课程改革在路上：历史、现实与未来》［J］，载《课程·教材·教法》2015 年第 8 期第 5 页.

不得不承认"基础教育课程改革仍然面临严峻挑战","还面临着许多困难和问题"。阻滞基础教育课程改革深入推进并取得实效的原因固然很多很复杂，除了社会宣传不够、师生发动不够、学校发挥不够等外，恐怕还与课改实践的急于求成、课改理论的崇洋媚外有关。

所谓课改实践的急于求成，指新课改领导者和专家们期望通过这次课程改革解决我国基础教育课程教学长期存在的过于注重知识传授、强调学科本位、注重书本知识、强调接受学习、强调甄别选拔、管理过于集中等深重积弊问题。要解决这些问题，就要实现课程教学的"六大转变"：形成积极主动的学习态度，使获得基础知识与基本技能的过程同时成为学会学习和形成正确价值观的过程；整体设置九年一贯的课程门类和课时比例，设置综合课程，以适应不同地区和学生发展的需求，体现课程结构的均衡性、综合性和选择性；加强课程内容与学生生活以及现代社会和科技发展的联系，关注学生的学习兴趣和经验，精选终身学习必备的基础知识和技能；倡导学生主动参与、乐于探究、勤于动手，培养学生搜集和处理信息的能力、获取新知识的能力、分析和解决问题的能力以及交流与合作的能力；发挥课程评价促进学生发展、教师提高和改进教学实践的功能；建立国家、地方、学校三级课程管理制度，增强课程对地方、学校及学生的适应性。[①] 但他们忘记了，其实任何改革都只是不断逼近目标的过程，改革永远在路上。"课程改革是一个连续的过程。每次课程改革都只是这个连续过程中的一个阶段或环节，它既承接历史，也导向未来。因此，课程改革只有进行时，没有完成时。"[②] 期望一蹴而就、一锤定音，永远也不可能。课程改革，必须坚持"改革改革再改革"的精神，坚持不懈，持之以恒，不断创新，方能取得实效。

所谓课改理论的崇洋媚外，指用来指导新课改的理论主要是舶来的课程教学理论。"仔细研究《纲要》，我们可以看出此次课程改革的理论来源主要是建构主义、人本主义、多元智能理论、实用主义"以及后现代主义等外国课程与教学理论等[③]。这些理论大多产生于 20 世纪社会生产力高度发达、教育基础优良、文化价值多元的美国。实践证明，这些理论不完全适合我国教育传统和

---

① 教育部. 基础教育课程改革纲要（试行）[N]. 中国教育报，2001-7-27（2）.
② 张传燧. 课程改革在路上：历史、现实与未来 [J]. 课程·教材·教法，2015（8）：3-9，42.
③ 易森林，欧阳宇. 基础教育课程改革中的问题反思 [J]. 现代教育科学，2005（10）：20-21.

基本国情，实施结果显现出"水土不服""消化不良"等现象。因为在某种程度上来说，我国还不具备实践这些教育理论的社会背景、教育基础和价值观念、文化传统。更有甚者，不少人热衷于炒"洋理论"，一会儿是"建构主义"，一会儿是"多元智能"，一会儿又是"后现代主义"；一会儿"体验教学""生成教学"，一会儿又是"实践教学""自主学习"；或者不是"微课程"（微视频），就是什么"翻转课堂"：真乃"此番唱罢彼登台"，花样翻新，好不热闹！这些人倾向于认为，凡是外来的"洋理论"都是崭新的、先进的、科学的，拉"洋"皮作大旗，哗众取宠吓唬人，甚至招摇撞骗。[①] 其表现为：第一，全盘照搬，完全是别人的。对国人耳熟能详、经数千年课程教学历史和实践双重检验、行之有效、反映了本土课程教学实践规律的东西，他们或视而不见，或认为是"土"的、陈旧的、落后的、不科学的东西而嗤之以鼻、不屑一顾。第二，"削足适履"，将自己的全纳入别人的话语体系中，完全失却自我传统与特色。第三，否定自我，数典忘祖。更有甚者，很多人不是沉下心来做点扎实的工作，而是喜欢追赶时髦，把在国外刚刚兴起尚未经过课程教学实践检验的课程教学理论或课程教学模式视为先进的科学的东西，大肆炒卖、全面推销，刚提"行动研究"，马上就"质性研究"，过不久又"叙事研究"起来；刚鼓噪"探究教学""参与教学""合作教学"，马上又"微课程（视频）""翻转课堂"，走马灯似的，令人应接不暇。不要说其中有些东西并非如他们所说是国外的新的，其实本源于中国，就是那些即使在国外被原生国课程教学实践检验证明是科学正确的东西也未必完全适合中国课程教学实际。

深入推进基础教育课程改革，一方面，需要借鉴他山之石，吸收国外课程教学改革的有益经验和种种"洋理论"适合中国教育情形的东西，但不是不管其适合不适合都统统拿来，简单的移植照搬都会因不适合中国教育国情而产生"水土不服"现象，更不是"唯洋是尊""唯洋是美""唯洋是从"，热衷于"去历史化"（去传统化）、"去中国化"，跟在别人后面亦步亦趋，东施效颦。另一方面，需要在继承弘扬本国传统课程教学理论精华的基础上，建构反映我国课程教学传统的传承性和课程教学实践的规律性、具有课程教学实践的指导性、具有时代精神和本国文化教育特点的本土课程教学论。

---

① 参见张传燧. 论课程与教学论本土化［J］. 教育研究，2012（3）：82-86.

课程改革的深化迫切需要理论指导，特别需要既继承本土课程教学理论传统又根源于本土课程教学实践的理论的指导。我国传统课程教学理论比较起来有两大突出特点：一是轻课程重教学。从先秦孔子推行六艺课程，采用六经教材，到后来唐宋时奠定下来的经学课程和十三经教材，除朱熹集注"四书"外，中国古代学校课程并未有多大实质性的变化。但教学却受到教育家们的格外重视。他们很少论述教学什么（即课程内容），更多的是在论述如何教学（如何学习）。这其实是符合学校教学实际的，即使是今天，决定教育教学质量的，从根本上说不是课程和教材（尽管课程和教材在教学中都是重要的）而是教学。对于教育质量而言，"教学更重要"！① 二是以学论教。虽说传统教育家们重视教学过于课程，但教师的教与学生的学比起来，他们更重后者。在他们的教育教学思想中，大多是在论学。这一点，非如当今论者所说传统教育家重教不重学，而是恰恰相反。他们很少谈教师的教，大多在谈学生如何学，他们自己很少教（一般是每月教二到三次，所谓朔望讲学），而是让学生多学。即使每天的功课，也主要是在以学生的学为主的读、背、诵、习、写中度过的。但教师不是没有自己的责任，所谓"指引着，师之功也。"②（朱熹语）这些思想与我们今天所说的现代教学理念是多么的不谋而合！深化课程教学改革，需要确立"三个重要"理念，实现"三个转向"，关注教学，关注教师的教，尤其关注学生的学。③ 必须立足本土课程教学传统，建立起具有传统文化根脉、本民族教育传统的课程教学论话语体系，并由此介入当下课程教学生活，从而发挥其无可替代的指导课程教学实践的功能，是当代中国课程教学论建设不容回避的紧迫课题，更是课程教学改革实践的深切呼唤。三、理论自觉。理论自觉源于理论自信。恩格斯说："一个民族要想登上科学的高峰，究竟是不能离开理论思维的。"④ 自1840年鸦片战争使国门洞开，我们才发现已经远远落后于西方，不得不放下"天朝大国"的架子而向所谓的"西方蛮夷"学习，于是一种自卑的心理笼罩着向来文明、自尊的华夏民族，所以极度自卑地以为西方什么都比我们好、我们什么都不如别人，所以我们只顾拿来，主张全面向西方

---

① 张传燧. 课程改革在路上：历史、现实与未来 [J]. 课程·教材·教法，2015（8）：3-9，42.

② 朱熹. 朱子语类·卷八 [M]. 北京：中华书局，1986.

③ 张传燧. 课程改革在路上：历史、现实与未来 [J]. 课程·教材·教法，2015（8）：3-9，42.

④ 恩格斯. 自然辩证法·马克思恩格斯选集（第4卷）[M]. 北京：人民出版社，1995：285.

学习。其结果，不仅失去了理论自信，而且使我国课程教学论完全失却了本国文化根脉、丧失了理论自我。今天，我国理论发展所面临的社会情形已与过去有很大的区别。20 世纪 80 年代改革开放后，中国取得了举世瞩目的巨大成就，中国在国际上的地位不断攀升，在国际政治经济舞台上扮演着越来越重要的角色，现今，综合实力已跃居世界第二位，在国际舞台上发挥着越来越重要的作用。科学技术已经取得了极大进步，诺贝尔科学奖已经有了零的突破，人们的精神面貌也已经发生了很大变化，中国梦正在引领我们奔向民族复兴的辉煌未来。回望来时的路，我们豁然发现，中华民族拥有悠久的发展历史，深厚的文化底蕴，优良的教育传统，丰富的教育思想，孕养了世代中国人，指导着历代文化教育实践。我们不仅拥有非常宝贵的丰富的传统课程教学理论，而且自近代引进西方课程教学理论以来，我国课程教学论工作者如朱孔文、俞子夷、陶行知、陈鹤琴、陈侠、王策三、熊明安、董远骞等自觉不自觉地做了大量的探索，并已取得了丰硕的成果。[①] 这些传统课程教学论思想和现代课程教学论的研究成果不仅为我们建设现代的本土课程教学论提供了丰硕的思想资料和悠久的文化渊源、奠定了良好的基础，而且使我们认识到我们不是没有，而是因无视而无知，因无知而自卑。它足以使我们感到自豪进而增强理论自信。

理论自信催发理论自觉。尽管我们拥有丰富的传统课程教学论思想和大量的现代课程教学论研究成果，但毋庸讳言，就现代课程教学论发展而言，总体上不仅仍然落后于西方，而且也不适应课程改革实践的需要，难以担当起指导

[①] 朱孔文是我国现代第一本教学论著作《教授法通论》的编著者，他提出要建立"我国教授法，而非外国教授法"。（引自董远骞《中国近代教材编写史略》，《课程·教材·教法》1994 年第 1 期）俞子夷长期致力于数学教学法研究，提出应逐步将我国自己实地教学经验组织成新的教学理论以酬报给世界。（参见俞子夷《小学算术教学法序》，商务印书馆 1926 年）陶行知主张将"教授法"改为"教学法"，著《教学合一》发表于 1919 年 2 月 24 日《时报·教育周刊·世界教育新思潮》第 1 号。陈鹤琴在开展"活教育"实验中提出了"活教育"理论，包括教学目的、教学内容、教学过程、教学原则、教学要求等内容，构成了特色鲜明的"活教育"教学论。陈侠对我国新时期课程论建设作出了先驱性奠基性贡献：撰写了我国第一部《课程论》（人民教育出版社 1989 年），参与创办并主持执编了我国第一本课程论专业期刊《课程·教材·教法》，主编了我国第一套《课程研究丛书》。王策三在《教学论稿》（人民教育出版社 1985 年）中提出："对于我们来说，一般地提（教学论的）科学化、现代化还不够，还要解决民族化、中国化的问题。"教学论的任务就是要"建设和不断完善具有中国特色的教学论"。熊明安主编《中国教学思想史》（西南师范大学出版社 1989 年），具体叙述分析了中国教学思想从古至今的发展过程及其体系内容。董远骞著《中国教学论史》（人民教育出版社 1988 年），提出要"创建具有中国特色的教学论"。

和引领实践的使命。这就要求我们课程教学理论工作者必须顺应时代和实践的要求而奋起直追，自觉地承担起建设基于本土文化教育传统和现实课程教学实践、反映时代精神和社会主义核心价值观念、吸收世界各国优秀课程教学思想的中国课程教学论。我们中华民族应当对世界课程教学论的发展有而且应当有我们自己的独特贡献！我们应当有现代《学记》！我们应当而且必须用我们自己的课程教学论来指导和引领我们自己的课程教学实践！如果说，在反抗侵略、争取民族独立的过程中，我们"必须唤起民众及联合世界上以平等待我之民族，共同奋斗"（孙中山），那么在建设现代化国家、复兴民族文化的过程中，"中华民族应当对人类做出更大的贡献，才能自立于世界民族之林"（毛泽东）。因此，本土课程教学论，既是中华民族文化主体意识和文化自觉意识的表现和要求，更是中国课程教学论学科及其课程教学论学人主体自觉意识的表现和要求。

在这种双重自觉的催发下，我国课程教学论专家以及有识之士基于我国课程教学学科发展的现状及其建构本土课程教学论的自觉意识，纷纷呼吁逐渐加强对本土课程教学论研究。他们特别强调应加强"课堂教学活动"和广大师生的"课堂教学行为"研究。杨启亮认为，课程改革必须百倍关注过程性的教学行为，释放教学的张力，否则我们就几乎无法使一线教师们深刻地弄清楚如"大课程""课程实施""实践的课程"中的教学行为的意义，而导致其将教学的意义变异为新"制度课程"传授与掌握的，将教学仅仅视为将文本化课程付诸实践的工具性行为，依然百倍地关注学生掌握教材，从而从深层的意义上上架空了如主体性、创造性、健全人格的丰富性等指标。他说："课程改革中的教学问题比制定课程标准、编写教材，有着百倍的复杂和艰难，如果对此掉以轻心，人为地置主体行为的'教学'于结构性、物质性'课程'的依附地位，课程改革的实质目标可能会因此而失落。"[①] 徐继存指出，"课程改革的关键是课程实施，而课程实施的最基本途径是教学"。[②]"教学论学科发展的根本目的在于解决现实教学问题。教学论学科中的问题只有来自现实教学问题中的教学论时，才是有生命力有现实性的教学论问题。要推动教学论学科的发展，我们不能仅仅停留于对教学论学科中的问题的思考上，重要的是要研究和探讨现实

---

① 杨启亮. 课程改革中的教学问题思考 [J]. 教育研究，2002（6）：49-53.
② 徐继存. 制度创新与基础教育课程改革 [J]. 教育研究，2004（7）：78-79.

教学问题中的教学论。……教学论研究者也只有置身于现实的教学世界，……捕捉现实的教学问题，研究现实教学问题中的教学论，才能真正理解教学论，才能有所谓真正的教学论的创造和发展。"①

"课堂教学"已成为近几年全国课程与教学论会议的关注焦点和主题。2011 年年底在青岛召开的"课程与教学论研究的责任与使命"学术研究会中，与会者一致认为课堂应该成为理论与实践的中介环节，走进课堂是处理理论与实践关系最可取的方法，而从多种学科如社会学、伦理学等角度观照课堂教学并营造课堂精神空间将是课程与教学论研究者的责任与使命。从研究的角度，与会者也需转换以往的研究视角，需重新审视课堂空间的意蕴，重视课堂的生成以及学生对课堂教学的反馈和建构效应。2012 年 7 月在长春召开的全国教学论学会第十三次学术年会的总主题是"教学质量与教学改革"，分主题有"教学质量视域下的课堂教学研究"。可以说，抓住了问题的关键，把握住了今后一段时期基础教育课程实践与理论发展的走向。2012 年 10 月在福建武夷山市召开的第八次全国课程学术会议收到的百多篇论文中有近 50 篇是讨论课堂教学和师生的教学行为的。这些会议关注的问题表明，课程理论工作者已逐渐转向课堂教学问题研究。近几年，高校课程与教学论专业也把"课堂教学"以及师生的教学活动作为研究生学位论文选题的主要问题之一。譬如，西北师范大学张建琼的博士论文题目是《课堂教学行为优化研究》，湖南师范大学王姣姣的博士论文题目是《实践与反思：课堂教学行为研究》，上海师范大学姚志敏的博士论文的题目是《课程改革背景下的教师课程执行力研究》等。

建构本土课程教学论，应当采取以下策略措施：② ①继承和创造性转化传统课程教学论思想；②借鉴和创造性转化国外课程教学论思想；③大力开展课程教学实验，并对其经验进行理论概括与提升；④推进当代课程教学论的整体创新和原创性探索。关于这些方面的具体观点，笔者在相关文章③中论述已详，此不赘述。

---

① 徐继存. 给予现实教学问题解决的教学论——关于教学论学科发展若干问题的辨析 [J]. 当代教育与文化，2010，2 (1)：74-78.

② 详见张传燧. 论课程与教学论本土化 [J]. 教育研究，2012 (3)：82-86.

③ 详见：①张传燧. 论课程与教学论本土化 [J]. 教育研究，2012 (3)：82-86；②张传燧. 本土课程与教学论：内涵、体系及其特色 [J]. 湖南师范大学教育科学学报，2014 (1)：36-40；③张传燧. 课程改革在路上：历史、现实与未来 [J]. 课程·教材·教法，2015 (8)：3-9，42.

第二节　本土课程与教学论：内涵、体系及其特色①

　　本土课程与教学论是指本土原生的适应本土的具有本土特色的课程与教学论，特指中国传统课程与教学论。中国本土（传统）课程与教学论的体系是以儒家课程与教学论思想为主线，包括"以学论教"的教学本质论、"君子成人"的课程教学目的论、"教学相长"的教学主体论、"仁礼文行"结合的课程论、"启发诱导"的教学模式论、"知行结合"的教学过程论、系统完善的教学原则论、发达实用的学习方法论、知能结合的教学评价论以及系统成熟的教师论所组成，具有独特的话语表达方式和概念范畴。中国本土课程与教学论是围绕"教学"而非"课程"、围绕"学"而非"教"、围绕"实证"而非"思辨"、围绕"经验"而非"理论"建立起来的，这就与西方课程与教学理论的发展路径明显不同，使它在概念范畴、理论体系、建构方法等方面有着不同于西方课程与教学理论的特色。

一、内涵

　　所谓本土或曰本土的（indigenous），即指本地的土生土长的事物。本土的事物，一般具有三个特征：第一，本地的，即土生生长的而非外来的事物；第二，适应本土的，即与本地情形相符合的；第三，原创的，即由本地人创造的而外国没有的事物。很多人将本土的看成是传统的，那是一种形而上学的静止的僵化的看法。其实，本土的不等于就是传统的，比如佛教之于中国，现在肯定属于传统的了，但它不是本土的，而是外来的。因此只要符合上述三个条件，就都是本土的，不管它是传统的还是现在产生的。

---

　　① 原载《湖南师范大学教育科学学报》2014 年第 1 期第 36-40 页。收入本书时个别文句有所改动。

　　本土化或曰本土化的（indigenization or indigenized）是与本土有关但又存在显著区别的范畴，它是指某种事物〔思想、行为（活动、实践）、制度、器物等〕为适应输入地情形而作出改变以与当地事物结合而融进输入地环境的过程及其结果，也是输入地为了适应外在情形的变化而将某种外来事物与本地事物结合变成本地事物的过程及其结果。因此，本土化是一种双向互动的过程与结果的统一。从文化变动上来说，本土化即是指外来文化与本土（本民族）原有文化相互碰撞、冲突、沟通、融合并形成新的本土文化的变化发展过程；既是文化的适应也是文化的融合更是文化的创生。外来事物与本地事物结合的结果是生成一种既具有本地文化特质也具有外来文化特色的新文化。本土化也应具备三个条件：第一，适应本土实际情形的；第二，反映本地事物发展特点和规律的；第三，成为本地事物有机组成部分的。

　　人们常把"本土"和"本土化"混为一谈，其实如果说从结果来看二者的确有趋同的趋势，即二者通过"化"的融合过程创生出一种既具有本地文化特质，也具有外来文化特色，又有别于外来事物和本土事物的新的事物，比方说马克思主义的普遍真理与中国传统思想和中国革命与建设的具体实践相结合而产生出的毛泽东思想和邓小平理论。但如果从过程来看二者有本质的区别。本土化（的），是一种异质物种（文化、思想、器物等）主动地渗透（有时甚至是强势地渗透，比如近代西方宗教文化就是借着西方列强的坚船利炮进入中国的）并融入当地事物的过程。本土（的），则既可能是本地原生的也可能是本地事物为适应内外环境的变化而主动地吸纳（有时也是迫于无奈或曰被动地接受）外来异质事物并使二者有机结合生成当地新的事物从而使原生事物发生改变。在一种开放多元的背景下，本土和本土化，是事物发展变化的两种过程和两种情形。

　　以这种思维来思考本土课程与教学论和课程与教学论本土化可知，本土课程与教学论和课程与教学论本土化是课程与教学论发展的两种类型或两种过程。[①] 一般说来，本土课程与教学论也具有本土事物的三个特性。一是本地的即本土生长的，即中国产生的而非来自国外的；二是适应本土的，即适应中国教学情形的；三是本土特色的，即本国人自己通过研究与实践创造出来的，带

---

　　① 张传燧. 论课程与教学论的本土化 [M]. 教育研究，2012（3）：82-86.

有本国特色的。因此，本土课程与教学论是本土原生的，扎根于本土的，也是为本土课程教学实践服务的。课程与教学论本土化是指国外课程与教学论传入中国并适应中国（本土、本民族）课程与教学实际从而与中国原有课程与教学思想结合逐渐转变成为中国课程与教学论的变化发展过程，也是本土原有课程与教学论为了迎接国外课程与教学论的冲击和挑战而不断调整和强化自身并选择性地吸收外来课程与教学论从而实现二者的整合而生成新的中国现代课程与教学论的过程。课程与教学论本土化同样需要满足三个特征：一是应适应输入国特定文化背景下的课程与教学实际情形；二是应反映输入国课程与教学实践的特点和规律；三是应转变成为输入国课程与教学论的有机组成部分。

本土课程与教学论和课程与教学论本土化，是两个既相联系又相区别的概念。本土课程与教学论，就中国来说即中国的课程与教学论，包括中国原生的传统课程与教学论和中国本土化的现代课程与教学论两大部分。中国本土原生的课程与教学论自不必说，中国本土化的现代课程与教学论被认为主要是在移植西方近现代课程与教学论基础上建立起来的，几乎是西方近现代课程与教学论的翻版，离本土化相差甚远。不得不说的是，经过近百多年来几代人的努力，在吸收消化改造的基础上，经过实践和理论的双重改造，已经有了部分本土化的成果。[①] 但是也不得不指出的是，这些成果的本土痕迹仍不甚明显而移植的痕迹却相当重。因此，本章所讨论的中国"本土课程与教学论"主要是指"中国传统课程与教学论"，这是本章的重点，而本土化的中国现代课程与教学论不在本文讨论之列。

二、 体系

论者一般认为，中国过去只有零散的课程与教学思想，而缺乏系统的课程

---

① 比如，王策三教授的《教学论稿》（人民教育出版社，1985），裴娣娜教授的《现代教学论》（三卷本）（人民教育出版社，2005），张传燧教授的《课程与教学论》（人民教育出版社，2008），陈侠教授的《课程论》（人民教育出版社，1989），廖哲勋，田慧生教授的《课程新论》，黄甫全教授的《现代课程与教学论》（人民教育出版社，2011）以及更多的其他专家的课程与教学论著作，在此恕不一一列出。

教学理论。这种观点至少存在两点不足。第一，缺乏对在中国数千年课程与教学实践土壤里土生土长的经过历史沙汰适应并符合中国课程与教学实际及其规律的课程与教学论思想的基本了解，更谈不上对其有任何深入的研究，因而就臆断中国历史上缺乏系统的课程与教学理论；这是一种对本土的"无知"和"夜盲"。第二，缺乏对中西方课程与教学实践和思想的历时性了解和共时性分析，因而就以西方近代课程与教学理论去推论中国古代课程与教学理论，一方面没有看到这两者根本就缺乏可比性，另一方面没有看到中西方由于思维模式和话语方式的不同，用来表达课程与教学认识的概念范畴也就不同。并且由于总体上近代中国社会发展落后于西方，因而就认为对课程与教学实践及其规律的认识的课程与教学理论也落后于西方。甚至更进一步认为，只有用西方的概念范畴来表达才是先进的科学的，否则就是落后的不科学的。这好似一种盲目的"崇洋"和"西化"。这两种认识都是不可取的。事实上，只要稍作研究便可发现，中国历史上不仅有科学的课程与教学思想，而且还有系统的课程与教学理论。

中国本土课程与教学论或曰"传统课程与教学论"的体系，从源流来说，主要是以儒家课程与教学论思想为主线，以孔、孟、荀为源，以董、韩、朱、陆、王（夫之）等为流，以王国维、蔡元培、黄炎培、陶行知、陈鹤琴等[1]为变。这些教育家不仅有丰富的课程与教学实践，而且有系统的课程与教学思想。他们的课程与教学思想共同构成了本土课程与教学理论。从内容来说，本土课程与教学理论体系包括"以学论教"的教学本质论[2]、"君子、成人"的课程与教学目的论、"教学相长"的教学主体论、"仁礼文行"并重的课程论、"启发诱导"的教学模式论、"知行结合"的教学过程论、系统完善的教学原则论、发达实用的学习方法论、知能结合的教学评价论以及系统成熟的教师论。从概念范畴来说，中国传统课程与教学论有着既不同于西方也不同于现代的话语表达方式即概念范畴，它们是"性""教""学""师""生""思""知""习"

---

① 王国维、蔡元培、黄炎培等人的教学思想虽然在一定程度上也受到近代西方课程与教学思想的影响，但看不出移植的痕迹，因而应被看成本土的；陶行知、陈鹤琴虽然受到以杜威为代表的美国实用主义课程与教学思想的影响，但他们均作了本土适切性改造，并且从他们对"洋东西"的批判态度上看，实际上他们的课程与教学思想是源于他们的课程教学实践，因而实质上是本土的。

② "以学论教"就是从学生学的角度来论述教学。主要观点为：以"学"为中心，重学生，重学习，重体验，强调主动学习、德艺双修。

"行",构成了特色鲜明的范畴论:性与习、教与学、课与程、学与思、知与行。从理论著作来说,主要有《劝学》(荀子)、《大学》《中庸》《学记》《师说》《进学解》(韩愈)、《朱子读书法》(朱熹)、《读书分年日程》(程端礼)、《训蒙大意示教读刘伯颂等》《教约》(王阳明)、《论教育之宗旨》(王国维)、《对于教育方针之意见》(蔡元培)、《教学做合一》(陶行知)等等。这些著作或阐述或内涵了丰富、系统、深刻的课程与教学论思想。

传统教育家们大多是从学出发思考和论述教学问题的,即"以学论教"。他们认为,教学过程本质上是一个以学生的学习为主的过程,教师的教只是起着引领和指导的辅助作用。所谓"指引者,师之功也。"(朱熹)古代学习论是一种实践的而不是纯粹的或思辨的教学论,即是说是用来指导学生学习的而不是用来建构思想体系的。伦理政治型文化、伦理化的教学以及人伦化的为学目标促使中国人面向自身,讲求实用,注重现实生活。因此,在教学过程中强调主体自觉,发挥学习者作为学习主体的主观能动作用。学习目的不是通过掌握各种知识以实现智慧的弘达,而是通过掌握伦理知识以实现道德的完善。即所谓"大学之道,在明明德,在新民,在止于至善。"(《大学》)他们不主张学生空谈玄理,心思向外,作纯粹的理性思辨,而主张经世致用,心思向内,切近人事,重在个性修养。此外,学习论发达也与传统教学方式有关。传统教学以集体讲授和个别自学辅导为主。集体讲授时,由于学生年龄和学业水平的差异,教师不可能详讲,只能言其大意,提纲挈领,主要靠学生自学琢磨领会,教师重在指导学生自学。因此关于学生如何学习、如何修养的原则方法就引起教育家们的极大关注,他们对学习过程、原则、方法作了深刻、详尽、系统的论述。于是,有了荀子的《劝学》,有了《朱子读书法》。在关于学习的论述中,譬如,"学问思辨行"主要指学习过程。再如,知行结合、广求博览、熟读精思、笃志勤学、学思结合、相观而善、师友切磋、学不躐等等等,都是讲个体学习的原则和方法。这些关于学习过程、原则、方法的理论是建立在主观内省的心理学原则、道德行为的实践论原则和师友交往的社会学原则之上的,在一定程度上揭示了学生学习的本质特点和规律。学习论是古代教学论的核心和精粹,至今仍不失其存在价值,值得进一步发掘、继承和弘扬。

三、　特色

我国传统课程与教学理论是围绕"教学"而非"课程"、围绕"学"而非"教"、围绕"实证"而非"思辨"、围绕"经验"而非"理论"建立起来的，这就与西方课程与教学理论的发展路径明显不同，使它在概念范畴、理论体系、建构方法等方面有着不同于西方课程与教学理论的特色。

从概念范畴来说，中国传统课程与教学论有着既不同于西方也不同于现代的反映了民族文化特色的话语表达方式即概念范畴。所使用的概念有"性""道""教""学""师""生""问""思""知""习""行"等。这些概念组成了以下几对范畴：性与习、教与学、课与程、学与思、知与行、师与生。这些概念范畴就构成了中国传统课程与教学理论独特的话语体系。

从理论体系来说，如上所述，本土课程与教学理论论述了教学的本质、教学的目的、教学的主体、教学的内容（课程）、教学模式、教学过程、教学原则、教学方法、教学评价等课程与教学的基本（主要）问题，涵盖了课程教学实践活动的各个方面，表现出理论体系的系统完备性。传统课程与教学理论在对待和处理教学与课程的关系上，秉持的是以"教学"而非"课程"为主导的话语体系；在"教"与"学"的关系上，是着眼于"学"而非"教"；在"理论"和"实践"的关系上，不是从纯粹"理念"或"概念"（范畴）出发而是从实践"问题"或"实用"出发；在教学主体即师与生的关系及其地位和作用上，着眼于学生及学生的学而非教师及教师的教，但也没有放弃教师在教学活动中的指导作用并且未陷入教师中心的泥潭。譬如，荀子的《劝学》和《学记》主要是从学立论；韩愈《进学解》，朱熹《朱子读书法》是从教学特别是"学"的角度来谈论。再如，虽然《师说》强调教师的"传道授业解惑"职责，但也强调"弟子不必不如师，师不必贤于弟子"即师生的平等地位和关系，重视学生"从师相师""好学问道"的自觉生产力。这是传统课程与教学理论的特色所在。

从建构方法来说，主要是采用实践的而非思辨的、经验的而非实验的、体验的而非理性的、实用的而非空泛的方式。呈现出强烈的实践性而非思辨性、体验性而非理知性、经验性而非理论性、实用性而非空泛性。即是说，教育家们不是从概念范畴的逻辑思辨出发来建构课程与教学理论的，而是在课程与教学的实践活动中来认识和思考课程与教学的理论问题的，遵循的是实践的逻辑而非思辨的逻辑；他们的思想是对他们实实在在的课程与教学实践经验的总结提升，而不是为了建构理论而通过实验探索理论的逻辑演绎推论；他们对课程与教学活动规律的认识是建立在他们全身心的课程与教学实践活动之上而非纯理性思辨的结果，理性与感性一体，理论与经验融会，有理性有感性有体悟有躬行。他们要解决的是教学实践中尤其是学生学习中的实际问题而非从概念出发的教条式的泛泛而谈，具有突出的实用价值。

从理论成果来说十分丰硕，如前所述，出现了大量专述课程与教学问题的论著。其中，《学记》堪为世界上最早的系统论述学校教学的教学论专著；《读书分年日程》为世界上最早的分教育阶段分年度分日设置课程的课程论专著；《师说》堪为世界上最早、专门论述教学主体师生及其相互关系的专著，不仅论述了教师的地位与作用、师生平等，还明确提出了"术业有专攻"思想，是当今教师专业化思想的原始萌芽；《教学做合一》堪为论述教学模式的专门论著；《朱子读书法》是系统全面论述学习方法（也包括教授法）的学习论专著；《中庸》《论教育之宗旨》《对于教育方针之意见》则可视为本土教学（育）哲学专著。

从理论水平来说，与同时期外国课程与教学论思想相比，其系统性更强，体系更完善，抽象水平更高。有很多专家学者已经做过这方面的研究并给予了高度评价。[①] 应当肯定地说，尽管中国传统课程与教学论与现代课程与教学论所滋生的社会背景和课程教学实践基础有很大区别，但由于都是对课程与教学实践活动的认识，因而都必然在一定程度上反映了课程与教学实践活动的特点

---

① 北京师范大学王策三教授说："在我国，至少在公元前六世纪的孔子著作里，就已经发表了许多精辟的教学论思想。""可以说是教学论的萌芽。""两千多年前出现的《学记》，不仅内容讲的就是教学论，而且'学记'这个词也与今天教学论这个词差不多。""它已经达到了理论自觉性的高度。"（《教学论稿》，人民教育出版社1985年出版，第1-3页）华东师范大学张瑞璠教授、浙江大学王承绪教授说，《学记》为代表的儒家教学论，相比以《雄辩术原理》为代表的西方传统教学论，其"理论水平更高，抽象性与系统性更强"。（《中外教育比较史纲（古代卷）》，山东教育出版社1997年出版，第348页）西南师范大学熊明安教授说："中国古代教学思想在学校教育类型逐渐多样化、层次结构日益复杂化的长期教学实践中，形成了一个较为完备的教学论体系。"（《中国教学思想史》，西南师范大学出版社1989年出版，第6页）西南师范大学刘克兰教授说，《学记》是"世界上最早的一部较为系统全面的教学理论专著"。（《教学论》，西南师范大学出版社1988年出版，第19-20页）

和规律，其中的许多内容对当今课程与教学理论建构与课程教学实践变革具有借鉴与指导的价值，经过现代适切性改造完全可以转化成为当代课程与教学论的有机组成部分。同时，传统教育家们用来观察和思考课程与教学问题的思维及其方法也是值得借鉴的。这种以解决课程与教学实践问题、指导学生学习为目的的课程与教学论是与建立在思辨、实验和逻辑理性、哲学范畴之上的课程与教学论完全不同的，正是我们今天建构本土课程与教学论、指导本国课程与教学实践所急需的。

对本土或曰传统课程与教学论，人们已做过一些研究，但"这些研究具有偏重教育家教学思想述评，偏重文字词意解释，偏重单项专题研究，偏向微观研究等特点"，"存在着人物传记式、训诂考据式、局部片面式、微观个案式等不足之处，缺乏宏观、整体的研究和把握，缺乏从教育学、心理学、文化学、社会学等多学科角度进行系统的理论分析论述，从而不仅影响研究的理论抽象程度的提高，而且与当代课程教学论发展及其科学化、中国化的需要相脱节，严重落后于时代的要求"。因此，"对于这份宝贵遗产，需要用现代教育学、心理学等学科的理论和方法来加以分析说明和论证阐发，才能使这些古代构件成为中国当代课程与教学理论的有机组成部分。"[①]

第三节　本土课程教学论建构：基础与条件[②]

本土课程教学论，既指中国传统课程教学论，更指传统课程教学论与外来课程教学论融合而创生出的兼具本土特质和外来特色的新的中国课程与教学论。目前，中国本土课程教学论建构的基础已经基本具备，条件已经相当成熟。其建构所依赖的理论基础一是指本体性的普遍原理，二是指原生性的思想基础，三是指丰富性的思想资料；实践基础一是指中国本土课程教学的现实土壤，二是指中国现实课程教学的实践经验。中国本土课程教学论建构所拥有的

---

① 张传燧. 中国教学论史纲［M］. 长沙：湖南教育出版社，1999：5.

② 原载《湖南师范大学教育科学学报》2016 年第 4 期第 72-78 页。收入本书时个别文句有所改动。

相当成熟的条件包括社会、经济、文化和理论四个方面。

近年来，笔者在不同场合多次呼吁必须重视和加强本土课程教学论建设。[①] 我认为，目前，我国建设本土课程教学论，不仅很有必要，[②] 而且其所依赖的理论与实践基础已经基本具备，所拥有的社会、经济、文化和理论条件已经相当成熟。

---

① 笔者 2010 年及其后几年先后在北京师范大学、西南大学、武汉大学、南京师范大学、长江师范学院、宁波大学等校参加学术会议或作学术讲座或在有关刊物上发表文章大声呼吁加强本土（化）课程与教学论建设。2010 年 4 月 23 日在北京师范大学教育管理学院第二教室给北京师范大学课程与教学论专业的博士生、硕士生作关于全面建设本土化教学论的讲座，提出可以通过对引入的国外教学论进行改造、大力开展本土教学实验、将传统教学论精华发扬光大等三条途径与实践、比较和创生三种方法来建设本土教学论。2010 年 6 月 6 日下午在重庆西南大学教科所多功能报告厅作"传统教学论研究的现代化转向与教学论学科的本土化建构"的专题学术报告，提出"教学论学科的本土化建构"必须做到继承传统、借鉴国外、经验提炼、整体创新。2010 年 11 月 4 日在南京师范大学举行的全国教学论专业委员会第十二届学术年会上作了"关于'本土教学论思想'的几个问题"的大会发言，明确提出应开展教学论的本土化或曰本土教学论运动。2010 年 11 月 9 日上午在武汉大学教育科学学院学术报告厅作了题为"本土教学论：内涵、问题、策略"的学术报告，提出我国本土教学论建设的"两维四面"即传统与现代、理论与实践的矩阵框架思路，强调既要关注传统教学论又要关注当代教学论还要关注当代中国教学改革实践，实现中国现代教学论发展的"三个转型"即从洋到土、从西到中、从移植到创新的世纪转型和"四个转向"：研究思维的转向、研究话语及其范式的转向、研究方法的转向和研究体系的转向。中国本土教学论的发展要发掘、发现理论，总结、提炼经验，建构、创新体系。2010 年 10 月 15 日在长江师范学院作了题为"课程与教学论研究的本土化取向"的学术报告，谈了何谈本土化取向、何谓本土化取向、本土化什么、如何本土化等问题。2014 年 1 月 10 日在宁波大学作题为"本土课程与教学论的内涵、体系和特色"的学术报告，分别就本土课程与教学论的内涵、体系和特色作了论述分析。2012 年在《教育研究》第 3 期上发表《论课程与教学论本土化》一文，论述了"何谓课程与教学论本土化""为何要课程与教学论本土化""课程与教学论本土化建构的内容""课程与教学论本土化的策略"等问题；2014 年在《湖南师范大学教育科学学报》第 1 期上发表《本土课程与教学论：流派、体系与特色》一文。这两篇文章对本土课程与教学论建设问题的理论讨论更加明确、具体、深入了。另外，还与《湖南师范大学教育科学学报》合作组织开辟"本土课程与教学论研究专栏"，目前已发表两期共 10 余篇论文，计有《本土课程与教学论：内涵、体系及其特色》（张传燧）、《本土课程与教学论建构：基础与条件》（张传燧）、《中国本土课程论建设中的综合创造方略》（丁念金）、《我国课程与教学论整合的本土化研究探微》（周仕德）、《〈中庸〉尊德性与道问学：本土生命教学思想初探》（李卯）、《本土英语教学法：流派、体系与特色》（陈艳君）、《我国音乐剧教学的本土化》（郭宇）、《学问思辨行：一种本土特色的教学过程思想》（杨道宇）、《个性化教学的国际趋势与本土基础》（姜新生）、《中国英语教育的国际化与本土化——基于跨文化交际能力培养的视角》（曾健坤）、《中国本土绘画教育理论及其特色》（刘正军）等。这些文章不仅论述了本土课程与教学论的内涵、体系、特色及条件，构建方略等问题外，还论述了英语、音乐、绘画等学科课程与教学论的本土与本土化问题，大大扩展了本土课程与教学论研究的领域和范围，产生了较大的学术反响。

② 参见张传燧《论课程与教学论本土化》（《教育研究》2012 年第 3 期）、《本土课程与教学论：流派、体系与特色》（《湖南师范大学教育科学学报》2014 年第 1 期）、《课程改革在路上：历史、现状与未来》（《课程·教材·教法》2015 年第 8 期）、《本土课程与教学论：实践呼唤与理论自觉》（《课程·教材·教法》2016 年第 1 期）。这些文章对建设本土课程与教学论的必要性作了详尽深入的论述。

一、　本土课程教学论及课程教学论本土化内涵辨析

"本土课程教学论"与"课程教学论本土化"是既相联系又相区别的两个概念。要弄清二者的联系与区别，首先应从"本土"与"本土化"的联系与区别谈起。

（一）本土与本土化

所谓本土或曰本土的（indigenous），即指本地的土生土长的（事物）。本土的事物，一般具有三个特征：第一，本地性，即土生生长的而非外来的事物；第二，适应性，即与本地事物发展情形相符合的；第三，原创性，即由本地人创造的而外国没有的事物。很多人将本土的看成是传统的，那是一种片面的静止的僵化的看法。其实，本土的不等于就是传统的，比如"佛教"之于中国，现在肯定属于中国传统的了，但它不是本土的，而是外来的。因此只要符合上述三个条件，就都是本土的，不管它是传统的还是现在产生的。

所谓本土化或曰本土化的（indigenization or indigenized），是指某种事物为适应输入地（本土）实际情形而主动作出改变以与当地事物结合而融入输入地环境的过程及其结果，也是输入地为了适应外在情形的变化而主动将某种外来事物与本地事物结合变成本地事物的过程及其结果。因此，本土化是一种双向互动的过程与结果的统一。从文化变动上来说，本土化即是指外来文化与输入地原有文化相互碰撞、冲突、沟通、融合并形成新的输入地文化的变化发展过程，既是文化的适应也是文化的融合更是文化的创生。外来事物与本地事物结合的结果是生成一种既具有本地文化特质也具有外来文化特色的新文化。比如上面说到的"佛教"，其中国本土化的结果就是"禅宗"。本土化也应具备三个特征：第一，适应性，即须适应输入地实际情形的；第二，规律性，即须反映输入地事物发展特点和规律；第三，本地性，即须转变成为输入地事物的有机组成部分。

人们常把"本土"和"本土化"混为一谈。其实，如果说从结果来看，二者的确有趋同性，即二者通过"化"的融合过程创生出一种既具有本地文化特质，也具有外来文化特色，又有别于外来事物和本土原有事物的新事物。比方说马克思主义的普遍真理与中国传统思想和中国革命与建设的具体实践相结合

而产生出的毛泽东思想和邓小平理论。但如果从过程来看，二者就存在本质的区别。本土（的），既是本地原生的事物也是本地事物为适应内外环境的变化而主动地吸纳（有时也是迫于无奈或曰被动地接受，比方说当外来事物过强盛而本地原生事物过弱势时，譬如中国近代文化变动的情形即是。）外来异质事物并使二者有机结合生成当地新的事物从而使原生事物发生改变的过程及其结果。本土化（的），既是一种外来异质物种（文化、思想、器物等）主动地渗透（有时甚至是强势地渗透，比如近代西方宗教文化就是借着西方列强的坚船利炮进入中国的）并融入输入地事物发展的过程及其结果，也是输入地事物为了适应外在情形的变化而主动地吸融某种外来事物并使内外两种事物有机结合而转化变成新的本地事物的过程及其结果。在一种开放多元的社会历史背景下，本土和本土化是事物发展变化的两种过程和两种情形。

（二）本土课程与教学论与课程与教学论本土化

本土课程与教学论，就中国来说，根据前面对"本土"的定义可知，是指由中国教育家在中国这块土地上原创的土生土长的适应和反映了中国悠久课程教学实践的特点和规律的课程与教学思想理论体系，包括传统课程与教学论和现代课程与教学论两大部分。由于中国现代课程与教学论主要是在移植西方近现代课程与教学论基础上建立起来的，虽然经过百年来几代人的努力，在吸收消化的基础上，经过实践和理论的双重改造，已经有了部分地本土化的成果，但也不得不指出，这些成果的本土痕迹仍不甚明显而移植的痕迹却相当重，几乎是西方近现代课程与教学论的翻版，离本土化相差甚远。所以这里所谈论的"本土课程与教学论"主要是指"中国传统课程与教学论"，那些所谓本土化的中国现代课程与教学论不在本章讨论之列。

课程与教学论本土化，就中国来说，既是指近代以来在"西学东渐"背景下西方国家输入的课程与教学论思想理论体系转化为中国的或曰本土的课程与教学论即中国化的过程及其状况和结果，亦指本土的课程与教学论或曰中国传统课程与教学论为迎接外面传来的西方课程与教学论的严峻冲击和挑战而不断调整和强化自身并主动吸融外来课程与教学论的合理科学成分使内外两种课程与教学论发生有机融合而生成中国新的课程与教学论的变化发展过程及其结果。

因此，从过程及其状态来看，本土课程与教学论和课程与教学论本土化是中国当代课程与教学论发展的两种类型或两种过程。① 但从其结果来看，课程与教学论本土化和本土课程与教学论虽然是指课程与教学论发展的两种状况和两种过程但却具有同一性，即二者通过融合创生出一种既具有本地特质，也具有外来特色，又有别于外来课程与教学论和本土（或曰传统）课程与教学论的新的中国课程与教学论。这正是人们的期待。

　　本土课程与教学论具有本土事物的三个特性。一是本地性，即本土生长的，也就是说本土课程与教学论是在中国这块土地上产生的而非来自国外的；二是适应性，即这种课程与教学理论是符合中国课程与教学实际情形并反映了中国课程与教学规律的；三是原创性，即中国本土课程与教学论是本国人自己通过研究与实践创造出来的具有鲜明本国特色的。因此，本土课程与教学论是本土原生的，扎根于本土的，也是为本土课程与教学实践服务的。课程与教学论本土化是指国外课程与教学论传入中国并与中国原有课程与教学论思想结合从而适应中国课程与教学实际逐渐转变成为中国课程与教学论的演变发展过程及其结果，也是本土原有课程与教学论为了迎接国外课程与教学论的冲击和挑战而不断调整和强化自身并选择性地吸收外来课程与教学论从而实现二者的融合而生成新的中国现代课程与教学论的过程及其结果。课程与教学论本土化同样需要满足本土化之适应性、规律性、本地性三个特征，即一是应适应输入国特定文化背景下的课程与教学实际情形，二是应反映输入国课程与教学实践的特点和规律，三是应转变成为输入国课程与教学论的有机组成部分。

二、　本土课程与教学论发展的基础

　　大凡学科发展的基础无外乎理论与实践二端。所谓理论基础，一是指某种理论发展所依赖的本体性的普遍原理，二是指某种理论发展所具有的原生性的思想基础，三是指某种理论发展所拥有的丰富性的思想资料。所谓实践基础，一是指学科理论发展所依赖的现实土壤，二是指学科理论发展所依赖的实践经验。

---

　　① 张传燧. 论课程与教学论的本土化 [J]. 教育研究，2012，(3)：82-86.

（一）理论基础

前面说过，中国传统课程与教学论完全是在内外隔绝封闭的社会历史文化环境下土生土长的，其赖以支撑的根本原理即理论基础是传统的"天人合一"宇宙观、"仁政德治"政治论、"善恶相兼"人性论、"知行合一"过程论和"明德至善"教育学等等。这些理论思想深深地影响到传统课程与教学论之思想体系即"以学论教"的教学本质论、"君子、成人"的教学目的论、"仁礼文行"结合的课程论、"启发诱导"的教学模式论、"知行相须"的教学过程论、系统完善的教学原则论、发达实用的学习方法论、教学相长的教学主体论（孔子、韩愈）以及系统成熟的教师论的形成和发展。

在开放、多元、一体化的当代社会文化背景下，中国本土课程与教学论发展的理论基础既有对传统赖以支撑的上述理论的继承，也有对现有课程与教学理论（包括引进的外国课程与教学理论）及其研究成果的吸纳。具体说来，就本体性理论基础来说，除中国传统哲学（包括"天人合一"宇宙观、"仁政德治"政治论、"善恶相兼"人性论、"知行合一"过程论）和西方古典哲学外，当代西方哲学之人论、知识论、技术论，社会学之结构功能论、社会冲突论、社会交往论、符号互动论，心理学之行为派、认知派、结构派、人本派，文化学之进化学派、反进化学派、传播学派、文化历史派、结构功能派，以及当代流行思潮如后现代观、复杂思维观、技术哲学观等都可以被看作是本土课程与教学论赖以依凭的理论基础。就原生性理论基础而言，主要是经过发掘提炼而形成的传统课程与教学理论体系，包括"以学论教"的教学本质论、"君子成人"的教学目的论、"仁礼文行"结合的课程论、"启发诱导"的教学模式论、"知行结合"的教学过程论、系统完善的教学原则论、发达实用的学习方法论、教学相长的教学主体论以及系统成熟的教师论等，这些都或可作为理论基础指导和深层影响着当代本土课程与教学论的发展，或可为建构本土课程与教学论提供丰富的思想资料。

在中国数千年教育实践及其思想发展的历史长河中，世代教育家们在实践探索积累丰富经验智慧的基础上已从理论上对课程与教学进行了深入系统探索，写下了大量饱含课程与教学思想的理论著作，如《论语》《荀子·劝学》《学记》《大学》《中庸》《师说》《朱子读书法》《读书分年日程》《训蒙大意示教读刘伯颂等》《论教育之宗旨》以及现代课程与教学论专家们撰写的大量课程论与教学论著作，如《教授法通论》（朱孔文）、《教学合一》（陶行知）、《教学论稿》（王策三）、《教学论》（修订本，李秉德）、《教学论新编》（吴也显）、《教学论纲》（张楚庭）、《现代教学论》（三卷本，裴娣娜）、《课程论》（陈侠）、《课程学》（廖哲勋）、《现代课程论》（靳玉乐）、《课程新论》（廖哲勋）、《课程与教学论》（张华）、《课程与教学论》（张传燧）、《现代课程与教学论》（黄甫全）、《现代教学论纲要》（李森）、《教学论新编》（陈佑清）等等，这些论著为本土课程与教学论建设提供了丰富的文献与思想资料，奠定了本土课程与教学论发展的基础。

（二）实践基础

课程与教学理论不在课程教学理论家的头脑里，而在广大教师的课程教学实践之中。所谓"实践基础"，一是指学科理论发展所依赖的现实土壤，二是指学科理论发展所依赖的实践经验。

近代一个半世纪以来，我国在引进外国先进学校教育制度和改造传统学校教育制度[①]的基础上已经建立起了从普通教育到职业教育、从学校教育到社会教育、从幼儿园到大学的完备的具有一定中国特色的学校教育制度体系，这是未来本土课程教学理论创生、发展的教育制度基础和保障。同时，我国各级各类学校及其广大教师在素质教育思想指导下，围绕学生的素质全面发展这个目的，在稳定的优良的社会环境里，积极自觉而富有创造性地开展着教育教学实践活动，探索着教育教学规律，提出了很多反映教育教学规律的思想观点。如火如荼的、丰富多样的、生动活泼的教育教学实践是本土课程与教学理论创生、发展的实践基础。

20世纪以来，我国在引进外国各种课程与教学论思想的基础上结合中国课程与教学实际进行了多次课程教学改革实验，积累了丰富的课程与教学实践经验，涌现出多种在一定程度上反映了现代中国课程与教学实践的课程与教学思想。譬如，20世纪初期的"赫尔巴特五段教学法"实验、"单级（复式）教学法"实验、"自学辅导法"实验、"分团（分组）教学法"实验；20世纪二

---

① 需说明的是，我国现代教育制度除了借鉴外国近代教育制度模式外，还是传统学校制度特别是书院内在变革的结果。张传燧，李卯晚清书院改制与近代学制建立的本土基础［J］. 华东师范大学学报教育科学版，2012（3）：89-96.

三十年代的"设计教学法"实验、"道尔顿制"教学法实验、"文纳特卡制"教学法实验、幼儿园教育实验以及包含了丰富的课程教学实验的整体性实验如职业教育实验、平民教育实验、乡村教育实验、生活教育实验、民生教育实验、活教育实验等。[①] 又如，20世纪五六十年代进行的"集中识字"教学法实验、"分散识字"教学法实验、"程序教学法"实验、"三算结合"教学法实验，不仅积累了丰富的实践经验，而且还具有一定本土特色。再如，20世纪八十年代改革开放以来进行的"学导式"教学法实验[②]、"目标"教学法实验、"情境"教学法实验、"活动"教学法实验、"和谐"教学法实验、"尝试"教学法实验、"成功"教育实验、"愉快"教育实验、"主体性"教育实验、"创造性"教育实验、"新基础教育"实验、"新生活教育"实验以及"注音识字、提前读写"教学法实验等。[③] 21世纪初从国家层面进行的这场长达十余年之久、规模巨大并且仍在继续深化的基础教育课程改革实验更是一场整体教育改革实验。

　　这些实验积累了丰富的课程与教学经验，蕴含着宝贵的课程与教学思想。课程与教学实践是课程与教学理论发展取之不尽的源泉。课程与教学理论是实践的理论，即源于实践、反映实践、指导实践的理论，建设本土的课程与教学理论，必须努力去反映本国课程与教学实践的经验，将其提升到理论的高度从而成为课程与教学论的有机组成部分。课程与教学理论的发展要求必须处理好理论与实践的关系。本土课程与教学论建设，是从实践问题出发还是从理论范畴出发，是反映客观规律还是堆砌主观理念，是必须正视的价值取向和转向的问题，即能否建立起具有传统文化根脉、本民族的课程与教学论话语体系，并由此介入当下课程与教学生活，从而发挥其无可替代的指导功能，是当代课程与教学论建设工程中不容回避的重大问题。实践是理论生成的现实土壤，理论

---

① 熊明安. 中国近现代教育实验史 [M]. 济南：山东教育出版社，2000.

② "学导式"教学法实验有广义和狭义之分。狭义的"学导式"教学法实验特指黑龙江矿业学院胥长辰、哈尔滨师范大学刘学浩进行的教学法实验。广义的"学导式"教学法实验泛指以学生的学习为主以教师的指导为辅的一类教学法实验，包括"学导式"教学法实验、"导学式"教学法实验、"自学辅导"教学法实验、"读读议议练练讲讲"八字教学法实验、"六课型"教学法实验、"尝试"教学法实验、"六步"教学法实验等。

③ "情境"教学法实验也有广义和狭义之分。狭义的"情境"教学法实验特指江苏南通师范附小李吉林老师进行的"情境教学"实验；广义的"情境"教学法实验泛指教学过程中情感与环境及其教学氛围相互交融产生积极有效的教学影响的一类教学法实验，包括"愉快"教学法实验、"和谐"教学法实验、"成功"教学法实验等。

是实践中生长出来的智慧花果。课程与教学理论源于课程与教学实践。课程与教学实践是课程与教学理论的原生土壤，是课程与教学理论的原始生长点、新的生长点和推动课程与教学论发展的动力源泉。只有建立在实践基础上的理论才是有生命力的理论。20世纪我国开展的许多课程与教学改革实验（实践），体现出鲜明的本土特色，为中国本土课程与教学论建设奠定了坚实的实践基础，将对中国课程与教学论的发展产生了重要而深远的影响。这些课程与教学改革实践不仅为当代中国课程与教学理论的发展和建设提供了丰富的素材和思想观点，也提供了实验某种课程与教学理论假设的基地和检验某种课程与教学思想是否正确的园地。同时，这些课程与教学改革实践特别是基础教育新课程改革实验对本土课程与教学理论指导的渴望和诉求则是推进本土课程与教学论建设的强大动力。

三、　本土课程与教学论发展的条件

时至今日，本土课程与教学论建设，不仅已具备了丰富而雄厚的理论与实践基础，而且已有了相当成熟的社会、经济、文化和理论条件。

（一）社会条件

近代以来，我国社会经过历代人的努力奋斗，不仅摆脱了封建主义、帝国主义的束缚，赢得了独立自由的地位，而且经过几十年的的改革开放，变得繁荣富强起来，昂然屹立在世界上，正发生着数千年之一大变局，即从传统走向现代，从贫穷走向富裕，从封闭走向开放，从衰微走向复兴，呈现出"新常态"的伟大转型，中华民族正在"中国梦"引领下以前所未有的姿态走向世界，走向现代，走向未来，呈现出安定、和谐、富裕、文明等特征。社会发展更加协调：城乡区域协调发展；经济社会协调发展；新型工业化、信息化、城镇化、农业现代化同步发展；在增强国家硬实力的同时注重提升国家软实力。

面对现代化、开放化和国际化的社会，改革与创新便成为中国教育的两大重要主题。改革传统教育教学体系，实现教育教学体系的创新，培养时代发展需要的人才，以适应现代社会发展的客观要求，便成为摆在我们面前的重大任务。"教育的任务是毫无例外地使所有人的创造才能和创造潜力都能结出丰硕的果实",培养创新型人才"这一目标比其他所有目标都重要"。[①] 这亦将成为课程与教学论关注的焦点,也对本土课程与教学论的建构提出了现实要求和社会条件。

(二)经济条件

目前,经过改革开放三十多年的发展,中国经济正告别贫穷落后、低端高速、资源消耗的粗放型发展模式,呈现出"不断创新宏观调控方式,推动形成经济结构优化、发展动力转换、发展方式转变加快的良好态势"[②]。社会经济发展新常态的提出,是新一届中央领导人对中国社会经济发展阶段的准确把握和科学认识,意味着中国社会进入了一个与过去三十多年社会经济中低端高速度增长不同的新的发展时期,意味着中国社会经济正在进入一个新的中高端中高速发展阶段。除整体上我国综合国力已跃居世界第二,社会正全面向小康迈进外,与过去几十年相比,经济发展呈现出以下特征:第一,经济正从过去的高速增长转向中高速平缓增长,年增长率大约保持在 7% 左右。第二,经济发展正从中低端水平迈向中高端水平,步入从量变到质变发展阶段。中国正在建设以《中国制造 2025》、工业 4.0 为代表的制造强国,以"互联网+"行动计划、大数据为标志的网络强国,以现代服务业行动、促进服务业优质高效发展为代表的服务强国,和以坚定文化自信,增强文化自觉,加快文化改革发展,加强社会主义精神文明建设的文化强国,产业结构进一步优化。第三,经济发展动力正从要素驱动、投资驱动转向创新驱动,大众创业,全民创新,创新被摆在了国家发展全局的核心位置。第四,经济发展突破突出重点、梯度推进的模式,增强发展的协调性,推进区域和城乡、物质文明和精神文明、经济建设和国防建设协调发展,形成平衡发展的结构模式。第五,经济发展模式更加开放,必须深度融入世界,奉行互利共赢的开放战略,完善对外开放战略布局。"一带一路"战略就是其表现,借此与沿线国家共同发展、共同繁荣。

毫无疑问,教育必须面向和服务于社会经济发展新常态。社会经济形势

---

① 国际 21 世纪教育委员会向联合国教科文组织提交的报告. 教育——财富蕴藏其中 [M]. 联合国教科文总部中文科译. 北京:教育科学出版社,1996:6.

② 中共中央《关于制定国民经济和社会发展第十三个五年规划的建议》。

的变化必然要求教育发展与之相适应，也必然使教育发展呈现出新常态的特征。（1）从数字看，截至 2014 年底，高等教育毛入学率达到 37.5％；高中阶段（包括普高、职高、中职、中技）毛入学率 86.5％；小学学龄儿童净入学率达到 99.27％，初中阶段毛入学率 97％；"两基"验收县达 96％。（2）从性质看，一是义务教育均衡发展全面推进，全面提升义务教育普及水平；二是职业教育受到高度重视，实施免费的中等职业教育；三是各级学校办学条件进一步改善，现代化水平极大提高。（3）从速度看，从高速发展（无论是义务教育的普及还是高等教育的大众化）进入中高速（因为还要普及高中教育，还要速度）稳定发展。（4）从重点看，从 20 世纪末把九年义务教育的普及和高等教育的大众化作为教育的战略重点向把普及高中教育、普及中等职业教育、普及学前教育和建设一流大学作为战略重点的转移。培养哪些人才、培养什么样的人才、用什么来培养人才、怎样培养人才，就成为教育理论尤其是课程教学理论关注的焦点课题。因此，经济的发展向教育既提出了与之相适应的各级各类人才的客观要求，也为本土课程教学论的建构提出了现实要求和社会条件。

（三）文化条件

中华民族拥有悠久的发展历史、深厚的文化底蕴。30 多年来的改革开放，从根本上说是一次文化重构运动，实现了文化的复兴与文化的转型。我们生活的这个时代，既有新文化与旧文化的对抗与碰撞，也有西方文化与东方文化的冲突与融合，还有传统文化与现代文化的抵牾与转化，同时既有物质文化、制度文化的重构，也有行为文化、精神文化的重塑。无论理论研究还是生活实践，我们都能够体验和感受到这四个方面所发生的前所未有的变化。文化变动首先是从物质经济开始的。以经济建设为中心，创造了强大繁荣的物质经济文化，这种物质经济文化的核心精神是利益、公平、正义、诚信、法治。其次是制度建设同步展开，以民主法治为中心，构建起了中国特色的制度文化，这种制度文化的核心内容是多党合作制、人大代表制、政治协商制。第三是人们的生活方式发生了显著转变。名牌服装、高档餐馆、宽敞住宅、私人轿车、出国旅游、……已不再是少数人的专利。第四是精神文明建设从未放松，形成了以马克思主义为指导思想、中国特色社会主义共同理想、爱国主义的民族精神、改革开放的时代精神和社会主义荣辱观等社会主义核心价值体系为主要内容的精神文化。当然这些变化既有正面的也有负面的，既有积极的也有消极的。但总体上来讲，改革开放以来，制度文化、精神文化的发展总体上滞后于物质文化和行为文化的发展，这也是 2011 年党的十七届六中全会提出要大力发展文化特别是精神文化的缘由所在。

2015 年 10 月召开的十八届五中全会提出，十三五期间，要坚定文化自信，增强文化自觉，加快文化改革发展，加强社会主义精神文明建设，建设社会主义文化强国。在文化建设方面，提出要深化文化体制改革，实施"哲学社会科学创新工程""重大文化工程""中华典籍整理工程"，构建"中华优秀传统文化传承体系""公共文化服务体系""文化产业体系""文化市场体系"，推动"文化产业结构优化升级"。今后，文化发展必然会是中体西用、冲突融合、多元并存；在发展过程中应当处理好传统与现代、国际化与本土化、价值多元与文化霸权、技术至上与人文关怀、继承与创新之间的冲突与融合；其走向必然是国际化、信息化、个性化、民族化并存，即如费孝通先生所言："各美其美，美人之美，美美与共，天下大同。"[①]

改革开放以来的课程教学（教育）改革就是在这样一种文化变动的大背景影响和推动下进行的，是与这种文化变动相适应的。新时期的教育改革动力首先是来自物质、经济文化发展的推动，发展到一定阶段必然要寻求精神文化的动力和灵魂，教育发展存在的问题也需要我们从文化的角度去寻找深层原因。教育是因文化而产生，因文化而发展的，担负着传承、复兴和繁荣文化的使命。文化的复兴与繁荣，既对教育提出了严峻挑战和现实要求，也为教育理论特别是本土课程教学论的建构提供了文化条件。

（四）理论条件

课程教学论发展的理论条件，除教育学、心理学以及课程教学论学科发展的自身理论成果外，国内外课程教学理论专家们认识到，过去那种单纯以某种理论为指导思想的时代实际上已经不适应课程教学理论发展的需要了，还必须以其他学科理论为基础和条件。总结一些专家的论述，哲学、社会学、文化

---

① 费孝通. 美美与共与人类文明 [J]. 北京：群言（上、下），2005（01、02）：17-20，13-16.

学、历史学、科学学等都已成为当代课程与教学论发展的理论前提条件。[①]

改革开放以来，不仅国外各种理论大量涌入中国给国内理论界增添了活力，而且改革开放的实践也焕发了国内理论界的青春，使其呈现出勃勃生机。同时，随着我国综合国力增强、国际地位上升，在中国梦的引领下，坚定文化自信，增强文化自觉，建设文化强国，中国文化复兴指日可待。在这种社会、经济、文化大背景下，外来的各种理论思潮、国内新时期各种现代理论思想和日益复兴的中国传统理论思想，都不仅深深地影响着本土课程教学论的建构，而且也为建构本土课程教学论提供了充足的理论条件和宽厚的理论土壤。

第四节　"四生性"：我的课堂教学观[②]

受中国传统生命教育思想的启发，基于对课堂教学的本体性思考、学生发展核心素养培育以及作者多年的理论与实践探索，从课堂教学的主体、目的、内容、过程、时间等维度提出了"四生性课堂"教学模式观。"四生性课堂"教学模式的内涵是指具有生命性、生长性、生成性和生活性的课堂教学模式；所秉持的教育理念有生命教育、师生平等、生长教学、生成教学、合作教学、参与教学、自主学习、教学民主以及课程资源等；其理论基础主要是哲学之生命与人本理论，教育学之生命教育、教育目的、教育主体、课程内容、教育过程、教育策略以及生活教育等理论。"四生性课堂"教学模式是一个"双向五维五环节"的立体结构，具有师生合作互动、知识能力方法与道德个性情感并重、过程和目的并重和生为本、学为主、无主题、全开放等鲜明特色。"四生

---

① 关于现代课程与教学论的理论基础，［美］艾伦·C·艾恩斯坦、费朗西斯·P·汉金斯著《课程：基础、原理和问题》（江苏教育出版社 2002 年）认为主要是哲学、历史学、心理学和社会学；裴娣娜主编《现代教学论》（三卷本，人民教育出版社 2005 年）认为主要是哲学、心理学和科学技术学；李森著《现代教学论纲要》（人民教育出版社 2005 年）认为主要是哲学、心理学、社会学；张传燧主编《课程与教学论》（人民教育出版社 2008 年）认为主要是哲学、心理学、文化学、社会学、科学技术学；黄甫全主编《现代课程与教学论》（人民教育出版社 2011 年）认为主要是历史学、哲学、心理学、文化学、社会学、科学学。

② 原载《湖南师范大学教育科学学报》2019 年第 1 期第 108-113 页。收入本书时个别文句有所改动.

性课堂"教学模式的教学策略有主体互动、读书指导、启发思考、情趣激活等。

十九大报告指出:"中国特色社会主义进入新时代,我国社会主要矛盾已经转化为人民日益增长的美好生活需要和不平衡不充分的发展之间的矛盾。"美好生活当然包括美好教育生活。什么是"美好教育"呢?十九大报告将其解释为"每个孩子都能享有公平而有质量的教育"。当下中国,十二年基础教育已经基本普及,高等教育已经实现了大众化,教育发展已经走过了数量积累的规模扩张阶段,进入了质量提升的内涵发展阶段。教育质量靠什么来保障?从根本上说,是靠学校师生课堂教学活动来保障的,离开了课堂教学活动,教育质量的保障根本就无从谈起。新世纪基础教育课程改革十余年来,取得了很大成效,① 但由于受应试教育的影响,课堂面貌并未得到根本改观。② 大中小学课堂教学大量盛行的仍然是教师讲学生听的模式,教师主宰着整个课堂教学过程,教学活动以教材知识为中心,完全是教案的展现或课件的呈现过程,学生处于被动学习地位,学生的生命价值被极大地忽视了。整个学校教育培养了许多乖巧的听话的会考试并且能拿高分的学生,却缺乏独立思考、没有问题意识、社会生活能力不足、缺乏生机和活力。针对这些问题,笔者受中国传统生命教育思想的启发,基于对课堂教学的本体性思考、学生发展核心素养培育以及多年的理论与实践探索,③ 以课堂教学的主体、目的、内容、过程(含方法)为维度,提出了"四生性课堂"教学模式观。本节拟对其内涵、理念、理论依据、结构、特色及其策略进行阐述分析。

一、"四生性课堂" 教学模式的内涵

课堂教学模式的定义很多,一般将其定义为一套较为稳定的课堂教学活动的结构框架及其展开程序。具体说,它是一套包含了教学思想(理论、理念、观念等)、教学因素、教学目标、操作程序(或曰展开步骤,也叫操作环节,亦叫教学阶段)、教学策略(亦叫教学方法手段)、教学评价等要素的课堂教学

---

① 张传燧. 课程改革在路上:历史、现状与未来 [J]. 课程·教材·教法,2015 (8):3-9,42.
② 张传燧. 课程改革在路上:历史、现状与未来 [J]. 课程·教材·教法,2015 (8):3-9,42.
③ 张传燧. 基于学生发展核心素养培育的"四生课堂"建构研究 [J]. 陕西师范大学学报(哲学社会科学版),2017 (5):146-157.

操作系统。每一套课堂教学模式既有共性也有个性，他们的因素实际上是相通的，都含有教学属性、教学主体、教学目标、课程内容、教学程序（过程）、教学手段（方法、技术）、教学氛围、教学时空等。但每种课堂教学模式都有属于他自己的独特的有别于其他模式的教学指导思想、教学目标、教学程序、操作策略。"四生性"课堂教学模式的内涵实际上是从其性状来定义的，实质是指具有"四生性"的课堂教学模式。所谓"四生性"，即教学主体的生命性、教学目的的生长性、教学内容的生活性、教学过程的生成性。什么样的课堂教学模式才具有这些特性？

首先，"生命性"是从课堂教学的主体来说的。"生命性"是教学的本质属性。教学是属于人的，教学的"生命"特指人的生命。教学是人的生命的事业，是指向人的生命的事业。教学情境中人的生命，是具有不同于一般生命的意义的生命，它是有意识的、能动的、存在个性差异的、具有人格的，同时在教学中主体的地位和人格上又是平等的。把握这一点，是理解课堂教学模式生命性的关键。课堂教学的"生命性"，说的是课堂教学应当全面体现和高度重视教学主体（即师生，而非如有些论者所说仅为学生）生命的存在，将作为生命存在的教学主体真正当成"人"来看待，极其尊重教学主体的地位，充分发挥其在教学活动展开过程中应发挥（应起到）的积极作用。尤其是应特别尊重学生的生命，发挥其在课堂教学活动过程中的积极主动作用。

其次，"生长性"是从教学目的即学生发展的角度来说的。生长，不仅是生命的基本特性，也是生命的本能反应，更是生命的根本目的。因此促进人的亦即学生的生命的生长，是教育的根本目的。教学目的的生长性，要求教学应当以促进学生的生长发展为唯一目的。生长，不仅仅是知识的增长，更是能力的提升和健全个性的养成。即是说，生长，不仅指知识的"多"和能力的"强"，还应当包括素养的"全"和情感的"乐"。生长，更不是指一种活动的结果而是指一种活动的价值取向。

再次，"生活性"说的是课堂教学通过"双重开放"密切与生活的联系：一方面，课堂向生活开放，让生活进入课堂，以消解现行课堂与生活隔绝的弊端；另一方面，生活向课堂开放，让课堂走进生活，使生活变成课堂的一部分，以克服现行课堂封闭狭窄的弊端。这里的课堂教学"生活性"，主要是从教学内容来说的。一方面，课堂教学内容应当密切联系社会现实生活，指向社会现实生活；另一方面应当将社会现实生活的内容和需求作为重要的课程资源融入课堂教学内容，从社会现实生活中去寻找知识信息来充实、丰富、拓宽、深化教学内容，树立新的课程资源观。课堂教学生活性的根本目的，在于使学生通过学习社会生活知识培养社会生活实践能力，使其能够更好地融入生活、学会生活、创造生活。课堂教学的生活性，要求遵循社会现实生活特别是学生周遭生活的逻辑，以学生的周遭现实生活为课程内容的重要源泉，以密切联系学生周遭生活的主题或活动为载体，引导学生置身于生活中，在生活中发展，在发展中生活。在当下的学校中，缺乏生活性的课堂教学普遍存在，主要表现在以下几个方面：第一，重书本文字知识，轻实际生活内容。教学内容局限于教科书，教学场所局限在学校课堂里，人为地割裂了学校课堂教学和社会现实生活的有机联系。第二，重解题技能的程式化重复训练，轻运用所学书本知识解决社会、人生所面临的实际问题能力培养。第三，重结论，轻过程。课堂教学把形成结论的生动过程变成了教师的细致讲解、条分缕析及学生的机械记忆和简单模仿的过程。第四，重知识，轻情感。课堂教学中教学内容陈旧、单调、枯燥，只关注学生认知水平的发展，关注抽象思维、理性思维的形成，忽视感知、想象、情感、灵感、直觉等因素的培养，高度的抽象性和严密的逻辑性挤掉了教学应有的生活味和人文气息。

第四，"生成性"说的是课堂教学活动可以偏离甚至超越预定的思路和程序而走向或偏向另外的程序或方向。一般认为，"生成教学"是美国心理学家维特罗克（Wittrock）最早提出的，1974 年他在《美国心理学家》杂志上发表《作为生成过程的学习》（Learning as Generative Process），认为学习过程是学生根据自己的态度、需要、兴趣和爱好以及认知策略对当前环境的感觉信息产生选择性注意，获得选择性信息并利用原有认知结构建构该信息的意义从而获得新知识新经验的过程。其实，这种思想早在中国先秦就有。在儒家孔子与学生关于"礼""仁""孝""行""志"等问题的对话教学中，重点不再使学生获得一般性或通识性或公理性知识，而是发现和生成属于学生个体的差异性、选择性知识；其教学活动也没有固定模式，而是复杂多变的动态生成过程。道家老庄以及后来受其影响的魏晋玄学都强调学生个体认识的"自生""自成""自化"。老子强调"相生相成"："有无相生，难易相成。"[①] "生成"合为一词最早是在晋代，《晋书·应詹传》："（韦泓）既受詹生成之惠。"后世士人都用到

———————————
① 《道德经》第二章。

了"生成"概念，意为"生长""形成"。譬如，唐杜甫《屏迹》诗之二："桑麻深雨露，燕雀半生成。"宋范仲淹《水车赋》："假一縠汲引之利，为万顷生成之惠。"明唐顺之《重修瓜州镇龙祠记》；"夫生成百谷以粒民，孰非天地之功。"李东阳《求退录·奏为陈情乞恩休致事》："伏望陛下垂天地生成之仁，推家人父子之爱，特降俞音，许令退休。"清王夫之亦持"日生日成""习与性成"说："夫性也者，生理也，日生则日成也。""习与性成者，习成而性与成也。""性者生也，日生而日成之也。"[①]　就是说，中国古代不仅提出了"生成"的概念，而且明显具有"生成教学"的性质。总之，生成教学就是指师生根据不同的教学情境和状态自主构建、动态生成教学活动的过程。生成性，实际上是指师生根据课堂具体状况灵活而创造性地对教学过程进行调整或改变，从而使教学活动呈现出一个动态的、变化的、开放的、创造的课堂教学状态，是教学主体生命性的外在行为表现和活动形成。

"四生性"课堂教学模式的目的之一：力图解决课堂教学观念落后、模式陈旧、内容单调、方法呆板、气氛沉闷、效率低下的问题，解决现时课堂教学中大量存在的教师讲学生听、学生被动学习，学生课下主动看书的不多、课上积极发言的不多、学习过程中联系现实生活思考的不多的"三不多"现象，创造一种积极主动的、充满生机的、生动活泼的、紧张愉悦的课堂教学氛围。目的之二：力图解决课堂教学中只重知识的获得而不重思维和能力训练特别是理性思维和实践能力的训练以及综合素养养成的问题。与之相反，"四生性"课堂教学模式更加注重思维、能力、方法和综合素养的培养。目的之三，力图解决在学生的教育培养过程中课堂教学相应地受重视不够的问题。教师重科研轻教学，课堂教学随意性强，扯谈闲聊，漫无边际；学生重社交轻学习，上课注意力不集中，不记笔记，不动脑筋思考，不主动发言，学习动力明显不足。"四生性"课堂教学模式强调充分发挥两个教学主体的积极性，教师积极主导地教，学生自觉主动地学。

二、"四生性课堂"　教学模式所秉持的教育理念及其理论依据

"四生性课堂"教学模式所秉持的教育理念，从教学主体角度，有生命教

---

① 《尚书引义·太甲二》。

育观、师生平等观；从教学目的角度，有素质教育观、生长教学观；从教学内容角度，有生活教育观、课程资源观；从教学过程角度，有生成教学观、合作教学观、参与教学观、自主学习观、教学民主观。其所依据的理论基础，主要是哲学之生命与人本理论，教育学之生命教育、教育目的、教育过程、生活教育、课程内容等理论。[①] 下面，将所秉持的理念和所依据的理论结合择其要而分析论述之。

"四生性课堂"之"生命性"要求课堂教学立足生命、尊重生命、发挥生命、发展生命，生命哲学是其重要的理论基础之一。生命哲学认为，生命是世界存在的基础，应当重拾对生命的关切，尊重生命的地位，维护生命的尊严，激活生命的潜能，提升生命的境界。生命哲学运用于教育领域而形成的生命教育哲学主张实施生命教育。所谓生命教育，就是基于生命、顺应生命、尊重生命、养护生命、激活生命、发展生命、提升生命的活动。课堂教学应当充分重视教师和学生这两个主体的生命的地位及其价值，重视生命的主动参与和积极体验，激发学生生命的潜能，关爱生命、尊重生命、依赖生命、发展生命、提升生命。尊重师生生命特性，注重师生生命体验，让教师生命个体与学生生命个体达到交融契合，让师生双方都能以独立的生命个体主动地投入到教育教学活动中去，燃放出璀璨的生命之光，绽开绚丽的生命花朵，这就是生命教育的基本宗旨。生命教育哲学要求我们树立生命教育观，凸显课堂教学的生命性，做到尊重生命的主体性，发挥生命的主动性，达成生命的生长性，从而实现生命的价值。

"四生性课堂"的生命性，突显的是人的生命，具体说来，是课堂教学情境中的师生的生命。因此必须凸显人的存在、人的地位、人的价值、人的意识、人的作用。教育具有属人性、人为性、为人性等"三人性"，即是说，教育是属于人的而不是属于其他事物的，教育是人有意而为的而不是自然而然的本能的，教育是为人的生存发展服务的而不是为别的什么事物发展服务的。在教育中，人既是本体，也是主体，更是客体（目的）。一句话，教育必须以人为本。因此，哲学人本论或曰人本哲学也是"四生性课堂"的重要理论基础之一。人本哲学的出发点是"人"，落脚点也归于"人"。基于人本哲学对人的认

---

① 张传燧. 基于学生发展核心素养培育的"四生课堂"建构研究 [J]. 陕西师范大学学报（哲学社会科学版），2017（5）：146-157.

识，我们应当时刻思考：教育中人是什么？人在哪里？人何以为？人有何为？在课堂教学过程中，应重视作为"人"的师生的存在，应以学生为中心，以学生的需要、兴趣和生活实际等为出发点，充分尊重和重视师生的生命尤其是学生个体的生命本性，充分发掘其生命潜能，最大限度地发挥其生命的自主作用，以师生为主体，围绕学生不同的实际需求，努力培养造就"全面""充分"而有个性特长发展的人。

　　"四生性课堂"是一种课堂教学模式，因而必然会涉及目的、主体、内容、过程等问题。教育学理论是研究教育现象及其问题、揭示教育规律的学问，必然研究教育的目的、主体、内容、过程、策略等基本问题，从而形成教育学之各分支学科教育目的论、教育主体论、课程内容论、教育过程论、教育策略论，这些教育学理论都是"四生性课堂"重要而坚实的理论与方法论依据。譬如，教育目的论所要论述的首要问题是教育要培养什么人、培养人什么的问题，指向促进学生德智体美方面的全面和谐发展，其生长性取向十分明显。教育目的论强调，不仅要关注人的知识、能力的发展，更要关注学生道德和情感、个性方面的不断生长。这对我们探索"四生性课堂"的"生长性"提供了深深的启发。教学主体论认为，课堂教学活动的主体包括教师和学生，教师和学生都是活生生的人，都具有生命性，都是具有主观能动性的生命个体。在课堂教学过程中，他们的地位和人格是平等的，他们的作用是互动合作的。作为课堂教学活动的主体，教师和学生都应该充分发挥各自的主动性和自主性，同时都应该尊重对方的生命特性，注重生命（尤其学生生命）的体验和生成。这就要求我们，必须确立平等师生观、合作教学观等教学理念。现代课程论认为，课堂教学内容不限于教科书上的系统的理论知识，还应包括社会生活中的比较零散的实践性知识；不限于教师课堂上教授的书本上的系统的理论知识，还应包括学生从生活中自主获得的比较零散的经验性知识。因此必须树立开放、广泛的课程资源观。现代课程论还认为，一方面知识来源于现实生活，一方面知识应服务于现实生活。生活课程论主张将课程与生活密切联系起来，课程教学活动密切关注社会生活；强调为了生活而教育，用生活来教育，将生活引入教育，在生活中教育，生活就是教育。应当始终坚持课程的生活性取向，开放地进行课程教学，立足学生生活来教育，努力让学生了解现实生活，使他们获得日后参与社会生活必备的知识技能及其个性品质。"四生性课堂"教学模式的教学内容，打破就知识谈知识、就学科谈学科的局限，向社会现实生活和学生个体生活经验开放，将社会丰富的知识信息引入课堂教学内容中，从而密切其与当前和未来社会生活的联系，促进学生的生长与发展。教学过程论认为，教学过程是"指教学活动经过的程序，表现为具有时间先后和逻辑顺序的一系列步骤、阶段和环节"[①]，具有知行统一、以学论教、开放生成等特点。教学过程论强调：教学过程既要关注教学活动的动态性，更要重视教学过程的生成性取向。"四生性课堂"教学模式的运行过程表现为"布置引导/预习思考—启发点拨/互问互答—答疑解惑/质疑理解—拓展提升/总结反馈—布置引导/预习思考"五环节，这些环节的先后次序及其表现形式不是固定不变的、封闭的，而是变化的、开放的，是一个动态生成的过程。

总之，"四生性课堂"教学模式秉持先进的教育理念，依凭雄厚的理论基础，其依据不仅是科学的而且是合理的，表明其先进性和科学性。

三、"四生性课堂" 教学模式的结构及其释意

通过理论研究与实践探索，形成了"双向五维五环节"的"四生性课堂"教学结构立体模式，如下图所示。

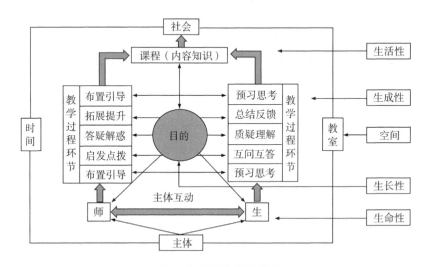

"四生性课堂"结构模式

---

① 张传燧. 中国教学论史纲 [M]. 长沙：湖南教育出版社，1999：166.

双向，即师—生、布置引导—预习思考、启发点拨—互问互答、答疑解惑—质疑理解、拓展提升—总结反馈。这些属于主体及其过程/行为要素，它们两两对应，双向互动，彼此配合协调，并行共进。"主体""双向"，反映了课堂教学的主体—生命—行为特性，是"四生性课堂"之"生命性"特性的具体行为展现。

五维，即主体—目的—课程—空间—时间。这是"四生性课堂"教学模式的五个坐标节点，整个课堂教学活动就是这五个要素的碰撞、耦合、叠加、纠缠，是教学主体（师生）围绕（并指向）教学目的作用于课程内容在一定时（课时）空（教室）内展开的连续性活动，课堂教学活动的状态及其质量取决于这些要素的状态、位置、作用。"四生性课堂"就是力图活化其状态、耦合其位置、主动起作用，力图通过优化教学要素达到教学效果最佳的目的。

五环节，即布置引导—预习思考、启发点拨—互问互答、答疑解惑—质疑理解、拓展提升—总结反馈、布置引导—预习思考。所谓教学环节，即是师生课堂教学行为在课堂教学活动过程中随着时间的推移在不同阶段上的具体表现。"四生性课堂"凸显"生为本、学为主、无主题、全开放"特色，突出学生，凸显学习，强化问题，注重过程，注重生成，因此根据课堂教学过程中师生的思维活动过程及其具体行为表现，可以划分为如上五个环节，整个过程环环紧扣，紧张愉悦，生动活泼，妙趣横生。

立体，即以师—生主体活动为两个横向维度、以时间—过程为纵向维度、以目的为向量维度的"五维立体结构模式"。按照爱因斯坦的说法，宇宙间任何事物都是以四维空间的形式存在，四维空间就是三维空间加时间，因为不管几维空间都离不开时间的支持，没有时间也就没有空间。空间和时间，是事物构成的两个基本条件。除了这四维之外，还有第五维，就是向量，这是指事物活动的速度、方向、效率、状态。所以，事物的存在其实是一个多维立体存在。"四生性课堂"教学模式也是一个多维立体存在，是一个由主体—目的—课程—空间—时间组成的"五维立体结构模式"。这里，空间除了教室—学校—社会外，就课堂教学活动本身来说，就是由教师—学生—活动过程及其环节所组成的实际结构形式；其目的，总的来说指向学生的身心发展，具体来说就包括了课堂教学的速度、方向、效率、状态等向量因素。立体多维结构，是我们把握"四生性课堂"教学模式的新视角。如下图所示。

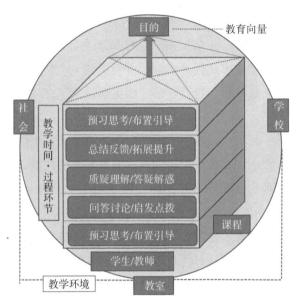

"四生性课堂"教学模式的"四维空间结构"图

四、"四生性课堂" 教学模式的特色

"四生性课堂"教学模式是一种新型课堂教学模式，具有师生合作互动、知识能力方法与道德个性情感并重、过程和目的并重和生为本、学为主、无主题、全开放等鲜明特色。

（一）师生合作互动

在"四生性课堂"教学模式中，教师及其教不再是课堂的中心，学生及其学成为课堂的中心，整个课堂教学活动围绕学生的学而展开。不是教师教学生学，而是学生"学"教师"导"。教师的任务不在"教"而在"导"，学生的主要任务不在"受"而在"学"。"四生性课堂"教学模式高扬教学主体的生命性，从学生生命的生长性出发，师生充分发挥教学主体的积极作用，围绕"问题"（而不是知识）和"学"（而不是"教"）展开活动，自觉主动地参与到课堂教学活动各个环节中，师生关系平等和谐，充分合作互动，教学民主开放。

（二）知识能力方法与道德个性情感并重

在学生具备基本文字和计算能力的基础上，"四生性课堂"教学模式的目的不在知识上，而在能力的训练、方法的掌握和个性的养成上。重要的不在于有没有知识，而在于知不知道到哪里去寻找知识，怎么获取知识，具不具备好学求知、温故知新的态度和精神。譬如，《中国教育史》实施"四生性课堂"教学模式，目的是不仅使学生掌握教材知识，掌握学习方法，具有理性思维，学会逻辑思考，形成教育历史思维，而且还使他们形成对中国悠久、丰富、博大、深刻的教育传统产生浓厚兴趣和喜爱、崇拜、自豪之情，养成健全、和谐、自信、坦荡的个性品质。

（三）过程和目的并重

"四生性课堂"教学模式主张过程重参与（100％），目的应达成（95％）。其目的之一就是力图解决课堂教学传统课堂教学教师讲学生听、教师唱独角戏学生参与不够、重知识掌握轻过程参与的问题，力图消除传统课堂教学中大量存在的"学生课下主动看书的不多、课上积极发言的不多、学习过程中联系现实生活思考的不多的"三不多"现象。具体说来，一是要求学生做到"四全"，全员全程全面全身心参与投入，保障95％以上学生合格，70％以上学生良好，20％以上学生优秀。具体要求：（1）全班学生做到课下阅读教科书和参考书并经思考后提出两个与所学内容有关的问题供课上讨论；（2）每个学生或主动或被提名参与课堂学习讨论，积极准备发言，以培养学生口头表达能力。二是采用多元评价方式，即采取期末考试：半期作业：平时学习＝60：30：10的课程评价模式，期末考试检测课本系统理论知识的掌握程度，半期作业主要是撰写课程小论文，以训练和提高学生的理性思维能力和书面综合表达能力，平时学习主要检测课堂出勤率、课堂的表现、课堂听课与读书笔记，以考查学生的平时学习状况，提高学生的学习能力，完善学生的学习方法。"四生性课堂"教学模式注重过程评价，淡化结果评价；注重生长性评价，淡化终结性评价。

（四）生为本、学为主、无主题、全开放

"生为本"，凸显学生的主体地位与主动作用，课下学生预习教材、课件和其他参考书，初步思考并提出问题；课上学生相互提问和回答并展开深度讨

论；期末学生参与命题教师审校核定（对此曾有人提出质疑，认为学生参与命题，一是可能泄题；二是学生知道了答题要点，他们会背下来，这样就起不到考试的作用了。我认为，期末考试是课程结业考试而不是升学选拔考试，其功能是测量而不是甄别。泄题是完全有可能的，但覆盖全书知识要点的三套题，学生要完全记下来也不容易。如果他们真能完全记下来，那岂不是达到了教学要求的目的了吗？再则，期末卷面考试本来在整门课程学业总评价中的比重就只占 60%，其权重已大大降低了，学生通过参与出题熟记全书知识要点，有什么可怕的呢？）。"生为本"打破了传统课堂教学模式"师为本"、教师垄断课堂的局面。"学为主"，即以学生的学习为基础为中心，以促进学生学习为目的的自主探究课堂模式，打破以教师"教为主"的传统课堂教学模式。具体做法是：第一步，学生预习并思考，预先提出疑惑的问题；第二步，学生呈现预先准备好的问题，其他学生回答或展开讨论；第三步，在必要时，教师讲解问题或释疑；第四步，师生一起概括总结，获得结论式认识。"无主题"，即打破按教材章节内容顺序展开教学活动的具有明确主题知识内容传统课堂教学模式，采取按单元（一般是一章或一单元）安排教学，师生围绕"问题"展开对话共同讨论的教学模式。"无主题"并非没有主题而是采取"单元（章）"主题的形式，也并非杂乱无章，无序可循，无非不是按照教材章节知识的逻辑顺序罢了。这样做使课堂教学显得更加活泼生动，更加符合课堂教学情境中学生思维活动的情形及其特点。"全开放"，即整个课堂教学呈现出学生与内容、学生与学生、学生与教师、学校与社会、传统与现代、理论与实践、教育史与其他课程双向多维开放的状态，突破了传统课堂教学模式单项、封闭状态。

第三章 ｜ 新世纪基础教育课程
未来改革的行动

　　课程改革是一个连续递进的过程。每次课程改革都只是这个连续递进过程中的一个阶段或环节，它既承接历史也导向未来。因此，课程改革只有进行时没有完成时，课程改革永远在路上。20世纪20年代以来的百年里，我国基础教育课程所进行的两次改革都已成为历史，课堂教学现状仍然堪忧，一场深刻的"课堂革命"（教育部长陈宝生语）在所难免。面对未来，我们需要思考、需要研究，需要行动。本章在回顾和总结历史、透视和反思现实基础上，一方面比较了新世纪基础教育新课改以来中小学课标的变化以把握课程改革的未来趋势；一方面积极行动起来，在"三个重要"新理念引领下，实现课程改革的"三个转向"，确立"教学中心"课改取向，以"四生性课堂"新理论为依据，深入扎实地开展课堂教学探索性实践，以创新课堂教学模式，激发课堂的生命活力。

第一节　课程改革在路上：历史、现状与未来[①]

　　课程改革是一个连续递进的过程。每次课程改革都只是这个连续递进过程中的一个阶段或环节，它既承接历史也导向未来。因此，课程改革只有进行时没有完成时。20世纪以来，我国基础教育课程进行了多次改革，但真正意义上的课程改革实验只有两次，一次是1922年新学制颁布前后，一次是21世纪伊始。每次课程改革实验都有自己独特的做法、取得的成效、成功的经验和存在的问题与不足。当2011年义务教育各科课程新标准颁行后，我国新世纪首轮基础教育课程改革实际上便宣告结束，中小学课程教学改革便进入了新的常规运行状态，或曰课改"新常态"。目前，基础教育课程教学进入了"后课改时代"即"新常态"发展时代。当我们继续往前走的时候，有必要想想一路走来，我们都做了些什么，有哪些经验教训；现在我们正做着什么，取得了哪些成就，存在哪些问题，有哪些经验教训；未来我们将走向何方，做些什么，应该怎么做；诸如此类的问题，要求我们有必要站在课程改革的整体过程来审视历史，把握现实，展望未来。未来课程教学改革，应当确立"三个重要"新理念，实现"三个转向"，确立"教学中心取向"。为此，必须采取加强本土课程教学理论建设，为课程改革实践提供科学适切的理论指导；加强课程教学实验，探索中国课程与教学实践规律；加强教师培训，促进教师专业发展；改革相关制度，创造课改顺利进行的良好社会制度环境；广泛宣传，全面发动，上下结合等策略。

一、历史会告诉我们什么？

　　历史是凝重的。它定格在过去，潜藏于现在，更隐喻着未来。

---

　　① 原载《课程·教材·教法》2015年第8期第3-9，42页。本文为在2014年11月1日在上海师范大学召开的"2014年全国课程学术研讨会"上发言草稿的基础上写成，收入本书时个别文句有所改动。

　　严格说来，中国古代没有真正意义上的课程改革，更谈不上课程改革实验，因为古代学校没有严格意义上的课程。正如华东师范大学杜成宪教授在提交给全国教育史学会 2014 年年会的论文《中国传统课程特点刍议》中所说，中国传统学校课程是"文献本位而非学科本位"、是"'学程'而非'教程'"、是"'课'程而非'课程'"。总之，古代学校的"课程"不是现代学校建立在知识分科化和精细化基础上、经过精心选择和编制的课程，而是以文献为基础、以问题为核心、以学生的学为中心笼而统之安排的学习课目。[①] 中国真正意义上的课程改革是到 20 世纪初新式学校产生并有了真正意义上的课程后开始的。即是说，中国真正的课程改革是 20 个世纪"五四"新文化运动特别是 1922 年新学制颁布后的事。仔细审视之，那次课程改革实验不仅开启了现代中国课程改革实验之先河，而且它的很多做法直接为 21 世纪初的"基础教育新课程改革实验"所沿用和弘扬。

　　当时的课程改革实验的基本做法是民间发起，自下而上，理念引导，由点及面。所谓"自下而上"，是说 20 世纪初期即清末民初的课程教学实验几乎都是由民间团体发起的。譬如，"赫尔巴特五段教学法实验"〔即"单级（复式）教学法"〕实验、"自学辅导法"实验都是由江苏省教育会及俞子夷等人发起推行的；"分团（分组）教学法"实验与商务印书馆及《教育杂志》社以及主编陆费逵、朱元善等人有关；20 世纪二三十年代的"设计教学法"实验、"道尔顿制"教学法实验、"蒙台梭利幼儿园教学法"实验几乎都与江苏省教育会、全国教育会联合会及其相关人员如俞子夷、舒新成、廖世承等人有关；"文纳特卡制"教学法实验与中华儿童教育社有关。其他如整体性实验"职业教育实验"与中华职业教育社及黄炎培等人有关；"平民教育实验"与中华平民教育促进会及晏阳初等人有关、"乡村教育实验"则与中华职业教育社、中华平民教育促进会、中华教育改进社、山东乡村建设研究院及黄炎培、晏阳初、陶行知、梁漱溟等人有关；"生活教育实验"与中国教育改进社、生活教育社及陶行知等人有关；"民生教育实验"与中国民生教育学会及邰爽秋等人有关。这些实验都不是政府发起或主导推行的而是民间教育团体自下而上发起或主导推行的，但都对当时的课程教学改革实验起到了非常关键的作用，采取的不是由上而下而是自下而上的实验路向，并在一定程度上影响了当时的政府决策，都

---

　　① 杜成宪. 中国传统课程特点刍议［J］，河北师范大学学报·教育科学版，2015（1）：20-27.

在一定范围内产生了较大的社会影响。所谓理念引导，即这些实验都是在当时从国外引进、全国流行的新观念的影响下进行的。这些新观念主要有：个性化教育观念、平民化教育观念、实用化教育观念、生活化教育观念、科学化教育观念等。这些实验无论在理论、观念、内容、方法，还是范围、途径上都作了具体、深入、全面的创新性、先导性探索，留下了很多符合教育教学规律的宝贵的经验，这些探索放到今天也不过时，那些理念即使现在也很先进。那些实践经验和理论成果都是后继课程改革所赖以依凭的丰富实践资料和宝贵思想财富。

但从历史和全局来看，这些实验犹如昙花一现，效果并不十分理想，并未达到课程改革的理想目标和预期目的。一是用来指导课程改革的新教育观念虽然先进，但其影响十分有限，局限于改革试验区的部分教师及相关人员，社会各界、学生家长和其他地区的广大教师对实验的指导思想和具体做法知之甚少。二是课改实验宣传、发动和准备不够，社会参与不够广泛，局限在特定的少数人群。三是实验范围十分有限，主要集中在中东部的大中城市和少数经济社会文化教育发达地区的少数中小学校。比如，道尔顿制实验主要集中在上海、江苏、北京等地，参加实验的学校不过百余所。四是实验学科有限，只涉及语文（国语）、数学、英语等少数学科，其他学科很少涉及。五是实验零散，各自为政，缺乏沟通协调。

其教训是深刻的。一是用来指导课程改革实验的理论和观念主要是来自国外尤其以美国的杜威为代表的实用主义教育思想，存在不切合国情的"水土不服"现象。二是实验范围过于集中在上述发达地区的少数中小学，起不到以点带面的作用。三是实验缺乏强有力组织机构和行政领导，因而推进和深化非常困难。四是实验缺乏良好的社会环境条件。经济和教育发展水平的极度不平衡，严重制约了教育实验的持续、深化和推广。

但那些课程改革实验也给我们留下了十分宝贵的经验：一是课程改革实验需要先进科学的教育理论指导；二是课程改革实验需要先实验后推广；三是课程改革实验需要社会广泛支持；四是课程改革实验需要政府高度重视。

二、 现时正发生着什么？

现实是骨感的，或曰冷酷的。

　　进入 21 世纪，我国发起了一场以"深化教育改革，全面推进素质教育"为宗旨的长达十年的课程与教学改革实验。1999 年 6 月《中共中央国务院关于深化教育改革，全面推进素质教育的决定》颁布，2001 年 2 月国务院批准《基础教育课程改革纲要（试行）》，标志着我国基础教育课程改革全面启动。该轮课程改革是由国家发动的，其改革范围之广、推动力度之大、推进速度之快以及受高层重视之程度，现在看来，亦是前所未有的。以政府主导、专家引领、教师参与为方式拉开序幕的课改实验遵循"先实验后推广"的原则，首先在全国 38 个国家级实验区①进行，2002 年秋季实验进一步扩大到 330 个市、县。2004 年秋季，在对实验区工作进行全面评估和广泛交流的基础上，课程改革进入全面推广阶段。到 2005 年，中小学阶段各起始年级原则上都进入了新课程改革。这轮改革已经开展了十余年，其基本做法是：自上而下，整体推进，理念先导，渐进铺开，面向全国，覆盖全部中小学，取得了很多理论与实践成果，产生了广泛的社会影响。

　　这轮课程改革取得的成效主要有：首先是促进了先进教育理念②的传播，广大教育工作者的教育观念和教学行为发生了积极变化，推动了基础教育的整体变革，为全面推进素质教育发挥了重要作用；其次是基本建立了有中国特色的、更加符合时代要求的新课程体系，包括教科书编审制度与选用制度、三级课程管理制度以及课程考试评价制度等"制度化课程"建设成效显著；第三是制定和颁行了新的课程计划和课程标准，坚持"一纲多本"原则，编写出版了一大批全面体现教育规律要求、反映人类文明成果、体现新课程理念的多样化教材，开发了大批网络化、纸质化、实物化课程资源，"文本化课程"成就斐然；其四是一些新的课程理论如"国家课程、地方课程、校本课程、综合课

---

　　① 最先进入课程改革试验的 38 个国家级实验区分别是：重庆市北碚区（但重庆最有影响的不是北碚而是整体推进课程改革的綦江，形成了全国闻名的"綦江模式"）、云南省昆明市石林彝族自治县、新疆乌鲁木齐市沙依巴克区和天山区、天津市大港区、四川省成都市郫县、山西省曲沃县、山西省太原市迎泽区、山东省青岛市、山东省高密市、青海省湟中县、宁夏回族自治区灵武市、内蒙古蒙古族自治区乌海市海勃湾区、辽宁省大连市、江西省南昌市、江西省大余县、江苏省无锡市锡山区和惠山区、吉林省辽源市龙山区、吉林省吉林市、湖南省长沙市开福区、湖北省武汉市武昌区、黑龙江省宁安市、黑龙江省大庆市萨尔图区、河南省郑州市金水区、河北省鹿泉市、海南省海口市、贵州省贵阳市、贵州省贵定县、广西壮族自治区玉林市和南宁市及柳州市、广东省深圳市南山区、福建省厦门市、安徽省芜湖市、陕西省西安市雁塔区、甘肃省兰州市城关区和七里河区。
　　② 这次课程改革中提倡、宣传、形成的新课程理念主要有：自主性学习理念、生成性学习理念、探（研）究性学习理念、过程性学习理念、课程资源理念等等。

程"等渐趋成熟,"理论化(或曰观念化)课程"(即课程理论)建设、有重大突破,并正向实践转化,发挥出重要的指导课程实践的价值;五是多层次教师培训取得明显实效,在一定程度上转变了教师的教学观念,改变了教师的教学行为,促进了教师专业的发展,有助于课程计划和课程标准的落实与实施。这次课程改革所取得的经验主要有:一、政府高度重视是课改实施并取得成效的有力政治保证;二、先进科学的理论指导是课改实施的必要理论条件;三、课程改革实验需要坚持先实验后推广的科学原则;四、开展多层次教师培训是课改有效实施的基本人才保障;五、课程改革实验需要加大宣传力度以获取社会大众的广泛支持。

但是从理论与实践角度看,无需讳言,课改的效果尤其实践效果仍然不甚理想,仍未达到改变沉闷、僵化、封闭、单一的课堂教学现状的目的。正如华东师范大学崔允漷教授所说:"十年声势浩大的课程改革所表现出来的种种证据表明,新课程所倡导的先进理念得到了很大程度的认同,但先进的理念与残酷的现实之间的'两张皮'现象不是存在,而是十分严重。"① 很多人认为:"(课堂)教学实质改变不大。"本来,教学与学习方式的转变是本次课程改革的重中之重,力图改变传统教学忽视学生的经验与体验的弊端,倡导探索性、开放性的教学与学习方式,如探究学习、自主学习、合作学习等等。然而,由于诸多因素影响,此教学方式并没有取得应有效果,反而陷入"形式主义"误区。鉴于此种情形,教育部《关于深化基础教育课程改革进一步推进素质教育的意见》都不得不承认"基础教育课程改革仍然面临严峻挑战","还面临着许多困难和问题"。新基础教育课程改革总的状态是:理念先进,课程完美,课堂依旧,教师"穿新鞋走老路",学生的书包依然沉重!这似乎印证了美国课程论专家威廉 F. 派纳等人"课程已死"② 的观点。在基础教育新课改中,无论课程理论研究还是课程改革实践,都存在以下问题:一是重课程轻课堂、重教材轻教师、重学科(课程)轻学生;二是重理论课程(或曰专家课程、课程

---

① 崔允漷. 基于课程标准:让教学"回家"[J]. 基础教育课程,2011(12):53-54.

② 威廉·派纳在论文集《自传、政治与性别》(教育科学出版社,2007)中认为,传统科层体制下的课程研究已失去活力,强调用自传这种更加有机、灵活和富有启发性的方法对课程研究进行了概念重建。他主张:课程研究应当强调学生、教师及其相互关系的即时性和复杂性,从而关注学生和教师当下的生活。

理论）、制度课程、文本课程，轻实践课程①（即实施的课程，亦即教学）学校课程（学校层面的课程设计、实施与评价活动）行为课程（师生的教学行为展现出来的课程）；三是重客体重知识轻主体轻师生；四是重应然课程（以课程为专家课程、行政课程、理想课程）轻实然课程（课堂教学活动实际展现的课程，即师生的教学活动所呈现的课程）或然课程（实施中可选择的课程，亦即课堂教学中实际发生的课程，或者说是学生在教学活动结束时所获得的课程）……

其教训是深刻复杂的。除了社会宣传不够、师生发动不够、学校发挥不够等原因外，主要原因之一与上轮改革如出一辙，那就是用以指导改革实验的理论、理念大多移植甚至照搬国外（仍然主要是美国），如建构主义、后现代主义、多元智能理论、存在主义以及实用主义等等。而这些主要产生于美国的所谓先进理论和理念早已证明不完全适合我国教育国情，过去如此，现在也仍然如此。其二是此轮课改专家中相当多的人在课改之初缺乏基础教育课程教学的经验尤其是中小学课程实验的经历，对基础教育不甚了解；在课改中也未直接参与课改实验而是把自己悬挂于课改实验之外高高在上地对课改实验说三道四、指手画脚，与课改实验实际上处于相互脱离的"两张皮"状态，并非像上轮课改实验专家那样把自己置身于课改实践之中直接参与课改实验然后在参与中去指导实验的开展，与课改实验处于二者合一的状态。其三是课改实验中的教师培训主要是由教材出版商组织进行的，培训专家大多是课改专家并且是由出版社聘请的，在一定程度上、一定范围内形成了"教材出版商—政府职能部门—教材培训专家"的利益链，培训实效不明显。其四是课程改革整体发展不平衡，地区之间、学校之间课改差异巨大，特别是农村、少数民族地区、边远落后地区和办学条件薄弱的学校对于课程改革在全面推进素质教育、提高教育质量、培养创新人才等方面的战略地位普遍认识不到位，课程资源匮乏，课程领导支持乏力，教育评价体系不完善等，导致课程改革推进十分缓慢、举步维艰。

---

① 即立足于课堂实施的课程。美国教育家施瓦布曾针对课程的理论模式（布鲁纳）和目标模式（泰勒），提出了立足于具体课程教学实践，从课程教学实践的各种事实出发而不是从所谓普遍、科学知识的课程原理出发的实践课程模式。

三、 未来将向哪里去？

历史像一条川流不息的长河，是一个绵延不断的过程，每一个阶段都是连接整个过程的点。把握这个点对于把握整个过程具有管窥的价值，把握某个阶段的前后两个阶段是把握这个点的基础和关键。课程改革也是一个像历史长河一样连绵不断、川流不息的连续的过程。把握基础教育课程改革的未来走向，即预测未来课程改革将发生什么，我们将做些什么，首先必须知道过去曾发生过什么，现在正发生什么，未来将发生什么。

21世纪我国基础教育课程改革从2000年开始至今15年过去了，课程改革仍在深入继续进行。但我认为，如果说2001年2月国务院批准《基础教育课程改革纲要（试行）》，标志着我国新世纪首轮基础教育课程改革全面启动的话，那么2011年颁布的《基础教育新课程标准》就意味着新世纪首轮长达十年之久的基础教育课程改革的正式结束，基础教育课程教学进入了新的正常发展时期即"新常规"时期，我将其称之为"后课改时代"。教育部在《关于深化基础教育课程改革进一步推进素质教育的意见》中明确指出："当前基础教育课程改革进入到了总结经验、完善制度、突破难点、深入推进的新阶段。"这就意味着，基础教育课程改革正依照新的框架优化重组，调整步伐和节奏，开始新一段征程。我们准备好了吗？我们将做些什么？我们能做些什么？课程教学实践的重点难点在哪里？课程教学理论研究的焦点和兴奋点又在哪里？这需要全体课程教学人包括课程教学领导者、课程教学实际工作者和课程教学理论专家从实践和理论两方面来观照。

从实践来看，课程教学，即课程和教学是两个统一活动的不可割裂的方面，即"一体两面"。这两个方面在教育活动中到底哪个更重要？应该说都重要，缺一不可。但相对而言，我以为教学更重要。因为离开了教学或曰教学跟不上，课程再好也是白搭。教育质量，从根本上说不是由课程而是由教学决定的。教学是教师的教活动和学生的学活动的有机集成，离开了师生双方的教与学的活动教学就无从发生，课程更无从存在。新世纪首轮基础教育课程改革是以"课程"为中心展开的，对教学的关注相对较弱，对教师和学生在课程与教学实践中的地位、作用及其活动的关注相对不够，以致中小学校存在着"理念先进、课程完备、课堂依旧"的"两张皮"现象。从理论来看，本来最初既无教学论也无课程论甚至也没有教育学，后来教育学产生了，教学论产生了，再后来课程论从教学论中独立出来"取得了与教学论同等的地位"。20 世纪 90 年代以来课程论大有反超教学论之势。[①] 尤其是新世纪基础教育课程改革以来，与教学论比较起来，课程论借新课改之东风相对非常繁荣而教学论则比较冷清。尽管如此，仍然存在着与课程改革的需要不相适应的问题。一是教科书式的课程论居多而学术性的专著较为少见；二是逻辑演绎式的课程论居多而反映课程改革实践的很少见；三是在翻译引进外国的基础上编译的居多而源于本土课程实践反映本土课程实践的非常罕见。课程与教学实践及其理论的这种状况既严重制约着我国本土课程论的建设和发展，又严重制约着我国本土课程改革实践。

鉴于上述情形，未来课程与教学改革，"应当确立'三个重要'（课堂[②]比课程重要、教师比教材重要、学生比学科[③]重要）新理念，实现'三个转向'［从'课程'转向'课堂'、从'教材'转向'教师'、从'学科'转向'学生'，即从 C（curriculum）→ C（classroom）、从 T（textbook）→ T（teacher）、从 S（subject）→S（student）］"，确立"教学中心取向"和"人本取向"，重视学校层面的课程、实践活动中的课程、师生行为表现出来的课程的实践探索与理论研究，关注课程中的师生，关注课堂里师生的行为表现。这并不是说，课程、教材、学科不重要，而是更强调课堂、教师、学生，与课程、教材、学科这些静态的或者"说死"（即僵硬的）的因素比起来，教师、学生、课堂这些动态的或曰"活"（即柔活的）的因素更重要。因为从根本上说，课程实施即教学效果的好坏、人才培养质量的高低，最终取决于教学主体

---

①　参见张传燧. 课程与教学论［M］. 北京：人民教育出版社，2008：14.
②　本书的"课堂"不是传统狭义的"教室"，而是泛指课程实施即师生进行教学活动的一切场所及其在这些场所中所发生的师生的活动。
③　学科的含义，一是指学术的分类，如自然科学中的化学、物理学，社会科学中的法学、社会学等。二是指学校"教学科目"的简称，也称"科目"，即学校教学中按知识逻辑程序和教学逻辑顺序组织安排的一定知识、技能和活动方式的基本单位。如中小学的数学、物理、语文、音乐等；高等学校的各类课程等。刘克兰编著之《教学论》说："一般地说，（广义的）课程是指实现各级各类学校培养目标而规定的全部教学科目，以及这些科目在教学计划中的地位和开设顺序的总称。""狭义的课程指一门学科。"（西南师范大学出版社，1989：87）。笔者在《课程与教学论》中认为，"广义的课程指课程计划中规定的所有教学科目……；狭义的课程特制一门具体的教学科目，如语文、数学、综合实践活动等。"（人民教育出版社，2008：4）本书的"学科"即广义的"课程"，指学校所设置的所有课程与教学的科目。

地位的凸显、作用的发挥及其教学行为表现的优劣。[①] 课程改革，最根本的不是要改变课程，而是要改变教学主体的行为。教育部在《基础教育课程改革纲要（试行）》中明确提出："改变课程实施过于强调接受学习、死记硬背、机械训练的现状，倡导学生主动参与、乐于探究、勤于动手，培养学生搜集和处理信息的能力、获取新知识的能力、分析和解决问题的能力以及交流与合作的能力。""教师在教学过程中应与学生积极互动、共同发展，要处理好传授知识与培养能力的关系，注重培养学生的独立性与自主性，引导学生质疑、调查、探究，在实践中学习，促进学生在教师指导下主动地、富有个性地学习，教师应尊重学生的人格，关注个体差异，满足不同学生的学习需要，创设能引导学生主动参与的教育环境，激发学生的学习积极性，培养学生掌握和运用知识的态度和能力，使每个学生都能得到充分的发展。"一句话，就是要改变师生在课程实施过程中的行为，改变行为比改变课程更重要，也更难！课程改革的起点是课程与教学现状，终点是学生的发展，培养一代新人，途径是课堂，关键和核心是要改变师生的教学行为。只有教师主导的教学生主动的学，优化教法，善化学法，[②] 课程实施才会取得预期的成效。

四、 我们应该怎么做？

未来课程改革，突出"三个重要"理念，实现"三个转向"，确立"教学中心取向"和"人本取向"，我们应当努力做到以下几点：

（一）加强本土课程教学理论建设，为课程改革实践提供科学、适切的理论指导

多次实践已经表明，外来思想理论再好也存在"水土不服"问题。古代如此，近代如此，当代亦然。历史上，由于中国文化强盛先进，所以无论佛学还

---

① 张传燧. 课堂比课程更重要 [J]. 湖南师范大学教育科学学报，2013（2）：扉页。

② 中国古典教育文献《学记》具有丰富深刻的"善教善学"思想，譬如，"善教者……其言也，约而达，微而臧，罕譬而喻。""善喻者……道而弗牵，强而弗抑，开而弗达。道而弗牵则和，强而弗抑则易，开而弗达则思。和易以思，可谓善喻矣。""善待问者（善教者）如撞钟，叩之以小者则小鸣，叩之以大者则大鸣，待其从容，然后尽其声。不善答问者反此。""善学者，师逸而功倍，又从而庸之。不善学者，师勤而功半，又从而怨之。善问者（善学者）如攻坚木，先其易者，后其节目，及其久也，相说以解。不善问者反此。"《学记》中的"善教善学"思想，亦即现代的教学最优化或有效教学思想。

是别的什么学都是打着"本有"（或曰"依附"）的旗号进入中土的，"老子化胡说"就是明证。[①]"景教"（基督教的前身）也是依附中国的皇权和原有学说才得以生存下来。[②] 近代百余年来，由于中国国力衰微以及文化教育落后，以至于外来文化教育便以傲慢的姿态进入中国，一些中国人受在外来强势文化教育面前的自卑心理影响，对西方课程教学理论在中国"水土不服"的问题视而不见而采取"全盘西化"态度。而另一些有文化自觉和民族良知的中国人被深深地刺伤了的民族文化自尊，于是展开了积极的本土课程教学论探索。俞子夷、廖世承、舒新城、陶行知、陈鹤琴、李廉方、庄俞、朱兆萃、瞿葆奎、王策三、吴杰、熊明安、董远骞等等，都喊出了教育教学及其思想理论应努力实现"中国化""本土化"的强烈呼声。近年来，随着国外课程与教学理论的大量引入和课程改革实践的不断深化，不断有学者大声呼吁加强本土课程与教学论建设。[③] 应当说，本土课程与教学论建构的主客观条件已经基本成熟，随着课程改革的深入、民族文化主体意识和学者学术良知的觉醒，本土课程与教学论的发展将日益加深。[④]

（二）加强课程教学实验，探索中国课程与教学实践规律

20 世纪以来特别是本世纪初以来，我国开展了多场发起者不同，规模、

---

① "老子化胡说"说的是老子到西方度化佛家弟子释迦牟尼，才有了现在的佛教。也有人认为可能出于佛教传入中国后为了融入中土文化以求立足而由佛教徒提出来的。《史记·卷六十三·老子韩非列传》有"老子（出函谷关）而去，莫知其所终"之说。《后汉书·襄楷传》："或言老子入夷狄为浮屠。"《三国志·魏书·乌丸鲜卑东夷传第三十》："浮屠经（佛经）云其国王生浮屠（Buddha）。所载与中国老子经相出入，盖以为老子西出关，过西域之天竺，教胡。"其实，"老子化胡说"既反映出强盛时期的本土文化对待外来文化的不屑心态，也反映出外来文化面对强盛本土文化而采取的依附而后生的阿谀心态。说不管首倡人是谁，动机如何，"老子化胡说"都反映了外来佛教对老子的崇拜。

② 景教在传入之初曾受到皇帝和佛僧道士的排斥，后因在教堂上挂皇帝像，修道士祠，搞祖宗崇拜，才得以生存发展下来。

③ 参见鲁洁. 试论中国教育学的本土化 [J]. 高等教育研究，1993，2. 董远骞，郭戈. 论教育学的"中国化"[J]. 中国教育学刊，1993，2. 蒋建华. 与北京师大教育学院郭华博士谈：中国教育研究需要中国气派 [J]. 中国教育报，2004（3）. 杨启亮. 守护家园：课程与教学变革的本土化 [J]. 教育研究，2007，9：23-28. 杨启亮. 释放本土教学思想的生命力 [J]. 课程·教材·教法，2011，2. 黄伟. 建构面向实践的本土化的教学论 [J]. 教育学报，2007，4. 于伟，秦玉友. 本土问题意识与教育理论本土化教育研究 [J]. 2009，6：27-31. 张传燧. 论课程与教学论的本土化 [J]. 教育研究，2012，3，82-86. 本土课程与教学论：内涵、体系与特色 [J]. 湖南师范大学教育科学学报，2014，1；36-40. 周仕德. 我国课程与教学论整合的本土化研究探微：1999～2012——基于对整合以来著作镜像的文本分析 [J]. 湖南师范大学教育科学学报，2014，13（1）：46-51.

④ 张传燧. 论课程与教学论的本土化 [J]. 教育研究，2012（3）：82-86.

影响、效果各异的课程与教学实验。除了前面所提到的民国时期那些实验外，新中国成立以来特别是改革开放以来所开展的多种多样的课程教学实验主要有三类①：第一类是在一门学科内进行的单科单项教学实验，如小学语文的"注音识字，提前读写"（丁义诚）和"集中识字，分散练习"（张田若）实验、"情景教学"（李吉林）实验、"小学生语文能力整体发展"（吕敬先）实验，小学数学的"教材教法改革"实验（马芯兰）、"综合构建数学教学新体系"实验（赵宋光）、"启发式教学"实验（姜乐仁）、"尝试教学法"实验（邱学华）、"三算结合教学"实验（黄继鲁），中学语文"课堂结构改革"实验（魏书生）、初中数学"自学辅导教学法"实验（卢仲衡）等；第二类是一种方法、一种策略或一种思路多次实使用的教学实验，如"六课型单元教学法"实验（黎世法）、"'读读议议练练讲讲'八字教学法"实验（上海育才中学）、"目标教学法"实验（李建刚等）等；第三类是在综合性整体教育实验框架中的学科教学法实验，如华东师范大学附小的"综合整体实验"（刘佛年）、上海实验学校以开发少年儿童智慧迁移为主旨的"综合性整体实验"（恽昭世）、杭州市天长小学以发展学生"三自能力"（自学能力、自我教育能力、自理生活能力）为主题的"综合性教学实验"（杭州大学教育系）、"小学生主体性发展实验"（北京师范大学裴娣娜、河南安阳市人民大道小学和华中师范大学杨小微、湖北荆门市象山小学）、"面向 21 世纪新基础教育实验"（华东师范大学叶澜、上海闵行区数十所中小学）、"新教育实验"（苏州大学朱永新）等等。

这些实验以课程教学为中心，以现代教学理念为指导，着眼于学生的综合素质特别是能力的发展，运用科学有效的方法，针对我国中小学课程教学的实际，进行了深入系统的理论与实践探索，提出了许多新的反映了中小学课程教学特点和规律的教学思想观念，形成了许多行之有效的教学模式和方法策略，如"主体教学""和谐教学""尝试教学""目标教学""生命教学""自主学习""和谐教学""整体教学""分类教学""情境教学""发展教学""合作学习""活动教学""生成教学"等等，不仅为中国本土课程与教学论建设奠定了厚实的实践基础和提供了丰富的素材和教学思想观点，也提出了加强本土课程与教学理论指导的渴望和诉求。这些实验还表明，一方面课程教学实践迫切需要并呼唤适切性理论加以指导，一方面也是本土课程教学理论的源泉和生成机制。

---

① 杨小微、张天宝. 教学论［M］. 北京：人民教育出版社，2007：100-104.

同时还表明，这些实验不仅具有变革性、探索性，而且具有自主性、创新性；广大教师不仅是课程教学实验的参与者、行动者，也是课程教学思想的提出者和课程教学理论的创造者。因此，未来课程改革，要求课程教学理论工作者走出大学的书斋和图书馆，走进学校、走进课堂、走进师生，与广大教师一起关注和研究课程教学实践中的问题，并围绕这些问题扎扎实实地开展实验，对实验和实践经验从理论上进行总结和提炼，形成扎根于实践、来源于实践、生成于实践、还原并指导实践的本土课程教学理论。

（三）加强教师培训，促进教师专业发展

有好的教师才有好的教育。一支师德高尚、业务精湛、结构合理、充满活力的高素质专业化教师队伍是课程教学改革取得实效的有力保障。《国家中长期教育改革和发展规划纲要（2010—2020年）》提出："完善教师培训制度，将教师培训经费列入政府预算，对教师实行每五年一周期的全员培训。……加强校长培训，重视辅导员和班主任培训。"新课程改革以来，我国采取多层次、多途径、多形式加强了教师培训，极大地促进了广大中小学教师的专业发展。教师培训的层次由国培—省培—县培—校培组成，培训的途径有大学培训、社会培训、网络培训、校本培训等等，形式有脱产与不脱产、自主与合作等。其中最有效的是基于中小学教改需要、以中小学自身力量为主、在学校范围内进行的注重教师个人反思、同伴互助合作、专家专业引领的校本培训。实践证明，校本培训是促进中小学教师专业发展、提高中小学教师质量和教学水平的有效形式和途径。但校本培训须力戒关起门来封闭地进行低水平恶性循环式培训的现象，而采取引进校外优质资源以弥补自身培训力量不足的开放式培训方式。

（四）改革相关制度，创造课改顺利进行的良好社会制度环境

首先是改革高考制度。高考关系到每个中学生的前途，牵动千千万万父母的心，影响着中小学的课程教学活动。2014年9月，国家公布了新的高考改革方案，其核心精神是强调"全面实施素质教育，增加学生的选择性，分散学生的考试压力，促进学生全面而有个性的发展"。[①] 针对社会反映强烈的如唯

---

① 国务院. 关于深化考试招生制度改革的实施意见〔J〕. 国发〔2014〕35号，2014.9.3.

分数论、一考定终身、区域和城乡入学机会不平衡、中小学择校现象突出、加分造假、违规招生等现象和问题，提出要建立"分类考试、综合评价、多元录取"的考试招生模式，健全促进教育公平、科学选才、监督有力的体制机制，构建衔接沟通各级各类教育、认可多种学习成果的终身学习"立交桥"。当然，还有各种"小考"（小学升初中的考试）、"中考"（初中升高中的考试）等教育考试制度也应同步配套进行。只有这样，才能为基础教育课程改革的顺利展开扫清考试制度的障碍。其次是改革基础教育评价制度。应当彻底改变以知识、考试分数、高考升学率为标准来衡量学生学习效果好坏、教师教学水平高低和学校办学水平优劣的单一评价制度，引入企业界的多元全面质量监控与评价制度体系，使评价成为引导学生全面成长、教师专业发展、学校特色办学的助推器。

（五）广泛宣传，全面发动，上下结合

课程改革是一项庞大的全面、全民、全局性系统工程，涉及范围极其广泛，各种情形复杂多变，牵一发而动全身，离开了各个部门的协调配合，离开了全体学生和教师的积极参与，离开了全体家长和社会大众的大力支持，很难取得预期的成效。这是历次课程改革留给我们的经验和教训。因此，为保证课改取得预期的成功，应当加大宣传力度，让课改的政策、理念深入人心，全面发动与课改利益休戚相关者，社会参与，上下结合，才能形成课改合力，推动课改的顺利进行。

第二节　中学课堂现状的"四生"教育观透视[①]

2011 年，随着中小学新课标的修订颁布，新世纪又一轮基础教育课程改革接踵而至。新世纪第一轮基础教育课程改革的成效及学校课堂教学状况到底如何？接下来的课程改革应坚持那些价值取向？目标、重点和方向又在哪里？在新旧交替时刻，我们通过实地观察和访谈调查，从"四生"（即生命性、生

---

① 湖南师范大学王煌 2014 年硕士学位论文，收入本书时笔者作了较大修改。

长性、生成性、生活性）教育观[①]角度透视中学课堂教学，发现其现状仍不尽如人意，令人担忧。主要存在漠视教学主体的生命性、忽略教学目的的生长性、淡化教学过程的生成性及脱离教学内容的生活性等主要问题。具体表现为课堂管理形式化，积极行为倡导力度不够；师生关系不平等，仍是教师占主导；教学方法单一，满堂灌现象依旧很普遍；教学组织模式化，小组讨论和合作学习很少进入课堂；教学内容过于注重书本却不关注学生当下生活；学生整天进行题海训练，忽视了个性的培养与发展等弊端。根据课堂现状，我们提出了尊重生命，注重学生的独特性，丰富与学生的交流方式；着眼生长，让教育目的由片面走向整全，由终结走向发展；注重过程，教学方法由单一走向多元，教学组织由封闭走向开放；关注生活，合理开发与利用生活性教学资源，创设特定的生活情境等策略。

一、“四生”教育观：缘起、内涵及其理论依据

（一）研究缘起

1. 课堂教学现状的诉求

“2011 年 12 月 28 日，教育部正式发布《关于印发义务教育语文等学科课程标准（2011 年版）的通知》。该套课程标准涵盖了义务教育 19 个学科，已于 2012 年秋季开始实行。”[②] 这意味着自 2001 年开始的轰轰烈烈的我国新世纪第一轮基础教育课程改革行将结束，又一轮新的课改即将来临。

新世纪第一轮基础教育课程改革的成效及学校课堂教学状况到底如何？接下来的课程改革应坚持那些价值取向？目标、重点和方向又在哪里？在新旧交替时刻，我们通过对中学课堂教学状况的实地观察和访谈调查，发现其仍不如人意，令人堪忧，普遍存在课堂管理形式化，积极行为倡导力度不够；师生关系不平等，仍是教师占主导；教学方法单一，满堂灌现象依旧很普遍；教学组织模式化，小组讨论和合作学习很少进入课堂；教学内容过于注重书本却不关

---

① 此观点是笔者在指导博士研究生李卯作博士学位论文《性—道—教：《中庸》的生命教育思想研究》过程中提出来的，后经过不断丰富完善深化，形成了更为具体更具操作性的“四生课堂”教学模式理论。

② 施久铭. 义务教育课程标准（2011 年版）正式颁布 [J]. 人民教育，2012（2）：44.

注学生当下生活;学生整天进行题海训练,忽视了个性的培养与发展等弊端。如果从"四生性课堂"观角度透视,主要存在漠视教学主体的生命性、忽略教学目的的生长性、淡化教学过程的生成性及脱离教学内容的生活性等主要问题。这样,课堂脱离学生思想与生活,学生整天进行题海训练,忽视了个性的培养与发展。要改变这种状况就要求课程教学理论研究者必须走进课堂、了解课堂,深化课堂研究与改革。

2. 理论研究的启发

近年来,我们一直关注教育理论的最新进展,尤其是生命、人本主义、发现主义、过程主义、生活回归等理论引起我们的极大兴趣。如何才能更深入地把握这些理论,以及如何才能实现这些理论的最高价值?深入的理论学习和研究使我们认识到,除了将其应用于课程教学实践中,使之与课堂教学实践相结合,别无他途。同时我们也发现,近些年来兴起的一些理论如生命教育理论、主体教育理论、生活教育理论、过程主义理论似乎是解决当下课堂教学问题的重要理论基础。还让我们明确了课堂研究主要可从教学主体、教学目的、教学内容、教学过程(方法)四个方面进行。课堂是教学活动的主要场所,是实现课改目标和保障教学质量的最佳途径。从某种意义上说,"课堂比课程更重要!"① 因此,用"四生"教育理论来研究课堂的想法,油然而生。

另一方面,新课改以来,学界的精力集中在课程教材研究上而对课堂教学研究明显不足。我们通过对"中学课堂"和"生命性、生长性、生成性和生活性"进行文献检索与整理分析,发现关于"四生性课堂"教学观的探索表现出三大特征:一是相关研究逐年递增。"中学课堂"研究较多,内容比较丰富,包括对课堂教学内容、课堂教学管理、课堂师生关系、课堂教学方法以及课堂理论的研究等等。相比之下,关于"四生性课堂"的研究就不那么丰富,尤其是对生长性课堂的研究更少。我们也发现,随着理论研究的广泛深入,对"四生性"教育的研究也在逐年增加。二是相关研究缺乏系统性。与研究的数量增多、内容不断丰富相反,这些研究表现为单一性和孤立性,即主要是从"四生"的某个方面着手进行孤立的研究,而对其进行整体研究以及与"中学课堂"关系的研究很少。因此,从"四生"教育观来透视中学课堂现状,既实现

---

① 张传燧. 课堂比课程更重要 [J]. 湖南师范大学教育科学学报,2013(2):扉页.

了"四生"的整体性，也实现了"四生"与中学课堂的统一，这是本研究的创新所在。三是相关研究的理论性薄弱。研究还发现，现有研究大多停留于实践探索的经验总结上，缺乏系统的学理阐释和深入的理论探讨，以致大多研究的水平难以得到提升，探讨无法走向深入。譬如，对"四生"的理论基础、"四生"之间及其与课堂之间的关系都未能得到很好的理论说明。本研究既加强了"四生"的理论基础阐释和整体关系分析，又加强了"四生"与中学课堂关系的理性分析，从而增强了理论研究的实用性和实践探讨的理论性。

3. 个人治学的兴趣

新课改以来，我们始终关注课堂，对课堂研究有浓厚的兴趣。曾多次深入课堂教学第一线，调研者、教师等不同身份的体验，使我们一直在思考和探索让课堂更高效、让生命更精彩、让学生更快乐的方法。于是，我们提出用"四生"教育观来透视、研究和改进中学课堂。这是一种新的课堂教学研究视角，既是研究者兴致所至，也是中小学课堂教学改革的客观需要。

4. 课题研究的需要

正是基于对新课改背景下中小学课堂教学现状的认识和未来课程改革重点和方向的把握以及"课堂比课程更重要"的理念，我们于 2013 年申报成功了教育部人文社科年度一般课题"从课程到课堂：新世纪基础教育课程改革的未来趋向研究"，本节内容为该课题的子课题研究成果之一。

(二)"四生"教育观的意蕴

1. 生命性

课堂是教育的主要场所，生命是教育存在的基础，生命性是课堂的基本属性。就课堂教学而言，我们需要培养的是"具体的、现实的、有血有肉的活生生的个体，是以人的方式展现的'人'，而非是展现'物性'或成为'工具'的人。"[1]

课堂的生命性意味着课堂教学要"遵照生命特征，依据生命发展的原则，以学生潜在的生命基质为基础，通过良好的教育方式，唤醒学生生命意识，启迪学生的精神世界，开发其生命潜能，关注整体发展，使他们能拥有健全的人

---

[1]　冯建军. 论教育学的生命立场 [J]. 教育研究，2006（3）：29-34.

格及个性，充满生命活力"。①

遵循课堂的生命性一定要尊重生命主体，为其创设良好的和谐的课堂氛围，让学生的精神生命主动发展。同时，要关注人际交往中精神能量的转换，鼓励生命主体充分发挥主观能动性。教师要善待生命的自主性，人生来具有自我认识能力，每个人都会自我思考，尽管在某些情况下，学生的认识能力受到外界条件的影响，但课堂中应尽量把自主性还给学生，要多听学生言、鼓励学生言，不断发展学生的自我认识能力，让学生在感受学习、体验学习中不断自我完善，自我发展；教师还应关照生命的整体性，让学生自主探究他们认为有趣、有意义的内容，让学生意识到学习的乐趣，体会生命之所在。

同时，作为教学主体的重要存在，课堂的生命性也需关注教师的生命。蔡元培说："知教育者，与其守成法，毋宁尚自然；与其求划一，毋宁展个性。"② 教师在教学中应保有充分的自主性，教育相关部门及学校不应给教师施加不适宜的压力；教师要不断探索，逐渐形成自我风格；教师不能局限于现有资源及成绩，应在教学中不断创新，提升自我，这也同样是教师生命价值实现的保障。学生在受教过程中，要尊重教师，能适当宽容教师的失误，这也会利于教师生命性的实现。

"教育是最具生命的事业，它不仅关注生命的发展，而且要基于生命的需求。"③ 生命与教育是密不可分的，在教学中，尊重教学主体的生命性，也成为教育的关键所在。

2. 生长性

"生长不仅是个体生命的基本特征，也是个体生命的本能反应。"学生是未完成的也是非特定的存在，可塑性非常强。课堂"应具有生长性，用'生长'来定义课堂，不仅因为'人'具有类生物生长的特征，更在于一种教育观的改变"，④ 这也是将课堂从"静态"转到了"动态"，教学目的应具备促进学生生长的生命建构特色。

学生生长具有自觉性。学生好奇心强，他们乐于探究，敢于尝试。教师在

---

① 冯建军. 生命教育的内涵与实施 [J]. 思想理论教育, 2006 (21): 25-29.
② 蔡元培. 新教育与旧教育之歧点·中国教育经典解读 [M]. 上海: 上海教育出版社, 2005: 487.
③ 冯建军. 生命与教育 [M]. 北京: 教育科学出版社, 2005: 2.
④ 孟晓东. 课堂应具有生长性 [J]. 江苏教育, 2011 (12): 1.

课堂教学中应作为辅助角色存在，不断地激励学生，使学生累积生活经验，不时满足学生的生长需要，让学生在教学目标达成过程中成为课堂的主人，给予他们学习的动力去达成目标，并给他们的未来指明方向。

学生生长具有选择性。学生是能动的主体，随着年龄的增大，学生逐渐形成自己的价值观。他们会对自己的人生道路有初步的想法及规划，他们能渐渐认识到自己的兴趣所在，他们会不自觉地选择自己的路。因此，在课堂教学中要尽可能满足学生需求，刺激学生兴趣，培养学生的能力，让学生在活动中积累经验，获得成长。这也必将有助于教学目标的拓展及其实现。

学生生长具有不定性。如前文所说，学生具有未完成性，他们容易受到他人和社会环境影响。在教学中，我们应辅助学生作出正确选择，让学生生长具备稳定性，"不断去发展其个人能力，熏染他的意识，形成他的习惯，锻炼他的思想，并激发他的感情和情绪"。①

"生长"意味着学生具有无限发展的可能性，这是一个有意义的、非确定的过程，要使学生发展永远具有发展性、创造性和超越性，生长性课堂承担着重要责任。

3. 生成性

"生成"主要是相对于"已成""现成"而言的，其意思是"'变成某物'，它强调的是事物发展变化过程本身"。② 生成表现在课堂上，指的是"师生教学活动离开或超越原有的思路和教案"。③

在这样的课堂中，教师会根据课堂具体状况，通过"对学生的需要和感兴趣的事物进行价值判断"④，进行"不同的教学变化"，调整教学方法、结构及组织形式等。教学过程应是一个动态的、开放的、师生有效教学的过程。

"世界不是一成不变的事物的集合体，而是过程的集合体"，⑤ 一切事物都处于过程之中，一切都是生成的，都处于永恒变化中，不存在一个预定的本质，毫无疑问我们的教学过程也是生成的，不能预设任何东西。只有"认识到

---

① 杜威. 学校与社会·明日之学校 [M]. 赵祥麟，任钟印，吴志宏，译. 北京：人民教育出版社，2005：3.

② 罗祖兵. 生成性教学的基本理念及其实践诉求 [J]. 高等教育研究，2006：8.

③ 余文森. 课堂：如何让"预设"与"生成"共精彩 [N]. 中国教育报，2006-4-14 (5).

④ 郑金洲. 课改新课型 [M]. 北京：教学科学出版社，2006：173.

⑤ 马克思，恩格斯. 马克思恩格斯选集（第4卷）[M]. 北京：人民出版社，1972：240.

事物是一个过程性的存在，才能在事物自身的普遍联系的动态发展中思考问题，在人与世界、主体与客体的全面关系及其相互作用的矛盾中思考问题"，① 也只有用动态的眼光去对待事物，才能得到真正发展。

总之，生成性是不把事物单一化，注重过程性。它认为"世界不是既成的结合体，而是过程的集合体"。② 世界是因种种联系、相互作用而成。它注重非预设性及创造性，反对工具理性，强调交互性、意义与履历经验的重组，关注学生过程中的独特体验。

4．生活性

"生活不直接等同于教育，但教育若是离开了生活，那就成了无源之水、无本之木。"③ 因此，教育不能远离生活，教育要联系生活，实现生活的意义。生活性也成了课堂的重要特性，构建生活性课堂也是真正实现教育目的的内在需求。

生活性课堂，指的就是教学中要重视教师与学生的生活实际，从师生身边的生活中去寻找教学的突破点和接触点，用现实生活中的课程资源深化和丰富教学内容，形成书本理论知识紧密联系现实实际生活的最佳教学理念。

传统教育中，课堂教学内容和学生生活世界似乎是两个绝缘体，互不联系。在课堂上，学生如同脱离生活的傀儡在学习；在课堂外，学生又在想尽办法通过违背教育的活动来放松自己。因此，教师在课堂教学中，要认识到教学的最终目的是让学生更好地学会生活、融入生活，通过教育让学生更好地生活。在选取教学内容时，要尽可能注意选择与学生现实生活紧密联系的教材内容。课程的设置也要关注与学生生活相关的生活经验，拓展学生的知识面。

"教育即生活"。只有植根于生活世界并为生活世界服务的课堂，才是具有强盛生命力的课堂。我们一定要"突破学科本位，避免学科内容的繁、难、偏、旧，让课堂成为学生探索世界的窗口"。④ "学生活中的数理化，读身边的政史地"，鼓励学生探寻身边奥秘，从身边事中获得学习乐趣。我们要牢记，

---

① 李文阁. 回归现实生活世界 [M]. 北京：中国社会科学出版社，2002：152-156.
② 马克思，恩格斯. 马克思恩格斯选集（第4卷）[M]. 北京：人民出版社，1972：230.
③ 张梅珠. 生活性·发展性·生命性——略论课堂教学的三个基本追求 [J]. 内蒙古师范大学学报（教育科学版），2005（2）：18-19.
④ 张梅珠. 生活性·发展性·生命性——略论课堂教学的三个基本追求 [J]. 内蒙古师范大学学报（教育科学版），2005（2）：18-19.

将生活内容融入课堂教学中。

陶行知先生说："我们深信生活是教育的中心。生活教育是给生活以教育，用生活来教育，为生活向前向上而教育。教育要通过生活才能发出力量而成为真正的教育。"① 相信生活性课堂的构建必将是大势所趋。

5."四生"之间的内在联系

"四生"之间不是独立存在的，而是相互联系、相辅相成的。

（1）生命性是"四生"教育的关键和基础

"教育的出发点是人的生命，是生活中的具体的、丰富的、充满活力的生命个体。"② 生命个体既是教育的对象，也是教育的主体，同时教育的最终目的是实现生命的生长。

在课堂教学中，和谐民主自由的师生关系是尊重学生的生命特性，关注学生生命的表现。这一贯彻生命性的关系贯穿教学过程始终。教学过程中，教师注重学生的未完成性，讲究生成性，即注重学生生命性的显现。不局限于教材内容，应拓展到生活，调动学生的学习积极性，也有利于构建良好的师生关系，实现师生的生命性。同时，学生生命本身是生长的过程，遵循生命性的师生关系也将有利于教育目的的实现。

生命是教育的根本，是"教育的内核"，③ 生长性、生成性、生活性的实现，都离不开生命性。因此，课堂教学中，我们必须把握好课堂的生命性，注重这一关键和基础所在，构建更富生命性的师生关系。

（2）生长性是"四生"教育的唯一宗旨

教育即促进人的生长，生长是教育的目的。杜威说："教育就是不断地生长，在它自身之外，没有别的目的，学校教育的目的在于组织保证生长的各种力量，以保证教育得以继续进行。"④

其实，生长更是过程。一种生长状态的实现，意味着另一个生长过程的开始，生长是持续的，这也就是我们所说的生成。在这个意义上，"教育即生长"："教育的过程就是一个持续不断的生长、生成过程，在教育过程的每一个

① 陶行知.陶行知教育箴言 [M].哈尔滨：哈尔滨出版社，2011：34.
② 冯建军.生命与教育 [M].北京：教育科学出版社，2005：165.
③ 冯建军.生命与教育 [M].北京：教育科学出版社，2005：170.
④ 杜威.民主主义与教育 [M].王承绪，译.北京：人民教育出版社，1990：55-57.

阶段都以增加生长的能力为其目的。"① 所以杜威说："生长和教育完全是一体的。"②

课堂教学中，注重师生主体的生命性，是为了实现生命的更好生长。教学过程中，不拘泥于"已成""现成"，遵循课堂的生成性，适时调整教学设计，是为了更好地实现学生生长，让他们能更快速地接受到更多的知识，并且能提高其能力等。同样地，在教学内容抉择上联系生活，也是便于学生能在生活中成长，为生活而教育。这样，才能促进学生生长。

因此，生长性是"四生"教育的唯一宗旨，生命性、生成性、生活性都以其为航向，不断发展。"只有当教学走在发展前面的时候，才是最好的教学。"③ 在课堂教学中，我们要时刻以生长性为目的，让课堂教学永远走在最前面引领学生的发展。

（3）生成性是"四生"教育活动的内在要求

教学是个动态发展的过程。在教学活动展开过程中，不断会有新因素、新情况、新做法的产生，有时会改变预设的程序和既定的轨道，这即是教学的生成性。

课堂教学中，教学过程"成为师生间、学生间信息传递的互动过程，也是师生间、学生间情感交流的人际交往过程"。④ 可见，教学过程强调教师与学生的交互作用，师生生命的复杂性、独特性及创造性赋予了教学过程生成性。"教育即生长"！在关注生长的教学活动中，会不断涌现出新的目标，即我们常说的生成性目标。"生长即生成"！这是生长性目的实现的必经之道。另外，在教学联系生活的过程中，生活的多变性也同样让教学过程充满了生成性。

因此，生成性是"四生"教育活动的内在要求。生命性、生长性、生活性的实现，都需要生成性这一过程。在教学中，我们应注重落实生成性这一基本要求，才能保障"四生"教育的全面实现。

（4）生活性是"四生"教育的内容要求

教育离不开生活，生活是教学的主要内容之一。良好的教育需要生活的支

---

① 龚晓林. 教育的目的是应向人类传送生命的气息——试论生命教育和教育的生命异化 [J]. 成都大学学报（教育科学版），2008（4）：17-19.

② 赵祥麟，王承绪. 杜威教育论著选 [C]. 上海：华东师范大学出版社，1981：333.

③ 裴娣娜. 发展性教学论 [M]. 沈阳：辽宁人民出版社，1998：1.

④ 裴娣娜. 发展性教学论 [M]. 沈阳：辽宁人民出版社，1998：23.

撑。教师应该在教学过程中将师生的生活世界适时融进教学内容，教育与生活相互开放，最终实现教育回归生活。

　　课堂教学中，我们要"抓住当下，既不能落入过去，也不能转向未来"，[①] 真正重视教育的生活性。其实，生活也只是生命的一种生存场域。"生活教育是生活所原有，生活所需自营，生活所必需的教育"，[②] 生命在生活中生长，"生活的根本内涵是生生不息的生命的展现，生命是生活的主体和核心"。[③] 另外，"教育的根本意义是生活之变化"，[④] 随着生活的变化，教学过程也在发生着改变，教学"要立足人的生成性，还教育以生活的本性和充满智慧挑战的特点，关注学生发展的真正需要"。[⑤]

　　这样我们就会看到，"生活即教育"，"教育即生活"：到处是生活，就到处是教育；到处在教育，就到处有生活。因此，生命性、生长性和生成性都离不开生活的滋养，都建立在生活的基础之上，才能获得长远的持久的发展。可以说，在起点上，"四生"教育，直面人的生命，尊重生命性是关键；在结果上，"促进生长，追寻生命的意义和价值，提高生命的质量"[⑥] 是唯一宗旨；在过程中，"通过人的生命，遵循生命的本性"，[⑦] 重视生成性，是教育活动过程的内在要求；在内容上，关注生活、学会生活、引领生活、建设生活是教育的必然取向。教育只有四者协调一致，相辅相成，才能实现其内在本质目的。课堂，作为教育活动展开的途径和场域，任重而道远。

（三）"四生"教育观的理论依据

　　"四生"教育观的提出，是基于以下理论依据。

1. 生命教育论

　　"生命构成了世界存在的基础"，[⑧] 没有生命的世界是死气沉沉的，教育界

---

①　雅斯贝尔斯. 什么是教育［M］. 邹进，译. 三联书店，1991：101.

②　陶行知. 陶行知教育箴言［M］. 哈尔滨：哈尔滨出版社，2011：13.

③　陶行知. 陶行知教育箴言［M］. 哈尔滨：哈尔滨出版社，2011：47.

④　陶行知. 陶行知教育箴言［M］. 哈尔滨：哈尔滨出版社，2011：49.

⑤　陶行知. 陶行知教育箴言［M］. 哈尔滨：哈尔滨出版社，2011：47.

⑥　陈淑芳. 新课程改革背景下中学地理教学中的生命教育探究［D］. 武汉：华中师范大学，2009：12.

⑦　龚晓林. 教育的目的是应向人类传送生命的气息——试论生命教育和教育的生命异化［J］. 成都大学学报（教育科学版），2008（4）：17-19.

⑧　刘济良. 生命教育论［M］. 北京：中国社会科学出版社，2004：1.

亦是如此。自然生命教育、社会生命教育和精神生命教育，这三个教学因子构成了相互独立又相互联系的复杂教育系统。

生命意识潜移默化贯穿于教育中。比较著名的观点，如德国哲学家雅斯贝尔斯在《什么是教育》一书中认为："人们为了寻求生命的答案，总是通过各种实践去不断地变换身心自由释然的游戏，这种不断超越以求更新的活动可以说是倾听生命律动的行为。"① 这里的"实践"包含着教育活动，这也可以称得上是"生命教育论"的代表性看法。

我国学者对生命教育研究起步相对较晚，但成果显著。如叶澜教授发表《让课堂焕发出生命活力——论中小学教学改革的深化》一文，提出："教育是直面生命，为人的生命质量所进行的活动。"② 冯建军也是我国生命教育研究的代表，他认为："生命化教育是面对生命，遵循生命特性，全面提升生命质量及品位的教育。"③ 河南大学刘济良博士以《生命教育论》为书名，对此进行了专门阐述，他认为："教育是建立在学生个体生命上的一种活动，是直面生命、唤醒生命意识的一种活动，生命教育就是在遵循学生物质性生命规律的基础上，通过有计划、有目的的教育活动，对个体生命一生进行完整的生命意识培养，引导其追求生命价值。"④

尊重学生生命特性，注重生命体验教学，使生命与生命达到交流融合，让师生双方都能忘我地投入到教育活动中去，这就是生命教育论的基本要义。人具有物质生命和精神生命。无论是物质生命的成长，还是精神生命的完善和发展都离不开教育。生命包含着全面与独特，自由与创造的特性，要实现这些特性，教育成为主要法宝。因此，教育也称得上是人的生命存在形式之一。生命教育论告诉我们：人与他物最大的区别在于其教育性，在教育中要尊重主体生命，这样才能更好实现生命价值。

2. 教育目的论

教育目的论是对教育培养什么样的人的回答，这也是教育理论中的重要问题。围绕这个问题，教育目的的社会本位与个人本位，成为两种主要思潮。社

---

① 雅斯贝尔斯. 什么是教育 [M]. 邹进，译. 北京：三联书店，1991：3.

② 叶澜. 让课堂焕发出生命活力——论中小学教学改革的深化 [J]. 教育研究，1997 (9)：3-8.

③ 冯建军. 生命与教育 [M]. 北京：教育科学出版社，2005：2.

④ 刘济良. 生命教育论 [M]. 北京：中国社会科学出版社，2004：2.

会本位强调了个人发展的社会性，而个人本位则更注重自身生长。

关于个人本位的观点，也是由来已久。卢梭要求教育遵从儿童本性、顺应儿童身心发展，反对大人按自我要求对儿童进行教育。因而，他认为"教育是培养具有自尊自乐、自由自足、生气勃勃特点的自然人的"。[①] 为了培养自然人，教育方法也应该是自由的。

罗素继承了卢梭的自然主义思想。他认为，社会是由人组成的，人生而具有健全本能，美好生活不应"服从消极的命令"，而应"在扩大和发展自然的欲望和本能的过程中求得"。但事与愿违，学生的品格和智慧都没能得到充分发展，儿童缺乏爱与自由，个性受到压抑。因此，罗素主张"爱的教育"，他强调教育的最终目的是培养具有理想品格的人，人人都能过上幸福生活，获得完美发展。

进入 20 世纪中叶，后现代主义教育思潮兴起。它主张学校教育目的是宽广的，不能够仅仅局限于单一的教育目标。教育可以培养全面发展的人，但也要培养"片面发展"的人，即"符合学生自己特质和生活中特殊性的人"。[②] 这就是我们所说的"个性人"的培养，要尊重学生的思想，让他们成为各自不同的独特发展的人。

教学目的是"人们对教学活动结果的一种预期，是对学习者应达到的教学要求的阐述。"[③] "教育永远指向未来"。[④] 不论教育是社会本位还是个人本位的，关注人的不断生长应是教育活动的唯一宗旨。因此，生长性成为教育目的的本质属性，在课堂教学中，注重生长性的落实也成为必然要求。

3. 教育过程论

教学过程是"指教学活动的必经程序，体现了实现教学任务的活动进程，表现为具有时间和逻辑顺序的一系列环节、步骤及阶段"。[⑤] 就教学过程这个教学基本问题的探讨就构成了教学过程论。中外对教学过程的探讨由来已久。

孔子可谓是最早阐释教学过程的教育家，他从学习角度把过程划分为学、思、习、行四环节。其中，学是教学基础，行是教学目的，思和习则是教学的

---

① 卢梭. 爱弥儿·上卷［M］. 李平沤，译. 北京：商务印书馆，2011：39.
② 张文君. 后现代主义教育思想述评［M］. 上海：华东师范大学出版社，1997：50.
③ 张传燧. 课程与教学论［M］. 北京：人民教育出版社，2008：73.
④ 石鸥. 教学别论［M］. 长沙：湖南教育出版社，1998：17.
⑤ 张传燧. 课程与教学论［M］. 北京：人民教育出版社，2008：255.

深入和落实。围绕这一教学过程，孔子提出了多闻多见、时习温故、切问近思、听言观行等教育原则。同时，还主张要乐学好学，注重兴趣、意志、情感等积极因素在教学过程中的积极作用。

在中国古代教学论中，关于教学过程的论述，墨子有亲、闻、说、行；荀子有闻、见、知、行；《中庸》有学、问、思、辨、行；朱熹有学、问、思、辨、行等。这些都是典型的教学过程观。当代则有李秉德的感知、理解、巩固、应用四段论，王策三的感知、理解、巩固、应用、检查五段论，等等。

在西方，最早建立教学理论的教育家昆体良将教学过程划分为摹仿、讲述、练习三个阶段；教学论之父夸美纽斯认为教学过程由感觉、记忆、理解、判断四环节构成；赫尔巴特将教学过程明确为明了、联想、系统、方法四阶段，其后，莱茵将其拓展为准备、呈现、联想、概括、应用五步，这五步成为了19世纪末20世纪初统治欧美学校教学的教学过程基本模式。这些教学过程观都将教学过程视为知行统一，将学生学习过程当作教学过程，尤其是西方的教学论关注学生思维发展。

综上所述，教学过程也是学生内在认知的发展过程。其实，教学和任何事物一样，都经历了缓慢的发展过程。在这个发展过程中包含了多种要素，如：教学方法、教学模式、教学结构等等。因此，教育过程是教学中的一系列因素与环节的合成。教育过程观也囊括了教育活动的多种要素，教育过程即是教学活动的发展过程，其中，具有诸多不可控因素。所以，在教学过程中，要注重教学本身的动态性，关注教学的生成性。

4. 生活教育论

生活与教育的关系相当复杂，人们对其理解也各不一样。生活教育论主要指的是将教育与生活联系起来，在教育活动中关注学生的生活。

卢梭曾多次赞美自然秩序与人的自然本性，他提出人要通过自然来教育，去追寻自然人生，强调人的自然生命体验。这"自然人"的教育目的与教育策略，可以说"吹响了教育变为人生活一部分的号角"。[①] 它告诉我们，教育不仅要联系儿童生活，还应走入儿童生活本身。这为杜威的生活教育观提供了思想来源。

---

① 罗立红. 生活地理教育的理论和实践 [D]. 长沙：湖南师范大学，2004：5.

　　杜威在《学校与社会》一书中也指出，"教育是生活的过程，而不是将来生活的预备。"① 因此，学校应当呈现对儿童而言真实的、生机勃勃的生活。他认为："不通过各种生活形式或不通过那些本身就值得生活的生活形式来实现的教育，对于真正的现实总是贫乏的替代物，结果便出现呆板，死气沉沉现象。"② 学校作为一种制度应当去简化现实的社会生活，而不是像过去一样，仅仅是简单的社会雏形。如果说教育失败了，那是因为它忽视了"把学校作为社会生活的一种形式这个基本原则"。③ "儿童的社会生活是其一切训练或成长的集中或相互联系的基础。社会生活给予他一切努力和一切成就的无意识的统一性和背景。"④ 我们应当把这些活动作为媒介把儿童引入更正式的课程中，教师的职责不再是简简单单地训练一个人，而是从事于适当的社会生活的形成。

　　我国著名教育家陶行知先生的"生活教育"理论也是其对近现代教育理论的重要贡献。他说，"教育只有通过生活才能产生作用并真正成为教育"，⑤ 他主张"生活即教育"，生活教育是"给生活以教育，用生活来教育"。⑥

　　我们当下的教育过度重视书本，忽视了和生活的联系。但教育不与生活相联系是无用的，课堂需要生活化的教育和教育的生活化。总之，教育与生活是分不开的。因此，我们需立足学生生活来教育，将学生从成人的束缚下解放出来，努力让学生在课堂教学中获得往后在社会生活的必备技能，从而获得长远发展。

二、"四生"的残缺——中学课堂透视

　　以"四生"教育观来观察中学课堂，我们发现其在教学主体、教学目的、

　　① 杜威. 学校与社会·明日之学校［M］. 赵祥麟，任钟印，吴志宏，译. 北京：人民教育出版社，2005：6.
　　② 杜威. 学校与社会·明日之学校［M］. 赵祥麟，任钟印，吴志宏，译. 北京：人民教育出版社，2005：6.
　　③ 房林玉. 作为场域存在的学校课程规划研究［D］. 济南：山东师范大学，2009：20.
　　④ 杜威. 学校与社会·明日之学校［M］. 赵祥麟，任钟印，吴志宏. 译，北京：人民教育出版社，2005：8.
　　⑤ 陶行知. 陶行知教育箴言［M］. 哈尔滨：哈尔滨出版社，2011：56.
　　⑥ 陶行知. 陶行知教育箴言［M］. 哈尔滨：哈尔滨出版社，2011：57.

教学过程和教学内容等方面均存在着许多问题，主要表现为课堂成为漠视生命性、忽略生长性、淡化生成性及疏离生活性的场所。

（一）漠视生命性的课堂

生命性课堂指的是课堂教学的主体师生及其相互关系问题。师生关系是"教师与学生在教育活动中所结成的相互关系"。[①] 课堂教学的生命性要求教师在关注学生生命性的同时也应努力实现自我生命价值。

美国行为主义者华生曾说："给我一打健全的孩子，我可以用任何特殊的方法来改变，或者使他们成为医生、律师，或者使他们成为乞丐、小偷。"[②] 在课堂教学中，这种观念也在影响着那些"自负"的教师们。他们以辛勤的园丁自居，耕耘在教育前线，为了将学生培育成他们心中的花朵，兢兢业业。他们希望自己成为伟大的雕塑家，塑造出心目中的好学生。可他们却忽视了学生不是冷冰冰、硬梆梆的原材料，而是有思想、有个性的活生生的人。他们不仅具有他塑性，更具有自塑性。这种漠视学生生命存在的课堂表现如下：

1. 课堂管理形式化

课堂管理是教师为了协调好师生关系、使课堂高效运转所运用的有效手段。它应该既包括制止学生的消极行为，也包括倡导学生的积极行为。可在观察中我们发现，不少教师只记住了前一目的而忽视了对学生积极行为的倡导。他们对学生行为进行严厉约束，上课不准乱动、不准不举手就发言、不准随意和同学讨论，等等。

走进这样的课堂，我们看不到课堂应有的快乐，迎接我们的只是学生木讷的表情。这样的课堂，学生生命的独特性如何来体现呢？课堂不是为了缔造没有思想的守纪者，而应是学生发展的场所。

曾在某中学黑板上看到这些文字：

班级新规则：

1. 若早中晚自习不认真，罚跑 10 圈。

2. 若上课插嘴，一次罚做 100 个下蹲。

---

① 詹丽萍. 论文化生态型师生关系的构建 [J]. 长沙大学学报，2012 (1)：139-140.
② 陈琦、刘儒德. 教育心理学 [M]. 北京：高等教育出版社，2005：49-51.

3. 若反抗老师或班干部，罚做 50 个俯卧撑。

课堂教学需要良好的管理，高品质的课堂也应是纪律良好的课堂。但这样的规章制度下，学生还有发言权吗？如何培养学生的自主性和创造性呢？

"良好的教育更多的是尊重和信任，而不是防范与责罚。"[1] 有时候，宽容的力量大大强于惩罚。它对于"造就学生的健康人格，培植学生宽容、真诚、信任与正直的品质，都有着无可替代的作用"。[2] 因此，在课堂教学管理中，应慎用惩罚，多关注学生的生命发展。

有些教师为响应课改要求，发挥学生自主性，锻炼学生能力，让学生准备课前几分钟演讲。出发点很好，可真正落实到课堂了吗？

英语课上，某教师让学生进行一分钟演讲。学生战战兢兢走上讲台，演讲很不流利，并且出现了多处语法错误。可整个过程中，教师始终没关注学生，只顾埋头看教案。学生演讲结束后，教师未纠正错误，更没有鼓励学生。

这样的演讲，教师忽视了学生的存在，没能尊重学生的主体性。学生不能发现自身演讲的不足，也失去了演讲本身的意义。这样的课前一分钟除了只流于形式，没有任何存在的价值。

"帮助和促进学生的学习是教育工作者的责任，我们只有了解了学生的学习性质和影响其学习过程的诸因素，才能更有效地影响学生的学习。"[3] 因此，在教学过程中，教师要多关注学生，这也是尊重学生生命性的体现。

课堂管理是灵活多变的，也应是能关注学生生命性，让学生在课堂中更好成长的，一切形式化的东西也理应抛弃之。

2. 师生关系不平等

和谐民主的师生关系要求教师能平等对待每个学生。在观察和访谈中却发现课堂教学的实际情况恰恰相反。

（1）提问对象标准不一

曾以"课堂提问对象的标准"为题对教师进行访谈。结果发现，能平等对待每个学生的教师很少。教师们从提问对象的性别、思维反应速度、座位布置、性格、职务和家庭条件等方面，作出了不一样的选择。在课堂教学中，教

---

① 肖川. 教育的理想与信念 [M]. 长沙：岳麓书社，2002：163.
② 陈思. 基于教学交往的师生关系优化 [J]. 开封教育学院学报，2010（2）：28-30.
③ 施良方. 学习论 [M]. 北京：人民教育出版社，2001：1.

师忽略了学生的生命性，忘却了众"生"平等。教师在课堂中用自己的主观态度来选择提问对象，不仅弱化了不少学生的学习积极性，也会使"提问"本身的意义丧失。

比如说，在面对思维反应速度不同的学生时，教师不论问题如何，都只选择思维反应敏捷的学生。如果题目很简单，这个学生也许无需深入思考就能得出准确答案。问题提出的实质是检测学生当下知识学习的理解和掌握的状况，若提问对象不合理，将导致教师对整个课堂进展产生误判。

再比如，教师如果只选择座位靠前的学生作为提问对象，而不喜欢后排学生，那座位靠后的学生将会与教师产生更大的距离感。这样的课堂，教师如何能和学生建立亲密的关系呢？

每个老师对所选提问对象各有判断标准，又都有着充分的理由，但习惯养成了他们的"偏心"。这对学生来说是不公平的，学生没有受到应有的尊重，是不利于课堂发展的。

人人都有着主观感觉，可教师如果戴上了"有色眼镜"，偏爱某类学生，不从实际出发，是极端错误的。这也忽视了学生个体差异，让本该是所有学生的课堂，成为了某些人的独舞舞台。这种做法极不可取。

（2）问题反馈主观有误

学生是具有思想和强烈自尊心的个体。一些教师在课堂上时不时对学生冷嘲热讽，漠视学生人格，挫伤了学生的学习积极性，给学生学习带来重大消极影响。在某中学听数学课时看到下面这种现象：

教师：首先请一位同学复述一下上节课的内容，展示展示自己的才华。

（生一在转笔）

教师（指着他）：你回答下。

（生一沉默）

教师：你不是转笔转得很好吗？题目就不会做啊？

（生一战战兢兢，因式分解时，$2X$ 变为了 $3X$，消元出错）

教师：你本来这么漂亮，为什么还要化妆，男不男，女不女！

（生一低下了头）

学生转笔属课堂开小差。教师采取让他回答问题以集中其注意力的方式是正确的。可教师在学生回答问题出错时，不仅没有对其进行引导，反而严辞相向。如果说"你不是转笔转得很好吗？"与"会不会做题"还只是不相关的话，

"你本来这么漂亮，为什么还要化妆？男不男，女不女！"就完全是在对学生进行人身攻击了。教师的侮辱性批评，严重伤害了学生的自尊，这是极其错误的，也是应当着力避免的。

（教师再让生二、生三在黑板上解答同一道题，两人仍然不会）

教师：看来今天找了几个有问题的人。解题目标不明确，答非所问。

巴赫金说："生活的本质是对话，思想的本质是对话，语言的本质是对话，艺术的本质是对话。"[①] 教师在整个教学过程中没有给学生任何辩解的机会，甚至使用斥责、侮辱性语言批评学生，不仅极大地伤害了学生的自尊和人格，也无从知晓学生的真实想法，使得课堂上师生关系紧张，硝烟弥漫。

（教师开始分析学生的错误，指着生二、生三的错误答案问他们）

教师：这是什么意思？

（学生沉默）

教师：自己写的答案难道不懂吗？真是个哑巴……

（生二、生三都红着脸，低着头）

教师对学生的错误答案进行分析，本应是对学生答案的反馈，可教师未留给学生丝毫思考时间，直指学生的弱点。此时的教师早已脱离了引导者的身份。

（教师接着上课，练习环节再次让生二、生三在黑板上写答案，学生又出现错误）

教师：停下来，做了也没用，全班就你俩不会。

（生二、生三没有放弃，仍在冥思苦想）

教师：快点！

（学生越来越紧张了）

教师：无论怎样都不会，这是个心理疾病。这两个同学表现不好，所以让他们答题，我可不会让好学生回答问题。

（教师还在为自己的"明智"窃喜，却忽视了其中一个女生已哭了！）

教师在教学过程中，一次次错误地污辱性地批评学生，不仅严重挫伤了学生的学习积极性，甚至不同程度地侮辱了学生的人格。这样的课堂，如何利于学生的生命发展呢？

---

① 巴赫金. 巴赫金全集［M］. 钱中文，译. 石家庄：河北教育出版社，1988：101.

在另一所学校走访时，也遇到了类似的一幕：

（练习课上，教师开始逐一检查学生作业完成情况）

教师：你的作业呢？不能说没有。两天没做作业，通知家长。

（学生没有丝毫发言权）

教师：为什么不做题呢？

学生：看不见。

教师：看不见为什么不坐前面去，这是在撒谎。

（学生委屈地低下了头）

教师一次次"咄咄逼人"，至师生间的对话结束，教师也没能宽容学生。宽容是"一种博大的心胸和视界"，而对话最有力的特质是"静静地聆听"。① 课堂教学是需要真正对话的。对话时要能欣赏他方精彩，在看到他方局限时正视自我局限，战胜自我、发展自我。真正的对话只有在宽容中才能实现，这位教师用自己的错误埋葬了师生间真正的对话。

这些都不是个案，在我们的课堂教学中，不少教师忽视了学生的生命性。教师幸福的内在修养在于"敬畏生命，尊重人格，护卫学生权利；呵护思想；理解选择；宽容错误。"② 尊重和理解具有相互性，教师只有能宽容学生错误，循循善诱，才能真正做到关心学生人格，关注学生生命性。这样，教师的价值也才能更好实现。

（二）忽略生长性的课堂

生长性讲的是课堂教学的目的问题。教育目的是"对处在一定阶段受教育的学生在知识、能力、品德、体力、态度、情感等方面应产生的变化和达到的预期结果的基本要求"。③ 这不仅要求课堂教学关注学生的全面发展，还应着眼于学生的未来发展，而不只是指向预设的目标。当下的中小学课堂对学生的生长性却表现出了极大的忽视。

1. 片面性取代了整全性

我们经常会听到一些老师在抱怨："全部都是上课讲过的内容，学生还不

---

① 唐莹. 元教育学［M］. 北京：人民教育出版社，2002：390.

② 冯建军. 生命与教育［M］. 北京：教育科学出版社，2005：38.

③ 张传燧. 课程与教学论［M］. 北京：人民教育出版社，2008：73.

会。哎，又考这么差，你说我们能怎么办，这样的课堂还有什么意义？"课堂究竟是为什么而存在呢？仅仅是一张试卷可以衡量的吗？为寻求这一答案，我们以"您怎么看待课堂和考试的关系？您是如何落实二者关系的呢？"为题，对教师进行了访谈，教师答案出奇一致。

他们认为，考试是衡量课堂的唯一标准，课堂离不开考试。因此，好的课堂就是覆盖知识点最多的课堂，好的教师就是能在考前命中知识点的教师。他们深夜备课，只为研究透这个单元会考什么，如何能做到让学生都会。为了考试，他们在课堂上花大量的时间强调重点（考点），一遍又一遍，直到每个学生都能回答出来。

曾对某语文老师进行为期一周的课堂观察。他所讲授内容为人教版高一语文必修1第一单元，该单元为现代诗。诗歌鉴赏离不开"意象"，该老师也能很快地把握住知识点。每节课都会对意象这一概念强调几遍，直至学生能"倒背如流"。不久，该校月考结束，我迫不及待地问是否考到了这个知识点。他自豪地回答："考到了！""那结果呢？班上学生全对了吗？""哎，别提了，还有打零分的！"该老师极其注重考试内容在课堂中的讲解，可他采用了让学生死记的方式。但也并没能落到实处，学生不知如何运用，能力并未提升。所以，学生在考试中必然失利。

"为考试而生"的课堂，忽略了生长的整全性，仅仅将考试作为课堂教学的唯一目的，忽略了学生的思维、情感、能力、个性培养，脱离了学生的全面生长。学生在这样的课堂中个性得不到展示，思维也渐趋死板。深入课堂观察，我们发现，在"考试是检验课堂唯一标准"的错误观念引领下，课堂早已远离了初始目标，忘记了要促进学生全面发展的使命。

这种现象不是个别的。在课堂观察中，发现一英语教师也采用了死记硬背的方式进行单词教学：教师花了25分钟的时间让学生对一个单元的单词进行默写，教师说中文，学生写英文。这也不难联想到，为什么学生在记单词时，习惯了一个字母一个字母的拼写，再读出中文，而忽略了语言是说的艺术。

（默写完后，教师继续对单词进行巩固）

教师：翻开书，我们来朗读刚刚默写的单词，每个单词读4遍。

学生：开始变换声调朗读单词，教师扳着手指在数，一个单词一个调读4次，相当于一个单词读了16遍，再加上教师的带读，一个单词至少读了20遍。

教师教授单词采取的是机械记忆方式，可以说是完全没有效果的，这是在培养语感吗？为什么不将他放到句子中去呢？这也忽视了学生语言运用能力的培养。我想这些也都是很多英语高分天才步入社会后连基本英语交流都不能进行的原因。

曾问某英语教师"为何如此培养学生？"他们的回答干脆利落："因为考试不考口语啊，只要会听会写就行了。"因高考没有涉及口语，这一现象在高中更是明显。教师们忽视了语言听说读写的相关性，更神化了考试的地位。课堂不应仅仅为考试而存在，学生要在课堂中获得各方面的生长，他们应得到能力提升和个性养成，而这些能力和个性是为学生的学习和生活服务的。

课堂应当是学生生长的主要平台。学生真正的生长不仅在于分数，更在于学生的认知、能力及情感态度价值观。

2. 终结性取代了发展性

杜威认为："教育的本质是生长的，教育上争取的一切措施都应有利于儿童经验的生长。"[①] 可在课堂教学中，教师却不同程度地忽视了学生发展，违背了教育的生长本质。

（1）忽视学生认知及能力发展

认知发展主要是指"基本知识、基本技能和智力能力等"[②] 的发展。能力培养是教育的主要目的之一。简言之，即是让学生不仅知其然，还应知其所以然，能够在课堂内外灵活地运用所学知识。课堂中，有些教师为了赶进度，不管学生认知是否发展，只沉浸在自己的教学世界中，津津乐道。

走访中，有机会走进某班的数学自习课。课堂吵闹，一个班60多个学生，找不出几个在做数学作业的。询问原因，学生都在七嘴八舌向我抱怨，"老师讲的我们听不懂，数学作业没法完成。""我是班上成绩还可以的，有些也不懂。问老师，老师又不说，让我自己思考，可我是思考不出才问的呀！""老师，您若不信，可以听我们的课，看您想不想睡觉！"

经任课教师同意，我听了学生心中讨厌的数学课。这是一节练习课，学生兴味索然，课堂中不时传来低语声。

教师：上课不认真听讲，练习也不完成。哎！看黑板。

---

① 杜威. 民主主义与教育 [M]. 王承绪，译. 北京：人民教育出版社，1990：79.
② 张传燧. 课程与教学论 [M]. 北京：人民教育出版社，2008：73.

（教师开始投入地在黑板上边写边说，学生疑问也没有听到，一会就把正确答案写出来了）

教师：题目很简单，你们班最差就是这样造成的，堂堂一个大班，就几个人会，不过你们已经习惯了。

（这时有同学提出了另一种解题方法）

教师：他提出了一种方法。我们试试，看可不可行？

（教师按照学生提出的方法龙飞凤舞，得出答案）

整堂课，教师都在自我沉醉，可学生眼神中透着的都是迷茫。"教师不仅要指导学生的学习，而且还要帮助和鼓励学生在最佳状态下发挥自己的才能。"① 在教学过程中，学生对知识的认知多次出现闪光点，可教师却没有重视，没有留给学生任何思考时间来提升其思维灵敏度，忽视了对学生认知的培养。

教育的目的是使学生在往后的学习生活中能正确处理好每一件事，这就需要认知的独立发展。因此，教师在教学中，应多促进学生认知能力发展，这样才能更好实现"教育即生长"的目的。

（2）忽视学生情感激发

在课堂教学中，并非"一面教人，一面受教，就算了事。要使学生的精神意志和能力，渐渐的发育成长。"② 因此，教师应适时在课堂中渗透情感教育，让学生培养正确的情感态度价值观，促进学生生长。

情感是包括"思想、观点、态度和价值观等方面表现出来的倾向性。"③ 中学阶段是塑造学生情感的最佳时期。学校是学生所在时间最长的地方，课堂又是学生在学校里待的时间最多的所在。因此，课堂教学理应承担起激发学生情感的主要责任。可在实际中，不少教师忽略了对学生情感的激发，一次次错过了对学生进行情感教育的机会。

语文是人文性极强的科目，语文课堂也是最含情感的课堂。在对语文课堂的观察和对语文老师的访谈中我们发现，不少教师都违背了语文教学规律，忽视了对学生情感的培养，将学生的观点渐渐扼杀。

① 施良方. 学习论［M］. 北京：人民教育出版社，2001：4.
② 陶行知. 陶行知教育箴言［M］. 哈尔滨：哈尔滨出版，2011：68.
③ 张传燧. 课程与教学论［M］. 北京：人民教育出版社，2008：73.

教师：今天我们的口头作文是谈谈"高中生该不该谈恋爱？"

学生：该，我们已经长大了！

教师：真该吗？我们很多同学似懂非懂追求浪漫。这是会影响学习的。

学生：老师，我曾在电视上看到：一对高三情侣，双双考上北大。

教师：那是假的。总之，高中生不能谈恋爱。我们在学校要正确处理好同学关系，在作文中也千万不要写支持高中生恋爱，这是消极的。

课后得知，该教师是班主任。因为班上出现早恋情况，特意选取这种方式，让学生们不要谈恋爱。高中时期正值情窦初开之时，再加上社会影响，恋爱对高中学生来说，是憧憬的。他们在懵懂地实践着自己的情感观。教师不应一棍子打死学生的情感态度，而应以平等的身份对其进行正确引导。教师应告诉学生高中生谈恋爱无可厚非，但必须是积极健康的，应互相帮助、互相学习，切不能跨越底线，并告诉他们尝食禁果的严重后果。这样做，才会有利于学生正确爱情观的培养。

学生情商培养是必不可少的，尤其在当下社会，很多人都在慨叹不少大学生智商高情商低。那么，在学习生涯中重要的中学阶段，有什么理由不帮助学生树立正确的价值观呢？有些老师在教学中大谈古人爱国，大赞书中人物美德，却忘了倡议学生向他们学习，从身边小事做起。

杜威说："教育过程在它自身以外无目的，它是它自己的目的。"[1] 生长的涵义，在杜威看来，是指"朝着后来结果的行动的累积运动"。[2] 因此，在课堂教学中要关注学生的发展，不能将教育目的停留于某个阶段，要注重教育发展的延续性。

（三）淡化生成性的课堂

生成性谈的是课堂教学的过程问题。教学过程是"一系列教学活动彼此衔接的环节及其形式，体现了教学任务的活动进程"。[3] 课堂教学的生成性要求教师在教学中专注课堂可变因素，不断调整教学方法、教学组织形式和教学模式等。可在调查中，我们发现教师淡化了这一特性，具体表现有：

---

[1] 杜威. 民主主义与教育 [M]. 王承绪，译. 北京：人民教育出版社，1990：54.
[2] 杜威. 民主主义与教育 [M]. 王承绪，译. 北京：人民教育出版社，1990：79.
[3] 张传燧. 课程与教学论 [M]. 北京：人民教育出版社，2008：255.

1. 教学方法单一化形式化

教师"在课堂教学中会选用多种教学方法进行教学活动"。[①] 常用的教学方法有"讲授法、谈话法、讨论法、演示法、练习法等"。[②] 但每一种教学方法都各有利弊,在整个教学过程中所起的作用也是不同的。

笔者在课堂观察中发现,不少教师教学方法单一。有的整堂课采用讲授法,四十五分钟如滔滔流水,连绵不绝,几乎没给学生任何的思考时间和说话机会,缺乏情感和启发性教学。有的老师"彻底"把课堂交给学生,全盘采用讨论法,让学生自主探究。一上课就在黑板上板书几个题目,让学生自己讨论完成。课堂乱糟糟的,教师却也不管不顾,更别说加入学生的讨论了。讨论不是放养,自主探究也并不是连教师的基本主导也不要。这些都误解了新课改本身的意蕴。

"一种教学方法,并不是对任何学生、任何学科都能起积极作用的,不同的教学方法具有不同的作用"。[③] "一种教学方法,由于它创立的时间先后不同,创立者水平高低不同,都具有不同的优缺点。"[④] 我们决不能用一种单一的方法统治课堂。

新课改以来,学校教育改革更注重教学。教师为契合课改要求,也需不断改变自身教学方法,尤其在某些学校,着重规定了教师在课上讲课时间不得超过二十分钟,把教学方法和教师的奖金等联系在一起。这使得教学方法改革出现高潮。

但事与愿违,轰轰烈烈的教学方法改革并未使课堂焕发生机,反而让课堂乱了。在观察课堂过程中发现,不少教师对不适合讨论的内容安排讨论法。比如说原始概念,这些约定俗成的、高深的理论,中学生是很难理解的。这让学生在讨论时,了无兴趣,浑水摸鱼,大肆聊天。为了落实把课堂交给学生选择这种方法,流于形式,这是极不可取的。

这样的课堂,淡化了课堂的"生成性",方法的选择应因时、因内容变化而有所转变。单一的、形式化的课堂都是不可取的。

[①] 冯树青. 教师自主拓展课堂教学内容研究 [D]. 南京:南京师范大学,2011:34.
[②] 冯树青. 教师自主拓展课堂教学内容研究 [D]. 南京:南京师范大学,2011:34.
[③] 艾述华等. 试论教学方法运用的局限及启示 [J]. 三明学院学报,2005 (1):25-27.
[④] 艾述华等. 试论教学方法运用的局限及启示 [J]. 三明学院学报,2005 (1):25-27.

2. 教学组织模式化固定化

现代汉语词典中,"组织"一词指"安排分散的人或事物使具有一定的系统性或整体性"。[1] 作为教学过程的要素之一,教学组织主要包括教学组织形式及教学组织环节。教学过程生成性的实现,需要教学组织发挥良好作用。但在观察中,我们发现当下教学组织是不利于课堂生成的。

(1)教学组织形式模式化

教学组织形式是"教师和学生为完成特定的教学任务按一定要求组合起来进行活动的结构"。[2] 教学过程必须通过教学组织形式得以实现,教学组织形式是与教学的本质、规律以及整个教学过程最紧密相连的,没有教学组织形式就没有教学过程可言。

据调查,目前中学一般采用的教学组织形式是班级授课制。每班的人数比较固定,通常是50—70人。师生按照各门学科统一的教学大纲规定的内容和固定的教学时间进行教学。每节课时间为40或45分钟,课间休息10分钟。上午若进行体育锻炼(由学校组织学生做课间操或进行跑步等运动),则中间休息20分钟。在这样的教学组织形式下,学生学习场所是固定的,几乎都在同一个教室,课堂中的座位也是相对固定的。班级授课制教学组织形式最大的不足是忽略了每个学生的学习基础、能力、兴趣等差异。

在课堂观察中,我们多次遇到这样的情况。比如:

教师:我们来分析下《登高》的颔联"无边落木萧萧下,不尽长江滚滚来"。其中的"不尽长江滚滚来",你怎么理解?

生一:长江滚滚,感觉是说水流在奔腾不息。这里是与上一句"无边落木萧萧下"形成对比。因为树木枯萎,它很难再生长,但江水不断,这里可以看出作者的乐观积极的人生态度。

教师:很好!大家记下来了吗?

生二:老师,我觉得这里是体现作者的愁,他的愁就像这滔滔江水,连绵不绝。

教师:这个想法不错,课后自己再思考。

课后,我就这一问题,对老师进行访谈:

---

① 中国社会科学院语言研究所词典编辑室. 现代汉语词典 [Z]. 商务印书馆,2002:1679.
② 张传燧. 课程与教学论 [M]. 北京:人民教育出版社,2008:284.

我：老师，刚才学生提出的解释是正确的吗？

教师：当然。其一，语文的解读是有多面性的；其二，他的解读符合诗歌的中心。

我：那您为什么不深入讲解呢？

教师：首先，深挖的话需要更多的时间，我们一首古诗最多给一个课时的时间。如果多讲，会浪费其他学生的时间。最重要的是，提出见解的同学成绩非常好，其他学生可能听不懂，讲了也无用。

由于班级授课制的局限，课堂拓展的机会受到遏制。本来这是生成性教学的最好案例，可教师却没能在教学过程中遵从生成，学生也未能在课上充分地获取知识。这其实也对学生学习效率产生了一定的不利影响。

有些教师认识到班级授课制的弊端，采用小组合作的形式，尽量让学生在学习中更多展现自我能力，拓展学习。可在观察中我们发现：小组合作几乎流于形式。因组织管理不到位，形式缺乏科学性，使小组合作缺乏实质意义。有时，小组分配不明确，学生找不到合作伙伴。再说，缺乏对学生语言组织能力的培养，合作的结果也不明显。这些都是不利于课堂生成的。

以下是一堂阅读课《明天不封阳台》的教学片断。

（老师让全班同学速读课文，然后就如何给文章拟一个副标题进行讨论。最后推选一名同学代表发言，介绍所拟标题、说明理由。学生按照4人一组围桌讨论，两分钟后老师叫停。）

教师：经过热烈讨论，大家说说你们组拟的副标题是什么？

生一：我们组拟的是"人与自然和谐相处"。

生二：我们的是"鸽子的随想"。

生三："聆听大自然，关爱小生命"。

生四："自然的启示"。

教师将四位学生所说的标题板书在黑板上，说："四位同学的标题大家最喜欢哪一个？"

教师在接下来的二十分钟时间了设计了五次小组讨论，内容极其简单，都能从文章中找到答案，最后的结论是："所有副标题都是不错的。"

教师针对同一问题，多次运用小组合作形式，从第一次讨论时，学生就已经得出理由，可教师却没让学生回答。可以说，接下来的讨论都是机械的无意义的，不少学生表现出兴味索然。

小组合作是学生自主学习的方式之一，学生能在讨论中擦出火花，达到课堂生成的目的，但并非在任何条件下都是必要的。可见，教学组织形式的模式化使教师钟情于某一模式，让教学过程的生成性大打折扣。

（2）教学组织环节固定化

课堂教学中，教学组织环节在教学过程中占据着重要地位。教学活动的进行都是以教学环节为主线。若在教学中，没能正确处理教学环节，教学过程就势必会出现杂乱无章的现象。

在观察中我们发现，当前课堂教学环节主要为"复习—导入—讲授—预习—巩固"的模式。但在实际课堂教学过程中，教师大多机械地理解了这一环节程序。有些教师不论学生是否知晓上一环节的内容，都会直接跳至下一环节。

教师：昨天，我们学习了毛泽东气势恢宏的诗篇《沁园春·长沙》。在讲解中，着重分析了"鱼、鹰、万山、层林"等意象，感受了伟人笔下不一样的秋天。

生一：老师，什么是意象？

教师：昨天刚讲的又忘了，课后问同学。

生二：老师，我也不会。

生三：我也是游离于意象之外。

教师：我看你们是都游离在课堂之外吧！下课一起问同学。今天，我们走进另一种风格的诗歌，来学习徐志摩的《再别康桥》。大家先朗读诗歌，找出里面的意象。

学生自由朗读五分钟后……

教师：这篇文章中是什么意象？

学生：雨伞。

教师：是雨伞吗？有多少同学认为雨伞是意象的，举下手。

教师：二十几个啊。你们上课要用心点，课后去巩固下。雨伞不是意象。我们接着往下看……

课后，我礼貌地和这位老师交谈：

教师：有点失望吧？

我：没呢，同学们很活跃，课堂氛围不错！

教师：哎，竟然还有这么多学生不会找"意象"。

我：您为什么不讲讲呢？

教师：这是上节课的内容啊，如果再讲，这节课的目标就完不成了。

"意象"是学生进入高中后接触的第一个诗歌概念，学生不能瞬间接受是正常现象。可这位教师因考虑到教学结构问题而没解答学生提出的疑问。这也导致学生在接下来的学习中频频出错。

在观察中，我多次发现不少教师过度迷信固有教学环节。有些教师甚至在教案上写好每个环节所花时间，时时看手表，到点就跳入下一个环节，忽视了教学活动的弹性和灵活性，生成性的教学过程早已抛诸脑后。

教学组织是教学活动的基本形式，但不是一成不变的僵死的，而是活的不断变化的。在教学实际中，有些教师片面地看待了教学组织形式和教学环节的稳固性，失掉了其灵活性和发展性，这是不可取的。

（四）疏离生活性的课堂

生活性指的主要是课堂教学的内容问题。教学内容是"为了实现学校培养目标而专门规定的知识技能、思想观念体系及各项实践活动的总称"。[①] 课堂教学的生活性要求教师在教学中要联系学生周遭生活和社会现实生活，让教育从书本走向生活，从狭隘步入宽广。可当今教学现状却远远背离了这一宗旨。

1. 教学内容注重书本世界和科学世界

教学内容安排得当与否，直接关系着课堂教学效果的好坏。教学内容具有宽广性和延展性。不少教师为提升教学质量，会将课堂教学内容向现实生活拓展。可在观察中我们发现，部分教师在教学中拓展知识时，仅局限于书本世界和科学世界。"书本世界"指的是教材及其以外的书籍或期刊，如语文课的《中学作文选》《每天一道题》《名家故事》等等。"科学世界"在这里指的是科学领域，亦即由概念、范畴、原理、定律等所构成的书本知识体系。

在访谈中，受访者被问及"教学内容除了教材外，还有哪些"时，教师普遍反映，教材本身内容讲不完，谈不上其他；即使有，也只是围绕教材内容在网上寻找课件资源进行拓展。

在观察中，我们发现虽然完全照本宣科的教师很少了，但背教材的现象依

---

① 李承武、张传燧主编. 现代教育学［M］. 重庆：西南师范大学出版社，1997：182.

旧存在。

一次语文课上，教师正在讲授《林黛玉进贾府》，这是一篇高一课文。作为长篇小说节选，课文本身内容很长。教师采取让学生分段朗读的办法。先标自然段，再一个个接力朗读。在朗读过程中，教师仅仅对个别字词进行纠正。很多学生在他生朗读时经自看书，有些同学甚至睡着了。一节课下来这篇课文也没能读完一遍，而整个课堂更是沉闷至极。

课堂教学停留于教材，学生所学知识大多是书本中的概念性知识，与实际生活相脱离。如果教师能选择用视频播放或学生表演等方式来让学生梳理课文，学生必能增强学习兴趣，也能更直观地感受到小说中的人物性格。

教育的根本意义在于"生活之变化"。[①] 我们在教学内容把握上应多联系生活，适当变化教学内容，不能仅仅局限于教材。比如，讲授上述案例中的课文，可以融入学生生活，让学生把它演出来。这样，将会达到事半功倍的效果。

另外，有些语文教师为了让学生能够在作文中得高分，要求学生原封不动地背诵好句好段，甚至是好文。这使我不禁想起以前听到过的一件趣事。

某次语文考试，作文题为《某某，让我成长》。一位女生提笔写下《妈妈，让我成长》。作文内容写道，"妈妈临死前，在病床上用微弱的声音告诉我要好好听爸爸的话；妈妈每天都在与死神搏斗，写信给未来的我。妈妈的伟大和坚强让我成长。"

文章很感人，骨肉分离之痛，母爱的真诚等等，在作者笔下刻画得淋漓尽致。可恰巧阅卷老师认识这位考生的母亲。老师慌乱中拨通了考生家的电话，表示慰问，可接电话的正是考生的母亲。

原来，这篇作文是考生为搏高分，将作文书中的一篇佳作搬到了试卷上。

这种现象会存在于现实教学中吗？在访谈时问及教师，得到的答案出奇一致。教师认为这是无可厚非的，谁让考试作文确实难写呢！学生为了分数似乎已经丧失了基本的伦理价值观，脱离了活生生的现实生活。这应是教育的悲哀！

科学世界，在我看来，更多指向理科课程。中学阶段数理化等理科科目应是最具科学性的。学生们从书本中或其他渠道了解他人已发明的物品或已证明

---

① 陶行知. 陶行知教育箴言［M］. 哈尔滨：哈尔滨出版社，2011：13.

的定理，再完成一系列练习或实验。

在观察中，我们发现，不少学生只是通过死记硬背公式定律来完成练习（或实验），可一旦将这些科学定理放到生活中就不知如何解释。譬如，学生不知道为什么冬天煮饭比夏天难熟，不知道"朝霞不出门，晚霞行千里"的缘由，等等。学生脑子里存储了那么多知识，在生活中遇到问题却显得束手无策，动手能力普遍比较差。"线路坏了不知修，银行利润不会算，出门分不清东南西北"，诸如此类现象普遍存在。

人们"用一生的时间学习知识，目的就是为了解决生活中不断出现的新问题，使生活更方便、更美好"。① 由此可见，知识的意义与知识的应用是密不可分的。教学应当密切联系生活。但像上面所说的那样的课堂教学，局限了教学内容，脱离了课堂的"生活性"，不仅不利于本身知识的获取，更不利于学生的生活。"没有生活做中心的教育是死教育。"② 若是身在死教育中，怎能成为"活人"呢？因此，要使师生成为富有活力的个体，教学内容必须凸显生活性。

2. 关注历史与未来及他人生活，忽视了学生自身当下生活

近年来，"教育回归生活世界"的理论成为教育研究热点。课堂教学中，不少一线教师们也在落实着这一理念。他们在教学设计上注入了生活性，希望能在改革中崭露头角。

但通过观察我们发现，教师在课堂教学中更多着眼于历史与未来生活，也更喜于名人名事，却忽略了当下生活特别是学生自身当下生活。

教师："失败是成功之母"，这是亘古不变的道理。今天我们的口头作文就来谈谈它。

生一：比如说，汶川地震后，当地人民勇敢自救，积极面对生活。现在他们已经过上了比以前更好的生活。

教师：嗯嗯，很好！

生二：爱迪生经过两千多次的失败，终于找到了适合的钨丝。

教师：非常棒！

生三：我们国家虽经历了抗日战争、解放战争等磨难，但战争给予我们的

---

① 程建英. 试析教育教学与现实生活的融合 [J]. 学校党建与思想教育，2012（2）：34-36.
② 陶行知. 陶行知教育箴言 [M]. 哈尔滨：哈尔滨出版社，2011：15.

不懈奋斗精神，让现在的中国屹立于世界民族之林。

教师：有心忧天下的雄心啊，不错！

生四：现在我们的国家虽然还存在一些不稳定因素，但以后绝对会消失，赢来一派和平。

······

教师：大家各抒己见，真好！以后继续发扬，多积累写作素材。

这堂口头作文课持续了二十多分钟，学生思维活跃，但所提到的人和事都是众所周知的。"贝多芬失聪后，仍能写出交响名曲；李白杜甫仕途失意，成就唐代诗歌；洪战辉家庭困苦，铸就美好品德······"一系列的问答，课堂似乎曾不沉闷。可当我们静下来思考，却发现所有事例都没有联系当下生活特别是学生自身生活。

在每个人的生活中，失败是必然存在的。比如说，某个学生某次成绩下滑，但努力后仍能有一番作为。这样的事例是不是显得更新颖、真实呢？课堂教学来源于生活，不仅仅是历史与未来，更应着眼于当下；前人后人有他们的生活，但现在的课堂更应关注学生自身及周边的生活。这样的课堂，才能真正具有生活性。

三、"四生" 课堂的实现策略

（一）尊重生命策略

教育的意义在于成为生命发展的奠基石。教育过程就是"生命不断积淀和否定、不断发展的过程"。[①] 因此，要凸显课堂的生命性，尊重师生生命的存在，激活生命的活力，发挥生命的作用，实现生命的价值。

1. 注重学生的独特性

（1）因材施教，使学生获得最大程度发展

学生个体具有差异性，教师不应"一刀切"，应关注每个学生的特色化发展。教师应将学生的个体差异作为教学资源加以重视，让学生在课堂教学过程中成为真正的主体。

---

① 冯建军. 生命与教育 ［M］. 北京：教育科学出版社，2005：156.

我们可以在教学活动中组建学习共同体，建立一对一的学习小组形式。比如说，语文学习中，可以让阅读能力强的学生帮助阅读能力弱的同学，可以让表达能力卓越的学生带动整个小组的朗诵、演讲水平等。每个学生的性格也是有所不同的，教师不应放弃任何一个学生。

在课堂观察中，曾看到这样感人的一幕：某教师如往常般让学生进行着课前"每日一推"：两个教材中的新词、一句名人名言。对于高中学生不是难事，可那天的氛围却特别紧张。当天被轮的学生迟迟没有上台。学生开始起哄，大叫"沉默哥"，教师示意学生安静，并带头鼓掌。我很纳闷，对于一个没提前准备的学生，教师为什么没有批评，而给予不断地鼓励？

该生终于在大家的注目中缓缓走上讲台，面向黑板，小声呢喃着。

教师：同学们，我们在"每日一推"中要怎么样呀？

学生：面向观众、面带笑容、声音洪亮点。

教师：嗯嗯！某某同学，听到了吗？这是我们大家的希望哦！勇敢点，你能做到的。

该生渐渐加大了声音分贝，满脸笑容。虽是断断续续的表达，但迎来了同学们发自内心的最热烈的掌声。教师也对该生的"每日一推"进行了高度赞扬，并再次告诉他，老师和同学们都是爱他的，他也是最棒的，要多融入集体。也许该生的"每日一推"在旁人看来是不过关的，但在教师眼里却成了最精彩的表演。因为这个孩子是轻度抑郁症患者。教师充分尊重了学生的生命，相信这一幕，会让这个孩子倍感温馨。

"一千个读者眼里，有一千个哈姆雷特。"一千个孩子也有着各不相同的能力和个性。在教学中，我们只有充分利用学生个体差异，因材施教，才能使学生获得最大程度的发展。

（2）激发学生积极性，鼓励新奇想法

社会在飞速进步，人们有多种渠道接触新信息。耳濡目染下，学生的思维逻辑也有了新的变化，知识面得以拓展，开始自己独立思考。在课堂中，我们也能听到学生的新奇想法。

教师：1972 年，尼克松总统正式访华。

学生：老师，总统在美国的地位高不高？

教师：大家认为呢？

学生：高。

教师：奥巴马的地位高不高呢？

学生：高。

教师：是的，是什么原因呢？同学们借助网络等资源去探索下，还可以比较下，为什么中国没有总统呢？

教师没有制止学生的突然发问，而是将这个问题抛给同学们，得出地位高的答案后，教师也没有分析原因，而是采取让学生去探索的方法调动学生学习兴趣。

这是一堂史实课，教师只需让学生了解"尼克松访华"这一事实。但在学生提出"美国总统地位高不高"时，教师没有说"与本堂课内容无关"，也没有直接给予解释，而是机智地借势通过联系实际对比，分析地位，并能引导学生去分析原因，充分关注了学生生命性。

身为教师，不能用教师权威去压制学生们的新奇观点，也不能以自我标准给予学生最终评价。那只会限制学生思维，导致学生探究动力衰减，抑制学生的好奇心，最终必然扼制学生自由主动发展。

因此，在课堂上，要多从学生角度出发，综合评价学生的观点，多从学生观点中找亮点。这样才能增强学生的自信心，激发学生的创造潜能，提升学生的学习积极性，最终实现其生命价值。

（3）讲究民主，平等对待学生

教学交往的主体包括教师和学生。但在课堂中，教师凭借"其角色及知识经验等方面的优势在师生交往中占据着主导地位"。[1] 其实，学生才是课堂中的关键性因素。若没有学生参与，教师一切努力都会化为乌有。因此，平等对待学生在塑造良好师生关系中起着重要作用。

如果不能讲究民主，平等对待学生，学生对教师便会渐趋疏远，在双方交流中必会产生被动感，教师的影响将会是不深刻不自然的。从这个意义上说，"出色的教师往往不忧其教，而忧其受教的人"。[2] 只有这样，学生才会"获得内心的充实和精神的拓展"。[3]

教师：我们为什么要和美国改善关系呢？

---

① 冯树青. 教师自主拓展课堂教学内容研究 [D]. 南京：南京师范大学，2011：68.

② 石鸥. 教学别论 [M]. 长沙：湖南教育出版社，1998：122.

③ 石鸥. 教学别论 [M]. 长沙：湖南教育出版社，1998：122.

学生：美国厉害。

教师：是的，美国是当时的两大超级大国之一。还有吗？

学生：少个敌人，不如多个朋友。

教师：不错，只有和每个国家搞好关系，我们才能发展。还有吗？

学生：当时我们和苏联关系不好。

教师：真不错。考虑了当时的时代背景。我们和苏联关系逐渐冷淡，如果还和美国关系不好，必将腹背受敌。还有吗？

（学生沉默）

教师：大家想一想，我们现在祖国统一最大的问题是什么？

学生：台湾问题。

教师：是的，这也是我们和美国改善关系的原因。我们知道，美国一直在插手台湾问题。

教师提出问题后，学生积极响应。因为教师并没有显示自己的权威，始终以平等的口吻和学生对话。尊重学生生命性，整个课堂气氛很好，教师一步步引导，生成答案。在整个过程中，学生得到了充分尊重。他们敢于发言，这对以后生活中沟通能力的培养是有重要作用的。

讲究民主，平等对待每一个学生，不仅仅是在教学过程中能够正确看待学生的问题，在把握提问对象时，也不能因自己的偏心而只关注某些学生。只有这样，课堂才的成为真正的生命性课堂。

2. 丰富多样交流方式

尊重学生生命，关注学生主体，需要多和学生沟通。沟通是一门艺术，教师在教学中不仅要多沟通，更要注意沟通的方式。

（1）坚持言语沟通与非言语沟通相结合

课堂是浸泡在言语中的场所。言语是教学实施的中介，也是实现教育目的最基本的手段和工具，各类信息往往隐含于言语活动的方式和内容中。"语言是教学的基础，教学中充斥着语言，语言之外无教学。"[1]

课堂教学中，师生交往中最常用的是言语沟通，讲授、谈话等都是言语沟通。但通常情况下，教师仅仅"把言语作为一种教学工具，希望通过这一工具

---

[1]　石鸥. 教学别论 [M]. 长沙：湖南教育出版社，1998：35.

达到传授知识的目的"。[①] 他们忽视了言语中所包含的情绪、态度等知识以外的信息。因此,教师和学生进行言语沟通时要注意讲话方式,讲求语言艺术。一般说来,教师应多运用幽默、含蓄的方式和学生交流,尤其是在批评学生时更要多加注意。

但是,在实际教学中,纯粹的言语沟通往往不能完全达到预期目的。这就需要将言语沟通和非言语沟通相结合。非言语沟通是含义广泛的沟通方式。可以说,言语沟通以外的沟通方式都属非言语沟通。课堂教学中,教师的眼神、手势、表情、姿体等都能成为体态语,作为沟通方式存在。有时,教师的着装也能暗示出教师信息。亮色衣服显现出的是教师的热情与欢快,而暗色衣服可衬出庄重或悲情。曾观察过一位有经验的语文老教师,他就是通过着装的变化来暗示教学内容,教师本身也在为解读文本服务。所以,学生更容易产生学习的积极性。

教师的言语和非言语的沟通在具体操作中要实现统一,需要教师的表里如一,要有真诚的态度:如在表扬学生时,教师如果表情木讷,那表扬也是无意义的;若在批评学生时,教师满脸笑容,那学生也感觉不到教师的威严。在品德教育中如此,在知识讲授中也要两者结合,不可或缺。

曾听过某高一语文教师讲授杜甫的诗歌《登高》:"风急天高猿啸哀,渚清沙白鸟飞回。无边落木萧萧下,不尽长江滚滚来。万里悲秋常作客,百年多病独登台。艰难苦恨繁霜鬓,潦倒新停浊酒杯。"[②] 教师先通过示范朗读,让学生感受诗人情感,构想诗歌所描述的画面。教师在分析诗歌时,也真正融入这份深沉的悲凉中,尤其讲到颈联时,诗人的八层愁深深触动了教师心灵。教师的声情并茂,加之背景音乐的渲染,学生也沉浸在这样的悲情中,个个双眼含泪。这样的课堂师生都在尽情挥洒,对全诗解读就水到渠成。这堂课就是最好的言语沟通与非言语沟通的例证。

再如,上课的时候,有几个学生开小差。这时教师不必停下讲课脚步严厉批评这几个学生,而是只需轻轻走到他们身边轻轻敲一下课桌或是给一个眼神,就能收到很好的效果。

---

① 冯树青. 教师自主拓展课堂教学内容研究 [D]. 南京:南京师范大学,2011:78.
② 中学语文课程教材研究中心等编著. 普通高中课程标准实验教科书语文必修 3 [Z]. 北京:人民教育出版社,2013:46.

当然，尊重学生的生命性，教师不仅仅自身要注意言语与非言语沟通方式的运用，也要用心去读懂学生的体态语，"仔细研究他们的语言和动作，以便在他们还不知道装假的年岁时，辨别他们哪些欲望是直接由自然产生的，哪些是由心里想出来的"。① 这样，才能有利于和学生的沟通。

教育之事，事无巨细；需要教师耐心细致地与学生沟通。坚持言语沟通与非言语沟通相结合，成为教师与学生沟通的有效方式之一。

（2）坚持直接沟通与间接沟通相结合

直接沟通与间接沟通是从师生的接触性角度来说的。直接沟通是指师生间进行的面对面交流，如谈话、讨论、授课等。通过这样的沟通方式，教师能够在交流过程中观察到学生的各种表现，如表情等，进一步来了解学生，沟通效果也会较明显。有时，某些学生也会因教师的面对面沟通感到备受关注，从而会更自信。但直接沟通时，有些学生可能不愿意表明内心真实想法，有些学生甚至还会对教师感到厌烦，反而扩大了师生间的距离。因此，教师与学生直接沟通时，要用心聆听学生的想法，鼓励学生大胆地说，努力从学生话语去找寻有价值的隐藏信息，而不是再三地长篇说教。

间接沟通是指采用一些媒介来进行沟通。如学生的日记、周记、作文等，都可以成为间接沟通的媒介。学生作品是学生心理的真实反映，教师应该敏感地抓住其中的内隐。若发现学生问题，教师可以采取在作业本上留言的方式给予帮助。随着科技变化的日新月异，QQ、微信、微博等也成为师生互动沟通的良好平台。网络工具的利用在高中教学中体现得更为明显。课堂中产生的知识、情感等问题也可以渐渐扩展到课堂外通过网络解决。这样，也许能取得更好的效果。

曾对一位教学成绩优异的语文老师进行访谈。事前得知该教师执教的班级整体基础偏弱，但语文科目却总能在所有科目中遥遥领先。本以为这是个经验丰富的老教师，我怀着敬畏之情在期待中等着教师的到来。没想到一个年轻的女孩出现了，我很诧异。

教师：您好！

笔者：您好！是您吗？李老师？

教师：当然。很吃惊吗？

---

① 卢梭. 爱弥儿（上卷）［M］. 李平沤，译. 北京：商务印书馆，2011：38.

笔者：没想到您这么年轻，教学成绩就这么好！

教师：学生给面子啊！

笔者：您真幽默！那您用什么样的方法让学生给面子呀？

教师：非常简单！我自己喜欢写日志，每天都会把和学生们的喜怒哀乐写出来。他们周末会在家看我的日志，感觉到我的用心，坚定学习语文的兴趣。他们也能从我的日志中看到一些好的学习方法。最重要的是学生们的辛劳付出，才会有他们的点滴进步，

笔者：这么简单？

教师：有空时，我会和学生在网上聊天或浏览他们的空间，从侧面了解学生的日常生活及心理动态。然后进行选择性留言，渐渐地，学生就把我当知心朋友了。

笔者：还有其他可以借鉴的吗？

教师：我会认真看每篇学生习作，除针对习作本身提出改进建议外，也会给他们写点其他建议，改正平时的不良习惯，有时会给他们发出一点点鼓励话语。最重要的是，要求学生做的，我一定做到……

"亲其师，信其道。"（《学记》）"热爱自己学科的老师，他的学生也就充满热爱知识、科学、书籍的感情。"[①] 教师通过书信短笺、网络留言等间接方式与学生沟通，拉近了与学生的距离，师生间产生了平等和谐、亲近融洽的关系，学生也就必然爱上语文科目的学习。

师生沟通交流的方式是多种多样的，教师要综合运用多种方法，完美实现与学生的交往，这样也能更好关注学生生命性，为生命性课堂服务。

（二）着眼生长策略

社会在不断发展进步，要想在如今这样一个多元的社会立足，必须具备较强的认知能力、行为能力及正确的人生价值观等，敢于面对任何挑战。课堂是培养学生各种认知和行为能力的主要场所，教师需要在教学中落实学生的生长性。

1. 教育目的由片面走向整全

长期以来，单一片面的教育目的观支配着整个课堂教学，知识本位教育观

---

① 裴娣娜. 发展性教学论 [M]. 沈阳：辽宁人民出版社，1998：38.

在教学一线非常盛行。它将知识传授等同于教育本身，把本是宽泛的教育狭窄化。受这种教育目的观支配的教育教学是不利于学生生长的，亟须改革。应超越知识本位的传统目的观，形成素质全面发展的教育目的观。

随着社会的发展，知识的地位越来越突出，成为个体生存发展的基本要素。但这并不意味着知识本位教育的重要性，相反，知识本位教育影响了知识的摄取及吸收。知识本位教育观主要表现在课程结构、课程内容、课程实施、课程评价四个方面：课程结构强调分科、课程内容繁难偏旧、课程实施机械授受、课程评价着重考试成绩。因此，教师改善对知识本位的认知方法有：在教学中做到科目融合，完善教学内容，注重引导教学，采用多元评价。

教师：新中国成立后，不少国家和我们建交，包括越南。

教师：（指着贴在教室墙壁上的中国地图）找一找，越南在哪里？

（学生们开始在地图上寻找，积极性被充分调动起来）

教师：找到了吗？

学生：找到了。

教师：在哪呢？

学生：靠近中国的南部。

教师：这是个东南亚国家，和中国相邻。

教师：同学们，其他东南亚国家的地理位置也要掌握啊！

学生：（齐声回答）好的！

教师：生地会考马上要开始了，一定要抓紧时间复习。

这是一堂历史课，教师将其与地理结合起来，并在向学生提出地理问题时，没有打断学生，没急于告知答案，而是引导学生自己去探索。"问题不在于告诉他一个真理，而在于教他怎样去发现真理。"[1] 学生既体味了学习的过程，也享受到了找到答案后的喜悦。在这个过程中，教师让学生养成读图和思考的习惯，也有利于学生的探索能力的培养。最后，教师还联系学生学习实际，提示学生要加紧生物地理会考复习。这样，教师就不仅关注了学生本门课的学习，还关心学生其他课程的学习，在一定程度上实现了课程的融合，有助于学生的成长。

重视考试无可厚非，但不应成为唯一目的。在抓"应试"的同时，也应不

---

① 卢梭. 爱弥儿（上卷）［M］. 李平沤，译. 北京：商务印书馆，2011：280.

忘抓素质教育，多关注学生成长，让教育目的更富整体性和全面性。

2. 教育目的由终结走向发展

教育是不停地重新组织、构造、形成的过程，教育目的也应随着教育的变化而变化，教育目的不应是静态的而应是动态的。教育目的来源于学生的受教过程，教育应促进学生成长，教育的价值就在于创造。

（1）关注学生认知及能力发展

在课堂教学中，不能仅仅停留于对知识的传授，更要注重能力的发展。如让学生学会学习、学会交往、学会运用等等。一句话，促进学生不断地更好成长才是最好的教育。在观察中，笔者曾遇到一位重视学生能力培养的语文教师。他引导学生每天课前进行三分钟训练。

教师：今天的小老师是××同学，掌声欢迎。

××：我为大家推荐的句子是："青春是有限的，智慧是无穷的，何不趁短暂的青春去学习无穷的智慧？"我们是花季少年，我们有自己的青春，这个美好的青春是短暂的、有限度的，智慧是无穷的、渊博的。任何一种文化，一个知识点，都有智慧，我们要用有限的青春去学习无穷的智慧，用智慧来灌溉青春，让青春之花永不凋谢。所以，现在就行动起来吧！认真上好每一节课，也就是珍惜了你的青春。

（学生拍手叫好）

三分钟，"小老师"的表达能力得到锻炼，学生们也能换种方式获取知识。尊重学生主体，不但要给予学生表现的机会，更是让他们自己影响自己，获得长足进步，实现了课堂的生长性。

时代赋予了教学新的要求。在当下这个生活离不开认知和能力的世界里，教育不能停留于仅传播书的知识，还应教会学生掌握这些知识的能力和方法，引导学生探索新的知识来充实自我。关注学生每一个细节，全面提升学生能力，促进学生生长，是每个教育者的职责所在。

（2）培养情感态度和价值观

教育除了传播知识和发展能力之外，还承担着培养学生情感态度价值观的使命。教育应教会学生正确看待事物，培养学生对不同思想观念的理解与尊重，在大是大非面前，学生应有自己的评判标准。也就是说，教育不能是训练和灌输的机器，它应是培养学生正确的情感态度和价值观的重要手段。这些情感态度价值观具体包括关怀他人、善待自然、拥有积极的人生态度等等。教师应鼓励学生树立正确的价值观，尽快让自己适应新时代的要求。

教师：艰难困苦，玉汝于成，是什么意思？××，你回答一下。

（××同学不知，疑惑地望着老师）

教师：请坐，再想想。我们常说"失败是……"

××：失败是成功之母。

××：（恍然大悟）老师，我明白了！这就是说一个人要有坚定的意志和人生理想。

教师：是的。我们在平常生活中也应注意这一点，才能取得成功。

教师不断引导学生了解词语的意思，但最后教师并未仅仅停留在解释上，而是提醒学生在生活中也要拥有坚定的意志和人生理想，价值观培养水到渠成。

杜威说过："学校教育并非仅仅是为生活做准备，学校本身就是生活。"[①] 教育一定要在课堂上、在学校里注重培养学生面对生活的积极态度和正确价值观。教育应多关怀学生的情感需要、兴趣动机、态度情绪、发展动力等；同时，还应培养学生关注自我、他人及世界的生活态度。应当利用有限的学校教育教学时间实现学生学习和生活的齐头并进，进而促进生长性目的的实现。

杜威认为："生长就是向着一个后来的结果，逐渐向前发展的运动，这种发展是过去经验继续增加的产物，又是现在经验继续增长的方法。"[②] 但在教育上，由于"外面强加的目的的流行才强调为遥远的将来作准备的教育观点，使教师和学生的工作，都变成机械的、奴隶性的工作。"[③] 教师在往后的课堂教学中一定要更注重学生生长性，让教学摆脱机械化，真正成为有意义的事情。

（三）注重生成策略

1. 教学方法由单一走向多元

"教学方法，是指教师和学生为了实现教育目的，完成一定的教学任务而

①　杜威. 民主主义与教育［M］. 王承绪，译. 北京：人民教育出版社，2001：118.
②　杜威. 民主主义与教育［M］. 王承绪，译. 北京：人民教育出版社，2001：118.
③　杜威. 民主主义与教育［M］. 王承绪，译. 北京：人民教育出版社，2001：122.

在教学过程中采取的教的方法和学的方法的总称。"[1] 教学方法在教学过程中发挥着至关重要的作用，它是实现教学目的、完成教学任务以及提高教学质量的重要手段，在一定程度上反映着教学思想。教师不能"千篇一律地用一种教学方法，要结合具体情境，采用多种教学方法，提高教学质量。"[2]

教师：我们预习过，发现这篇新闻的主体和背景材料是夹杂出现的，主体部分主要写到了几次降旗仪式，从中我们可以感受到香港回归的气氛。主体部分有句话，"停泊在港湾中的皇家游轮'不列颠尼亚'号和临近大厦上悬挂的巨幅紫荆花图案，恰好构成这个日落仪式的背景"（找到了的学生已经和老师一起朗读），为什么把这个仪式称为"日落仪式"呢？同桌之间讨论下。

（自由讨论两分钟）

教师：（指着一学生）请你告诉下我们，为什么呢？

学生：因为英国有"日不落"帝国之称。

教师：能具体说说吗？

学生：英国曾经占领了非常广大的殖民地，他们的殖民地遍布全球。每时每刻都会有太阳从它的土地上升起。

教师：（假装惊讶）原来如此呀！那今天呢？

生群：今天香港回归了，所以"日落"了。

教师：是的，你不是说你是"日不落"吗？今天，我就让你落下来看看，这是什么样的感觉？

生群：讽刺。

教师：是的，这里运用了反讽手法。

我国中小学比较常用的教学方法"主要有：讲授法、问答法、讨论法、演示法、参观法、欣赏法、练习法、实验法、实习法和发现法。"[3] "互助协作是人的行为的社会本质特征，是人摆脱自然并借以征服自然的标志和力量，人类自身发展的历史业已证明，人的自觉协作程度愈高，他征服自然的力量就愈大。"[4] 因此，在教学过程中我们应当用采用多种方法进行教学，尤其是要注意在各种方法运用时应当重视互助协作精神的培养。

---

[1] 杨淑芹. 教育学教程 [M]. 上海：华东师范大学出版社，2007：176.

[2] 尚晓菲. 高中文言文教学现状调查研究 [D]. 沈阳：沈阳师范大学，2013：25.

[3] 张传燧. 课程与教学论 [M]. 北京：人民教育出版社，2008：337.

[4] 裴娣娜. 发展性教学论 [M]. 沈阳：辽宁人民出版社，1998：180.

2. 教学组织由封闭走向开放

从教师与学生的关系和定位来看，历史上曾有过"教师中心论"和"学生中心论"之说。与此相对应，教学组织形成了"教师中心"和"学生中心"两种模式。现实教学组织以"教师为中心"，趋于静态化。而生成性教学组织形式不应是封闭的，教师不能一统教学。教师和学生的关系是辩证统一的。在教学过程中，应注意教学组织形式及教学环节的动态生成。

教师："大英帝国从海上来，又从海上去"这句话如此经典，值得分析。现在，我们来个男女对决。看看我们班是巾帼不让须眉，还是须眉不让巾帼啊？来，男生女生各推荐一个代表把你对这句话的理解写在黑板上。

（课堂氛围活跃，受推荐的学生快步上台书写）

教师：要注意我们讲过的答题思路哦，"三步走"：明手法、结合内容分析、再谈表达效果。

（学生答完题，有一女生举手）

学生：老师，我能上去补充吗？

教师：当然可以。女孩子有军师了，男孩子有没有参谋啊？赶紧呀！

（两个男孩一起上台，开始补充）

教师用竞赛的方式让学生学习，面对学生突然要求补充，教师没因违背原有教学程序打消学生积极性，而是给予学生鼓励。课堂氛围越来越活跃，所有学生成为整体，他们似乎是为集体荣誉而战。课堂生成性此刻得到充分展现。

对教师来说，长期的教学实践极易形成一种封闭僵化的教学组织形式。从教学过程生成角度看，这种封闭僵化的教学组织形式却是消极机械的，它会限制师生双方主体作用的发挥。因此，教学需因"人"、因"材"、因"境"而异，教师必须适时强化或调整师生相互作用，打破消极的封闭的组织形式，建立更高级的开放的组织形式。

（四）关注生活策略

教育源于生活，又服务于生活；教育的目的在于生活，被教育者的归宿地也是生活；教育时时刻刻伴着生活；在生活中产生了知识、学问和技术。因此，在教学中，要多关注学生生活，将教学内容与师生生活相结合。

1. 合理开发与利用生活性教学资源

课堂教学资源的范围广泛，能在课堂教学中联系学生实际、激发学生潜力、帮助实现教学目标的一切物力及人力都可成为教学资源。杜威说："学校作为一种制度应当简化现实的社会生活；不应当像过去那样把它缩小成一个社会的雏形。"① 这就要求我们在教学中要对生活世界进行重构，合理开发和利用教学资源。

（1）开发教材的二次生命

教材是课程资源的核心，是教学内容的重要载体。它使教师在教学过程中能准确把握难度及进度。但教材不具有绝对权威性，教师在教学过程中应适当拓展教学内容。但在观察中，我们发现有些教师花了大量精力理解教材的知识点，因而无力拓展其他内容。其实，生活性课堂要求教师选择开发教材的生活性素材。教师要创造性地使用教材，对教材进行创造性地加工，开发教材的二次生命，把教材知识变活，即通过二次开发，使教材知识生活化。

（2）充分利用校内校外资源

学生生活和学习的场所主要是学校，尤其是在农村初高中，大部分学生都是寄宿生。可以说，学校生活差不多成了他们生活的全部。这就需要教师引导学生在校园中汲取生活性因素。因此，学校需大力倡导校园文化建设，比如说，宣传橱窗中可按时刊登报纸、塑造积极的校园雕塑和根据学生情况准时更换宣传栏等。校外的博物馆、名人故居、科研机构、大专院校等同样可以成为师生利用的资源，教师可以在闲暇之余或者通过学校大规模组织，让学生对其进行参观。通过这些让学生主动地接触生活，发现生活，合理利用校内外资源。另外，条件允许时，教师可让学生深入生活实践，如利用寒暑假进工厂实习、参观。农村中学则可多鼓励学生下地劳作。同时，教师还可策划生活中的综合实践活动，如，指导学生利用生活中的常见用品及废弃物设计教学和学习用具，这样既可培养学生的实践操作能力，又能帮助学生树立变废为宝和节约资源的环保意识。

生活与教育是合一的。"我们要活的书，不要死的书；要真的书，不要假的书；要动的书，不要静的书；要用的书，不要读的书。"② "总体说来，我们要以生活为中心的教学做指导，不要以文字为中心的教科书。"③ 在教学中，

---

① 杜威. 学校与社会·明日之学校 [M]. 赵祥麟，任钟印，吴志宏，译. 北京：人民教育出版社，1994：6.
② 陶行知. 陶行知教育箴言 [M]. 哈尔滨：哈尔滨出版社，2011：10.
③ 陶行知. 陶行知教育箴言 [M]. 哈尔滨：哈尔滨出版社，2011：10.

我们要对校内校外资源这本活书加以好好利用，让其为实现课堂的生活性服务。

（3）充分利用网络资源和其他媒体信息

随着社会发展，网络等媒体迅速发展。师生可从电视、电影和报纸等媒体所反映的情况中获取学生所需的课程信息。也可利用相关网站、数据库等网络资源收集信息，为课堂教学服务，加深学生对知识的理解。

教师：很好，我们都是爱国者。下面我们通过一个简短的视频穿越到那神圣的一天。在观看视频时，我们可尽情挥洒自己的情感。

（播放香港回归视频 4 分钟，内容主要为：回归倒计时、英国米字旗降落和五星红旗升起等场面。学生在观看中四次鼓掌欢呼）

教师：同学们感触颇深啊。看完这个视频你最想说的一个词是什么？

生一：开心！

生二：骄傲！

生三：自由！

……

教师：同学们都用心观看了视频，是啊，我们看到了香港回归很开心，为我们的祖国骄傲、自豪！

（教师在黑板的右边用红色粉笔板书：欣喜、自豪）

教师通过视频导入，激昂的《义勇军进行曲》、壮观的场面，让整个课堂似乎走进了 1997 年。学生通过观看视频谈感受，更直观。一个短短的视频激起了学生的爱国情，这对于文本解读起到了非常大的作用。由"旨"探"文"，扩大教学素材范围，让往事接近学生生活。这充分体现了网络资源的重要作用。

2. 创设特定的生活情境

建构主义认为，"知识是学习者在特定情境下建构起来的，知识的意义存在于情境之中，学生的先前知识是学生自己在特定情境下建构的，如果没有情境作基础，学生就无法准确地建构新的知识。"[1] 建构性教学"要求学生以原有的知识作为新知识的生长点，引导学生从原有的知识出发，生长新的知

---

① 陈琦，刘儒德. 教育心理学 [M]. 北京：高等教育出版社，2005：50.

识。"① 因此，在课堂上，要努力创设有利于学生对所学知识意义进行建构的特定的生活情境，把课内知识与解决生活实际问题联系起来，达到解决问题的目的。

学生：老师，为什么"夫斥大儿声"要用"斥"字？

教师：比如说，如果你半夜醒来，不停地吵，你爸爸会不会骂你呢？

学生：会，老师，我明白了。

学生：老师，"抚尺"是干什么的？

（教师拿起黑板刷，在讲台上轻轻地拍了一下）

教师：就像老师这样，拍一下不让讲话了。

学生：我知道了，它代表一件事干完了。

教师：很好！

教师联系生活实际帮学生解答疑问，通俗易懂。在整个教学过程中，教师联系现实生活，将教育融入生活之中，引导学生从当下的现实生活，走向了未知的世界。

教师：如何看待"别了，不列颠尼亚"结构呢？

（学生沉默）

教师：举个例子。我们月考结束了，有些同学考得不好。一到家，爸爸妈妈就开始唠叨了。很久之后，唠叨终于结束了。这句话的重点是什么呀？

生群：结束了。

教师：我们比较下："结束了，唠叨"和"唠叨，终于结束了"哪句更突出重点呀？

生群：前面一句。

教师：那这两句有什么不同呀？

生一：前一句是倒装句。

教师：对，我们再看看我们的标题，它的重点是……

生群：别了。

教师：好，下面我请一个同学来从结构方面分析下标题。

生二：标题运用了倒装，突出强调"别了"，看出作者对英国离开香港的欣喜。

---

① 陈琦，刘儒德. 教育心理学［M］. 北京：高等教育出版社，2005：50.

教师：很好！

教师通过联系学生生活，让学生在情境中理解倒装的含义及作用，步步升华。"教材无非是个例子。语文、数学及各门学科都是这样"。[①] 因此，教学要"把教材置于某个生活情境下进行，把教学与生活挂钩，学生才能学会把知识迁移，学会用知识去解决生活中出现的问题，真正实现知识的价值。"[②]

"一天之内，从早到晚莫非生活，即莫非教育之所在。一人之身，从心到手莫非生活，即莫非教育之所在。"[③] 教育和生活是紧密相连的，教学中应多关注学生生活，赋予教学内容以生活性。这样，我们的课堂才更有价值。

四、　附录

（一）课堂现状访谈提纲

尊敬的老师：

您好！我是湖南师范大学的硕士研究生。为了解中学课堂教学现状，完成硕士毕业论文，我们编制了这份访谈问卷，希望您在百忙之中抽取一点时间接受我的访谈。访谈资料除用于完成学位论文外绝对不会外泄，请您放心！谢谢您的合作！

访谈内容：

1. 学生对讲解提出质疑时，您会怎么样？
2. 您学生回答问题的标准是什么？
3. 您认为课堂教学和考试的关系是什么？
4. 您在课堂教学中主要采用哪些方法？
5. 您的教学内容除了教材外，还有哪些？
6. 您心中理想的课堂是什么？

（二）课堂现状观察提纲

1. 课堂教学中的师生关系如何？具体有哪些表现？

---

① 陶行知. 陶行知教育箴言 [M]. 哈尔滨：哈尔滨出版社，2011：96.
② 陶行知. 陶行知教育箴言 [M]. 哈尔滨：哈尔滨出版社，2011：96.
③ 陶行知. 陶行知教育箴言 [M]. 哈尔滨：哈尔滨出版社，2011：10.

2. 课堂教学目的为何？具体如何贯彻？

3. 课堂教学中的教学方法及组织为何？教学具体如何进行？

4. 课堂教学的内容为何？是否来源于生活？

(三)"四生"课堂观察实录

课文：《别了，不列颠尼亚》

教师：上课！

生一：起立！

教师：同学们好！

生群：教师好！

教师：请坐！（鞠躬）这么大声，受新课内容感染，很兴奋啊！

教师：先"每日一推"，"每日一推"进行到现在已经十几周了。两个词语、一句座右铭，同学们要仔细准备，学会写作、学会表达。当"小教师"时，要做到哪三点呀？

生群：面带笑容、面向"观众"、声音洪亮。

教师：不错！

教师：今天轮到谁了呢？

生群：××。

（××走上讲台，学生开始自觉鼓掌）

××：敬爱的教师，亲爱的同学们：大家好！又到了"每日一推"时间，我是今天的小教师××。（微笑）

××：今天我推荐的第一个词语是"水门汀"，它是英语 cement 的音译，即水泥，在方言中有时也指混凝土，大家要注意它与"订""钉""町"的区别；我推荐的第二个词语是"皮辊"，第三声，它是纺纱机牵伸装置的主要零件之一，它的中心是一根钢棍，外包皮革或人生橡胶等。

（讲解词语时，语速放慢，其他学生边听边做笔记）

××：下面为大家推荐的句子是："青春是有限的，智慧是无穷的，何不趁短暂的青春去学习无穷的智慧。"我们是花季的少年，我们有自己的青春。美好的青春是短暂的，有限度的，但智慧是无穷的，是渊博的。任何一种文化，一个知识点，都有智慧。我们要趁现在有限的青春去学习无穷的智慧，用智慧来灌溉，让青春之花不凋谢，等待花开灿烂的一天。所以，现在就行动起来吧，认真上好每一节课，也是珍惜了你的青春。今天的"每日一推"到此结束，谢谢！

（学生鼓掌）

教师：××的推荐，好不好？

生群：好！

教师：这两个词语出自哪呀？

生群：《包身工》。

教师：不错，同学们课后字词有所巩固，一定要注意，我们学语文，字的音形义大家要自觉学习，常查字典。

教师：这个"汀"字是我们第一次接触吗？

生群：不是。

教师：那我们在哪接触过呢？

（学生思考，没回答）

教师：教师提示下，《岳阳楼记》，有印象吗？

学生：嗯。

教师：回顾一下那一句。

生群：至若春和景明，波澜不惊，上下天光，一碧万顷；沙鸥翔集，锦鳞游泳；岸芷汀兰，郁郁青青。

教师：是的，这个"汀"指的是水边的小块陆地，所以是"三点水"，我们不要把初中的知识忘了哦！

教师：我们在看这个"辊"字，它是个零部件，很多零部件都和车子有关，比如说"轴""转"等。和车子相关，是什么旁呀？

生群："车"字旁。

教师：很好，以后不要出错了。

教师：××给大家推荐的这句话，是告诉我们什么呀？

生群：珍惜时间。

教师：是的，我们一直说，"逝者如斯"，我们要好好规划自己的时间，树立自己的目标，这样我们才能更好地学习和生活。同学们，做得到吗？

生群：做得到！

教师：很好，未来看你们的！

教师：1997年7月1日是个普天同庆的日子，是个雪百年耻辱、振民族声威的日子。那一天，世界的目光投向东方，中华民族铭记了那一刻。同学们呢? 1997年你们在哪呀?

生一：在妈妈肚子里。

生二：刚生下来。

教师：同学们对那个时代非常不熟悉呀! 知道1997年7月1日是什么日子吗?

生群：香港回归。

教师：很好，我们都是爱国者。下面我们通过一个简短的视频穿越到那神圣的一天。在观看视频时，我们可尽情挥洒自己的情感。

(播放香港回归视频4分钟，内容主要为：回归倒计时、英国米字旗降落和五星红旗升起等场面。学生在观看过程中四次鼓掌欢呼)

教师：同学们感触颇深呀。看完这个视频你最想说的一个词是什么?

生三：开心!

生四：骄傲!

生五：自由!

……

教师：同学们都用心观看了视频。是啊，我们看到了香港回归很开心，为我们的祖国骄傲、自豪!

(教师在黑板的右边用红色粉笔板书：欣喜、自豪)

教师：我们看到这个视频感到欣喜、自豪。那当时身临其境的新闻工作者们他们看到的是什么呢? 他们又有什么样的感受呢? 今天我们来学习……

生群：《别了，"不列颠尼亚"》。

教师：是的，《别了，"不列颠尼亚"》。

(教师板书"别了，'不列颠尼亚'"及"标题")

教师：我们来看看这个标题，你是怎么来理解这个标题的?

生六：我觉得可以看出文章的内容，指的是英国统治的结束，香港的回归。

教师：为什么呢? 从哪看出来的呀?

生六：标题中的"不列颠尼亚"，本来是英国的游轮，在这里是用它来指代英国的。

教师：很好！预习得很好哦！其他同学呢？你们预习好了吗？

生群：预习好了！

教师：不错，我们要养成预习的好习惯，有句话叫做"凡事……"。

生群：预则立，不预则退。

教师：还有吗？分析一个句子，要从哪些方面着手呢？

生群：内容、情感和结构。

教师：嗯！这个标题体现的情感怎样呢？这个标题的结构有什么不同呀？

生七：这个标题，我们还能看出作者对英国离开香港这件事的喜悦之情。

教师：很好！我们一定要记得分析完后升华到主旨情感。那结构呢？

（学生沉默）

教师：举个例子。我们月考结束了，有些同学考得不好。一到家，爸爸妈妈就开始唠叨了。很久之后，唠叨终于结束了。这句话的重点是什么呀？

生群：结束了。

教师：我们比较下："结束了，唠叨"和"唠叨，终于结束了"哪句更突出重点呀？

生群：前面一句。

教师：那这两句有什么不同呀？

生八：前一句是倒装句。

教师：对，我们再看看我们的标题，它的重点是……

生群：别了。

教师：好，下面我请一个同学来从结构方面分析下标题。

生九：标题运用了倒装，突出强调"别了"，看出作者对英国离开香港的欣喜。

教师：很好！

教师：这个标题拟得非常好，教师也给大家推荐了几种拟标题的方法。我们说"文好题一半""标题是文章的眼睛"，大家一定要写好标题。看屏幕。第一个：添加法，加什么呢？

生十：加修饰词。

教师：具体点。

生十：形容词和副词。

教师：还有吗？

生十一：还可以加限定范围的词。比如说"我们的生活"等。

教师：是的，这几次我们的作文中就有这样的好标题。像月考作文中的范文《我们的生活如此美丽》，作文练习中的《"傻"同学》。《"傻"同学》这篇作文主要是写的我的同学脏活累活抢着干，一傻；下课埋头做功课，二傻；同学"欺负"他，他宽容别人，三傻。这个同学"傻"不"傻"呀？

生群：不傻。

教师：大家知道他说的是谁吗？

（学生七嘴八舌，开始议论）

教师：写的是谁，我们课后再讨论、观察。教师希望我们班能出更多的"傻"同学。

教师：第二个方法是借用法。借用法是什么呢？

生群：借用歌词、诗句等等。

教师：是的，这点同学们在写作文时经常用到，不过，要注意标题的简洁性。第三个方法是修辞法。我们常用的修辞有哪些？

生十二：比喻、拟人。

生十三：排比。

教师：很好，这些都是常见修辞，教师给大家推荐一个标题《爱我 追我 别浪费我》。这里用了什么修辞呀？

生群：拟人、排比。

教师：不错。猜猜它的内容是什么？

生十四：时间。

生十五：资源。

教师：大家想法都不错。我们要学会珍惜时间，珍爱资源。我们也可以发现，一个标题也可以因文章的不同被赋予不同的内涵。

教师：新闻结构，我们看完标题，看……

生群：导语。

教师：下面我们找出文章的导语。导语一般是文章的中心，它的位置我们在讲新闻知识时也讲过的。

（教师边说边板书"导语"二字。）

生群：文章第一自然段。

教师：这么快！

学生：必需的！

教师：好，那赶紧再把这个长长的导语压缩下，不超过 15 个字。

（思考一下）

生十六："不列颠尼亚"号离开，英国统治结束。

教师：有同学在掰手指了，还差一字就十五了。谁来点评下？

生十七：他只谈到了英国，没谈到香港。

教师：嗯嗯，少了另一个主人公。你有何高见呀？

生十七：英国统治终结，香港回归。

教师：大家说怎么样？

生群：好！

教师：不是好……是非常好！赶紧把它记下来！

（教师在黑板中间位置用黄色、红色粉笔板书"英国统治终结香港回归"，"终结"二字用红色）

教师：这就是我们常说的压缩语段。同学们平常说话、写文章都要学会压缩语段，这样就不会啰唆。我们总结下，它压缩后的文字包括了什么呀？

生十八：主体、动作。

教师：很好，简单地来说，就是"谁干了什么"，明白了吗？

生群：明白。

教师：我们趁热打铁，大家把这段新闻压缩为 20 个字以下。

（屏幕上出现新闻：新华网北京 10 月 21 日电（记者李江涛、丁静）北京市教育考试院 21 日公布高考［微博］改革方案，北京市调整高考［微博］学科设置、分值比重、命题内容，突出考查学科基本思想和基本方法。其中，语文学科将突出语文作为母语学科的基础性重要地位，注重语文试题同其他课程、同生活实践的联系，注重对中华民族优秀文化传统的考查。2016 年起语文卷总分值由 150 分增至 180 分。英语学科将突出语言的实际应用，在真实语境中考查语言运用，注重基础知识、基本能力及课标的基本要求，适当增加听力比重。2016 年起英语卷总分值由 150 分减至 100 分。）

教师：请一个同学把这条新闻大声读一读。

（一学生读完，学生鼓掌）

教师：读完这条新闻，同学们感受如何呀？

生十九：太爽了，英语降分了。

教师：嗯嗯，还有呢？

生二十：语文增分了。

教师：好不好啊？

生群：好！

教师：看来同学们不太喜欢英语啊。英语肯定要学好。我们是要走出去的，要国际化。语文的分值增高，更能看出语文的地位，所以要不要学好语文呀？

生群：要！

教师：还记得我们说过的语文保质期吗？

生群：终身保质。

教师：请一个同学来概括下这则新闻。

生二十一：北京高考将改革。

教师：非常简洁，还有不同意见吗？

生二十二：北京高考语文会增分，英语会降分。

教师：很好！大家看看老师的想法，看有没有不同呢？

（屏幕上出现句子：北京高考许将降低英语分值、提高语文分值）

教师：有区别吗？

学生二十三：有，老师的参考答案里多了个"许"字。

教师："许"是什么意思呀？

学生二十四：可能，也许。

教师：为什么要加呢？

学生二十五：新闻具有准确性，它不一定会改革。

教师：真不错，活学活用。我们平常写文章和做事时，都要注意准确性！

教师：标题、导语、接下来是……

生群：主体和背景。

（教师板书"主体和背景"）

教师：我们预习过，发现这篇新闻的主体和背景材料是夹杂出现的，主体部分主要写到了几次降旗仪式，从中我们可以感受到香港回归的气氛。主体部分有句话，"停泊在港湾中的皇家游轮'不列颠尼亚'号和临近大厦上悬挂的巨幅紫荆花图案，恰好构成这个'日落仪式'的背景"（找到了的学生已经和老师一起朗读），为什么把这个仪式称为"日落仪式"呢？同桌之间讨论下。

（自由讨论两分钟）

教师：请你告诉我们，为什么呢？

学生：因为英国有"日不落"帝国之称。

教师：能具体说说吗？

学生：英国曾经占领了非常广大的殖民地，他们的殖民地遍布全球。每时每刻都会有太阳从它的土地上升起。

教师：原来如此呀！那今天呢？

生群：今天香港回归了，所以"日落"了。

教师：是的，你不是说你是"日不落"吗？今天，我就让你落下来看看，这是什么样的感觉？

生群：讽刺。

教师：是的，这里运用了反讽手法。

教师：还有吗？大家再找一找，在文章中还有哪里出现了"日落"两个字。

（学生开始速读）

教师：提示一下，这里谈的是降旗。就像我们平常升国旗一样，要干什么呢？

学生二十七：我知道了，要奏乐。它还暗含着英国降旗时所奏的乐《日落余音》。

教师：真不错，告诉大家在哪体现的。

学生二十七：第三自然段。

教师：很好。这就是老师认为的"日落仪式"的三点内涵。同学们也可以再去想想。记住，语文是没有绝对答案的，多思考！

教师：我们通过简短的"日落仪式"，回顾了香港回归的场面。最后我们要来看什么了呢？

生群：结语。

（教师板书"结语"）

教师：是的，我们把结语齐读一下。

（学生开始大声朗读结语：从1841年1月26日英国远征军第一次将米字旗插上海岛，至1997年7月1日五星红旗在香港升起，一共过去了一百五十六年五个月零四天。大英帝国从海上来，又从海上去。）

教师：读得很好。我们说朗读要重节奏，最后一句"大英帝国从海上来，又从海上去"，同学们似乎还欠了点火候。老师先范读下，读得好就鼓鼓掌。

（教师朗读。读毕，学生使劲鼓掌）

教师：怎么样？

生群：好！

教师：好在哪？

学生二十八：有感情！

教师：感情如何体现的呀？

学生二十八："从海上来"要读得轻、读得慢，这是侵略的开始，"从海上去"要读得坚决、重一点，因为英国离开了香港就再也不会回来了，我们中国人绝不会给他回来的机会，他是彻底离我们而去。

教师：很好！同学们推荐个同学和老师PK下。

生群：×××。

教师：×××成我们的朗读明星了呀！

（×××朗读。读毕，学生鼓掌）

教师：大家评价一下，×××和老师，谁读得好？

生群：×××。

教师：我也觉得，看来同学们能真正体会到作者的感情了。我们再把这句话一起朗读。

教师："大英帝国从海上来，又从海上去"这句话如此经典，值得分析。我们来个男女对决。看看我们班是巾帼不让须眉，还是须眉不让巾帼啊？来，男生女生各推荐一个代表把你对这句话的理解写在黑板上。

（课堂氛围活跃，受推荐的学生快步上台书写）

教师：要注意我们讲过的答题思路哦，"三步走"：明手法、结合内容分析、再谈表达效果。

（学生答完题，有一女生举手）

学生：老师，我能上去补充吗？

教师：当然可以。女孩子有军师了，男孩子有没有参谋啊？赶紧啊！

（两个男孩一起上台，开始补充）

教师：我们来看看他们的答案。来，男生评价女生的，女生评价男生的。

学生三十（女）：我觉得男生的手法不对，"首尾呼应"是从结构上来说的，这里有"去"和"来"是非常明显的对比。

教师：很好，我们还能从哪里看出来呢？

学生三十一：从前面"1841年1月26日英国远征军第一次将米字旗插上海岛"和"1997年7月1日五星红旗在香港升起"还可以看出这是个今昔对比。真不错！男孩子，服不服啊！

学生三十二（男）：不服。我们虽然手法没对，但我们后面分析得很好。按点给分，我们可以打平。

教师：是的，看来大家平分秋色啊！都很棒！我们不是在乎这个成绩，重要的是要学会分析问题。总结一下，这句话采用对比手法，"从海上来"，是指1841年英国人乘军舰从海上攻入香港。而"从海上去"是指1997年在完成移交仪式后，查尔斯和彭定康等人乘坐"不列颠尼亚"号军舰离开香港。整句话表达了英国结束香港殖民统治，香港回归祖国的自豪之情。

教师：时间飞快，我们这节课也接近尾声了。请看黑板：这节课从新闻的五个结构出发，对这篇文章进行了赏析，感觉到了新闻工作者们在目睹"英国终结统治，香港回归"后的欣喜、自豪之情。大家还有不明白的吗？

（边说边用箭头串起整个结构）

生群：没有了。

教师：很好，相信同学们更能体会这份爱国深情了吧！

教师：最后布置个小作业：我校首届校园文化艺术节即将开幕了，等开幕那天，请你就此事写一则新闻。写得好的，可以到校园广播站播报哦！

学生三十三：太棒了，我们也是记者了。

（铃声响起）

教师：下课！

生群：老师，再见！

教师：谢谢大家！

第三节　小学数学"四生课堂"的实践研究①

2011 年，随着中小学新课标的修订颁布，新世纪又一轮基础教育课程改革接踵而至。新世纪第一轮基础教育课程改革的成效及学校课堂教学状况到底如何？接下来的课程改革应坚持那些价值取向？目标、重点和方向又在哪里？

一、"四生课堂"：研究缘起、研究现状及其理论阐释

（一）研究缘起

1. 中小学课堂教学存在的问题

自 2011 年中小学各科新的课程标准颁布，我国新世纪基础教育课程改革进入一个新的阶段。然而，通过与一线教师交流和读研见习的所见所闻，发现我们的课堂教学现状并不很理想，依然存在着一些亟待解决的问题。满堂灌、填鸭式等高耗低效甚至无效的课堂教学方式和变相侮辱体罚学生的教学行为依然存在；有的教师仍将让学生掌握知识和技能作为课堂教学的唯一目标，而忽视学生的情感、态度及其价值观的发展；有些课堂看起来是"以学生为中心"，整节课表面上和形式上似乎很"活跃"很"热闹"，其实质指向依然没有改变；有些年长教师没有理解新课改的实质，过于注重表面和形式上的改革，认为运用多媒体等信息技术就是实现了新课改。种种现象表明，我国的课堂教学现状依然是问题重重。这些问题引起我深深的思考：到底什么样的课堂才是理想的或曰最佳的课堂？课程改革到底改什么？教育中，到底是课程、教材、学科重要还是教学、教师、学生更重要？

2. 对课堂教学的观察及其研究兴趣

按照国家教育部制定的教育硕士（小学教育专业）培养方案的要求，笔者

---

① 湖南师范大学庄华英 2016 年硕士学位论文。收入本书时笔者作了较大修改。

在研一下学期到湖南长沙燕山二小进行为期两月的教育见习，走进真实的小学课堂，能够在自然状态下去观察真实的小学课堂，对小学课堂有了深刻的了解和感触。同时在平时师生的教学和研讨中，对课堂教学现状、课堂教学问题进行了广泛深入的讨论，我们还借助学校图书馆、电子阅览室等资源库，查阅了有关课堂的书籍和文献，对课堂有了更深和更全面的了解，慢慢地对课堂研究产生了浓厚的兴趣。

3. 课题研究的旨趣

在开展 2013 年度教育部人文社科研究项目——"从课程到课堂：新世纪基础教育课程改革的未来转向研究"的研究中，我们进行了深入的理论探讨，得出了真正优质高效的课堂应当是有生命性、生长性、生成性和生活性的见解，"四生课堂"是未来课堂的一种新趋向，进而要求研究生结合具体学科（具体说数学）进行实践研究，探讨"四生课堂"的可能性，并作为硕士学位论文来完成。论文题目定为《小学数学"四生课堂"的实践研究》。

课堂是师生开展教学活动的主要场所，学校教育教学目标的实现是通过课堂教学这条主要途径来实现的。本研究通过文献法，在把握相关研究现状的基础上，系统阐述"四生课堂"的理论基础，揭示"四生课堂"的蕴涵；在"四生课堂"理论的指导下，运用经验总结法和实践法对小学数学"四生课堂"进行了应用性探索，并分析和总结小学数学"四生课堂"的实施情形和实践结果，最后对小学数学"四生课堂"实践进行思考和讨论。

（二）"四生课堂"及其相关研究现状

"四生课堂"及其相关研究涉及"四生教育""四生课堂"及其"生命性""生长性""生成性""生活性"等理论与实践研究。截至 2016 年 3 月，笔者在中国知网全文数据库以相关概念为关键词进行检索，研究现状综述如下。

1. 关于"四生教育"研究

笔者在中国知网教育类文献资料库中，分别以"生命教育""生长教育""生成教育""生活教育"为关键词进行检索，得出以下数据。

	总计	期刊论文	博硕论文	其他文章
生命教育	3672	626	461	2585
生长教育	261	0	12	249
生成教育	93	0	34	59
生活教育	7797	0	394	7403
合　计	11823	626	901	10296

（1）生命教育研究

文献检索发现，对于生命教育的研究呈逐渐增加的趋势，这说明生命教育越来越受到关注和重视。笔者通过对所收集到的文献进行了阅读、分析和整理，发现对生命教育的研究主要集中在以下几个方面：

①关于生命与教育的研究。生命教育于 20 世纪 90 年代在大陆开始兴起，学者们从生命与教育的内在关系出发，从不同的视角和领域对生命教育进行了理论和实践研究，其中比较有代表性的研究成果有：叶澜教授提出"生命·实践教育"理论，并形成了"生命·实践"学派的完整教育观。其主要观点有：教育是点化生命的人间大事；学生必须实现从"认知体"到"完整的生命体"的转变；教育的基石是人的生命；教育的原点是"对生命的体验和感悟"；学校教育、时代和人之间之所以具有内在相通性，是因为具有生命这个基础；强调教育的生命基础等。[①] 黄克剑老师提出"生命化教育"的理论，他认为教育的最高目标应是人的生命本真回归，提倡生命化的教育。[②] 认为"生命化教育"的目的是培养学生提升道德心性所必需的自律意识和培养学生追求及获取幸福的能力。[③] 冯建军教授同样是"生命化教育"中的一位主要代表人物，他在《生命与教育》《生命化教育》等著作中，基于对生命与教育二者辩证关系的思索，探讨了教育的生命本质和生命化教育的内涵、特点及其理念，构建了生命化教育的理论体系，书写了以"人"为对象的生命教育学，其目的就是要人们能够重新审思教育的过去，着眼于当前的教育，向着生命的未来行进。[④] 湖南师范大学刘铁芳教授也非常强调生命的"教化"，在其著作《生命

---

① 叶澜. 回归突破："生命·实践"教育学论纲 [M]. 上海：华东师范大学出版社，2015：167.
② 黄克剑，张文质. 教育的价值向度与终极使命 [J]. 教育评论，1993（5）：3-7.
③ 黄克剑，张文质. 教育的价值向度与终极使命 [J]. 教育评论，1993（5）：3-7.
④ 冯建军. 生命与教育 [M]. 北京：教育科学出版社，2004：112.

与教化》中，指出生命教育的重点就是"教化"，并且教化必须要以彰显生命的要义为最终目的。① 此外，还有众多学者对生命与教育的关系进行了探讨，比如说刘济良教授的《生命教育论》和《生命的沉思》、刘慧的《生命道德教育》等。

②生命教育的内涵研究。对于生命教育内涵的研究，不同的学者有自己独特的见解。何源和徐济达在《大学生生命教育及实施途径》一文中指出："生命教育实质是一种全人的教育。"② 陈斯拉则对生命教育的内涵进行了更为具体和详细的论述，他认为"生命教育是一种以生命为核心，以教育为手段，对个体生命的整个成长过程进行完整性、科学性和人文性的生命意识的培养，从而引导大学生对生命的认识，树立珍惜生命、尊重生命、爱护生命、享受生命、超越生命的意识，其本质是一种提升个体生命质量，促进人的全面发展的教育活动"。③

③生命教育的内容研究。关于生命教育内容的研究，学者们仁者见仁，智者见智。任丽平在《论大学生生命教育》一文中认为，生命教育内容包括四个方面，即人与自己的教育、人与人的教育、人与环境的教育和人与世界的教育。④ 王晓虹则提出生命教育可划分为生命意识教育、忧患意识教育、和谐意识教育和奉献意识教育这四大教育内容。⑤ 陈文斌和刘经纬认为生命价值教育、生命历程教育和生命安全教育是生命教育的三大主要内容。⑥ 金平和陈齐苗提出生命教育应包括珍重生命的教育、生命价值的教育、生命安全的教育。⑦

④生命教育的具体实施途径研究。这方面的研究成果比较多，但无外乎两大方面，一是从学校、家庭、社会和学生不同主体展开进行研究。比如王晓虹从不同主体展开研究，强调学校教育仍然是生命教育的主要渠道，家庭教育和社会教育也是生命教育的重要途径，并结合具体情况对不同主体进行了详细的

---

① 刘铁芳. 生命与教化—现代性道德教化问题审理 [M]. 长沙：湖南大学出版社，2004：34-35.
② 何源，徐济达. 大学生生命教育及实施途径 [J]. 中国学校卫生，2005 (12)：1037-1038.
③ 陈斯拉. 当代大学生生命教育探析 [J]. 高教探索，2007 (6)：100-101，126.
④ 任丽平. 论大学生生命教育 [J]. 绵阳师范学院学报，2004 (4)：93-96.
⑤ 王晓虹. 生命教育论纲 [M]. 北京：知识产权出版社，2009：108-117.
⑥ 陈文斌，刘经纬. 大学生生命教育探析 [J]. 中国高等教育，2006 (9)：83-84.
⑦ 金平，陈齐苗. 以人为本视阈下的大学生生命教育 [J]. 教育与职业，2011，9 (4)：49-50.

分析和论述。^① 二是从课堂教学、实践活动、专题教育和心理咨询等不同方面对此进行研究和思考。比如说通过课堂教学得到的比较有代表性的文章有：钟恩富的《生命化音乐课程与教学研究》、潘倩倩《初中语文阅读教学实施生命教育的研究与实践》等。这两方面其实就是宏观与微观的研究，本质上并无多大差别。

此外，也有众多学者对生命教育的原则、当代生命教育的困境等方面进行了一定的研究。总之，对于生命教育的研究是比较全面和系统的，既涉及生命教育的理论研究，也涉及生命教育的实践研究。

（2）生长教育研究

笔者通过对文献资料进行分类整理，发现生长教育研究主要集中在以下两个方面：

①对杜威和陶行知生长教育思想的研究。1916 年杜威在《民主主义与教育》一书中，单独列出第四章来讨论"教育即生长"问题。他认为，教育的目的就是生长，除此之外，没有其他的目的。^② 随后，我国著名教育家陶行知对生长教育进行了完善，并提出了自己独特的思想，如其生活教育理论强调要关注个体的生长过程，并应积极地把教育纳入个体的生长过程之中。^③ 向葵花在《浅析杜威的"教育生长论"及其启示》一文中指出，杜威所提出的"教育生长论"观点是其整个教育理论体系的基石，并从生长的含义、特性与条件等方面切入，深入剖析了"教育生长论"这个观点。^④ 此外，杜丽文的《民主与教育：杜威教育哲学初论》、褚洪启《教育观念的变革——对杜威教育理论中三个命题的分析》和阳红《陶行知教育思想之启示》等文章都对杜威或陶行知的生长教育进行了自己的思考，并提出了一些富有新意的看法。

②结合具体情境对生长教育的研究。对于生长教育的具体实践研究，主要是结合具体的课堂或是学校进行的研究，这类研究比较零散。如刘芳在《生长教育：我校的办学理念》一文中指出，生长教育的核心价值观是"健康生长"，生长教育的目标是让学生学会做人、学会学习、学会生活、学会创造，生长教

王晓虹. 生命教育论纲 [M]. 北京：知识产权出版社，2009：140.

② 杜威. 民主主义与教育 [M]. 王承绪，译. 北京：人民教育出版社，2001：97.

③ 申林静，陶行知生活教育理论研究 [D]. 武汉：华中师范大学，2008.

④ 向葵花. 浅析杜威的"教育生长论"及其启示 [J]. 湖北省社会主义学院学报，2004（3）：64-65，72.

育的实践方式是生长课程模块、生长式评价方式和生长环境保护。[①] 结合具体的课堂对生长教育进行研究，如在张康桥的《生长教育：通往美好人性的教育——溧阳市实验小学的教育学建构》等文章中就有所体现。

综上可知，学术界对生长教育的研究非常少；生长教育的理念还比较零散，缺乏系统性；未将生长理念提升到生长教育的高度，即生长教育的理论很不成熟。在具体实践方面，虽有这方面的意识，但如何具体实施仍然是一个有待深入探讨的问题。

（3）生成教育研究

笔者通过对文献资料进行分类整理，发现生成教育研究主要集中在结合具体学科教学阐述生成教育思想和对生成教育思想内涵的理论阐释两方面。

①关于生成教育内涵的研究。对于生成教育，不少学者表达了自己的思考和理解。譬如，张广君等人在《论生成教育》一文中指出："生成教育所提倡的基本的价值取向是追求个性与社会性的统一，其主要是通过具体的实践、交往、体验与理解的机制，达到让学生充满生命活力、领悟生活意义、体现文化生成的目的。"[②] 有学者对雅斯贝尔斯的"教育即生成"的教育观点进行了深度剖析。如叶龙花在《教育即生成——雅斯贝尔斯〈什么是教育〉的启示》一文认为，生成就是习惯的不断形成与超越，这种生成理论在具体的课堂教育教学上就表现为教学过程上的生成以及教学内容的生成。[③]

②结合具体学科对生成教育的研究。白现校《小议"小学语文生成教育"》一文结合语文学科，认为生成教育就是指学生在自主学习的过程中，改变过去学生单纯的、简单的、被动的学习方式，设置自主的、探究的、合作的、综合性的学习方式，并总结出几条重要经验。[④] 此外，还有一些来自一线教师课堂教学实录的反思，如刘秀玲的《一个单纯的偶然发现，一次成功的生成教育——记科学活动〈有趣的蚂蚁〉》、纪大勤的《利用课堂生成，渗透法制教育——〈船长〉课堂生成教育的反思》以及孙珍群的《捕捉灵动的生成，促进精彩的课堂——小学英语教学中的生成教育》等。

---

① 刘芳. 生长教育：我校的办学理念 [J]. 中小学管理，2010（6）：53-55.
② 张广君，孙琳，许萍. 论生成教育 [J]. 中国教育学刊，2008（2）：6-9.
③ 叶龙花. 教育即生成——雅斯贝尔斯〈什么是教育〉的启示 [J]. 中国电力教育，2008（5）：7-8.
④ 白现校. 小议"小学语文生成教育"[J]. 学周刊，2013（12）.

综上可知，生成教育虽然越来越受到欢迎和青睐，研究范围和研究领域不断扩大和深入，但仍然处于经验总结阶段，研究比较零散，缺乏系统性，生成教育理论处于不成熟阶段。

（4）生活教育研究

文献检索发现，众多学者对生活教育进行了研究，研究数量呈现逐年递增的趋势。笔者通过对文献资料进行分类整理，发现生活教育研究主要集中在以下几个方面：

①生活与教育的关系。一直以来，国内外学者对"教育"与"生活"关系的研究不断。裴斯泰洛齐在《天鹅之歌》这部教育著作中提出了"生活具有教育的作用"的著名论断。他提出教育的首要目的在于教会学生适应生活。① 德国哲学家胡塞尔提出教育要回到事情本身，发出教育回归生活世界的呐喊，认为教育与生活密切联系。② 美国著名教育家杜威也对生活与教育的关系进行了论述，他认为"教育即生活"。我国著名教育家陶行知先生则是针对当时中国的具体国情和现实状况，提出了"生活即教育"的思想观点。

②生活教育的内涵。对生活教育内涵的探讨，最著名的莫过于杜威和陶行知。杜威认为生活教育的内涵为："教育是生活的过程，教育本身就是一种生活。"③ 陶行知认为："生活教育是给生活以教育，用生活来教育，为生活向前向上的需要而教育的一种教育形式。"④ 随后众多学者遵照杜威和陶行知两位教育家的生活教育内涵，并根据自身的体验对生活教育的内涵作出了自己独特的理解，如王阳在《大学生低碳生活教育的现状与对策研究》一文中指出，生活教育是以传播生活理念、普及生活知识、养成生活行为和形成生活价值观为教育内容，以培养学生生活自觉意识和树立生活素质为教育目的一种教育实践活动。⑤

③结合具体情境对生活教育的实践研究。对于这方面的研究，主要集中于如何在具体的学科教学中融入生活教育，这方面的文章也很多。如韦丽凤在《在高中美术教育中融入生活教育》一文中指出，在课堂教学中有效地开展生

---

① 裴斯泰洛齐. 天鹅之歌 [M]. 北京：人民教育出版社，1990：46-47.
② 尤晓莉. 生活与教育关系的演变研究 [D]. 成都：四川师范大学，2014.
③ 杜威. 民主主义与教育 [M]. 王承绪，译. 北京：人民教育出版社，2001：23.
④ 陶行知. 陶行知教育箴言 [M]. 哈尔滨：哈尔滨出版社，2011：85.
⑤ 王阳. 大学生低碳生活教育的现状与对策研究 [D]. 北京：北京化工大学硕士论文，2014.

活教育活动，将生活教育恰当地融入到高中美术课堂教学之中，比如说，将一些抽象的美术内容用生活中的实物生动地展现出来，加深美术与生活相联系，从而让学生对美术产生兴趣，自然而然地培养学生良好的美术素养和审美标准。① 郑美春在《生活教育对生物教学的启示》一文中以陶行知的"生活教育"理论体系为基础，结合生物教学的具体实践，阐述如何在生物教学中联系生活教育的问题，并提出了一些策略。②

综上所述，关于"四生教育"研究，一是研究很零散，即就某项研究比较多，将"四生"综合起来研究的几乎没有；二是研究不平衡，"生命教育""生活教育"研究比较多，"生长教育""生成教育"研究比较少；三是多是偏重理论研究，相对缺乏实践（实验）研究。

2. 关于"四生课堂"研究

我们在中国知网教育类文献资料库中，分别以"生命性课堂""生长性课堂""生成性课堂""生活性课堂""四生性课堂"为关键词进行检索。截至2016年3月的文献检索情况如下：

	总计	期刊论文	博硕论文	其他
生命性课堂	48	29	6	13
生长性课堂	8	6	1	1
生成性课堂	167	36	90	41
生活性课堂	56	30	2	24
合计	279	101	99	89

（1）生命性课堂研究

6篇博硕士论文中只有2篇论文的研究与生命性课堂研究联系密切，其他的4篇论文研究的内容与此相差甚远。这2两篇论文分别是是湖南师范大学课程与教学论专业研究生王煌的论文《中学课堂现状的"四生"教育观透视》和湖北大学罗辛茹的硕士论文《中学化学生命性课堂的构建研究》。第一篇主要是用"四生教育观"来剖析中学课堂现状，概括出中学课堂存在的问题表现为

---

① 韦丽凤. 在高中美术教育中融入生活教育 [J]. 美术教育研究，2015（4）：106.
② 郑美春. 生活教育对生物教学的启示 [J]. 福建省行知实验学校校长论坛论文集，2012（12）.

淡化教学主体的生命性、漠视教学目的生长性、忽略教学过程的生成性及教学内容脱离生活性,并由此提出实现"四生课堂"的策略研究。[①] 第二篇则主要就如何营造中学化学的生命性课堂进行了论述与探讨,并从四个方面论述构建中学化学生命性课堂教学的思考。[②]

对 29 篇期刊论文进行整理分析,发现主要集中在生命性课堂的构建与教学中如何体现教学主体的生命性两方面。就生命性课堂的构建而言,比较有代表性的文章是罗辛茹、周立群等人的《高中化学生命性课堂的构建》,该文立足于化学学科,概括出生命性课堂的特点,探讨如何结合化学这门课程来构建生命性课堂等问题。[③] 就教学中如何体现生命性而言,主要是一线教师的一些课堂实录,比较有代表性的是江苏一线教师薛梅花的《让语文课堂流滴生活性、发展性、生命性》,该文强调教师应以塑造具有生活性、发展性、生命性三要素的课堂为目标。[④]

(2)生长性课堂研究

唯一的一篇学位论文是湖南师范大学王煌的硕士论文《中学课堂现状的"四生"教育观透视》,该文论述的生长性,主要是教育目的的生长性,即着眼于学生未来的发展。[⑤]

期刊方面对生长性课堂研究主要集中于实际教学情境下语文课堂中儿童的研究,比如江苏一线教师徐洁的《生长性课堂,师生共生长》,这篇文章主要通过列举一些具体的教学案例,从而得出生长性课堂的应然状态。[⑥] 孟晓东的《课堂应具有生长性》这篇文章从儿童的视角出发,基于和立足于儿童自身而提出了课堂的生长性特征,认为课堂应具有生长性并要用生长性来定义课堂,从而让儿童成为课堂的真正主人并赋予儿童生长过程中的生命意义建构的能力。[⑦] 张淑芳的《生长性语文课堂教学策略例谈》这篇文章结合小学语文课堂教学,提出生长性课堂是顺应儿童的自然本性与成长规律的一种课堂模式,这样的课堂是遵循儿童自然生长的,并提出其策略是从生活、情境、经验三个方

① 王煌. 中学课堂现状的"四生"教育观透视 [D]. 长沙:湖南师范大学,2014.
② 罗辛茹. 中学化学生命性课堂的构建研究 [D]. 武汉:湖北大学,2014.
③ 罗辛茹,周立群等. 高中化学生命性课堂的构建 [J]. 科教导刊,2014(3):190-192.
④ 薛梅花. 让语文课堂流滴生活性、发展性、生命性 [J]. 新课程(学术版),2009(7):104.
⑤ 王煌. 中学课堂现状的"四生"教育观透视 [D]. 长沙:湖南师范大学,2014.
⑥ 徐洁. 生长性课堂,师生共生长 [J]. 课外语文·教学随笔,2015(1):182.
⑦ 孟晓东. 课堂应具有生长性 [J]. 江苏教育(小学教学版),2011(12):1.

面入手，从而才能让语文课堂达到逐步接近儿童的心灵和天性的目的。①

（3）生成性课堂研究

通过对文献的整理和分析，发现大多数学者对生成性课堂的研究主要集中于两个方面，一方面是纯理论研究，另一方面是理论和实践相结合的研究，并且研究偏重于后者。对生成性课堂纯理论的研究比较有代表性的是天津师范大学王义全的《生成性课堂研究》，该文从生成、课堂、生成性课堂的概念入手，围绕生成教育这个大的视野，去揭示封闭式课堂存在的主要问题，从而更好地理解课堂的生成性及其特征。② 以理论和实践相结合的观点来研究生成性课堂的有山东师范大学王哲毅的硕士论文《语文课堂生成性教学探究》，该文从理论与实践两个层面辨析出语文生成性课堂教学的一些概念、原则、价值取向及应用策略等。③ 再如林永荣的《生成性数学课堂教学实施策略》就结合数学学科，论述了生成性课堂的教学策略。④

（4）生活性课堂研究

通过对文献的整理和分析，发现大多数学者对生活性课堂的研究主要集中于生活性课堂的构建与和具体学科课堂如何体现生活性这两方面。针对前者的文章有林江的《构建生活性课堂》，该文主要阐述生活性课堂的涵义和分析构建生活性课堂的意义，并在此基础上努力提出相应的构建策略。⑤ 针对后者的文章有王晴晴的《小学数学教学生活化研究》，该文以小学数学教学生活化为主题，选取了一些小学数学教师作为研究对象，深入学校和课堂之中进行实践研究，针对数学教学生活化实践过程中存在的把生活与数学等同起来、问题比较空泛模糊、情境设置过于牵强等问题，提出了相应策略。⑥ 苏志红的《让初中生物课堂更具生活味》，从课堂导入、课堂教学、课堂训练和实验设计这四个环节来探讨其课堂的生活性。⑦

综上所述，关于"四生课堂"的研究，一是研究很零散，即就某类课堂研

---

① 张淑芳. 生长性语文课堂教学策略例谈 [J]. 语文世界（教师之窗），2013（9）.
② 王义全. 生成性课堂研究 [D]. 天津：天津师范大学，2008.
③ 王哲毅. 语文课堂生成性教学探究 [D]. 济南：山东师范大学，2008.
④ 林永荣. 生成性数学课堂教学实施策略 [J]. 教育科研论坛·教学随笔，2007（2）.
⑤ 林江. 构建生活性课堂 [J]. 出国与就业（就业版），2010（20）：120-121.
⑥ 王晴晴. 小学数学教学生活化研究 [D]. 济南：山东师范大学，2014.
⑦ 苏志红. 让初中生物课堂更具生活味 [J]. 中学生数理化（教与学），2015（4）.

究比较多,从"四生"整体角度研究的几乎没有;二是研究不平衡,"生命课堂""生成课堂""生活课堂"研究比较多,"生长课堂"研究比较少;三是多是偏重理论研究,相对缺乏实践(实验)研究;四是空泛议论或经验漫谈式的比较多,扎扎实实的有价值的研究特别是实验研究很少。由此可见,"四生课堂"研究具有无限潜力和空间。有待进一步解决的问题是:一、立足"四生课堂"的整体性即生命性、生长性、生成性和生活性进行系统全面论述,并将"四生"置于课堂教学全过程中去探索。二、突破原有研究范式,结合小学数学对"四生课堂"做实践探索和实地观察,推动"四生课堂"理念的深化和"四生课堂"实践的深入。

(三)"四生课堂"理论阐释

1."四生课堂"的理论基础

影响和制约"四生课堂"理论建构和实践探索的理论基础主要是哲学和教育学,其中哲学包括生命论和人本论,教育学包括教育哲学、课程与教学论。下面兹简述之。

(1)哲学基础

①生命论。又叫生命哲学,是哲学的一个重要分支流派。生命哲学的主要代表人物要数叔本华、尼采和柏格森等。叔本华认为人的心灵满足程度的直接源泉取决于人的内在生命性质,环境只对其产生间接的影响。尼采的生命哲学思想就是强调"生命"是哲学的唯一主题。他认为:"生命是最高的权力意志,是权力意志的一种特例,权力意志和生命是二而一的东西,除了生命以外,我们没有别的关于存在的概念。"[①] 柏格森生命哲学的核心思想是人的生命具有绵延性,"生命的绵延性就是连续的意识流,是陆续出现的真正时间,具有不可测量性,是一种真正的自我意识状态。"[②] 虽然生命哲学家们对于生命哲学各有自己的独特见解,但我们发现他们都无一另外地强调生命的动态性和主观能动性。生命哲学论告诉我们,生命是事物存在的基础,我们要拾起对自我生命的关切,面对和塑造自我生命并努力维护自我的生命尊严。在课堂教学过程中,我们要重视教师和学生这两个生命主体,把握生命的价值和意义,激发师

---

① 尼采. 权力意志 [M]. 贺骥,译. 桂林:漓江出版社,2000:89.
② 柏格森. 时间与自由意志 [M]. 吴士栋,译. 北京:商务印书馆,1997:49.

生尤其学生对生命的密切关切和高度尊重，发挥生命的积极作用。

②人本哲学。对"人"的探索一直是一个古老而富有深远意义的哲学话题，无论西方还是中国，对"人"的探究都是比较早的。两千多年前的先秦儒家就提出了"仁者爱人"的思想，这可以看作人本哲学的雏形。古希腊哲学家认为人是万物的尺度，主张认识人自身。近代以来，对"人"的研究越发热闹和频繁，主要代表人物有德国哲学家胡塞尔和美国心理学家马斯洛等。胡塞尔是近代哲学的重要流派"现象学"的创始人，他的哲学中蕴涵着丰富的人本思想。他认为，能与人相遇的一切事物，必然成为他经验的对象，这样的观点是把人及其事物当作其对象，因此就具有了人本的思想。[1] 美国哲学、心理学家马斯洛在其著作《马斯洛人本哲学》中对人本思想作了详细论述，其主要观点就是强调人的尊严，强调人的价值，要求人要崇尚自我。[2] 尽管哲学家们对人本哲学的关注点和侧重点不同，但其实质都强调以人为本，强调人的价值。即是说，人本哲学的出发点是"人"，落脚点也是归于"人"。人本哲学强调人的作用和价值，突出"人"是具有独立性，是个完整的生命个体。人本哲学告诉我们：在课堂教学过程中，应以学生为本，以学生为中心，充分尊重和重视学生个体的主动性并且要从学生的需要、兴趣和生活实际等出发。

（2）教育学基础

①教育哲学。关于教育与个体生命、教育与活动目的、教育与生活的关系一直是教育哲学躲避不开的话题，对这些问题的讨论即构成了教育哲学之生命教育论、教育目的论、生活教育论。这些理论深深地影响和制约"四生课堂"的理论建构和实践探索。

生命教育论。所谓生命教育，简言之，就是基于生命、顺应生命、尊重生命、养护生命、发展生命的教育。[3] 中国古代的孔孟及《中庸》的教育思想具有丰富的生命教育思想，"天命之谓性，率性之谓道，修道之谓教"（《中庸》）可以看作生命教育论的雏形。现代世界生命教育论比较有代表性的有日本学者谷口雅春和美国的詹姆斯·唐纳德·华特士（James Donald Walters）。1964年，谷口雅春出版《生命的实相》一书，呼吁生命教育的重要作用及其重要

---

①　陈琦，刘儒德. 教育心理学 [M]. 北京：高等教育出版社，2005：176.

②　马斯洛. 马斯洛人本哲学 [M]. 成明，译. 台湾：九州图书出版社，2003：326.

③　叶澜."教育的生命基础"之内涵 [J]. 山西教育（教学版），2004（6）：1.

性。① 1968 年，美国詹姆斯·唐纳德·华特士（James Donald Walters）明确提出生命教育的思想，并在加州开展了生命教育实践。随后，生命教育实践在全球范围内很快传播并得到迅速发展。我国从 20 世纪九十年代中期开始进行了生命教育研究，其中代表性人物主要有叶澜、冯建军、刘济良、朱永新等。叶澜教授发表《让课堂焕发出生命活力——论中小学教学改革的深化》一文并提出："教育是直面生命，为人的生命质量的提高所进行的活动。"② 冯建军认为："生命教育是一种遵循生命本身特性，全面提升生命品质及品位的教育。"③ 刘济良《生命教育论》认为："教育是以学生个体的生命为基础的一种活动，是直面生命并要唤醒生命意识的一种活动，生命教育就是在遵循学生个体生命规律和生命发展特点的基础上，通过一系列有计划、有目的的教育活动，对个体生命进行完整的生命意识培养，从而引导其追求生命价值。"④ 朱永新提出："应该尊重学生的身心发展规律，以学生的生命发展为主要目的，实现知识、生活、生命三者之间的深刻共鸣。"⑤ 尊重学生生命特性，注重学生生命体验，让教师生命与学生生命达到交流融合，师生双方以独立生命个体投入到教育教学活动中去，充分彰显其应有的作用，这就是生命教育的基本宗旨。课堂教学是作为"完整的人"的师生双方主体生命的活动，师生双方都是生命的个体，都有其独特的地位、应有的价值和积极的作用。生命教育论告诉我们：人具有其他动物所没有的可教育性，教育应当充分尊重主体生命的地位，充分发挥主题生命的作用，从而更好地实现主题生命的价值。

教育目的论。教育目的论所要论述的首要问题是教育要培养什么样的人的问题。古今中外教育家们对此作过充分论述。德国著名教育家赫尔巴特认为"道德是人类的最高目的，因此也自然是教育的最高目的"。⑥ 英国的斯宾塞认为"教育的目的在于为人的完满生活作准备"。⑦ 美国教育家杜威则认为"教

① 谷口雅春. 生命的实相 [M]. 林瑞金，译. 台北：商鼎文化出版社，2003：49.
② 叶澜. 让课堂焕发出生命活力——论中小学教学改革的深化 [J]. 教育研究，1997 (9)：3-8.
③ 冯建军. 生命与教育 [M]. 北京：教育科学出版社，2005：2.
④ 刘济良. 生命教育论 [M]. 北京：中国社会科学出版社，2004：5.
⑤ 朱永新. 研发卓越课程——朱永新在 2013 年新教育实验研讨会主报告 [EB/OL]. http//www.gshxyz. com/Article/ShowArticle. asp? ArticleID=1144，2013-9-5/2015-7-2.
⑥ 张焕庭. 西方资产阶级教育论著选 [M]. 北京：人民教育出版社，1979：259-260.
⑦ 斯宾塞. 教育论 [M]. 赵祥麟，胡毅，译. 北京：人民教育出版社，1962：8.

育的目的就是生长，除此之外，教育没有其他任何目的"。① 凯洛夫、卢梭和裴斯泰洛齐等人都针对教育目的论阐述了自己独特的见解。我国古代孔子提出"君子""成人"和"仕"② 的教育目的观，完整地表达了教育的个体目的和社会目的。近代以来，教育家们对教育目的进行了深入研究。严复创立的"鼓民力、开民智、新民德"的"三民"教育目的论，主张人的全面发展。蔡元培以"养成共和国公民健全之人格"为目标，要求教育教学必须使学生的德智体美等方面得到和谐的发展。其后，黄炎培、陶行知、晏阳初、梁漱溟、陈鹤琴等教育家都表达过他们新颖独到的新型教育目的观，都把培养道德高尚、能力强盛、个性健全、人格完善的人作为教育的目的。教育目的就是要强调生长性，无论是外国的还是中国的教育目的论，虽然在文字提法上各有差异，但基本内容上都大体一致，它们都强调不仅要关注人的知识和能力的发展，更要关注学生情感个性人格的发展与生长。

生活教育论。生活教育论主要指的是将教育与生活紧密联系起来：教育源于生活，教育为了生活，教育超越生活，教育引领生活；教育在生活中，生活在教育中，在教育中生活，在生活中教育；教育即生活，生活即教育。对于生活教育论贡献较大的教育家有卢梭、杜威和陶行知等。卢梭曾多次赞美自然秩序与人的自然本性，他提出人要通过自然来教育，即认为教育不仅要联系儿童生活，更要走进儿童生活。杜威在《学校与社会》一书中指出："教育是现在生活的过程，而不是将来生活的预备状态。"③ 学校应当呈现真实的生活情境，并且其课程内容是为当下生活做准备的，也就是说课程内容要着眼于当下生活。"教育的实现是需要借助各种生活形式，如果缺少这些，便会出现呆板，死气沉沉的结果。"④ 陶行知说："只有通过生活的教育，才是真正地教

---

① 杜威. 学校与社会：明日之学校 ［M］. 赵祥麟，任钤印，吴志宏，译. 北京：人民教育出版社，2005：47.
② 《论语·雍也》："文质彬彬，然后君子。"《论语·宪问》："子路问成人。子曰……"《论语·子张》："子夏曰：'仕而优则学，学而优则仕。'"
③ 杜威. 学校与社会：明日之学校 ［M］. 赵祥麟，任钤印，吴志宏，译. 北京：人民教育出版社，2005：6.
④ 杜威. 学校与社会：明日之学校 ［M］. 赵祥麟，任钤印，吴志宏，译. 北京：人民教育出版社，2005：6.

育。"① 他主张： "生活即教育，生活教育是给生活以教育，用生活来教育。"② 生活教育论强调教育与生活的密切联系，反对疏离生活的教育，认为任何不与生活相联系的教育都是无意义的，课堂需要生活化的教育和教育的生活化。这些观点都给我们建构"四生课堂"以深刻启发和指导。

②课程与教学论。课程教学论是影响和制约"四生课堂"理论建构和实践探索的主要教育学理论。关于课堂教学的主体问题，课堂教学的内容问题，课堂教学活动的运行即教学过程问题，以及课堂教学效果的评价问题等都属于课程教学论研究的范畴。影响和制约"四生课堂"理论建构和实践探索的主要是课程与教学论之教学主体论、课程内容论和教学过程论。下面兹简述之。

教学主体论。教学主体论是在长期的课程与教学实践活动中，教育家们通过对教育规律的理解和掌握，逐渐概括出来的关于教学主体的系统知识体系，具体讲就是课程与教学中的师生地位观、师生作用观、师生关系观、师生素质要求等方面的知识体系。③ 对教学主体的理解向来就存在着许多分歧，最为常见的有以下几种观点。一是单主体观，这种观点认为：在课程与教学活动中教师是主体，学生是客体，或者学生是主体，教师是客体；二是双主体观，这种观点认为：教师和学生都是课程与教学活动的主体；第三种是复合主客体关系，这种观点强调教师在课程与教学中的主导作用，学生的主体地位等。④ 这些关于教学主体观的看法都存在一些缺陷，要么过分强调和重视教师的教，忽略学生的学，要么就是过于强调学生的作用，而忽视教师的作用。笔者认为，对教学主体阐述较为全面的是"课程与教学主体包括教师和学生，教师和学生不仅是教学活动的主体，而且是教学的客体，同时又是各自活动（"教"或"学"）的主体和对方活动的客体"。在课堂教学中，教师和学生作为教学的主体都具有生命性，因为教师和学生都是活生生的人，都是具有主观能动性的生命个体。教师和学生作为课堂教学的主体，应该充分发挥自身的主动性和自主性，同时也应该尊重教师与学生双方的生命特性和注重教师与学生的生命体验。

课程内容论。课程内容是为了实现学校培养目标而专门规定的知识技能、

---

① 陶行知. 陶行知教育箴言 [M]. 哈尔滨：哈尔滨出版社，2011：56.
② 陶行知. 陶行知教育箴言 [M]. 哈尔滨：哈尔滨出版社，2011：57.
③ 黄林. 我国传统教学主体理论研究 [D]. 长沙：湖南师范大学，2011.
④ 张传燧. 课程与教学论 [M]. 北京：人民教育出版社，2008：56.

思想观念体系及各项实践活动等的总称，是学校教育活动中所使用的教学基本材料的系统。[①] 教学内容论就是对课堂教学内容问题的探讨而构成的知识理论体系。中外对于课程内容的探讨由来已久。在中国先秦，孔荀都有比较系统的课程内容思想。汉代董仲舒提出"独尊儒术"的课程思想，虽然比孔子的课程思想狭窄得多，但他对主流价值观进入课程作出了杰出的努力。其后，韩愈、朱熹课程思想的理论性比以前明显提升了许多。元代教育家程端礼的《读书分年日程》设计了分学段分学年分学日课程及其进程，是中国乃至世界最早的完备的课程著作。在西方，英国著名哲学家、社会学家和教育学家斯宾塞 1859年提出"什么知识最有价值？一致答案是科学"[②] 的著名课程论命题。布鲁纳的结构课程论对课程内容及其结构和学习方式作了探讨，认为课程内容就是各门学科中具有科学性的基本概念等。随后许多学者在此基础上纷纷对课程内容论进行了探讨，其中基本取向无非是以下三种："课程内容即学科知识""课程内容即当代社会生活经验""课程内容即学习者的经验"。[③] 20 世纪末，美国课程论专家多尔提出了"4R"的"后现代课程观"。课程内容是一个动态的、开放的、多元的、综合的系统，既包括必要的书本学科知识，也包括非书本的社会生活经验等。21 世纪初开始的我国新基础教育课程改革，提出了许多新的课程思想。现代课程内容论要求密切联系现实生活，树立正确的课程资源观，将学校课程内容置于"大课程观"关照之下，从而为创建生活性课堂开辟了新的渠道。

教学过程论。"教学过程是指教学活动的必经程序，体现了实现教学任务的活动进程，表现为具有时间和逻辑顺序的一系列环节、步骤及阶段。"[④] 教学过程论就是对教学过程的探讨而形成的知识理论体系。对于教学过程的探讨由来已久，最早可以追溯到我国伟大教育家孔子的教育思想，他依据学习角度把过程划分为学、思、习、行四环节。除此之外，墨子的亲、闻、说、行，荀子的闻、见、知、行，朱熹的学、问、思、辨、行等都是典型的教学过程论。而当代对于教学过程论的探讨更是浩如星海，比较有代表性的有李秉德的感知、理解、巩固、应用四段法，王策三的感知、理解、巩固、应用、检查五段

---

① 张传燧. 课程与教学论［M］. 北京：人民教育出版社，2008：134.
② 张华. 课程与教学论［M］. 上海：上海教育出版社，2000：191.
③ 张华. 课程与教学论［M］. 上海：上海教育出版社，2000：191-205.
④ 张传燧. 课程与教学论［M］. 北京：人民教育出版社，2008：257.

法等。在西方也有从多教育学者对教育过程论进行了探讨，最早可以追溯到昆体良的教育思想中，他将教学过程划分为摹彷、讲述、练习三个阶段。随后对教学过程作出巨大贡献的是赫尔巴特，他提出的"四段教学法"，即明了、联想、系统和方法，对当今的课堂教学仍有重要的借鉴意义。综上可知，以上这些教学过程观都将教学过程视为知行统一，将学生学习过程与教学过程看作等同的，并认为教育过程并不是固定和封闭的，而是具有弹性和开放性的。其实，教学和自然界其他的任何事物一样，都经历了漫长的发展过程。教育教学在这个发展过程中包含了诸如教学方法、教学模式、教学结构等多种要素，教育过程是由教学的各种因素与环节的复合体。教育过程即是教学活动的发展过程。在教育教学活动中，教师和学生都是独立的生命个体，再加上教学环境的变化，会导致教学过程具有复杂性和不可预测性，并且在教学过程中会出现诸多不可控因素，这样自然就会让教学过程具有生成性。教学过程论告诉我们：在教学过程中，既要注重教育活动本身的计划性和预设性，更要关注教学活动实际进行过程的动态性和生成性。

2."四生课堂"的理论蕴涵

"四生课堂"包含教学主体的生命性、教学目的的生长性、教学过程的生成性和教学内容的生活性四个要素。下面将分别具体阐述其理论蕴涵。

（1）生命性

生命性是从教学主体的角度来说的。课堂教学活动是师生之间的具有生命性的互动活动，生命是教育活动存在和发展的基础，生命性是课堂教学活动的基本属性。课堂教学的生命性意味着要遵照生命特性，依循生命规律，以学生生命基质为基础，通过科学的教育方式，提高学生的生命意识，拓展学生的精神世界，开发其生命潜能，发挥生命的作用，关注生命整体发展，养成健全的人格及个性，使其充满生命的活力。[①]

首先，关注学生主体的生命存在。一是要尊重学生生命的主体性，创设和谐的课堂氛围，使学生的生命得到自主发展；二是要发挥学生生命的自主性，课堂上应尽量把自主权还给学生，要多听学生言、鼓励学生言，让学生在感受和体验学习中不断自我完善和自我发展；三是要激活学生生命的创造性，让学

① 冯建军. 生命教育的内涵与实施［J］. 思想理论教育（上半月·综合），2006（21-11）：25-29.

生自主探究他们认为有趣、有意义的内容，让学生享受到探究的乐趣，体验到创造的快乐。同时，要关注教师主体的生命存在。一是要尊重教师生命的主体性，明确教师的地位是课堂教学不可或缺的；二是要充分发挥教师生命的的自主性，充分发挥教师在课堂教学的主导地位；三是要激活教师生命的创造性，鼓励教师不断探索创新，逐渐形成自我独特的教学风格。

"世界上最具生命的事业就是教育，因为它基于生命的需求，关注生命的发展。"[①] 生命与教育是密不可分的，因此在课堂教学中凸显教学主体即师生的生命，是其关键所在。

（2）生长性

生长性是从教学目的亦即是从学生发展的角度来说的。生长不仅是个体生命的本质特征，同时也是个体生命的发展诉求。

第一，学生的生长具有未完成性，可塑性非常强。教学目的的生长性是说教学应当以促进学生生长发展为目的。第二，学生的生长具有自觉性。学生是成长中的个体，好奇心比较强，他们乐于探究并且具有敢于尝试的勇气。教师在课堂教学中应采取各种方式和手段不断地去激励学生，同时也应不断丰富和充实学生的现有生活经验，尽可能满足学生生长的需要，让学生在教学目标达成过程中凸显其生长性，并成为课堂的真正主人，从而将他们的发展引向未来。第三，学生的生长具有选择性。学生是活生生的人，是具有主观能动性的个体，他们随着年龄的增长会逐渐形成自己独特的价值观，对自己的未来会有自己的想法及规划，他们能渐渐地找到自己的兴趣，并会按照自己的兴趣去选择自己的路。在课堂教学中，要尽可能满足学生的兴趣需求，激发学生的动机，提供多种可供选择的机会和条件，指导学生在兴趣的引导下作出适合自己的正确选择，并且在实现选择的基础上积累经验，获得成长。

"生长"意味着学生具有发展的无限潜能和可能，生长性课堂承担着促进学生生长的重要责任。

（3）生成性

生成性是从教学过程来说的，与"生成"相对的一个概念就是"已成"或者是"现成"抑或"预设"，相对于它们而言，生成强调的是事物（活动）发展变化过程本身，而不仅是某种固定的现成的或预设的程序和模式。从课堂教

---

① 冯建军. 生命与教育［M］. 北京：教育科学出版社，2005：2.

学过程来讲，生成指的是师生的课堂教学活动偏离或超越原有的设计思路和教案设定的程序、轨迹而走向或偏向另外的方向。在课堂教学中，教师应根据课堂的具体状况，对教学过程进行调整或改变，即调整教学过程、方法、结构及组织形式等，从而使教学活动呈现出一个动态的、变化的、开放的状态。

从过程哲学来看，"世界并不是一成不变的，而是动态过程的集合体，一切事物都处于过程的发展变化之中，一切事物都处于永恒变化之中，任何事物都不存在一个预定的样式或者本质属性"。① 只有"认识到事物是作为一个过程性而存在的，将事物看作是动态的，才能借助事物自身的普遍联系的动态发展去思考问题"，② 也只有用发展和动态的眼光去对待事物，才能让事物得到真正的发展。生成性是不把事物僵硬化、静态化，而应注重过程性、灵活性。课堂教学活动虽然是有计划的，但在展开进行过程中，会碰到许多先前预料不到的情况出现，必须而且应当根据过程中的实际情形来加以处理，不能把预设的情形看成必定要达成的东西，因此应当允许和鼓励师生的教学生成。

（4）生活性

生活性是从课程教学内容来说的。从应然角度讲，教育属于人类特有的活动，教育是人为的活动，教育更是为人的活动，所以教育源于生活，亦是生活的一部分。杜威的"教育即生活"，陶行知的"生活即教育"，虽形式有异，却实质相同，即二者都强调教育在生活中，生活在教育中，教育与生活密不可分。从实然角度讲，由于为知识、考试、分数、升学而学的压力，学校教育活动特别是课堂教学活动越来越疏离生活，蜕变成"不食人间烟火"的寄生虫，这种与生活完全隔绝的教育状况亟待改变。所以生活性课堂要求课堂教学要重视与师生的现实生活相联系；要将生活内容融入课堂教学，从师生的周遭生活中去寻找信息来充实、丰富、拓宽教学内容，形成新的课程资源观，从而达成课堂教学的最终目的——培养学生的生活能力，使他们能够更好地融入生活、学会生活、创造生活。

陶行知说："我们深信：教育的中心是生活，生活教育就是给生活以教育，用生活来教育，为生活向前向上而教育。只有通过生活，教育才能发出力量而

---

① 李文阁. 回归现实生活世界 ［M］. 北京：中国社会科学出版社，2002：152-156.
② 马克思，恩格斯. 马克思恩格斯选集（第4卷）［M］. 北京：人民出版社，1972：230.

成为真正的教育。"①

（5）"四生课堂"之间的相互关系

①生命性是"四生课堂"的关键。"人的生命和生命个体是教育的出发点。"② 生命个体不仅是教育的对象和出发点，更是教育活动得以展开的最基本的主体性因素，离开了作为生命的人的活动，教育活动的开展就根本无从谈起，并且教育的最终目的就是实现生命个体的生长。在课堂教学过程中，生命性主要体现在要高度尊重生命，要充分发挥生命的积极作用，要非常注重生命的和谐发展，要积极建立体现生命性的师生关系。总之，课堂教学的生长性、生成性、生活性都离不开生命性，因此生命性是"四生课堂"的关键所在。

②生长性是"四生课堂"的宗旨。生长是生命的本性，促进生长是后天努力的目的，教育应以促进生命生长为天职和目的。杜威认为"教育即生长，生长就是教育的目的，除此之外，教育没有其他别的目的，而组织保证生长的各种力量，保证教育得以继续进行就自然成为学校教育的目的。"③ 从这种意义上讲，生长是一个过程，一种生长状态的实现就是我们所说的生成，教育的过程就是一个持续不断的促进生命生长、生成的过程。课堂教学应把促进和实现生命的生长作为目的。在具体的教学过程中，我们不应拘泥于"已成""现成"，而应着眼于的"未成"，当"未成"经过努力变成"现成"就是一种"生成"。所以，我们应当根据课堂中出现的各种复杂的实际情况，适时调整教学设计，允许生成并提供相应条件和机会，以促进学生的生长。总之，"四生课堂"的目标和宗旨是生长性，生命性、生成性、生活性都以其为导向。赞科夫曾说："教学应走在发展的前面，只有这个时候，才是好的教学。"④ 因此以生长性为目标指向是我们一直要坚守的，要让课堂教学永远走在发展的前面，从而更好地引导学生发展。

③生成性是"四生课堂"的必然要求。教学在其发展过程中是动态的，并不是一成不变的。在课堂教学中，不断会有新情况的发生，有时会偏离预定的轨道而滑向新的方向并达成预设之外的结果，这即是课堂教学的生成性。新世纪基础教育课程改革非常强调和关注课堂教学的动态生成，新课程改革的一大

① 陶行知. 陶行知教育箴言 [M]. 哈尔滨：哈尔滨出版社，2011：34.
② 冯建军. 生命与教育 [M]. 北京：教育科学出版社，2005：165.
③ 杜威. 民主主义与教育 [M]. 王承绪，译. 北京：人民教育出版社，1990：55-57.
④ 裴娣娜. 发展性教学论 [M]. 沈阳：辽宁人民出版社，1998：1.

亮点就是强调课堂教学的生成性。生成性课堂强调课堂教学的丰富性、复杂性、多变性和开放性，重视激发师生的智慧潜能和创造性，从而让课堂真正焕发出生命的活力。当然，生成性也是课堂教学的一大难点，尤其是在强调应试教育的背景下对师生更是一大挑战。生成与预设是相统一的也是对立的。课堂教学应当是有计划性的，但教学不应只有预设，也应着眼于生成。课堂教学的生成性与课堂教学的复杂性、师生生命的独特性及创造性等都有关系。教学是个动态变化发展的过程。课堂教学不应是简单的现成知识传授掌握过程，而应是师生双方生命成长的一段历程。教师在教学过程中不仅要积极地营造民主、平等、和谐的教学氛围，而且要启迪学生的思维，开发学生的智慧潜能，使课堂真正成为师生互动的场所和空间，从而因动态生成而变得更加和谐和愉快。总之，生成性是"四生课堂"的内在要求，生命性、生长性、生活性的实现，都离不开生成性这一重要过程。在课堂教学过程中，应积极主动地落实生成性的要求，以保障"四生课堂"的实现。

④生活性是"四生课堂"的内容特征。教育与生活相辅相成，生活是教学内容必不可少的组成部分，良好的教育离不开生活的支撑。课堂教学中，应将生活世界的内容融入课堂教学内容中，加强教学与实际生活之间的联系，搭建理性知识世界与社会生活世界沟通的桥梁。我们要"既不落入过去，也不转向未来，而是紧紧地抓住当下"，[①] 只有在这样的理念支撑下，我们才能真正关注和重视教育的生命性。其实，生活也仅仅是生命的一种重要存在方式，而不是生命的全部。"生活教育是生活所原有，生活所需自营，生活所必需的教育"，[②] 生命在生活中生长，"生生不息的生命的展现是生活的根本内涵，而生活的主体和核心却是生命"。[③] 另外，"意义生活之变化是教育的根本"。[④] 随着社会生活的急剧变化和科学技术的飞速发展，教学过程同样也不可避免地在发生着改变。教学"要以人的生成性为立足点，重现具有生活的本性和充满智慧挑战的特点的教育，并积极关注学生发展的真正需要"。[⑤] 总之，加强课堂与生活的联系是教学的必然趋向，社会生活理应成为课堂教学的主要内容。由于

① 雅斯贝尔斯. 什么是教育 [M]. 邹进，译. 北京：三联书店，1991：101.
② 陶行知. 陶行知教育箴言 [M]. 哈尔滨：哈尔滨出版社，2011：13.
③ 陶行知. 陶行知教育箴言 [M]. 哈尔滨：哈尔滨出版社，2011：47.
④ 陶行知. 陶行知教育箴言 [M]. 哈尔滨：哈尔滨出版社，2011：49.
⑤ 陶行知. 陶行知教育箴言 [M]. 哈尔滨：哈尔滨出版社，2011：47.

生活性是教学内容而言，因此无论是生命性还是生长性抑或是生成性都要基于生活性这一内容特征而获得实质性的发展。

二、 小学数学"四生课堂" 实践的设计

（一）实践目的、对象和内容设计

1. 实践目的

"四生课堂"是一种崭新的教学模式。笔者希望通过小学数学教学实践，一方面验证"四生课堂"教学模式理论的正确性、科学性和适切性、可行性，并探索小学数学学科实施"四生课堂"的具体模式；另一方面通过"四生课堂"教学模式实践，激发所教班级学生的学习兴趣，调动他们的学习主动性和积极性，提高他们的学习效率和效果，并借以验证"四生课堂"教学模式的有效性。

2. 实践对象

笔者借在江西省赣州市上犹县第三小学进行研究生学习的教学实习机会，选择所教班级的小学数学学科开展"四生课堂"教学模式的教学实践探索。之所以选择在这里开展"四生课堂"教学模式实践研究，是因为该校具备了开展实践研究所必备的基本条件。

（1）实践学校基本情况

上犹县第三小学坐落于上犹县县城内，拥有 36 个教学班，80 多名教师，在校学生约 2400 人。这所学校原来是一所不起眼的乡镇中心小学，由于城市的扩建，该校在县政府重视和全校教师的共同努力下，逐渐发展成为拥有全县一流的设施设备、一流的师资力量、一流的管理水平和一流的教学质量的重点学校。虽然学校与其他市里或是省里抑或是发达地区的学校相比尚有很大差距，但在上犹县乃至赣州市来讲，是一所比较好的校学校。

①办学条件。学校办学条件分硬条件和软条件两种。学校的硬条件主要是指教学所需的设备、设施、仪器等，主要包括建筑物、多媒体教室、实验室等等。在县教育局和校领导的共同努力下，学校创造了较好的办学效益，逐渐扩大了办学规模，到目前为止一共创办了 5 所分校。学校的教学设施设备在全县堪称一流，建有免费的校园网，每班配有电视机和电脑，全校还拥有 1 个高级多媒体中心教室，3000 平方米的运动场，为学生开展体育锻炼提供了场所。

学校的软条件主要是指师资力量、学校风气、学校管理能力等等。从整体上来说，学校的软条件是比较好的。师资力量作为学校主要的软条件之一，直接关系着学校的办学质量。从教龄上来看，全校 80 多名教师中，90.2％的教龄是在 10 年以上的，教龄在 5 年至 10 年间的有 7.4％，只有 2.4％的教师教龄是在 5 年以下的。从职称上看，教师中，具有小学初级职称的占 37％，具有小学中级职称的占 34.7％，具有小学高级职称的占 20.3％，无职称的教师所占比重较小，并且少数教师还有特级职称的教师。从学历上看，大专学历的占全校教师比重为 56.3％，中专学历的比重为 27.7％，本科学历的比重为 11.6％，高中学历的比重为 4.4％。全部教师都是合格学历，其中大专以上学历的教师为 67.9％，表明该校教师素质普遍比较高，在上犹县处于前列。

②教研水平。教研水平是一所学校办学水平和教师教学水平的重要标志之一。教育研究是一所学校获得前进和发展的重要渠道。通过教育科研，学校结合本校实际情况正确分析学校的办学基础和办学条件，调动各种影响学校办学和发展的积极因素，消除其不利影响因素，可以提高学校办学效率和办学质量。通过教育科研，学校可以自主地结合学校原有基础和水平，探索本校发展的特殊路径，而不是完全不顾学校的实际情况就照抄照搬外地或外校的经验。可以说，教育科研是中小学特色、优质发展的重要和有效措施。上犹三小非常注重教研，并且取得了不少成绩。学校在校长的组织和带领下进行教育科研，全校教师都积极投身于配合和支持学校教育教学改革的实验。例如，学校正在实施"低碳教学，高效课堂"的教学模式探究，所有教师积极进行教学改革，为课题的开展和完成献言献策。不少教师具有较高的科研素质和科研能力，他们根据学校实际情况，自己确定研究课题。如张诵有校长主持的市级课题"微型课导教，微型课导学"、张燕老师主持的市级课题"单亲留守孩的心理健康及教育策略"等。另外一些教师，他们会在教学中不断总结教育教学经验，发表了不少高质量的教育科研论文，如刘仁奖老师在《当代教师教学》上发表《教研组：教师成长的沃土——试论如何在教研教改中发挥教研组的作用》、郭丽老师在《中国教育创新探索与实践》上发表《农村中小学图书馆（室）现状分析和建设的探索》等文章。总之，学校的各个学科的教育科研成果如雨后春笋般不断涌现出来，呈现出一种百花齐放的繁茂景象。

③社会效益。在全校领导和全体教师共同努力下，三小已逐渐声名鹊起，发展成为县级重点学校。学校从建校之初的 6 个班、310 多名在校学生到现在

的 30 余个班、2400 多名在校学生，从一个无名的乡镇中心小学变成了数一数二的县级名校。学校的毕业生普遍受到各中学的一致好评和欢迎。广大家长对孩子在校的表现非常欣慰、对学校的教育效果非常满意。在这短短的几十年里，学校赢得了良好的社会声誉，先后获得"赣州市精神文明建设先进单位""市文明卫生先进单位""市青年文明号"等多项荣誉。

（2）实践班级基本情况

笔者开展"四生课堂"教学模式实践的对象是三（5）班，本班一共有 65 名同学，其中男同学 33 名，女同学 32 名，男女同学的人数比例比较均匀。该班学生的学习成绩总体比较好，但两级分化比较严重，中等学生的人数所占比重较之于其他班级而言，是比较少的。班上大部分的学生性格开朗，思维活跃，态度端正，并且拥有良好的学习习惯，但仍有一部分同学比较胆小，上课不敢或是不喜欢回答问题，甚至都不敢主动地与教师交流。

3. 实践内容

本次实践的内容，一是实施"四生课堂"教学模式；二是教学内容以人教版新版《数学》为参照，同时兼顾学生的实际水平和需求设计。笔者实习两个半月的具体教学内容如下：

单元课题	时、分、秒		万以内加法减法（一）				测量				万以内加法减法（二）					倍的认识		
具体内容	秒的认识	时间单位的换算	解决问题	两位数加两位数	两位数减两位数	几百几十加减几百几十	估算三位数加减三位数	毫米、分米的认识	长度单位间的简单换算	千米的认识	千米与米的单位换算	解决问题	吨的认识	三位数加三位数（不进位）	三位数加三位数（进位）	三位数减三位数（不退位）	三位数减三位数（退位）	解决问题	倍的初步认识	一个数是另一个数的几倍	一个数的几倍是多少

（二）实践方式和条件设计

1. 实践方式

笔者进行的小学数学"四生课堂"的教学实践，其实践方式有教学实践和现场观察两种。

（1）现场观察

笔者在实习和实践期间，虚心向各位老师请教，学习他们的教育教学经验，主要是主动到其他各个年级和班级进行自然课堂观察，观察其他教师在进行教育教学时是否有意或无意渗透了"四生课堂"理念，从而为实践研究及其后的学位论文写作提供必要的资料。

（2）教学实践

笔者进行小学数学"四生课堂"教学模式实践的方式，主要是根据笔者自身对导师提出的"四生课堂"教学模式理论，深入到小学一线课堂，担任三年级（5）班的数学教师。笔者用"四生课堂"理念进行小学三年级的数学教学，将教学主体的生命性、教学目的的生长性、教学过程的生成性和教学内容的生活性贯穿于小学数学课堂的教学过程中，一方面收集有关"四生课堂"教学模式的第一手实践资料，以验证"四生课堂"教学模式理论的正确性、科学性和可行性；另一方面通过"四生课堂"教学模式实践，激发所教班级学生的学习兴趣，调动他们的学习主动性和积极性，提高他们的学习效率和效果，并借以验证"四生课堂"教学模式的有效性。

2. 实践条件

（1）内部条件

①正确理念的引导。"四生课堂"理念主要是以哲学之生命论和人本论、教育学之教育哲学和课程与教学论为支撑提出来的，符合新课程的理念标准。关于"四生课堂"的理念，笔者发现曾有学者从两个角度进行论述：一是从教育的角度来谈"四生"，提生命教育、生存教育、生理教育、生活教育，或提生命教育、生存教育、生活教育、生态教育；二是从课堂教学的角度来谈"四生"，有生命课堂、生本课堂、生活课堂、生态课堂，有生本课堂、生态课堂、生成课堂、生创课堂，有生命课堂、生活课堂、生动课堂、生长课堂，也有生态课堂、生命课堂、生活课堂、生成课堂。但无论是从教育的角度还是从课堂教学的角度，他们所提的"四生"理念或不是从课堂教学角度提出来的，因而不适合课堂教学情形，或虽是从课堂教学角度提但不是着眼于课堂教学整体而是只着眼于其局部或某一方面因而显得有失偏颇。我们所提的"四生课堂"即

生命性、生长性、生成性和生活性课堂，即是着眼于课堂教学的全程和全局，其理论具有整体系统性和实践全面性，因而对课堂教学实践具有很强的理念引领和实践指导价值。

②实施者本身的能力和素质。小学数学"四生课堂"教学模式的实施无疑对实施者的能力与素质有一定的要求。笔者从大学至研究生期间一直学的是师范类专业，对于教育教学工作有一定的认识，具备一定程度的职业能力素养和较高的职业道德素养。为了弥补笔者缺少实际教学经验的不足，学校为笔者配备了一名优秀的数学高级教师对笔者从见习到教学设计再到教学实习进行全方位的指导，不仅为笔者提供了优质课堂教学示范，而且每节课都到笔者上课的班级听课，为笔者提供课堂教学、班级管理指导和改进意见，从而促进笔者能力和素质的提高。

（2）外部条件

①学校领导的重视。虽然素质教育的观念越来越深入人心，但社会或是家庭对于学校或是学生的评价还是集中在学习成绩上，尤其是一些不发达的城市。笔者进行小学数学"四生课堂"的教学实践，由于关注的侧重点不仅仅是学生的学习成绩，更是学生能力、个性、道德方面的发展，因此难免会与学生原来习惯的课堂教学有所不同。再加上笔者虽然学历占有优势，但毕竟缺乏教学经验，对于如何管理学生等方面确实存在很多不足。再者受本校招聘制度及其人才引进的影响，本校教师有 90％以上都是教龄在 10 年以上的，大部分教师的年龄都是在 35 岁到 50 岁，所以他们不太愿意接受新的教学模式。在他们眼里，小学数学只要把知识点讲清、讲透，再辅以大量的练习，学生就能考出好成绩。所以笔者实践的"四生课堂"教学模式在他们看来是过于重视形式，但这样的教学形式学生又非常喜欢，这无疑在无形中带给了他们一定的压力。

笔者料到自己进行的小学数学"四生课堂"的教学实践一定会遇到很多阻力，所以为了解决这个问题，笔者主动找学校校长沟通联系，比如鉴于笔者缺乏教学经验，校长特意指派 1 名优秀的高级教师作为我的师傅，要求师傅能够在备课前给予我指导，并要求师傅到我所教的班级听课并进行现场指导，从而促进笔者教学能力的提高，使"四生课堂"能够更有效的实施。再者，校长还在全校教师开会时，向全校教师简单介绍笔者所进行的"四生课堂"，要求各位老师能够积极配合，让笔者到各个年级各个班级听课，以提高自己的教学能力和为"四生课堂"收集素材。此外，校长由于曾和导师张传燧教授交流过"四生课堂"，因此对"四生课堂"有一定的了解，对"四生课堂"这种新的理念和模式比较感兴趣，我们一有时间，就会一起探讨或者笔者主动向她请教。通过这些措施，笔者的小学数学"四生课堂"的教学实践得以顺利进行和完成。

②其他教师的积极配合。由于本校90%以上的教师教龄都在10年以上，大部分教师的年龄都是在35岁到50岁，因此他们课堂教学具有很大的自主性，同时也不太愿意接受新的教学模式，但是他们理解笔者所做的教学实践只是为了收集资料，并且教学实践的时间也比较短，所以他们非常乐意给予笔者指导和帮助，并且有些教师也乐意将自己的1到2节课用于笔者的教学实践，所以从整体上来说，其他教师对于笔者所进行的教学实践是积极配合的。

③家长和学生的大力支持。教育学生一定要有家长的支持，只有学校和家长相互配合才能形成教育的最大合力。笔者进行小学数学"四生课堂"教学模式的实践同样也离不开家长的支持。由于笔者所在的学校是县城里的学校，大部分孩子的家长对孩子的各方面都比较关注，尤其是学习成绩，再加上笔者在实习的过程中，积极和孩子们的家长沟通，让家长进一步了解该教学模式的优点，因此家长们都非常信任笔者，自然而然地也会支持笔者的教育教学实践工作。

小学生有一种强烈要求独立和摆脱成人控制的欲望，因此他们的行为会表现出明显的独立性倾向。但是由于他们的自控能力又尚未完全发展起来，所以他们的行为在很大程度上还是挺依赖教师，特别是他们比较喜欢或是信任的老师。笔者进行小学数学"四生课堂"的教学实践非常强调学生的自主性，所以顺应其渴望独立性的愿望，同时他们无论是在生活还是学习上都还比较依赖教师，所以他们也会积极地配合教师的教学实践。

（三）实践过程的设计

1. 实践过程的总体设计

笔者进行了为期2个半月的教学实践，在这两个多月的实践中，教学实践过程大致的分成三个阶段，第一阶段为探索阶段，时间为第一周至第三周；第二阶段为熟练阶段，时间为第四周至第九周；第三阶段为完善阶段，时间为第十周至第十一周。下面笔者将对这三个阶段进行详细的描述。

第一阶段：探索阶段。本阶段笔者对于如何管理课堂秩序、如何合理地把握教学时间以及对于三年级学生的性格特点等方面一点也不熟悉，所以此阶段笔者先是学习如何管理课堂秩序，学习如何上好课和如何了解学生；在此基础上，认真备好每一堂课。由于此阶段笔者对于如何将"四生"理念转变为教学活动并不是很了解，所以只能在实践和反思中琢磨。

第二阶段：熟练阶段。经过第一阶段为期将近一个月的探索，笔者逐渐培养起对班级的调控能力，能够较为富有艺术性和科学性地上好一节数学课。此外，笔者也在琢磨和探索中，逐渐体会到该怎样设计和教学才能在课堂中凸显"四生"即教学主体的生命性、教学目的的生长性、教学过程的生成性和教学内容的生活性。所以笔者在此阶段就是熟练地掌握如何上好小学数学的"四生课堂"，并为学位论文撰写收集资料和素材。

第三阶段：完善阶段。此阶段为教学实践的收尾。这个时候笔者主要是通过前面的实践和反思，对小学数学"四生课堂"的教学实践有了深刻地考查。笔者在实践的过程中，经过反思和资料的整理，可能会发现某些方面的不完善，所以这阶段的主导任务就是对于课堂和资料的完善。在这个阶段，学校也举行了期中考试，可以较为全面的理解"四生课堂"对学生学习成绩的影响。因为一直笔者对于学生的评价只处于定性阶段或是纵向比较，而期中考试刚好提供了一个与其他班级的横向比较。

2. 实践方案的设计

本次教学实践为时半个学期，共13周，除了世界反法西斯日、中秋节和国庆节放假共2周，实际上课时间为11周，笔者所教的班级每天有2节数学课，一节是新授课，一节是练习课，每节课40分钟。笔者进行教学实践的方案如下：

周次	教学内容	教学活动	教学方法	"四生"体现
第一周	两位数加减两位数	由于每节课的内容不太相同，对知识掌握程度以及知识内在逻辑的差异，教学活动的设计并不是固定不变的，具有灵活性，教学活动主要有以下几点： 1.导入新课。 （教师应根据教学内容选择适合学生的方法导入新课；学生积极思考，配合教师进行新课的开展） 2.互动展开。 （教师围绕本节课知识设计适合的环节让学生对知识进行探索；学生积极思考，探索新知识） 3.课堂巩固。 （教师运用各种方法引导学生进行知识的巩固；学生交流合作，巩固知识） 4.扩展延伸。 （教师引导学生进行扩展延伸；学生联系实际，对知识进行扩展延伸） 5.课堂总结。 （教师引导学生进行小结；学生回顾和总结本课知识）	一节课的顺利进行，一般是通过多种教学方法的共同作用而完成的。在课堂教学活动中，教师运用讲授法、讨论法、问题法、演示法以及练习法等教学方法，让学生自由地探索和讨论，以达到最佳的课堂教学效果。 课堂上教学方法的运用并不是单一的，一般是多种教学方法综合作用的结果，我们要在充分考虑教学内容、学生学习特点等多方面因素下，选择最佳方法	这两周的重点任务是教学内容的生活性。 教学内容的选取贴近学生生活实际，运用知识解决生活问题等，体现教学内容生活性
第二周	几百几十加、减几百几十、估算三位数加、减三位数			
第三周	三位数加三位数（不进位）、三位数加三位数（进位）			这两周的重点任务是教学目的的生长性。 课堂教学中，追求三维教学目标，既注重知识与技能，也注重对学生能力、情感、道德等方面的培养，这体现教学目的的生长性
第四周	三位数减三位数（不退位）、三位数减三位数（退位）			
第五周	万以内的加法和减法（二）中的解决问题			这两周的重点任务是教学过程的生成性。 学生提出新的想法和见解，或者是教师根据学生课堂表现，及时转换预设的方法和程序，这体现教学过程的生成性
第六周	复习万以内的加减法			
第七周	秒的认识、时间单位的换算、解决问题			这两周的重点任务是教学主体的生命性。 在整堂课中，教师和学生作为教学的主体，自主地发挥自身的主观能动性，体现教学主体的生命性
第八周	毫米和分米的认识、长度单位之间的简单换算、千米的认识			
第九周	千米与米的单位换算、解决问题、吨的认识			最后三周主要是从课堂教学过程的全程中去整体把握"四生"，尽可能让"四生"体现在课堂教学中
第十周	倍的初步认识、一个数是另一个数的几倍、一个数的几倍是多少			
第十一周	期中考试以及试卷分析			

（四）实践评价和反思的设计

1. 实践评价的设计

（1）实践评价原则

教学原则是教育者在实施教育教学工作过程时必须遵循的基本要求和基本原理，它反映了客观教学规律，是前人根据教学实践总结出来的。我国教育工作者根据中国具体国情，并结合教学实践，提出了巩固性原则等八大教学原则。笔者在教学实践评价时，遵循小学数学新课程标准的要求，坚持以上各种教学原则的精神，体现小学数学"四生课堂"的理念，创新性地提出并遵循以下原则：

①贯彻"四生"。在课堂教育教学过程中，始终要关注教师和学生的生命性，注重提高学生的生长性，注重教学过程的生成性，凸显教学内容的生活性。

②注重"三维"。新课程改革提出三维目标，所以在课堂教学过程中，我们要贯彻三维目标，即不仅要让学生掌握基本知识与基本技能，学会探究学习的过程与方法，更要引导和培养学生的情感、态度与价值观。

③实现"高效"。在课堂教学过程中，学生的主体和教师主导作用要双管齐下，从而增强课堂教学的效率。

（2）实践评价方式

笔者进行小学数学"四生课堂"教学模式实践评价的方式，主要是自评和他评相结合。自评就是笔者上完一节课，自己对自己课堂教学的各个方面进行自我评价，主要采取自我反思的形式进行；他评主要是学生和其他教师对笔者所上的课进行评价。由于笔者担任的是三年级的数学老师，学生还比较小，所以笔者将充分利用课后时间，与孩子们面对面地聊天交流，从孩子们的话语中体会"四生课堂"的教学效果。对于其他教师，笔者将编制专门的评价反馈表，作为收集信息和检验课堂效果的依据，同时也主动地就本节课的优缺点去请教其他教师。

附：小学数学"四生课堂"评价反馈表

授课教师		学科		班级	
教学内容			时间		
评价细则		优秀	良好	达标	欠缺
课堂焕发师生的生命活力					
课堂关注学生的生长目标					
课堂教学过程体现生成性					
课堂教学内容充满生活性					
您认为这堂课的亮点在哪里？					
您认为这堂课哪些需要改进？					

2. 实践反思的设计

教学实践反思既是保证课堂教学有效性和教学取得成功的重要方式，也是教师专业成长的重要方式。对于小学数学"四生课堂"实践，笔者每上完一节课都应积极主动地进行教学实践的反思，以期在后来的教学实践中达到更好的效果，主要是从反思课堂教学的成功之处和不足之处及其原因进行。

（1）课堂教学实践的成功之处及其原因

成功的课堂往往会蕴含着丰富的教育真谛和规律，所以我们要经常对课堂的成功之处进行教学反思，尤其是新手型教师更要时时刻刻地反思教学实践，从而促进自身不断地成长。对于小学数学"四生课堂"的反思，笔者则主要是要不断思考类似这样的问题：这节课学生学习兴趣高吗？知识掌握得扎实吗？这节课成功在哪里？原因是什么？这节课是否体现了"四生课堂"理念？在每节课后，笔者将通过多问几个"为什么"来揭示教学实践成功的原因，同时结合学生和其他教师对笔者课堂亮点的反馈进行思索，以便更好地将自己的教学长处发扬光大。

（2）课堂教学实践的不足之处及其原因

俗话常说"失败乃成功之母"，所以反思教学实践的失败有时会比反思教学实践的成功更有价值，因为失败的教学中同样蕴含着教学的真谛和规律。对教学不足的反思早在先秦就开始了，孔子曾说"诵《诗》三百，授之以政，不达；使于四方，不能专对。虽多，亦奚以为？"[①]"不达""不能专对"说的都是教学不足或失败之处。《礼记·学记》将教学不足概括为"四失"："学者有四失，教者必知之：人之学也，或失则多，或失则寡，或失则易，或失则止。"对小学数学"四生课堂"实践，笔者主要是不断思考类似于这样的问题：为什么这节课的教学效果不好？失败在哪里？原因是什么？这节课对于"四生课堂"的体现有哪些不足？今后该如何改正？在每节课后，通过不断的反思来揭示教学实践失败的原因，找出解决的策略，同时也虚心接受其他教师的建议，从而不断弥补教学实践的不足，最终达到取得较好教学效果的目的。

陶行知先生要求教育工作者做到"每日问"，教学中的每日问的实质可以狭隘地理解为坚持不懈地进行教学实践的反思。对于小学数学"四生课堂"教学实践来说，我们应努力做到"每课问"，并且尽可能地每天坚持写教育随笔、教学日志和教学反思等等，从而让小学数学"四生课堂"的教学实践更加成熟。

三、 小学数学"四生课堂" 的实施

(一) 小学数学"四生课堂"的实施过程

因为"四生课堂"理念在国内外目前都算是比较先进的前沿的，尤其是从教学过程全程系统论述"四生课堂"的理念是没有的，所以笔者在进行教学试验中，只能遵循导师的"四生课堂"理论及其内涵，摸着石头过河。在具体的教学实施中，如何才能将"四生课堂"理念更好地体现在小学数学课堂中，无任何经验和模式可以借鉴，只有靠自己慢慢琢磨和体会。笔者在实践过程中，首先是认真研读课程标准、教材、教参等资料，思考该如何围绕教学内容更好地去体现教学主体的生命性、教学目的的生长性、教学过程的生成性以及教学内容的生活性，然后在课堂教学中尽可能地去体现和践行"四生课堂"理念。就拿教学过程的生成性来说，可能课前我们作了充足的准备，对教学过程可能出现的结果作了多种预设，但学生是活生生的人，在课堂中，如果他们提出了

---

① 《论语·子路》。

新的想法，我们可能就要改变预设的教学过程。小学数学"四生课堂"的实施过程与其他形式的教学模式在教学环节上并无多大的差异，只是在各个环节的教学形式以及关注和强调的侧重点不一样，其各个环节更加注重"四生"。小学数学"四生"课堂的课堂教学过程具体体现为以下几个方面：

1. 巧妙备课，渗透"四生"

上好一节课的前提条件就是要备好课。只有认真地去备课，才能熟练自如地引导学生去获取基本知识、形成能力以及培养良好的情感、态度和价值观，才能更好地保证课堂教学的合理性和实效性。小学数学"四生课堂"的教学实践是一种新型的教学模式，更应该精心备课，认真钻研教材、教法，深入研究学生、学法，保证备课的充分性、科学性、有效性，从而进行科学、精巧、高效教学。小学数学"四生课堂"教学实践的备课是从备教材、备学生和备教法三管齐下来进行的。

（1）备教材

虽说一切从教材、教案、教学用书或教学辅导书出发会导致课堂教学效果低下，甚至会产生负面效果，但我们也不能完全否认教材的作用，毕竟教材是重要的课程资源。备教材应从以下几方面入手。

①通读教材，通册备课。新的数学课程目标是按九年一贯的整体思路安排的，针对不同学段分别提出了不同的目标，各个学段之间是相互联系、螺旋上升的。作为小学数学"四生课堂"的实施者，笔者在备课时要充分考虑到课程标准的整体设计思路，备课前认真阅读教材、课程标准及其教参，学会整体备课。所谓整体备课的具体做法，就是新学期笔者拿到新书以后，就结合数学课程标准、教学参考书及时阅读全册教材，或整个小学数学教材，其目的是对学段或是整个小学阶段的教学目标有一个比较明确的认识，对学生的能力发展要求和期望有一个准确的把握。教师对全册教材有一个整体的了解和认识，可以很好地把握全册教材内容的安排及训练的重点，从而便于在教学中做到心中有数，便于整体安排教学和学生的数学教学活动。这个环节可以是粗线条的，但是必不可少的并且具有重要作用，因为这样可以用最少的时间，获得最大的效果。

②钻研教材，集体备课。新教材较之老教材涉及的知识面更广、难度越大，这无疑增加了教师备课难度。再加上课堂教学的开放性，使教学方法与教

学形式都具有不确定性，对教师的课堂教学提出了更大挑战。教师备课不到位的一个重要原因就是缺乏同伴交流和互助，导致思维受限，从而对教学内容认识不够，把握不准。因此，过去那种个人独立备课的形式已经不能完全适应课改的继续深入，现在要将个人备课和集体备课结合起来。集体备课既可以有效地调动教师的自主性和积极性，又可以集中教师集体的智慧和力量，使备课更加符合学生和课标实际，取得更好的教学效果。由于笔者进行小学数学"四生课堂"的实践只是针对一个班，并未在全校全面实行，因此召集所有教师进行小学数学"四生课堂"理念的备课是不现实的，但笔者可以向优秀老师请教相关问题，倾听优秀教师对教材的理解和把握，从而加深对教材的理解程度。

③深挖教材，整合资源。从单一性向综合性发展是数学教学的必然走向，教师备课时不仅要了解教材，而且还要注重深挖教材内容，学会整合资源。教师在备课时一是要在挖掘数学学科知识的同时加强与其他学科的联系，多搜集一些与教材相关的生活资料和素材，为学生学习补充必要的资源；二是要挖掘教材和学生生活的联系，布置各种与生活密切相关的任务，引导学生利用课余时间去搜集相关的信息，从而补充课堂教学知识，同时也可以让学生在实践锻炼中提高数学基本能力；三是要挖掘教材中隐藏的教学资源，充分利用教材，使教材能够更好地为教师以及学生服务。

（2）备学生

学生并不是一张白纸，他们是有一定的知识基础和生活经验的，任何新知识的学习都是在学生生活经验和原有知识基础上进行的。学生的生活经验因人而异，教师无法预知，但教师能够根据学生原有的知识基础进行有效备课和选择教学方式。所以教师要弄清楚学生哪些知识对他而言已经学过了，哪些知识是全新的，哪些知识对于学生是比较难理解的，要对全体学生的原有知识基础和水平有一个全面的了解。

此外，教师也应该关注学生个体之间的差异，在备课时教师就要准确定位，清楚哪些同学可能会遇到学习上的困难，遇到哪些困难，为学生提供及时的帮助，降低学生的学习焦虑，增加学生的学习效果。

教师还应该将学生看作具有生命的个体，充分挖掘学生的潜能，促使学生自主性和主动性的发挥。

（3）备教法

教学实践证明，采用不同的教学方式会取得不同的效果。因为不同的教学方式有其自身不同的优点与缺点，所以教师需要根据具体的教学内容和学生的学习方式及其个性特点等综合考虑和选择恰当的教学方式。只有这样，才能达到预期的教学效果。在小学数学"四生课堂"教学实践中，笔者非常重视教学方式、教学手段的选择和运用，因为每种不同的教学手段都有其独到之处，除此之外，还非常关注对课堂中生成性的把握，尽量让学生自己探索，从而更好地促进教学生成。

2. 新课导入，体现"四生"

捷克著名教育家夸美纽斯曾说过："应该用一切可能的方式把孩子们的求知与求学的欲望激发出来。"① 如何高效地导入新课，快速地将孩子们的注意力带进课堂中来，是新课导入过程中要特别关注的一个问题。一个好的导入，能够吸引学生的注意力，拨动学生的思维，使学生产生强烈的求知欲望和高涨的学习热情，从而为课堂教学的顺利展开奠定基础。课堂导入的方法具体有以下几种：

（1）联系生活实际导入新课

数学知识与学生生活实际密切相联系，学习数学知识能更好地解决生活问题，同时很多数学知识的产生就是源于生活中的实际问题，所以联系生活实际导入新课是一种经常使用的方法。如笔者在教学《两位数减两位数（退位）》时就采用了这种方法。

师：同学们，看看这幅画，你们知道这是哪里吗？（PPT展示）

生：陡水湖。

师：看来同学们都是热爱生活的人，我们知道，从我们这里去陡水湖风景区，坐大巴去要17元，而打的去则要51元，你们知道坐那种车便宜吗？便宜多少呢？

（2）创设游戏情境导入新课

数学是一门抽象性和严谨性极强的学科，很多学生都觉得数学比较难于理解。因此教师在导入新课时要尽量具有趣味性，激发学生的兴趣，而激发小学生兴趣最好的方法就是游戏。比如笔者在教"可能性"时，就利用"猜棒棒糖"的游戏，将学生的积极性调动起来了。

---

① 夸美纽斯. 大教学论［M］. 傅任敢，译. 北京：人民教育出版社，1979：27.

师：同学们，正式上课前，老师想和同学们玩一个"猜棒棒糖"游戏。同学们看，老师的衣服上有两个口袋，分别放了一个红色包装的棒棒糖和一个蓝色包装的棒棒糖，你们知道红色包装的棒棒糖放在哪个口袋吗？

利用游戏导入新课，让学生在愉悦的体验和轻松的学习氛围中进入学习状态是一种非常高效的方法。心理学家认为，"孩子的天性是好动，他们最喜欢的活动方式是游戏。"小学生对于新颖的游戏方式、新奇的讲解非常感兴趣，学习的时候也就更轻松愉快，自然而然就提高了课堂教学的高效性。

（3）复习旧知导入新课

由于数学是一门逻辑性非常强的学科，各个单元或是各个课时之间所学习的知识都是联系比较紧密的，因此采用复习旧知导入新课是小学数学教学中一种比较常见的方法。如在学习"3 的倍数的特征"时，就采用了复习旧知识导入新课的方法。

师：上节课，我们学习了"2 和 5 的倍数的特征"，同学们能回忆起 2 和 5 的倍数有怎样的特征吗？

生1：个位是 0、2、4、6、8 的数就是 2 的倍数。

生2：个位是 0 或 5 的数就是 5 的倍数。

师：同学们的记忆力真好！那我们今天就一起来学习一下：3 的倍数有怎样的特征？

（4）创设问题情境导入新课

创设问题情境是我们课堂教学中通用的一种课堂教学导入方式，也是启发学生学习的一种有效手段。通过问题不仅可以调动学生学习的积极性，而且可以活跃学生的思维，所以通过创设问题情境导入新课也受到众多教师的青睐。如在学习"圆的认识"时，某教师就采用了这种方法。

师：课件出示情境：8 个同学站成一排玩套圈游戏，将一个奖品放在这一排的中间，每位同学拿圈子分别往奖品处套 3 次，套中次数多者算赢。

生1：这样站队套圈不公平！

师：为什么不公平？

生1：因为站在中间的同学靠近奖品，所以更容易套中，而我们站得远的人更难套中。

师：那怎样才算公平呢？

生2：每个人离奖品一样远的时候；

179

师：那同学们想想如何站队可以让你们 8 个同学离奖品是一样远的距离呢？

（5）故事激趣导入新课

小学生特别爱听故事，因此在课堂导入的时候，适当地把数学知识融入故事之中，快速地吸引学生的注意力，让学生对本节课的数学知识产生浓厚的兴趣。如五年级的一位老师在讲授"异分母分数的大小比较"时是这样导入的：

师：同学们，上新课之前，老师想和大家分享一个故事。

师：故事是这样的：有一个富翁，他在临终前把他的两个儿子叫到床前，对大儿子说："我把我财产的三分之一留给你。"随后他又对小儿子说："我把财产的六分之二留给你，然后剩下的就捐给希望工程。"说完，富翁就去世了，随后两兄弟却因为分财产的事情吵了起来，大儿子说："小儿子分的财产多，不公平。"而小儿子说："大儿子分得多，不公平。"正当两兄弟吵得不可开交的时候，一个书生走过来，了解情况后，分别在大儿子和小儿子的耳边说了一句话，然后两兄弟就开开心心，不再争吵。

师：你知道，这位书生在他们耳边说了什么吗？

师：学习了本节课的知识，你们一定会清楚的，让我们一起走进今天的新课。

（6）直接感知导入新课

小学生正处于形象思维发展的阶段，他们对于具体形象的实物比较感兴趣。通过直接感知导入新课，可以让学生各种感官共同参与，使学生高度集中注意力，进行有效的观察和思考，进而学习新知识。如五年级的一位老师在教学"观察物体"这堂课时，通过在桌子上放一个长方体的捐款箱来引导学生观察。具体的导入是这样子的：

师：同学们，现在老师桌面上摆了一个长方体的捐款箱，你们坐在自己的位置上观察，你们看到的是什么？

生1：我看到的是一个正方形。

生2：我看到的是一个长方形。

（然后班上开始争论）

师：咦？怎么会这样？

生3：老师，我知道了，第一个同学坐在右边，所以看到的是右边的这个面，所以是正方形；而第2个同学坐在中间，看到的是前面这个面，所以是长方形。

师：真棒！这说明从不同的位置看同一物体是不一样的，下面我们一起来探讨这个问题。

3. 互动展开，呈现"四生"

在美国教育界流行这样一句话："告诉我，我会忘记；分析给我听，我可能记住；如果让我参与，我就会真正理解。"[①] 这句话告诉我们，老师教学中要应尽可能多地给学生提供动手操作以及参与实践的机会。在"四生课堂"的教学活动中老师应给学生足够的空间和时间，让学生通过动手实践、自主探索、合作交流等方式掌握数学知识和能力。其具体体现在：

（1）引导学生自主探索

英国教育家斯宾塞指出："应该引导儿童自己进行探讨，自己去推论，给他们讲的应该尽量少些，而引导他们去发现的应该尽量多些。"[②] 在小学数学"四生课堂"的教学实践中，教师是"平等中的首席"，是学生学习的促进者与组织者，所以教师在教学实践中非常注重引导学生进行自主探索。例如，在学习"认识钟表"这一知识点时，教师让学生把提前准备好的钟表图片拿出来，然后让大家仔细观察图片里的钟表有什么样的特点。

师：同学们，你们发现了什么特点？有没有哪位同学愿意跟老师和同学们来分享一下你的发现啊？

生1：有三根黑色的针，三根针长短粗细都不一样，一根最长，一根稍短一些，一根最短。最长最细的叫秒针，最短最粗的叫时针，中间短和粗的叫作分针。

生2：钟面上有12个数字，每相邻两个数字之间有5个小格。

生3：时针、分针和秒针都是顺着这边转的。

师：同学们表现得真棒！

在这个学习过程里，学生通过图片对钟表进行观察等参与到课堂教学活动中去，充分调动了学生参与课堂活动的积极性，也培养了学生观察能力和语言表达能力。

---

① 刘必红. 追求有效的体验学习——"认识吨"教学片断及赏析 [BL/OL]. http://math.cersp.com/DataBank/XX/alsj/200705/4708.html. 2014-5-22/2015-6-29.

② 斯宾塞. 斯宾塞教育论著选 [M]. 北京：人民教育出版社，2005：36.

（2）指导小组合作学习

在谈小组合作学习之前，笔者就实践班级的分组情况作个说明，以便更好地凸显效果。按照"组间同质，组内异质"的原则和学生的知识基础、学习态度、课堂活跃程度、接受能力等智力与非智力因素，将学生分成 A（综合较好）、B（中上）、C（中下）、D（后进生）四个层次，然后进行学习小组分组，每组四个同学。除此之外，综合考虑学生的性格、兴趣、能力、学习成绩等进行组内成员合理搭配。为了保持组间的同质，每组必须含有 A（综合较好）、B（中上）、C（中下）、D（后进生）四个不同层次的学生，这样可以很好地保证组内成员之间的差异性和互补性，保持组间的同质性。例如：在教学"正方形的认识"时，让学生以四人为一个小组进行探索和寻找正方形有什么样的特点，随后学生们都拿出学具袋中的正方形，有的观察、有的测量、有的作对比（因为前面刚学过长方形的认识）。最后小组派代表汇报。

生1：正方形有四条边和四个角。

生2：四条边都相等。

生3：四个角都相等且都是直角。

师：看来，同学们都对正方形有一定的了解。那么接下来，我们一起来深入地探讨一下正方形。

在这个教学环节里，学生通过小组合作的方式进行交流和探讨，小组内自由地选择观察、对比、测量等形式多样的活动方式，主动获取数学知识。

4. 课堂巩固，蕴涵"四生"

德国著名心理学家艾宾浩斯的"遗忘曲线"规律告诉我们："学习过的知识的遗忘呈现出先快后慢的规律，所以对新知识的复习越及时，学生掌握的知识越扎实。"[①] 因此在教学中课堂巩固环节就显得尤为重要，可以说课堂巩固是一节课中的一个环节。如何有效地进行课堂巩固是我们每一个一线教师亟待解决的问题。笔者在进行"四生课堂"教学过程中，总结出一些关于课堂巩固的看法和见解：

（1）精心设计课堂巩固练习

对于练习的选择和设计，笔者实习时听六年级的教师在布置巩固练习时，

---

① 陈琦，刘儒德. 教育心理学［M］. 北京：高等教育出版社，2005：91.

采取了一种开放式的方法，觉得可以运用到"四生课堂"中，从而使小学数学"四生课堂"的教学实践更加成熟和完善。六年级教师在教授"百分数的应用"一课中，设计出"尝试编一个百分数应用题"的课堂巩固练习：让学生暂时思维活跃在课堂之外，根据自己的经验进行大胆设想、讨论。从教学实际效果来看，这样的方法是非常好的，因为不同的学生就有不同的思考方式和解决方法，这样做可以使学生的个性得到了充分发挥，同时也培养了学生自己收集、整理知识来解决实际问题的能力。

（2）对于简单题目，采取"小组互判，同桌合作"的方式。对于简单题目，教师没有必要花大量的时间去讲解，因为对于这类题目很多同学都会。笔者在教授"两位数加两位数（不进位）"时，就出了6道计算题让学生进行巩固加深，采用"小组互判，同桌合作"的方式。这样做不仅节约时间，而且可以让不会做的同学向同桌或小组请教，培养了组内团结合作和交流的能力。

（3）对于中等题目，采取请"小老师"讲解的方式。因为中等难度的题目，有一部分学生可做得较好。采用"小老师"讲解的方式，不仅可以让其他的同学能够用儿童能够接受的语言进行做题，而且为学生锻炼语言表达能力、逻辑思维能力提供了舞台和机会。如笔者在教学"秒和分时间单位的换算"后，就出了"2分30秒＝（　　）秒"等类似这样的几道题。

（4）对于有难度的题目，采取教师"板演练习，课堂评价"的方式。有难度的题目，需要教师一步一步地不厌其烦地讲给学生听。由于学生的模仿能力较强，教师应注意书写的规范性，并要当场评价学生的掌握程度。

5. 扩展延伸，关注"四生"

拓展延伸是课堂教学过程中一个很重要的环节，"四生课堂"教学模式也不例外。作为教师应尽可能要求学生在学好基本知识和基本技能的基础上有效地进行拓展延伸，从而使学生在熟悉课堂知识的基础上对教材和课堂进行超越。比如在学习了"认识东南西北"这个知识点以后，教师设置了这样的扩展延伸环节：

师：通过学习，我们知道了东南西北四个方向，但老师想引进一位指引方向的"朋友"——指南针。关于指南针，同学们了解多少？指南针是如何指引方向的？

这样的环节从认识东南西北扩展到实际生活中辨认方向的指南针，让孩子们学会使用指南针，并介绍了指南针，这有利于将数学知识和学生的生活实际相联系，丰富学生的生活经验，同时又可以让学生了解祖国灿烂的文化，了解古人的智慧，从而激发他们的自豪感，使学生的情感态度得到进一步升华。

6. 课堂总结，强调"四生"

课堂总结是教学过程中非常重要和非常必要的一个环节，它可以对课堂教学的知识进行归纳梳理，给学生留下本节课内容的一个整体印象，也是学生对新知识一次很重要的回忆。如果课堂总结做得好的话，可以达到"课虽终，趣犹存"的境界，这是我们教师一直孜孜以求的境界。笔者在课堂总结的时候一般采用归纳点睛式的方式，即由学生来归纳，教师补充。如笔者在教授"秒的认识"时就采用了归纳点睛式的方式。具体如下：

师：同学们，我们这节课即将接近尾声，在结束这节课之前，老师想知道，这节课你们有什么收获？

生1：我知道了一种新的时间单位——秒。

生2：我学会了在钟面上认识秒针，秒针是最细、最长的那根。

生3：我学会了秒针走一大格是5秒，走一小格是1秒。

生4：我知道了"1分=60秒"。

生5：我明白了1分钟很宝贵，我们可以做很多事情。

师：听着同学们的发言，老师非常高兴。我们班的小朋友真棒，一节课竟然学会了这么多有关秒的知识。我们一起大声地把我们的收获读一遍吧！（PPT展示）

这样的总结看似平常，但却有重要的作用，它可以让学生对本节课的教学内容有全面系统的了解，同时也可以让他们积极思考，培养他们的语言表达能力和逻辑思维能力。

(二) 小学数学"四生课堂"实施中体现"四生"的具体分析

为了有效地完成论文资料的收集，笔者在实习期间认真学习，结合学校实际情况，探索挖掘"四生"内涵，并在导师"四生"理念的指导下，在教学实践中继续挖掘小学数学"四生课堂"的内涵。所谓"四生课堂"，就是课堂教学一定要具有（体现）教学主体的生命性、教学目的的生长性、教学过程的生成性和教学内容的生活性。至于在小学数学课堂教学中，该如何实施才能体现

"四生"，这是我们在课堂教学过程中最值得考虑的问题。因为这是将理念转为实践的关键。只有理解教师和学生在课堂教学活动中怎样实施才能实现"四生"，才能更好地指导教学实践。关于"四生"如何在教学课堂中体现，笔者认为应该做到以下几方面：

1. 突显教学主体的生命性

（1）充分发挥教师主体的主导作用

虽然新课改突出学生的主体作用，但这并不意味着教师对教学活动失去控制，也并不是削弱了教师在教学过程中的地位。学生以主体参与教学活动的程度越深，对教师各方面的要求就会越高，越需要教师以更高级的组织者和指导者以及更优化的教学艺术参与教学活动，这就是教师应发挥出主导作用。在学生发挥主体作用的全过程中，时刻体现出教师对知识深层次的挖掘，体现着对教学过程独具匠心的设计，这些都是教师主导作用的具体体现。笔者在实习期间，对教师主导作用的发挥有着深刻的体会。就拿第一单元"时分秒的认识"来说，课本上是这样呈现的：

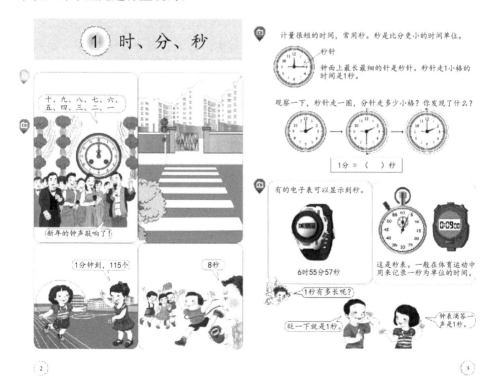

其实这节课要学生掌握的知识目标很简单，只要学生能够认识钟面上的秒针和知道"1分＝60秒"就可以。但笔者在备课的时候，根据学生情况和自身对知识的理解，对知识进行了深层次的挖掘。在这节课中，我不仅要求学生掌握教材要求掌握的知识，还增加了分针是如何运动等知识。因此，笔者对教学过程做了精心的设计：

1. 课前准备

（1）倒数 10 个数，做好上数学课的准备。

（2）说明本节课的奖励机制。

2. 创设情境，导入新课

师：刚在上课前，同学们一起倒数了 10 个数，我们再一次大声地数出这 10 个数，好不好？（表扬学生）

师：刚才我们在倒数数字的时候，用的是什么时间单位呢？

我们以前学过的时间单位有哪些？

有关时分的知识，你们还记得多少？

师：这节课，我们要学习一个新的时间单位——秒。

师：由于秒跟我们的日常生活息息相关，那么，对于"秒"这个新的朋友，你们了解多少呢？

3. 观察探究

（1）观察秒针。

钟面上，哪根针是用来表示秒的？叫什么针？是什么样子的？

（2）认识秒针走动。

想想时针和分针是怎样计时的？

（3）秒针是怎么计时的呢？

走一大格是 5 秒，一小格是 1 秒。

（4）体会 1 秒的价值。

1 秒时间虽然很短，但我们可以做什么呢？

（5）探究秒与分的关系。

1 分＝60 秒。

4. 课堂练习巩固

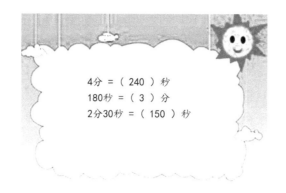

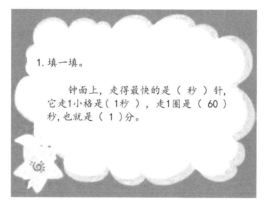

5. 本节课小结

看似一节普通和平常的课，其实处处凝聚着教师对知识的深度加工，体现着对教学过程的精心设计。小学数学"四生课堂"的实践体现了对教师主体性的尊重，并没有削弱教师主导作用。试想，离开了教师，教学还能进行吗？三尺讲台，教师不做主，谁做主？所以在"四生课堂"的实践中无疑充分发挥了教师主体的主导作用。

（2）积极调动学生主体的主动作用。

在小学数学"四生课堂"中，学生主体的主动性和自主性是指学生主体具有主观能动性，能够主动地、自觉地、积极地和自主地认识数学现象和数学规律等，并运用这种认识去解决问题和改造自我。笔者认为，主体作用不能靠外部压力或条件强制去实现，而要以学生自身的欲望、需求、意志等内在力量为动力，因而教师要善于不断地创造一种具有充满激发性的教学情境，去诱导学生的主体意识，从而改变学生在教学中的消极被动地位，使其获得健康发展。

笔者在进行小学数学"四生课堂"的实践中，就非常注重学生主体的主动性和自主性。比如在讲第四单元"万以内的加减法（二）"中的"三位数加三位数"这一课时，考虑到学生前面刚学过"两位数加减两位数"，所以在课堂中笔者在新授环节是这样实施的：

师：老师知道我们班的孩子是非常爱动脑筋的孩子，下面就开启你们聪明的小脑袋接受挑战吧！

师：你和你的同桌各写任意的一个三位数，然后把你们两个人所写的三位数加起来，看看和是多少。

（教师巡视指导，然后请几组同学上来汇报）

生1：我写的三位数是120，我的同桌写的三位数是500，所以列成算式为：120＋500，列成竖式为：

$$\begin{array}{r} 120 \\ +500 \\ \hline 620 \end{array}$$

，所以和为620。

生2：我写的三位数是312，我的同桌写的三位数是135，所以列成算式为：312＋135，列成竖式为：

$$\begin{array}{r} 312 \\ +135 \\ \hline 447 \end{array}$$

，所以和为447。

师：你们的447是怎么计算出来的？能跟大家分享一下你们的想法吗？

生2：个位上的2加上5等于7，然后就把7写在横线下的个位上，1加上3等于4，就在十位上写4，百位上3加上1也等于4，所以百位上就写4，所以和是447。

生3：我写的三位数是264，我的同桌写的三位数是117，所以列成算式为：264＋117，列成竖式为：

$$\begin{array}{r} 264 \\ +117 \\ \hline 381 \end{array}$$

，这个竖式我们把个位加个位写在个位上，十位加十位写在十位上，百位加百位写在百位上，但个位上的4加上7等于11，所以要向前进"1"，所以把1写在个位，十位加十位本来是等于7，因为个位上进了1，所以是8，即和为381。

生4：我写的三位数是436，我的同桌写的三位数是189，所以列成算式为：436＋189，列成竖式为：
$$
\begin{array}{r}
436 \\
+\ 189 \\
\hline
625
\end{array}
$$
这个竖式我们把个位加个位写在个位上，个位写在个位上，十位加十位写在十位上，百位加百位写在百位上，但个位上的 6 加上 9 等于 15，所以要向前进"1"，所以把 5 写在个位，十位加十位本来是等于 11，因为个位上进了"1"，所以是 12，这时又要向百位进"1"，把 2 写在十位上，百位上本来是 5，进了"1"，所以就变为 6，即和为 625。

师：看来我们班的聪明果然是实至名归啊！这 4 组同学的汇报，你们理解了吗？你们能不能谈谈自己的体会和发现呢？

生 5：我感觉前面的好简单，越往后听就更难了。

生 6：我发现第一题是整百数加几百几十的数，第二题是不进位的三位数加三位数，第三题是一次进位的三位数加三位数，最后一题是连续进位的三位数加三位数。（老师边引导才说得如此完整）

生 7：我感觉这 4 组同学汇报的表现都很棒，我们要向他们学习！

师：同学们真细心，老师很喜欢这么认真的孩子，表扬他们！

师：听到同学们积极的发言，老师知道同学们一定有所收获，那下面你们能不能总结出三位数加三位数该怎么加？（小组讨论）

组 1：列竖式的时候，个位对个位，十位对十位，百位对百位。

师：非常好！列竖式的时候，个位对个位，十位对十位，百位对百位，也就是说"相同数位要对齐"。

组 2：从最右边开始加起，也即是"从个位加起"。

师：回答得非常好！

组 3：个位满十，就要向十位进"1"，十位满十，就要向百位进"1"。

师：个位满十，就要向十位进"1"，十位满十，就要向百位进"1"，老师总结一下就是说：哪一位上的数相加满十，就要向前一位进 1。

师：同学们总结得非常好！我们一起大声整齐响亮地读一遍，好不好？

生（齐）：计算万以内的加法要注意：相同数位要对齐；从个位加起；哪一位上的数相加满十，就要向前一位进 1。

师：读得真好！下面我们和老师一起来验证和深度理解一下上面三句话。

（教师拿 436＋189 这个算式来验证和深度理解计算万以内的加法、项）

笔者在进行听课观察的时候，发现教师们虽然习惯自己讲解，但在某个小环节中也会有意或是无意地让学生主体的主动性和自主性方面得到发挥。比如笔者在听"两位数减两位数"的时候，就观察到了这一点。

师：刚我们学习了 65－54 这样一个算式，这种情况是个位和十位都够减的情况，但现实生活中，有很多情况是不够减的，如：65－48，请同学们大胆尝试一下该怎么做？

师：下面请几位同学到黑板上来写出你是怎么做的？

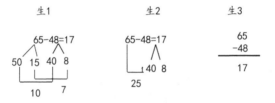

然后教师就依次叫生 1、生 2 和生 3 讲解自己的做法，教师再复述和补充。

小学数学"四生课堂"的实践充分尊重学生生命的主体性，注重创设轻松愉快的课堂氛围，使学生得到自主发展；同时发挥学生生命的自主性。作为教师课堂上应尽量把主动权和自主权交给学生，要多让学生发言、要多听学生发言、积极地鼓励学生发言，让学生在多发言中不断自我完善，自我发展；更重要的是要激活学生生命的创造性，让学生自主探究他们喜欢或是认为有趣、有意义的内容，让学生体验和享受到探究的乐趣，体验到创造的快乐，在这样的"四生课堂"中，无疑积极调动了学生主体的主动性和自主性。

（3）重视师生之间的合作互动

师生合作互动是教师与学生或学生与学生之间在教学过中相互交流和相互影响的过程。在小学数学"四生课堂"中，师生之间的合作互动无处不在。笔者认为，在课堂师生合作互动过程中，教师不必急于将答案告诉学生，而是要努力创造师生合作互动的环境，引导学生从多角度去思考问题，在师生以及生生之间的相互交流合作的过程中找到问题的答案。而"小组合作学习"有着自身独特的优势，它能很好推动师生和生生之间的合作互动。而笔者经过观察，发现虽然"小组合作学习"在实习学校很普遍，甚至正在试验"小组合作学习"的学习方式，以便以后在全校范围全面推广。但从笔者观察中发现，课堂中师生的合作互动存在着诸多问题，突出表现在：合作互动形式单调，多师生间合作互动，少学生间合作互动；合作互动内容狭窄，多认知上的合作互动，少情感间的合作互动；合作互动深度不够，多浅层次合作互动，少深层次的合作互动等。笔者在进行小学数学"四生课堂"的实践探索时，"小组合作学习"的学习方式也备受青睐。笔者在进行课堂教学时，学习"几十数乘一位数"的时候就采用了小组合作学习的方式，具体如下：

（1）出示例 1 第 2 幅图。

（2）理解题意：坐碰碰车的价格是每人 4 元，20 人要多少钱？

（3）学生以小组的形式进行列式并试着写出结果。

（4）交流想法：

①因为 4 个 20 是 80，所以 20×4＝80。

②因为 10 个 8 是 80，所以 20 个 4 是 80。

③因为 2×4＝8，所以 20×4 就等于 80。

（5）组织并引导学生推想：200×4、2000×4 得多少？

（200×8＝1600，200 就是 2 个 100，2 个 100 乘 4 是 8 个 100，就是 800；2000×4＝8000，2000 表示 2 个 1000，2 个 1000 乘 4 等于 8 个 1000，就是 8000）

师：聪明的小朋友们，看看这 3 个算式，你发现了什么？

生 1：当前面乘数末尾有几个零时，积的末尾一定就有几个零。

师：真是这样吗？小组内举几个例子，进行讨论研究。

小学数学"四生课堂"的教学实践，除了小组合作学习之外，还有师生之间的合作互动。教师应积极地创造一种合作互动的氛围，推动师生之间的合作互动。同时小学数学"四生课堂"的实践鼓励学生质疑，因为笔者坚信："提出一个问题，往往比解决一个问题更重要。"[①] 学生有了质疑问题的习惯和方法，就能在学习中不断发现问题，提出问题，解决问题，从而有效地促进了师生之间的合作互动。

2. 着眼教学目的的生长性

（1）重视学生知识的扩展

义务教育小学数学课程标准重视知识掌握方面的教学目的，可以概括为"使学生理解、掌握数量关系和几何图形的最基础的知识"，[②] 然后又以教学要求的形式进一步将这一目的具体化为"学生获得有关整数、小数和比例等的基

---

① 季素月. 给数学教师的 100 条建议 [M]. 南京：南京师范大学出版社，2005：7.

② 2014 版义务教育数学课程标准 [EB/OL]. http://www.doc88.com/p-8991955224716.html，2014-5-22/2015-6-29.

础知识；掌握常见的一些数量关系和解答应用题的方法；学会用字母表示数和简易方程、统计等的一些初步知识"。[①] 课标重视学生基础知识的掌握，但学生是一个活生生的人，他们对知识的理解或多或少地会受到自身知识的影响。作为教师，我们不应该局限于课标规定的知识，应根据学生的能力，适当地对学生所学的知识进行扩展。现以五年级下册"通分"为例：

　　本节课，教师先让学生比较两组数的大小。一组是同分母分数大小的比较，另外一组是同分子分数的比较，然后是过渡到异分母和分子分数的比较，从而引出通分的概念，即"把异分母分数分别化成和原来分数相等的同分母分数就叫做通分"。当所有的老师和同学都以为这节课的下一步是练习巩固的时候，老师出其不意地提出了这样的问题："同学们，如果我把异分母分数分别化成和原来分数相等的同分子分数能不能叫作通分？"接着同学们就这个问题畅所欲言，最后经过同学们和老师的努力，答案越来越清晰，都一致认为"把异分母分数分别化成和原来分数相等的同分子分数也能叫作通分"。接着老师又问："那为什么教材在定义的时候没有把这种情况包含进去呢？"接着同学又是讨论，但都好像没说到实质，这时老师也没有直接把答案告诉大家，而是让同学们做了这样一道题："妈妈用黄豆面和玉米面做饼子，玉米面用了 4/5 千克，黄豆面用了 3/4 千克，黄豆面和玉米面一共用了多少千克？"学生从而得出：通分化成同分母分数是为了计算的简便。

　　这节课老师很好地扩展了学生的知识，按照教学计划和教学目标，本节课只要让学生掌握异分母分数大小的比较，知道通分的含义即可。但教师并没有完全局限于此，而是根据教学需要和学生的学情，对通分的概念进行了扩展，而且还涉及了后面要学习的知识，即异分母分数的加减。小学数学"四生课堂"的教学实践，提倡教师根据教学内容适当扩展学生的知识，但这并不意味着每节课每个知识点都得进行扩展，这就需要教师要充分了解学生，同时在教学的时候注意把握"适度原则"。

---

　　① 2014 版义务教育数学课程标准 ［EB/OL］. http：//www. doc88. com/p-8991955224716. html，2014-5-22/2015-6-29.

1. 谈话引入

师：今天，我们学习打电话。你们会打电话吗？我们来看看这道打电话的题（ppt展示）。

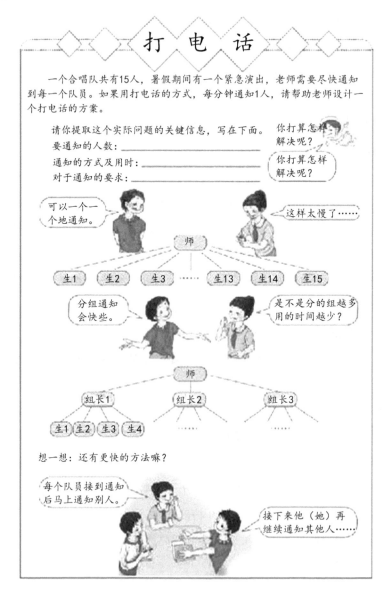

师：看完题目，同学们有什么好办法吗？（同学们纷纷说出自己的想法）

师：刚才同学们都积极发言，老师总结了一下：

（1）逐个通知。（15分钟）

（2）分组通知。

师：猜一猜：哪种方法快？大家的猜测是否正确呢？想不想知道结果？咱们一起来动手验证，看看每种方法到底需要多少时间。

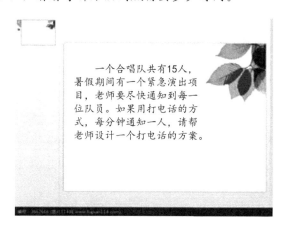

一个合唱队共有15人，暑假期间有一个紧急演出项目，老师要尽快通知到每一位队员。如果用打电话的方式，每分钟通知一人，请帮老师设计一个打电话的方案。

2. 分组研究，发现规律

（1）各组研究，可参照教材画出示意图。

①分3组；②分4组；③分5组。

（2）汇报和展示结果。

得出结论：并非分的组越多用的时间越少。

师：列举出了这么多种方法，你喜欢哪一种方法？你觉得哪一种方法更好？（板书：费时、节时、最优）

师：我们知道并非分的组越多用的时间越少，那么我们该怎样分组？

（3）根据学生展示，引导完成表格。

时间（分）	接到通知的人（人）	知道消息的人（人）
1	1	2
2	3	4
3	7	8
4	15	16
……	……	……

（4）观察表格中的数据，你发现了什么规律？

3. 知识应用

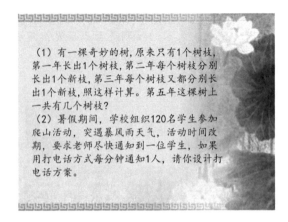

(1) 有一棵奇妙的树，原来只有1个树枝，第一年长出1个树枝，第二年每个树枝分别长出1个新枝，第三年每个树枝又都分别长出1个新枝，照这样计算。第五年这棵树上一共有几个树枝？

(2) 暑假期间，学校组织120名学生参加爬山活动，突遇暴风雨天气，活动时间改期，要求老师尽快通知到一位学生，如果用打电话方式每分钟通知1人，请你设计打电话方案。

4. 知识扩展延伸

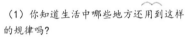

(1) 你知道生活中哪些地方还用到这样的规律吗？

(2) 有人说"将一张足够大的纸连续对折二十五次，这摞纸的高度将超过五指峰的海拔高度"，他说的是真的吗？下课后有兴趣的同学可以用本节课学习的知识尝试解决一下。

5. 小结

师：对于今天的学习，你们还有什么问题吗？（避免重复通知，事先约定好传达对象，还要说清楚事情）

师：生活中许多看似很复杂、很费时间的事情，利用数学知识去合理地安排，不仅会使事情得到简化，更重要的是，能够节省出宝贵的时间。希望同学们把今天学到的知识用到生活中，做一个有计划、讲效率的人。

这堂课是对于教师和学生来说，都是一个巨大的挑战，因为这堂课的内容虽然是与学生生活密切联系的，但真正要解决这类题型，则需要学生具有分析和解决问题的能力、数据处理分析能力、逻辑思维能力以及其他各方面的能力。在教学中，我们常会听到"授人以鱼，不如授人以渔"这样一句话，其含义是与其传授给学生知识，不如教给学生学习知识的能力和方法。也就是说，在小学数学的教学中，我们不仅要传授给学生知识，更重要的是培养学生的技能和能力，让他们能够"举一反三""触类旁通"，从而促进学生长足发展。

（3）注重学生情感、态度和价值观的发展

结合学科教学促进学生个性、道德等方面的发展是新课改的一个重要任务。新课标要求在小学数学教学中结合具体知识的教学对学生进行学习目的教育；培养学生实事求是的态度以及良好的习惯；培养学生独立思考、积极探索的精神；激发对数学的好奇心与求知欲，使其非智力因素也得到协调发展；等等。① 随着新课改和素质教育的推进，越来越多的教师改变了以往单纯重视基本知识和基本技能的学习，而是会在课堂中渗透学生个性、道德等方面的培养。

如一年级下册的"认识人民币"的教学，我们不仅要让学生认识人民币，了解人民币的分类，更要在教学过程中让孩子们树立正确的金钱观，树立起对人民币的热爱之情，从而为祖国感到自豪和骄傲。再如，二年级上册的"认识时间"的教学，我们不仅要让学生学会认识时间，知道时间的读法和写法，更要让学生体会到时间的价值，并通过教学使学生明白时间的宝贵，从而养成"今日事今日毕"的良好学习习惯和生活习惯。

在小学数学"四生课堂"的教学实践中，教师承担的责任并不仅仅是简单的"传道授业解惑"，而是要关注学生全面的发展，特别是个性、道德等方面的发展，所以我们在课堂教学中应该积极渗透个性、道德等方面的培养，但这并不意味着我们要时时刻刻和每节课都要有花大篇幅去渗透个性、道德等方面的培养的环节，这要根据具体的教学情况合理渗透，不能生搬硬套，否则将会适得其反，产生不良的效果。

3. 立足教学过程的生成性

（1）依据具体的情况变化，灵活开展教学

《基础教育课程改革纲要》在教学过程部分提出："教师在教学过程中应与学生积极进行互动，促进学生在教师指导下主动地的学习。"② 这充分说明了

---

① 2014版义务教育数学课程标准［EB/OL］. http：//www. doc88. com/ p-8991955224716. html，2014-5-22/2015-6-29.

② 教育部印发. 基础教育课程改革纲要（试行）. 2001. 6.

学生的主体地位，所以在教学过程中生成是必然的，教师要依据具体的情况变化，灵活开展教学。然而，笔者在实习期间，发现教师过于强调预设而忽视生成，甚至害怕生成，因为觉得如果去理会那些生成性知识，将会导致教学任务无法完成、课堂纪律混乱等问题。

笔者在六年级听课的时候捕捉到这样的一个教学实录：

这是一堂练习课，讲解的题目是有关比例尺的，其题目如下（ppt展示）：

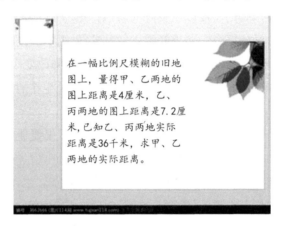

课堂教学进行得比较顺利，讲解该课的教师是一名经验丰富的年青骨干教师，整节课学生的思维非常活跃和开放，所以"一题多解"解决题目的现象非常常见，如关于比例尺这道题，就想出了许多解法：

对于不同的方法，学生不但会解答，而且在汇报的时候将每一种解法的道理和思路讲得很清楚。但这位教师只对前三种解法给予了充分的肯定，而对后面两种解法以还没学比例为由暂不讨论，这就使教学过程中的生成性被教师截

断了。在小学数学"四生课堂"的教学实践中，教师非常注重教学过程的生成性，要求教师要依据具体的情况变化，灵活开展教学。

同样针对这堂课，如果是放在小学数学"四生课堂"的教学实践中，我相信这堂课出现了生成，教师会采取另一种教学方式，教师会对解法 4 和解法 5 的同学进行表扬。因为对于这 2 种方法，学生不但会解答，而且在汇报的时候将每解法的道理和思路讲得很清楚，所以我们可以灵活展开教学，比如说可以给学生当"小老师"的机会，让学生讲解，教师适当补充。由于笔者实习的年级是小学中年级，所以就以笔者的"连续进位的三位数加法"为例：

这节课在新课导入、自主探究等环节都进行得非常顺利，为了检验学生的课堂学习效果，老师随机在黑板上写了几道题来巩固本节课所学的知识，就在这个环节出现了一个小插曲：

师：现在老师就要来看看你们是不是都能顺利闯过这一关。我们采用开"小火车"的方式来看看大家是不是"勇士"。

师：火车，火车哪里开？

生：火车，火车这里开？

师：火车，火车从第 5 排从左往右开。

（一切都进行得很顺利，同学们回答得非常好，而且对每道题自己是怎么加的也讲解得非常清楚，甚至还强调了注意事项）

师：同学们表现得非常好，一起给自己一个表扬。

（这时，一位同学突然站起来）

生：老师，对于 445＋298 这道题，我有不同的方法。

师：你是用什么方法呢？能不能上来跟同学们和老师分享一下？大家欢迎！

生：我是这样做的：因为 298 接近 300，比 300 就少 2，所以我就用 445 先加上 300，因为这个时候多加了 2，所以在再减去 2。

（说完，这位同学在黑板上写下了这样的过程：445＋298

$$=445+300-2$$
$$=745-2$$
$$=743$$

师：哇！这种方法真好，你真聪明！

师：同学们，这种简便的方法你们看懂了吗？那你们看看其他的题目能不能也采用这种方法计算？

（学生们认真地用这种方法去做其他的 5 题，然后教师和学生一起探究出在什么情况下用这种方法可以减少计算量）

这堂课教师根据学生实际情况，比较灵活地展开教学。因为连续进（退）位的加减法对于小学三年级的学生是个难点，也是大部分同学容易出错的地方，但由于笔者在前面进行两位数加减法时，花了较大精力和时间去训练学生的计算能力，所以笔者所在的班级这节课掌握情况较好。在计算过程中，同学们积极思考，提出了一种较为简便的方法，所以笔者根据学生的具体情况，对这种方法和同学们一起进行了探讨。在小学数学"四生课堂"的教学实践中，教师不应该唯教案教材是从，而应该充分考虑学生学情，灵活地展开教学，从而使课堂教学更加有效地开展，提高课堂效率。

（2）适当改变预设的教学过程，促进生成

苏霍姆林斯基说过："教育的技巧并不在于教师能够预见到课堂教学中的所有细节，而在于能够根据当时的具体情况和学生掌握程度，在学生的不知不觉中自然和巧妙地做出相应的变动，甚至改变预设的教学过程，从而达到教学效果的最优化。"[①] 这句话很好地说明了教学过程中预设与生成的关系。预设与生成是课堂教学相辅相成的两个方面，二者融为一体，要求我们应当正确处理二者关系。只有正确处理好数学教学中的预设与生成，才能真正提高课堂教学质量。在小学数学"四生课堂"的教学实践中，教师可以根据课堂需要，适当改变预设的教学过程，促进生成。笔者在进行教学实践中，曾多次遇到这样的问题。现以"毫米的认识"这一课堂教学为例：

笔者在备课时，预设的教学过程是这样子的：

1. 复习旧知，导入新课

（1）回忆一下，我们以前学过了哪些长度单位？（米和厘米）

（2）用手势表示一下 1 米和 1 厘米各有多长？

2. 自主探究

（1）估一估数学书的长、宽和厚是多少？

（2）怎么判断谁估得更准确呢？（测量）

①学生独立测量，并汇报结果。

---

① 季素月. 给数学教师的 100 条建议 [M]. 南京：南京师范大学出版社，2005：132.

②总结规律：量比较短的物体的长度或者要求量得比较精确时，可以用毫米做单位。

通过演示和直观的方法，让学生认识毫米以及毫米的单位换算。

③联系生活：生活中哪些物品的厚度大约为1毫米呢？

感受1毫米：用手比一比1毫米有多长？你有什么感受？

3. 扩展延伸

（1）尺子不够长的时候，该怎样测量？

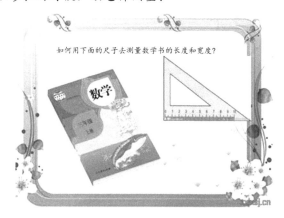

（2）没有"0"刻度的尺子，该怎么测量？

测量时，如果起始刻度不是0，测量结果则要用末端刻度减去始端刻度。

4. 练习巩固

......

5. 本课小结

......

在具体的课堂教学过程中，还遇到了如下情况：

师：刚才同学们都估计了数学书的长度、宽度和厚度，但你们估计得准确吗？你们有什么好办法来验证一下？

生：用直尺测量一下。

师：那你们就动手量一量吧！

突然，一位同学跟老师说："老师，我的直尺断了，没这么长，量不了了。"随后另一位同学也跟我说："老师，我的直尺也坏了，都没有 0 刻度，怎么对着 0 刻度量啊？"

面对这两种情况，我并没有跟他们说方法"向同桌借一下"或者是"明天买把新的过来上课"，而是采用了以下的方法：

师：刚才有两位同学遇到了这样的问题，一是直尺断了，没这么长，量不了了；二是直尺坏了，没有 0 刻度，不能对着 0 刻度量。老师知道我们班的孩子很热心，那你们能帮帮他们吗？

生：能！

师：那老师给你们 5 分钟的时间想想，你们可以和你们的小组一起讨论。

（接着同学们小组讨论，畅所欲言地发表自己的想法，这 2 个问题很快得到了解决）

笔者没有预设到学生在测量的时候就会出现这两种情况，本以为这将会是本课的一个扩展延伸部分，但在教学的时候，这样的问题提前出现，作为教师，我们应该适当改变预设的教学过程，促进教学生成。

4. 加强教学内容的生活性

（1）树立正确的课程资源观与教学观

在传统的教学观念中，课程标准教材、教参是仅有的课程资源。一名优秀教师，就是只要把课程标准、教参、教材吃透，就能较好地完成教学任务。新课改要求教师改变以往单纯把课程看作教科书的片面观念，要求新型教师要"不唯书"，要敢于突破教科书的局限，树立正确的课程资源观与教学内容观。教师要善于用真实环境中的问题激发学生的思维，开发利用校内外丰富多样的课程资源。只有当广大师生的生活、经验、智慧、问题、态度等种种课程资源真正进入教学课程时，才能更好地促进学生的发展。笔者在进行教学实践的时候，非常注重正确的课程资源观与教学观的树立，并在教学过程中跳出"教教材，学教材，考教材"的传统教学观。

　　譬如，在讲解"认识东南西北"这个知识点中，教材内容就是让学生明白"上北下南，左西右东"这样的方位概念。但笔者在教学中，不仅让学生体验了"上北下南，左西右东"这样的方位概念，而且让学生能够根据给定的一个方位判断出其他的方位，并在过程中贯穿了"指南针"的知识。再比如在布置练习的时候，笔者也不会完全是这节课讲什么就布置什么练习，笔者布置的练习由三大部分组成：第一题是计算题，第二题是本节课所讲解的知识的基础练习，第三题是提升题或是实践调查题。虽然实践调查题在当前的考试体系中是不考的，但笔者希望通过这样的作业让学生之间能够加强合作，培养他们团结合作的意识，同时锻炼他们的实践能力，学会用数学知识去解决身边的问题。

　　（2）深度挖掘教材中的生活性内容

　　《全日制义务教育数学课程标准》十分强调学生的生活经验和生活感悟，要求学生通过体验与感悟将生活实际问题转化成数学问题，所以在教材编写上也时时关注学生生活实际和生活经验。笔者就此对一年级至六年级数学书的目录进行了梳理，发现有很多章节的标题就与生活息息相关。具体见下表：

一年级	上册	位置、认识钟表
	下册	认识人民币、找规律
二年级	上册	观察物体（一）、认识时间、搭配问题
	下册	数据收集整理、小小设计师、推理
三年级	上册	测量、数字编码
	下册	位置与方向（一）、制作活动日历、我们的校园
四年级	上册	1亿有多大、优化问题
	下册	观察物体（二）、营养午餐、鸡兔同笼
五年级	上册	位置、可能性、掷一掷、植树问题
	下册	观察物体（三）、打电话、找次品
六年级	上册	位置与方向（二）、确定起跑线、节约用水
	下册	生活与百分数、自行车里的数学、鸽巢问题

　　再比如，教材中的很多提示语或是习题等都趋向于生活化。下面选取数学的四大版块的某些内容来说明：

1．数与代数

（1）2400 张纸大约有多厚？1500 名学生大约能组成多少个班级？3600 步大约有多长？

2．空间与图形

（1）测量一个不规则图形（如一片树叶）的周长。

（2）画出从学校到家的路线示意图，并注明方向及主要参照物。

3．统计与概率

（1）用表示数学概率的词语来描述生活中常见一些事件发生的可能性。

（2）选择适当的统计量和统计方法来表示我们班同学最喜爱的颜色。

4．综合与实践活动

（1）某班要去附近三个景点游览，时间为 9：00～17：00。请你为该班设计一个包括时间安排、费用和路线等方面的游览计划。

（2）生日礼品包装问题。

除此之外，小学数学书中的插图等也处处体现生活性的内容，下面截取几幅教材中的插图予以说明：

从以上内容可知，无论是教材的编写，还是练习、例题、插图的选取，都

时时注重联系学生生活，表明教材越来越倾向于生活化。作为教师，我们在进行课堂教学的时候应注重深度挖掘教材中的生活性内容，好好利用教材中的资源，从而促进课堂教学与现实生活的密切联系。

（3）将书本知识与学生生活实际相联系

数学源于生活，所以必须用于解决生活问题。在小学数学教学中，如果教师能够根据小学生的认知特点，将数学知识与学生的生活实际紧密结合，那么在孩子们的眼里，数学将不再是枯燥乏味的数字集合。所以作为教师，我们在教学过程中，应尽量将书本知识与学生生活实际相联系。笔者在进行小学数学"四生课堂"的实践中，非常注重书本知识与学生生活实际相联系，同时笔者观察发现其他教师的课堂也非常重视将书本知识与学生生活实际相联系。现以笔者观察到的课堂教学为例：

如：教师在教学"面积和面积单位"这节课时，教师首先利用多媒体播放一段视频，这段视频是关于亚运会运动员在跑道上进行短跑比赛，随后教师根据视频的内容抛出了下列问题：运动员跑了一圈的路程是指跑道的什么？如果在跑道中间铺上草坪，要求铺多大呢，这又是指跑道的什么呢？就这样教师顺理成章地引出这一节课要学习的"面积和面积单位"。这一段视频来自于学生比较关注的生活场景，所以他们能够快速地理解"面积和面积单位"。

除此之外，教材中存在着一些实践性较强的数学知识，笔者认为教师应尽力突破室内教学局限，并不是一定要让学生在教室里接受数学知识的学习，在适当的时候可以把学生带到户外，让学生在实际环境中去学习新知。比如，学习"小数"时，教师就可以把学生带到超市去了解各类商品的价格，观察各种商品的标签，这样学生不仅能够了解小数在日常生活中的应用，而且也能体会到数学与生活的联系，从而引导学生在生活中学数学和用数学。因为只有这样，才能更好地将书本知识转化为学生的实际生活知识和能力，从而促进学生各方面的发展。

（4）适当增加与学生生活实际密切联系的知识

数学是一门抽象性非常强的学科，但小学生的思维正处于以形象性思维为主的阶段，抽象思维并没有完全发展成熟。为了让学生能够比较轻松地学习数学知识并且掌握数学规律，在课堂教学中，教师可以适当增加一些与教学内容密切相关的生活情境，通过把学生引入生活实际，达到让他们在理解教学内容的目的。笔者在教学"角的认识"时，就适当增加了与学生生活实际密切联系的知识。该节课主要是要让学生认识角、会画角、知道角的组成部分。笔者具体教学设计如下：

1. 游戏导入

准备好 4 根小棒，一起来做个"拼图形"的游戏。

（1）用 4 根小棒围一个学过的平面图形，是什么图形？（四边形）

（2）拿走一根，你还能围成什么图形？（三角形）

（3）再拿走一根，就剩下 2 根小棒（出示小棒图）拼成的这个图形，你认识吗？

2. 实物找角

现在有几个角朋友要和我们见见面，欢迎它们来到我们的课堂。（实物呈现：剪刀、三角形纸片、钟面）哎！角在哪儿呢？原来角就藏在这些物体上，你能找出它们吗？找到了就上来指一指。（学生指一指，说一说）

3. 认识角各部分名称

仔细观察这 3 个角，它们有什么共同的地方？（学生汇报）

概括：角有一个顶点和两条边。（板书：顶点、边，课件显现顶点和边）

4. 在教室里找角

不仅在剪刀、钟面和三角形纸上能找到角，在我们的学习用品上、我们的教室、我们身边的很多物体上也能找到角，现在请你到身边找一找、摸一摸，把你找到的角和同组的同学说一说。（自由说一说，全班交流）

一起摸一摸数学书上的角。（感受顶点是尖尖的，边是直的）

5. 在纸上画角

（老师在黑板上随意画了一个图形）质疑：这是角吗？为什么？

像这样，由 1 个顶点和两条边组成的图形才是角。（一边修改一边说"先画顶点再画边"）

学生独立画角。

6. 练习巩固

（1）"角学校"招生。

瞧！角学校正在招收新生呢！来了这么多图形。（PPT 出示 6 个图）

我们来做一回招考老师吧！严格把关，只招收是角的图形，不是角的图形就不能招收，能完成这个任务吗？仔细看看，你要招收几号图形？为什么会选择它？其他几个图形为什么不招？（学生说出理由）

（2）我是小能手。

①角由哪几个部分组成？

②用你的肢体摆出一个角的造型。

③三角形有几个角？

（3）对儿歌。

一个三角形，原有3个角。
剪去一个角，还剩几个角？
再剪一个角，还剩几个角？
又剪一个角，还剩几个角？

究竟还剩几个角？课后动手剪剪找一找。

7. 课堂总结

（1）同学们，你们有什么收获？

（2）教师总结。

小小角，真简单；
一个顶点两条边，
画角时，要牢记，
先画顶点再画边。

　　从上面的教学设计可以看出，笔者在进行小学数学"四生课堂"的教学实践中会适当增加与学生生活实际密切联系的知识。这节课的设计就按照具体教学情况，简单地贯穿了角在生活中的运用，并让学生初步认识了三角形，同时还根据生活实际，增加了对儿歌这样与生活实际密切联系的内容。

除此之外，笔者在其他班级进行观察和听课时，发现其他教师也非常注重适当增加与学生生活实际密切联系的知识。如：四年级教师在教学"线段、直线、射线和角"时，就适当增加了与学生生活实际密切联系的知识。具体如下图：

运动会400米赛跑中，有4条跑道，最外面跑道的小明开跑后，直接冲向最里面的跑道，因为他觉得里面的跑道更短，你同意他的看法吗？

四、 小学数学"四生课堂" 的效果与反思

检验真理的唯一标准是实践。两个半月的教学实践研究结果证明，"四生课堂"理念是可行的。在小学数学"四生课堂"教学实践中，生命性、生长性、生成性和生活性这四个方面都得到了全面的体现，取得了很好的实践效果。

（一）小学数学"四生课堂"的效果

1. 凸显教学主体生命性的效果分析

（1）充分发挥了教师主体的主导作用

教与学是构成教学过程的两个基本要素，教师在教学活动中始终起着主导作用。在小学数学"四生课堂"的教学实践中，教师主导作用的发挥贯穿于整个教学过程的始终。在课堂教学之初，教师要努力激发出学生的好奇心和求知欲，营造出良好的学习氛围；对于新知识的探索和讨论，应该在教师的指导和引导中，创设良好的学习氛围；教师应引导学生对知识进行深入理解，知识的理解程度、重难点的突破都需要在教师的主导作用下进行。所以在小学数学

"四生课堂"教学实践过程中，教师发挥着重要的组织与引导作用，这也是教师生命性的高度体现。

（2）积极调动了学生主体的主动性和自主性

主体性教育理论认为，教育要充分尊重和发展受教育者的主体性。要想充分调动学生主体的学习自主性和主动性，关键在于教师的"导"。所以在小学数学"四生课堂"的教学实践中，教师要精心设计教学活动的各个环节，首先是精心设计引人入胜的新课导入方式，其次是机智地创设问题情景与教学氛围，同时灵活地变换各种教学手段和活动形式，如讲故事、搞竞赛、做游戏等形式。在教学过程中还应善于发现学生身上的优点或者闪光点，时常赞赏学生学习的能力。对学生要以表扬、鼓励和信任为主，坚持积极教育，从而使学生树立学习数学的信心和兴趣。教师还应学会"放手"，让学生不仅去做他们力所能及的和感兴趣的事情，而且还有足够的空间和时间去探索和体验，使学生在探索和体验过程中享受到成功的喜悦。教师只有做到这些，才能真正很好地调动学生主体的学习主动性和自主性。

（3）有效促进了师生之间的合作互动

教师在教学中的角色及其作用是多重的。对于学生来说，教师既是知识的传授者，智慧和思维的开启者，更是高尚精神和完美人格的影响者，所以培养学生的创新精神和实践能力的必要条件就是民主和谐的师生关系。在小学数学"四生课堂"的教学实践中，教师全面关心爱护以及尊重学生，与学生建立和谐、融洽、友好、信任的师生关系，使教师既做学生的良师，更是学生的益友。同时，教师还应重视师生之间的合作互动，在自主探究和总结评价中发挥教师和学生作为教学双主体的合作互动作用，这有助于培养学生的交往能力和创新意识。

2. 实现教学目标生长性的效果分析

（1）扩展了学生的知识

在教学中，我们不能仅紧紧围绕书本知识来讲课，而应注重学生知识的不断拓展、丰富和完善。对于小学生来讲，教学应在基本知识掌握和巩固的条件下不断深化。对于学生知识的扩展，主要应该教学生学会学习方法。因为只有掌握了正确科学的学习方法，学生的知识才会比较容易得到扩展。

在小学数学"四生课堂"的教学实践中，笔者非常注重扩展学生的知识。

每节课中都设置课堂延伸这个环节，用以补充与知识有关的素材。总之，无论是扩展何种类型的知识，都可以让学生加深理解，从而达到扩展学生知识与扩大学生视野的目的。

（2）增强了学生的技能和能力

按照一般的分类，数学能力无非就是这两种：一种是独立创造数学新成果的能力；一种是学习数学的能力。数学是一门严谨性和逻辑性非常强的科目，所以数学能力和思维的培养对于数学学习来说，是非常重要的。在数学教学中，我们应不仅要让学生掌握知识，更要注重培养学生的能力。

在小学数学"四生课堂"的教学实践中，我们一直贯彻"授人以鱼，不如授人以渔"的理念，注重学生技能和能力的培养。比如采用小组竞赛的形式锻炼学生的计算能力，采用其他各种形式来培养学生的逻辑思维能力和归纳总结能力等。通过一系列的措施和师生的共同努力，学生的技能和能力得到了增强，并在学生的学习成绩和学生思考问题的方式等方面比较明显地体现出来了。

（3）促进了学生情感、态度和价值观的发展

在当今的数学教学中，教师不仅要关注学生的知识掌握情况、学生的学习方法与过程，更要重视学生在教学活动中所表现出的情感、态度、兴趣等，因为这些才是学生认识自我、增强自信的原动力。在小学数学"四生课堂"的教学实践中，教师在教学中结合所教知识有意渗透情感、态度、价值观的培养。比如笔者在讲"秒的认识"时，就让学生体会一秒的价值和作用，从而让他们明白时间的宝贵，树立了珍惜时间的观念。这样的教学实践，自然潜移默化地促进了学生情感、态度和价值观的发展。

3. 体现教学过程生成性的效果分析

（1）能够依据具体的情况变化，灵活开展教学

教学活动虽然是有计划的，但在展开进行过程中，会碰到许多先前预料不到的情况，必须而且应当根据实际情形来加以处理，不能把预设的情形看成必定要达成或落实的东西。所以在教学过程中，要求教师灵活开展教学。

在小学数学"四生课堂"的教学实践中，教师不能为了完成教学任务或是教学计划，不顾学生对知识的掌握程度以及学生对知识的疑惑。笔者所在的班级设置了"学生自我评价"的活动，学生将自己的学习情况在下节课上课前汇

报给小组长，学生主要是汇报有哪一部分知识或是哪一道题没有掌握，然后由小组长反馈给教师。比如笔者本来要讲"乘法分配率"这一知识点，但在课前看了学生的反馈，发现班上有大部分小朋友没有很好地掌握"乘法交换律和结合律"这一知识点，所以笔者就适时地调整了教学内容，在接下来的教学过程中，继续指导学生掌握"乘法交换律和结合律"，在学生掌握好后，再讲"乘法分配率"这一知识点。虽然这样的调整可能没有完成教学计划，但计划是预设的，作为教师要依据具体的情况变化，灵活开展教学。同样地，在教学过程中，教师们也可以根据学生掌握知识的能力，适当改变教学方法，抑或是深化知识的难度和广度等，所以这样的课堂教师具有自主性，能够依据具体的情况灵活开展教学。

（2）能够适当改变预设的教学方案，促进教学生成

教学生成是无法在一个封闭的课堂教学结构中或由教师完全主宰的课堂中产生的，所以在小学数学"四生课堂"的教学过程中，课堂教学带有很大的开放性。教师是时刻准备着的，为的就是将预设好的教学过程转化为在具体实施的教学过程中具有诸多不确定性的教学过程。在开放式的教学过程中，学生可以在课堂中大胆地表达自己的意见和看法，教师要善于根据学情对原教学过程及时作出调整。同时教师还要善于捕捉课堂契机，促使教学生成。因为课堂上学生存在着诸多灵感和顿悟，所以在"四生课堂"中，教师要具有一双慧眼和一颗慧心，能够及时发现学生的困惑并根据适时出现的实际情况及时调节教学进程，促进教学生成。

4. 蕴涵教学内容生活性的效果分析

（1）树立了正确的课程资源观与教学观

在传统教学观念中，课程资源只有课程标准教材与教参，并且认为只要教师吃透了课程标准、教参、教材，就一定能达到较好的教学效果。在小学数学"四生课堂"教学实践中，彻底改变了"以课本为纲"的教学模式，只将教材作为课程资源之一，学生可以根据自己的兴趣去整理与数学有关的资料，同时也充分鼓励学生运用互联网、图书馆、博物馆等途径开发更广泛更丰富的课程资源。至于教学，则不再仅仅与考试挂钩，考试成绩也不再是衡量学生与教师教学的唯一标准，而是培养学生知识与技能、过程与方法、情感态度和价值观的一种特殊的认识活动。

（2）能够深度挖掘教材中的生活性内容

《义务教育数学课程标准》中规定："应以课程标准为依据来编写教材，应尽量选择社会的现象和实际问题作为教学素材。"① 按照这样的教材编写建议，我们教材中处处可以看出许多与生活密切相关的内容。在小学数学"四生课堂"的教学实践中，教师会认真挖掘数学教材中的生活因素，尽量使数学教学"生活化"，使现实问题"数学化"，从而加强数学与生活的联系。

（3）密切了书本知识与学生生活实际的联系

数学知识比较抽象，对于学生来说并不是很好理解，所以我们要关注学生原有生活经验，加强书本知识与学生生活实际的联系。在教学时，教师根据学生的认知规律和原有基础，结合教学内容的特点，打破数学教材的局限性，尽量从学生熟悉的生活情境、实例等入手，吸收并引进具有时代意义和地方特色的数学信息资料进行处理、重组和充实教材，提出一些真实的、有思考价值的问题，或者布置生活化练习，用于解决学生生活中的问题。

在小学数学"四生课堂"的教学实践中，教师和学生积极地将数学知识与学生的生活实际相联系，把大量社会生活中的素材引入数学的大课堂之中，并且能够运用数学知识来解决实际生活的问题，同时教师在课堂中也善于引导学生对生活中数学素材的观察和感受，使其产生亲切感，密切了书本知识与学生生活实际的联系，密切了数学与生活的联系。

（4）适当增加了与学生生活实际密切联系的知识

教材的编写与使用之间存在着一定的时间间隔，但当今社会和我们的生活环境却时时刻刻发生着变化，致使教材知识与实际生活存在一定脱节。再加上我国不同民族、不同地区具有不同的特点，虽然实行"一纲多本"，也难以从根本上满足各地区和各民族的需求。这就要求我们每个教师在教学过程中都要适当增加与各地区各民族学生生活实际密切联系的知识。

在小学数学"四生课堂"的教学实践中，教师根据本地区的情况和学生学情适当增加与学生生活实际密切联系的知识，以便学生更好地理解。在这样的过程中，学生不仅能够了解本地区的一些情况，从而激发学生对家乡的热爱，同时也能激发学生强烈的上进心和求知欲，体会到"数学来源于生活并为生活

---

① 全日制义务教育数学课程标准（2011 版） ［EB/OL］. http：// www. doc88. com/p-8991955224716. html.

服务"的理念，从而培养学生对数学的热爱和兴趣。

（二）小学数学"四生课堂"实践的反思

1. "四生课堂"对教师提出了更高的要求

"四生课堂"与传统课堂相比，对教师的要求会更高，其具体主要体现在两方面：一方面是教师在备课时应花更多的心思考虑学生原有知识水平、学生之间的差异性、重新组织教材等等；另一方面，对教师的知识水平、应变能力及其组织能力等提出了更高的要求。学生的主体性发挥出来了，学生课堂提问就多了，有时学生提出的问题可能会偏离教学内容，甚至离奇古怪，这就要求教师的知识面要广，既能言善辩，又能急中生智处理有关问题。

2. "四生课堂"的研究内容应形成完整的体系

"四生课堂"的研究应进一步拓宽和加深，进一步建立和完善小学数学"四生课堂"的指标体系，建立和完善小学课堂评价体制机制，从而形成一个完善的小学"四生课堂"的理论体系；尤其要研究如何将理论的内涵和实质较好地和全面地转化为实践活动，这是一线教师普遍关心的问题。本研究试图从哲学、教育学相关理论基础来研究小学数学"四生课堂"，但在研究的过程中，还没有建立一个全面的小学数学"四生课堂"实践研究的理论体系，尤其是对于小学数学"四生课堂"教学的指标体系和相应的评价标准还没有完全建立，从而使得小学数学"四生课堂"的理论还不够系统完善，这需要在今后的研究工作中进行更加细致的研究，从而促进小学"四生课堂"理论体系的完善。

3. "四生课堂"应更关注学生的成长

一直以来，学校采取的都是"60 分及格，80 分优秀"的评价标准来评价学生的学习成绩，而忽视学生原有学习基础及其学生的差异。"四生课堂"与此相比，将不再仅仅关注学生的学习考试成绩，所以对学生的评价也会相应地采取不同的尺度，其大体上可以分为三部分评价：一是目标性测试（评价）。目标测试内容包括必做题和选做题，学生可以根据自己自身情况的特点选择目标测试的题目，这样可以让优生超前学习，而后进生则可以相应地放慢学习进度，达到巩固学习基础的目的。二是根据学生参与课堂活动情况进行评价即参与性评价。课堂中的问题有难有易，在教学过程中，容易题侧重于后进生，中等题侧重于中等生，较难的题目侧重于优生，这样有目的的划分，可以保证所有的学生都能积极参与课堂活动。三是根据每位同学的进步情况进行评价即发展性评价。对于学生的评价不能采取"一刀切"的绝对标准，而应该根据学生的原有学习水平运用相对标准去纵向衡量。这样的评价打破了唯学生学习成绩论的标准，无疑更能体现对学生自身成长的关注。

4. "四生课堂"的教学形式不必过度追求趣味化和形式化

小学数学"四生课堂"教学模式与传统课堂教学模式相比，强调趣味化的内容，例如创设情境、合作交流等环节都有趣味性，但是如果过分追求课堂教学的趣味性则是一种不良的现象，其倾向是教师采用的激趣方式不正确，把趣味性放在了教学设计的首位，而实质上这些趣味内容的设计主要是要为了让学生感受到知识的重要性，不断地在课外反思这些趣味活动的内容，进而达到不断地巩固所学的数学知识的目的。在"四生课堂"的构建过程中趣味化教学要考虑到小学生的心理发展规律和教学内容的特点，适当选择教学形式，并不是要单纯地活跃课堂气氛。

5. "四生课堂"的实践需要营造一个良好的社会环境氛围

无论是在人们的意识形态和观念中还是行政的政策导向和决策方面，都应该从实质上全面关注小学数学课堂中教学主体的生命性、教学目的的生长性、教学过程的生成性和教学内容的生活性，从而促进小学数学课堂教学的全面、健康发展，同时让"四生课堂"的理念深入人心。

6. "四生课堂"的实践研究范围应进一步扩大

从某个班级扩大到整个年级，再从整个年级扩大到全校，再从整个学校延伸到某个区，从而使研究范围逐渐扩大。本研究由于受条件限制，实践方面探索不足，在研究对象的选择上只局限于一个年级的一个班，使研究对象及范围具有局限性，这是今后需要进一步完善的地方。

7. 通过行动研究的方法进行实践探索

在实践中不断检验和完善小学数学"四生课堂"理论的应用性、合理性和实效性，从而以实践为基础，反思小学"四生课堂"的教学实践，促使小学数学"四生课堂"的教学实践越来越成熟。本研究是在"四生课堂"理念指导下进行的探索，其内涵比较丰富，但研究内容处于经验层次的总结和分享，如何将理论的内涵和实质较好地和全面地转化为实践活动，还需进一步的研究和探索。

附　录　小学数学"四生课堂"观察提纲

课题：_____　　　任教教师：_____　　　时间：_____

维度	观察内容	实际表现	整体评价
生命性（教学主体）	教师的主观能动性和主导作用表现得如何？		
	是否充分发挥学生的主动性和自主性？		
	师生关系如何？		
生长性（教学目的）	学生知识扩展方面		
	学生技能和能力训练与提高方面		
	情感、态度与价值观方面		
生成性（教学过程）	学生会不会提出新的问题？		
	学生思维的活跃程度？		
	教师是否会结合具体情况，改变预设而灵活展开教学？		
生活性（教学内容）	课前引入是否生活化？（生活现象、生活情境等）		
	课堂教学是否生活化？（生活实例、生活经验等）		
	练习是否生活化？（生活情景题、学以致用等）		
	将社会实践引入教学内容的情况怎样？		
	教师树立了怎样的课程资源观？		
	教师对课本上的生活性材料挖掘得如何？		

第四节　2001 与 2011 版义务教育语文课标的比较分析①

　　新世纪头十年，教育部于 2001 年、2011 年分别颁布了《全日制义务教育语文课程标准（实验稿）》（简称"实验版课标"）和《全日制义务教育语文课程标准》（简称"修订版课标"），分别表示新世纪两轮基础教育义务教育阶段语文课改的开始。两个课标的不同，代表着两次课改的区别。本节通过比较，从前言、目标、内容、实施等方面分析了两个课标的差异；指出修订版课标具有重视语文课程标准的表述、彰显语文之为语文的品质、突出对"语文课程实施"的关注等几大变化；提出应当注意形成忠实于修订版课标的课程实施导向并形成遵循修订版课标的课程评价体系、改变语文课的应试倾向、警惕泛语文陷阱等几个课程实施中的问题。

一、　研究缘起、　研究现状及其研究思路

（一）研究缘起

　　《全日制义务教育语文课程标准（实验稿）》（简称"实验版课标"）用十年的时间建构了自己的历史和故事。我们从中看到了它的"新容"，尤其看到了在它的引导下我国义务教育语文课程改革和发展取得了巨大成就：新课程理念日渐深入人心并得到广泛的响应；课程无论在基本任务、培养目标还是具体目标上都充分显现出重视培养学生能力、素质和精神的倾向；特别地，课程标准在教学目标、结构体系、内容安排、学习方式、评价功能和管理方式诸方面所做的改弦更张极大地改善和提升了课程实践中教师、学生的生存状况，使得教师、学生都真正沐浴到教育的人性之光；适应于新课程标准的各式教学改革试验，如新基础教育、新实验教育等如火如荼地开展，并取得了显著成效。

　　但在成就的旁边，我们也看到了实验版课标愈渐突显的问题和不足。于

---

　　① 湖南师范大学韩志鹏 2013 年硕士学位论文，收入本书时标题及文字均有所改动。

是，继实验版课标之后，《全日制义务教育语文课程标准（2011 年版）》（以下简称"修订版课标"）应时出炉。作为对时代需求的回应和对实验版课标的调适，修订版课标在"过去—现在—未来"的时间性结构中表现出了融稳定性与时代性、理论性与实践性、现在性与未来性于一体的特征。必须承认，虽然修订版课标以一种新的面貌崭露头角，但这并不意味着它已完美无瑕。更重要的是，修订版课标的出世并不意味着实验版课标完全退出历史舞台。相反，修订版课标将在与实验版课标的参照中修持自身，并开启走向未来义务教育语文课程实施的道路。在这个意义上，对实验版课标与修订版课标进行比较分析和探询是有必要的。

值得一提的是，虽然围绕着实验版课标和修订版课标的研究、讨论不在少数，但对两种课标间扬弃关系的具体而深入内里、细致入微的探讨，除了语文课程研制组的《〈全日制义务教育语文课程标准（实验稿）〉修订建议汇总报告》、朱冬韵的《〈全日制义务教育语文课程标准〉实验版与修订版之比较》，潘天正的《〈义务教育语文课程标准（2011 版）〉内涵解读》、徐金国的《为语文课程正名——对 2011 版义务教育语文课程标准中课程性质的解读》，以及张万庭、胡媛媛、梅德刚、王玮、尹继凯、伏广莉等对或前言或课程性质或评价建议或基本理念与设计思路或教学建议或课程目标与内容或课程资源的开发与利用等的对比性解读有所涉及外，总体上是欠缺的和不全面的。这使得对两种课标文本作进一步的对比研究成为可能并值得追求的事情。

当然，由于作者学力有限，为了避免出现一味地追求全面而力有不逮，本研究侧重于从修订版课标相对于实验版课标的不同之处着眼展开探讨。同时，我们的探询也不可能止步于简单的两种课标的对比，对比之后必然会有进一步延伸。如果我们把实验版课标看作一种时间上的"曾在"的话，那么，修订版课标大约可以看作时间上的"现在"。从"曾在"看"现在"，再从"现在"看"曾在"，虽然貌似终究不过在"曾在—现在"的圈子里打转，但却实际的蕴藉着"将在"的眼光。因为曾在—现在的双向往返使"现在"具有超越其自身眼界的可能，而这超越的眼界自然不是回到过去，而是朝向未来。所以，对两种课标文本作进一步的对比研究，挖掘出修订版义务教育语文课程标准局部方向变化的特点后，有必要对其在课程实施中需注意的问题作几点提醒，这也是逻辑上的自然延伸。

从理论意义上来说。首先，从实验版课标到修订版课标，反映的不只是义务教育语文课程改革的现实，而且也是人的视界的现实。这就使得两种课程标准的比较性审视对义务教育语文课程改革和人的视界而言，具有"关切存在"的意义。其次，修订版课标作为适应新的义务教育语文课程改革现实需要并引导新的义务教育语文课程改革的指南，实际上是我们的教育理念、教育思想和教育精神的一种展示。通过对它的尝试性研究，可以获得关于教育理论发展的逻辑、规律等方面的认识，从而更好地丰富和推动教育理论、教育视界的发展。

从教育实践层面上来看。一方面，修订版课标作为指导和推动未来课程改革的纲领性文件，是教育教学实践的风向标。通过对它的了解和研究，可以更有效地提高教育教学实践的质量和水平。另一方面，修订版课标是在义务教育语文课程改革现实（实践）和理论（观念）的交互作用中显现的，它源于实践而又高于实践的品性使教育教学实践可能朝向更高、更大的事物发展。通过对它的关注和讨论，有助于更好地把握教育教学实践的走向。

（二）研究现状

实验版课标与修订版课标自颁布和实施以来就不断获得理论和实践上的关注，以至于围绕着这两种课标的研究、讨论成果颇丰。通过查阅中国知网数据库，笔者查到与本论题有较直接关联的文章有 70 余篇，其中，硕士学位论文 4 篇，关涉实验稿的有 59 篇，关涉修订稿的有 11 篇，对两种课标进行对比性解读的有 5 篇。另外，笔者查询到的语文课程标准的文本，分别是：《全日制义务教育语文课程标准（实验版）》（北京师范大学出版社，2001 年）、《全日制义务教育语文课程标准（修订版）》（北京师范大学出版社，2012 年）。语文课标解读论著一本：《义务教育语文课程标准（2011 年版）解读》（高等教育出版社，2012 年）。现将主要观点综述如下：

1. 关于实验版课标的研究

根据研究视角的大小，关于实验版新课标的研究大体上可分为总体性研究、历史梳理研究和反思性研究三类。

（1）总体性研究

这类研究一般是从总体上着眼，把实验版新课标的总体情况作了一个大致的梳理。它们的研究脉络如下。

首先，语文课程标准研制组的研究[①]。他们在《〈全日制义务教育语文课程标准（实验稿）〉修订建议汇总报告》中，先对来自 25 个省、市、自治区实验区关于实验稿的修订意见分前言、课程目标和实施建议三个方面进行了总体性汇报，然后又依各省、自治区、直辖市的各实验区的具体情况作了分类汇总。从报告的内容来看，各省、市、自治区的实验区对实验版课标从对课程性质、地位的表述到课程的基本理念，从课程的三维目标到五个方面的阶段目标，从教材编写建议到课程资源开发利用，从教学建议到评价建议，都是基本肯定的。但与此同时也依各自的具体情况提出了不同的修改意见和建议："总的来说，主要是要求在注重理论和理念的同时，多关注操作层面，使新课标更有可操作性。希望总目标要分学段制定，同时兼顾地域差异。目标和要求最好用表格表示。希望增加教学案例和评价案例。另外，课标表述应通俗易懂，评价部分应具有可操作性。"这是标准制定委员会给出的带有指导和解释性质的报告，把实验版课标所关注的方方面面作了详细的解释，让广大相关教育工作者对实验版课标的来龙去脉、参考吸收的各方面建议以及在教育实践中总结出来的经验教训有一个比较清晰的了解。

其次，语文教育的具体实施者和关注者的研究。比如，郭立亚《语文课程标准研究》[②] 通过实验版课标与现行初中语文教学大纲在框架结构和基本内容上的对比，指出新课标有以下特点：全新的框架、九年一贯的整体设计、课程目标设计体现了育人为本的素质教育观，课程目标具有一定的可操作性，突破学科中心，重视改善学习方式，倡导学生发展性评价。并就语文新课标的可商榷之处提出了修改建议：界定语文的含义；以科学严谨的态度对待语文学科性质问题；对引进的新名词进行解释；对某些表述的内涵如语文课程的基本功能、语言文字的特点等要说明清楚；统一、固定 3500 个汉字作为识字的"最低标准"。他的研究对课程实施者有一定的理论指导意义，让大家明确了现行初中语文教学大纲与实验版新课标的联系和区别。陈黎明等的《义务教育语文

---

① 语文课程标准研制组.《全日制义务教育语文课程标准（实验稿）》修订建议汇总报告 [J]. 语文建设，2003（10，11）：14-18；14-16.

② 郭立亚. 语文课程标准研究 [D]. 长春：东北师范大学，2003.

课标表述修改建议综述》①《义务教育语文课程标准评价建议综述》② 对自新课标颁布、实施以来学者们对课标表述、评价建议之修改建议进行了综合性的描述，这为我们了解实验版课标提供了一个具有"先行组织"意义的固着点，也为课程实施者提供了一个整体性理解实验版新课标的窗口。

（2）历史梳理性研究

这类研究一般是从历史发展的角度，把实验版新课标在整个义务教育语文课改的发展历程中所处的地位和特点进行了一个发展性梳理。他们的研究情况如下。

崔干行《2001—2009：语文课程改革的艰难探索》③ 以实验版课标提出的课程功能、结构、内容、实施、评价和管理 6 个阶段性目标为依据，从知识与过程、选修课与综合性学习、教材的选用、自主与合作、水平测试命题与成长记录、校本研究等方面分析了语文课程改革的若干具体情况，并提出了解决问题的相关建议。他的研究对系统地、结构性地理解语文课程改革起到了积极作用。

屠锦红《我国十年语文课程改革：问题与反思》④ 认为，语文课程标准缺乏自足的阐释效力，具体表现为：没有实质性意义上的课程内容革新，相关概念如工具性、人文性、语文素养等界定不清且使用随意，课程标准的理论味浓导致可操作性差等。此研究对大家从对实验版课标的简单理解和执行中解放出来，引导大家对语文课改进行整体性反思，其在理论和实践两方面都有着比较积极的影响。但其所作出的探讨还是略显大而空泛。

（3）反思性研究

这类研究一般是从具体问题角度出发，把实验版课标在具体的各个部分和各个方面的问题进行了一个反思批判性的梳理。研究脉络如下：

首先，总体性具体问题研究带有历史反思意味。如，范冬冬《从成就中找

---

① 陈黎明. 义务教育语文课标表述修改建议综述［J］. 泰山学院学报，2008（2）：102-106.

② 陈黎明，王明建. 义务教育语文课程标准评价建议综述［J］. 聊城大学学报（社会科学版），2009（1）：44-51.

③ 崔干行. 2001—2009：语文课程改革的艰难探索［J］. 广州大学学报（社会科学版），2009（7）：66-70.

④ 屠锦红. 我国十年语文课程改革：问题与反思［J］. 河北师范大学学报（教育科学版），2012（6）：50-54.

方向，从问题中求发展——义务教育语文课程标准制定与修订之十年回望》① 一方面详述了语文课标观照下语文课改取得的成就：语文教材建设研究向纵深发展、语文课堂中师生关系得到调整、新的语文学习方式受到重视、对学生的评价趋于全面；另一方面检视了新课标在推行过程中存在的误区：教材等同于课程内容、"以学生为主体"就是让学生多说多讲，一切交给学生、鉴赏文章写作之美就是反复诵读课文；还提出了出现的问题：教师提问缺乏有效性，自主、合作、探究形式化，过多依赖多媒体。他的研究虽然涉及很多课堂教学方面的东西，但似乎对这方面的实际情况了解不够，对实践的理解稍显不足。潘庆玉《背景·理念·问题——全日制义务教育语文课程标准（实验稿）评论》② 具体分析了课程改革"为了每一位学生的发展"的基本理念对语文之功能观、结构观、内容观、实施观、评价观和管理观的影响，并从"由小教学而大课程论：语文本体意识的觉醒""由'惟工具论'而'工具—人文统一'论：语文课程性质的再定位""由被动接受而自主、合作、探究：学习方式的革命"等 6 个方面对课程标准在语文教育理论上的创新与突破作了细致的阐述。并且重要的是，作者还提出了课标存在的诸如语文的内涵尚未明确界定、如何结合汉语文的特征编制课程和实施教学等需进一步研究等问题。张秋玲、王玲的《反思〈义务教育语文课程标准（实验稿）〉中存在的问题》③ 从理论层面、文本呈现和文本表述三个方面展开了对实验版课标的反思。作者认为，在理论层面上，实验版课标的问题表现为缺乏系统的理论支撑、课程形态西方化、遗忘了农村教育的现实、曲解知识授受和训练；在文本呈现方式上，实验版课标的问题表现为课标的读者群模糊、忽略了学生的认知规律、说明文的阅读或缺失或有意删除、文言文的定位失准、理念化的"跨学科课程整合"；在文本表述上，实验版课标的问题表现为前言部分概念表述存在逻辑错误、教学建议部分句子表达存有语病、评价建议部分用词欠妥。

其次，局部性问题研究，是对实验版课标各部分和各方面进行具体研究与

---

① 范冬冬. 从成就中找方向，从问题中求发展——义务教育语文课程标准制定与修订之十年回望 [J]. 社科纵横，2012，27（11）：148-150.

② 潘庆玉. 背景·理念·问题——全日制义务教育语文课程标准（实验稿）评论 [J]. 山东师范大学学报（人文社会科学版），2002（1）：88-93.

③ 张秋玲、王玲. 反思《义务教育语文课程标准（实验稿）》中存在的问题 [J]. 学科教育，2003（9）：6-12.

批评。如，吕玉铭《试论〈语文课程标准〉在表述上存在的一些问题》[①] 以前言部分为分析依据，认为课标在表述上存在概念使用不严谨、逻辑层次混乱、表述不清晰等问题。具体表现为："语文课程的性质"和"语文课程的特点"相互混淆且逻辑层次混乱；"语文课程的性质"和"语文课程的特点"概念界定不严谨且使用随意；"语文课程的特点"前后不一致且表达不清楚。并在此基础上提出了相应的改动之法。李华平《语文新课程标准理念缺陷探析》[②] 认为新课标在文本表述中回避"训练""效率"无论从历史的经验还是现实的种种需求来看都是欠缺合理性的。高远丽《在语文新课改中，语文课程评价的误区及对策》[③] 认为，新课标下语文课程评价主要存在终结性评价与形成性评价出现偏差、定性评价与定量评价不能有机结合两个方面误区。具体表现为，终结性评价走向极端，将升学考试等同于评价，形成性评价有繁琐化、复杂化和形式化的趋势，游离在定性评价与定量评价之间顾此失彼，不能采用有效的方法进行合理的定性评价。崔恋《学习〈语文课程标准〉，深化语文教学改革（上、下）》[④] 首先对课标关于语文课程的性质、特点，语文课程的功能、地位作了分析。其次对语文课程的基本理念、语文课程的目标、语文课程实施建议等方面对课标进行了全方位的阐释。

总之，以上围绕语文实验版课标展开的研究为我们理解实验版课标及其在课程实施中所出现的问题提供了一些帮助。我们的讨论一方面需要"进入其中"，另一方面需要"出乎其外"："进入其中"是要充分了解现有的研究状况，以现有的研究来拓展和丰富我们的理解；"出乎其外"是要让现有研究和我们的理解达成一种"视界融合"，以使超越原有理解的新理解产生。事实上，除了所谓的课标解读性文章，其余或反思或检视实验稿课标的研究基本上可看作开启课标未来向度的一种积极尝试，是实验版课标走向修订版课标的前奏。

2. 关于修订版课标的研究

此部分研究基本上绕不开本研究中所说的对新世纪两版新课标的比较分

---

① 吕玉铭. 试论《语文课程标准》在表述上存在的一些问题 [J]. 教育理论与实践，2007（14）：19-22.

② 李华平. 语文新课程标准理念缺陷探析 [J]. 教育科学论坛，2008（5）：23-25.

③ 高远丽. 在语文新课改中，语文课程评价的误区及对策 [D]. 成都：四川师范大学，2008.

④ 崔恋. 学习《语文课程标准》，深化语文教学改革（上、下） [J]. 课程. 教材. 教法，2002（3、4）：1-6；8-14.

析，即使是"内涵解读"也是从比较的角度出发的，可以说，关于修订版课标的研究必然要涉及与实验版课标的比较。相关研究主要有以下这些：

（1）总体性比较研究

这类研究都是从总体上着眼，把修订版课标与实验版课标的总体情况作了一个比较。它们的研究脉络如下。

胡根林《2011版语文新课标的"不变"与"变"》[①] 认为修订版课标有"两不变"：坚持语文课程特点的表述不变、坚持"素养-养成"理念不变；有"五变"：加强社会主义核心价值体系的渗透、突出现代公民素养和民族精神的培养、引导人才培养模式的变革、适当减轻学生课业负担、强化课程目标和内容的循序渐进。同时指出修订版课标将对语文课程实施带来深远的影响，具体表现为：有利于形成基于标准的语文课程实施导向，有利于形成富有弹性的语文课程评价体系，有利于纠正语文课程的应试导向，增加了部分课程内容。潘天正《义务教育语文课程标准（2011版）内涵解读》[②] 通过对实验版课标和修订版课标内容指向差异的分析，认为修订版课标具有"突出语言文字运用，明确语文课程的本质属性""目标设定内容具体化，体现标准执行的具体化"和"实施建议的操作性和针对性"等特点，并逐一举例作了具体分析。但这些分析仅仅是点到为止，并未细致而深入下去，还需要学界继续挖掘。朱冬韵《〈全日制义务教育语文课程标准〉实验版与修订版之比较》[③] 认为，相对于实验版语文课标，修订版课标呈现出以下特点：更加注意兼顾社会与个体需要的平衡；更加关切学生的发展；更加重视语文的实践性；更加关注时代的变化；更加倡导创新教育；更加具有可操作性和对于实际的契合性。但也存在一些不足：课程总目标和阶段目标内容逻辑联系欠清晰；对语文教育的内容和教育目标的内容的关系处理欠妥；文本表述存在语言重复现象等。

（2）局部性比较研究

这类研究，把修订版课标与实验版课标的局部情况作了一个比较，两个版本的新课标各部分和各方面进行具体研究与比较。

---

① 胡根林. 2011版语文新课标的"不变"与"变"[J]. 中国教育学刊，2012（6）：60-64.
② 潘天正. 义务教育语文课程标准（2011版）内涵解读[J]. 绍兴文理学院学报，2012（12）：91-93.
③ 朱冬韵.《全日制义务教育语文课程标准》实验版与修订版之比较[J]. 科教文汇，2012（32）：72-73.

如胡媛媛《〈义务教育语文课程标准〉实验稿与修订稿"评价建议"部分具体对照与剖析》、梅德刚《〈语文课程标准〉实验稿与修订稿"基本理念—设计思路"部分对比与解读》、王玮《〈语文新课标〉"教学建议"部分对照与解读》、尹继凯《义务教育语文课程标准(2011修订版与2001实验版)第二部分:课程目标与内容对比读解》、张万庭《2001版与2011版小学〈语文课程标准〉前言、课程性质的对比解读》等皆如其题所示对修订版课标的形象一面作了细致的探讨。

综上所述,集其所论大致如下:

①导语。相对于实验版课标,修订版课标的导语是全新的。导语突出"三个基础"和"一个重要"。"三个基础"即语文课程应"为学好其他课程打下基础;为学生形成正确的世界观、人生观、价值观,形成良好个性和健全人格打下基础;为学生的全面发展和终身发展打下基础"。"一个重要"即"语文课程的多重功能和奠基作用,决定了它在九年义务教育中的重要地位"。

②课程性质与地位。首先,相对于实验版课标,修订版课标对语文课程的定位更加清晰明确:"语文课程是一门学习语言文字运用的综合性、实践性课程。"其次,对义务阶段的语文课程进行了再细化:"义务教育阶段的语文课程,应使学生初步学会运用祖国语言文字进行交流沟通,吸收古今中外优秀文化,提高思想文化修养,促进自身精神成长。"

③基本理念。实验版、修订版课标基本理念一致,但在表述上颇有不同。具体而言,有以下几个方面:第一,全面提高学生的语文素养。相对于实验版,修订版使用了"激发""引导""促进学生和谐的发展""初步掌握基本方法""养成良好学习习惯"等语词和句子,表达了注重学生主体性的旨趣。第二,正确把握语文教育的特点。相对于实验版课标,修订版课标的变化可示意如下:精神领域→精神世界;反应→感受和理解;语文的熏陶感染作用→语文课程对学生思想情感所起的熏陶感染作用;课程内容的价值取向→要继承和发扬中华优秀文化传统和革命传统,体现社会主义核心价值体系的引领作用,突出中国特色社会主义共同理想,弘扬以爱国主义为核心的民族精神和以改革创新为核心的时代精神,树立社会义荣辱观,培养良好思想道德风尚;语文实践→语文课程是学生学习运用祖国语言文字的课程;应该让学生更多地直接接触语文材料→应该让学生多读多写,日积月累;掌握→体会、把握;还应考虑→特别关注。第三,积极倡导自主、合作与探究的学习方式。相对于实验版课

标，修订版课标的变化可示意如下：学习和发展的主体→学习的主体；好奇心、求知欲→鼓励学生自主阅读，自由表达；语文综合性学习→语文学习应注重听说读写的相互联系，注重语文与生活的结合，注重知识与能力、过程与方法、情感态度与价值观的整体发展。综合性学习既符合语文教育的传统，又具有现代社会的学习特征。第四，努力建设开放而有活力的语文课程。修订版课标的变化可示意如下：语文课程应植根于现实……面向未来→语文课程的建设应继承语文教育的优良传统，注重读书、积累和感悟，注重整体把握和熏陶感染，同时应密切关注现代社会发展的需要；语文实践能力→语文素养；不同学生的需求……语文课程的变革与发展→确立适应时代需要的课程目标，开发与之相适应的课程资源，形成相对稳定而又灵活的实施机制，不断地自我调节、更新发展。

④设计思路。其一，题目的改变：课程标准的设计思路→课程的设计思路。其二，条款由4条增加到5条，表述更加明确清晰：第一条说明了语文课程的指导思想；第二条指出了语文实践的途径：多读多写，日积月累；第三条是对实验版1、2条的整合，强调九年一贯整体设计；第四条强调课程与生活的整体联系；第五条部分词语调换了叙述顺序，把教学和评价放到了前面。

⑤课程目标与内容。有三个方面值得注意：其一，要求会写的字的数量减少，进一步强调"多认少写"的教学原则；其二，要求会写毛笔字；其三，背诵篇目数量增加。

⑥教学建议。主要有两个方面。首先，调整目录安排，增加部分版块：调整目录顺序，关注适读人群；修改建议名称，添加"语法修辞"。其次，建议更加具体化，指导更具明确性：充分发挥师生双方在教学中的主动性和创造性；教学中努力体现语文的实践性和综合性；重视情感、态度、价值观的正确导向；重视培养学生的创新精神和实践能力。具体建议：识字与写字教学强调书写的规范和质量，进一步明确"多认少写"的教学原则，在落实上提出更具体的要求。阅读教学提出"不应以模式化的解读来代替学生的体验和思考，要善于通过合作学习解决阅读中的问题，但也要防止用集体来代替个人阅读"，"要防止逐字逐句的过深分析和远离文本的过度发挥"。

⑦评价建议。修订版课标从"充分发挥语文课程评价的多重功能""恰当运用多种评价""注重评价主体的多元性""突出语文课程评价的整体性和综合性"四个方面具体阐述了语文课程的评价。相对于实验版，修订版对"评价建

议"（包括具体建议）的叙述或更加清楚，或更加准确，或更加具体，或逻辑性和可操作性更强。

（三）研究思路和研究方法

1. 研究思路

本研究以义务教育语文修订版课标为原点，首先通过对照修订版课标与实验版课标，分析了修订版课标在导语、课程目标和实施建议三方面发生的变化及这些变化意味着什么。然后追问了修订版课标局部发生变化三大特点：重视语文课程标准的表述；彰显语文之谓语文的品质；突出对"语文实施"的关注；最后延续前面的逻辑。进一步又追问了义务教育语文课程标准在课改实施中应注意的三个问题：形成忠实于修订版课标的课程实施导向并形成遵循修订版课标的课程评价体系，改变语文课的应试倾向，警惕泛语文陷阱。

前面说过，如果我们把实验版课标看作一种时间上的"曾在"的话，那么，修订版课标可以视为时间上的"现在"。"曾在—现在"模式，从"曾在"来说，是走向"现在"，是"发展"；从"现在"来说，是回视"曾在"，是"反思"。"发展·反思"是"曾在—现在"的姿态，所以"曾在—现在"之后必然是"将在"，而"将在"并不是空穴来风，而是从"曾在—现在"中生发出来的或者原本就酝酿在"曾在—现在"的"发展·反思"中。

并且需要说明的是，"曾在—现在—将在"模式中，"现在"是起点，它出乎"曾在"之外，又进入"将在"之中，而把"曾在""将在"都纳入自身的内在构成。从这个意义上说，"现在"是"焦点"（相对于作为"支援"的"曾在"和"将在"而言），进而从修订版课标与实验版课标的对照到修订版课标局部变化特点的探问再到义务教育语文课程标准在课改实施中应注意的几个问题，嵌入了"曾在—现在—将在"的时间性结构中，构成了一种对于"现在"或修订版课标的相对完整的考察。这种相对完整的考察是任何义务教育语文教育关注者都应该持续关注和进行进一步发展完善的。

2. 研究方法

（1）文献研究法

文献研究法是根据一定的研究目的或课题，通过调查文献来获得资料，从而全面地、正确地了解掌握所要研究的问题的一种方法手段。过去一段时间，围绕着"实验版—修订版"义务教育语文课程标准的问题已经形成了较为可观的文献资源。通过对已有文献资料的解读、采撷和使用既可以更好地认识和把握现存研究的状况，又可以避免走不必要的弯路或者进行"学术重复"，所以文献研究法是本研究需要运用的一种重要方法。

（2）文本分析法

本研究用以分析的文本主要是教育部分别于 2001 年、2011 年颁布了《全日制义务教育语文课程标准》和《全日制义务教育语文课程标准》。从两个标准文本的表层深入到文本的深层，从而发现那些不能为普通阅读所把握的深层意义。对义务教育语文课程标准实验稿和修订稿的文本进行深入分析解读是本文需要运用的另一重要方法。

（3）比较分析法

比较分析法通过两两对应的事物的比较分析其相同点和不同点，它是认识事物的一种基本方法。我们对于修订版语文课程标准的尝试性讨论，无论是理论层面还是实践层面的都很难拒绝实验版语文课程标准的参照，因为它们事实上都是语文课改历史不可分割的一部分。这就使得比较法将是本研究必要且重要的方法。

二、 实验版课标到修订版课标的变化

关于修订版课标相对于实验版课标的变化比较，由于单纯的文字表述可能会导致这种比较从形式上陷于混乱，因此本节选择让人看起来一目了然的表格比较形式（见下表）。

（一）"导语"的变化

两版课标都在导语部分对课程性质、课程理念、设计思路进行了说明。

版本 内容	实验版	修订版
导语	现代社会要求公民具备良好的人文素养和科学素养，具备创新精神、合作意识和开放的视野，具备包括阅读理解与表达交流在内的多方面的基本能力，以及运用现代技术搜集和处理信息的能力。语文教育应该而且能够造就现代化社会所需的一代新人发挥重要作用。面对社会发展的需要，评价目的和方法等方面进行系统的改革。 九年义务教育语文课程的改革，应以马克思主义和科学的教育理论为指导，总结我国语文教育的成败得失，借鉴各国母语教育改革的经验，遵循语文教育的规律，努力建设与现代社会发展相适应的语文课程，在培养学生思想道德素质、科学文化素质等方面发挥应有的作用	语言文字是人类最重要的交际工具和信息载体，是人类文化的重要组成部分。语言文字的运用，包括生活、工作和学习中的听说读写活动以及文学活动，存在于人类生活的各个领域。当今世界，经济全球化趋势日渐增强，现代科学和信息技术迅猛发展，新的交流媒介不断出现，给社会语言生活带来巨大变化，对中华民族优秀传统文化的继承，对语言文字运用的规范带来新的挑战。时代的进步要求人们具有开阔的视野、开放的心态、创新的思维，对人们的语言文字运用能力和文化选择能力提出了更高的要求，也给语文教育的发展提出了新的课题。 语文课程致力于培养学生的语言文字运用能力，提升学生的综合素养，为学好其他课程打下基础；为学生形成正确的世界观、人生观、价值观和良好个性与健全人格打下基础；为学生的全面发展和终身发展打下基础。语文课程对继承和弘扬中华民族优秀文化传统和革命传统，增强民族文化认同感，增强民族凝聚力和创造力，具有不可替代的优势。语文课程的多重功能和奠基作用，决定了它在九年义务教育中的重要地位

1."文本"表述

就整体而言，从上表可以看到，相对于实验版课标，修订版课标的导语是全新的。修订版课标以开门见山的方式直指语文课程的主要任务和功能——语言文字的运用，并从语言文字运用的领域、规范、能力等角度进行了全面论述。值得注意的是，导语重点突出了语文课程的"3个"基础性作用——"为学好其他课程打下基础，为学生形成正确的世界观人生观价值观与良好个性和健全人格打下基础，为学生的全面发展和终身发展打下基础"，并提到了语文课程对于继承和弘扬中华民族优秀文化传统和革命传统的作用（这与课程改革强调社会核心价值文化是紧密相关的）。这种对于语文课程任务和功能的描述，比之实验版课标就更加务实和具体得多了。

具体地说，修订版文字的修改，主要体现在以下几个方面：第一，修订版课标开篇首先介绍了语言文字在交际、信息传递及人类文化中的重要性。紧接着又强调了当今世界的发展趋势，经济的全球化，现代科学和信息技术的迅猛发展，新交流媒介的不断出现等带来的社会语言生活的巨大变化，对语言文字运用规范带来巨大挑战。这一挑战在实验版课标中没有明确体现出来。修订版课标开篇提出语言文字的规范运用问题，就将这一艰巨任务提升到语文教育的目标中，为国民整体运用规范语言文字打下一个坚实的基础。第二，修订版课标将实验版课标中"现代社会要求公民"改为了"时代的进步要求人们"，从要求"具备良好的人文素养和科学素养，具备创新精神、合作意识和开放的视野、具备包括阅读理解与表达交流在内的多方面的基本能力，以及运用现代技术搜集和处理信息的能力"到"具有开阔的视野、开放的心态、创新的思维，对人们的语言文字运用能力和文化选择能力提出了更高的要求"，反映的是课标紧跟时代和社会的发展对国民提出了新的要求，同时从语言表述中可以更加感受到新时期语文教育的艰巨任务，这也明确地对学习和实施此课程标准的人提出一个警醒：社会时代在不断进步，我们教育界的人士得不断更新现有的知识才能紧跟时代的步伐，才能立于社会的前列。第三，从导语中的文字陈述看，修订版课标中一个"致力于"，一个"提升"，三个"为了"更多体现的是对语文课程结果的要求；而在实验版中"以……为指导"，"总结……"，"借鉴……"更像方针政策。修订版这种明确表述对教育的实施更加具有指导性和实现性。第四，两个课标在强调语文课程的作用时也有很大的不同。修订版更强调了语文课程作为母语要对中华民族传统文化的传承和增强民族凝聚力起到不可替代的作用，这是在实验版中是没有明确表述的。从这点来看，课标的民族文化自觉意识在不断提升，也要求日常课堂教学贯彻此理念，从而整体提升全民族的文化意识和凝聚力。

尤其值得一提的是，导语中所提及的"信息""运用""创新"等字眼，反映了修订版课标对时代发展需要的回应。首先，现代社会是"信息化社会"，社会的各个方面都离不开以计算机和通信技术为代表的信息技术。在这样的时代，语言文字作为信息载体，是信息技术发挥作用的最基本媒介，理应为信息技术的发展作出贡献。实验版课标未将语言文字的信息载体属性明确表达出来，修订版课标则将这一点明确提了出来，这意味着我们的语文课程将更加贴合时代的脉搏，更加关注语言文字的信息属性，也将逐渐帮助学生更好地适应信息化社会，学生通过语言文字的学习，信息处理能力必将得到提升。其次，

"运用"的提出使修订版课标更有落地执行性。知识的运用既是掌握知识的结果，同时也是帮助掌握知识的手段。"运用"对语文课程的实施有着帮助和促进作用。再次，"创新"和"合作"的理念已经深入人心，基本成为当代社会的共识。但我们也注意到，其在语文课程中的落实往往并不尽如人意，这两个词汇仿佛成了单纯的口号。这就要求义务教育语文课程实施者要在实践过程中摸索出合适的落实渠道。

2. 课程性质

两版课标都把工具性与人文性的统一认定为语文课程的基本特点，但修订版课标更加强调语文课程是"学习语言文字运用的综合性、实践性课程"。

首先，这种强调提高了义务教育语文课程实施者对语言和文字的重视，这对他们在后续的课程实施中有意识地加强语言教学、夯实学生的文字功底有非常重要的作用。

其次，强调中所提及的"综合性"也将使义务教育语文课程实施者形成一个良好的心理期待，即语文课程是可以适当自由发挥的，可以在本身的教学内容之外做相关的延伸或拓展。这种发挥可以是政治方面的，可以是道德方面的，还可以是人格或者心理方面的。这个可以发挥的空间可以说给了义务教育语文课程实施者一个属于其本人的个性化"自留地"，他尽可以把其个性化理想融入其中，从而给了语文教学以个性化的活力。对学生而言，这样的"综合性"也将给其语文学习兴趣的注入新的血液，从而激发其主动性和自主性。而且，这样的要求更符合整个社会发展的需要。在这个多元化的社会，人才必须是综合性的，义务教育语文课程也应当及时回应这种需求。

再次，"实践性"对义务教育语文课程的实施可以说是一个重大方向性改变。多年来，学校教育因为与现实生活和生产实践想脱离而被社会各界广泛诟病的问题，早已引起广大教育工作者的注意，学界也一直在热烈探讨如何把理论和社会生活、生产实践很好地结合在一起。尽管所取得的成果十分有限，但是义务教育语文课程标准中明确提出将学科教育向社会生活、生产实践相靠拢相结合，至少是在官方和纲领层面把这一主张有力地亮了出来，至于在后续的课程实施中如何落实还需各界继续努力。这种强调必然给学生的语文学习带来新的"福音"。其中包括：由于和生活实际相结合，语文学习将变得更为有趣，语文课程中关心生产的方面则可以直接提升学生日后在工作中的表现。

3. 课程理念

两种语文课标所秉持的基本理念是一致的，但在具体表述上有所变化。相对于实验版，修订版把显现在实验版中的基本理念提炼为"全面提高学生的语文素养、正确把握语文教育的特点，积极倡导自主、合作与探究的教学方式，努力建设开放而有活力的语文课程"四条，每一条的具体表述与实验版相较都有不同程度的变化。这些不同的表述，体现了修订版课标对实验版课标的修正和补充。具体变化示意见下表：

版本 项目	实验版	修订版
全面提高学生的语文素养	培育→ 指导→ 发展思维∧ 口语交际能力∧ ∧语文课程还应重视提高学生的品德修养和审美情趣	激发和培育 引导 发展思维，初步掌握学习语文的基本方法，养成良好的学习习惯 口语交际能力，正确运用祖国文字 还应通过优秀文化的熏陶感染，促进学生和谐发展
正确把握语文教育的特点	精神领域→ 反应→ 重视语文的熏陶感染作用→ 注意教学内容的价值取向→∧ 学生在学习过程中的独特体验↓ 还应考虑→	精神世界 理解和感受 应该重视语文课程对学生思想情感所起的熏陶感染作用 注意课程内容的价值取向，要继承和发扬中华优秀文化传统和革命传统，……培养良好思想道德风尚 语文课程是实践性课程，应着重培养学生的语文实践能力，……把握运用语文的规律。 特别关注
积极倡导自主、合作与探究的教学方式	学生是学习和发展的主体→ 好奇心求知欲∧ 主动意识→ 有助于这种学习方式的形成↓	学生是学习的主体 鼓励自主阅读、自由表达 问题意识 语文学习应注重听说读写的相互联系，注重语文与生活的结合，注重知识与能力……，综合性学习既符合语文教育的传统，又具有现代社会的学习特征

续表

项目 ＼ 版本	实验版	修订版
努力建设开放而有活力的语文课程	语文课程应根于现实，……面向未来→ 初步获得现代社会所需要的语文实践能力→ 不同学生的需求∧	语文课程的建设应继承我国语文教育的优良传统，注重读书、积累和感悟，注重整体把握和熏陶感染；同时应密切关注现代社会发展的需要。 初步养成现代社会所需的语文素养。 确立适应时代需要的课程目标，开发与之相适应的课程资源，形成相对稳定而灵活的实施机制。

（备注："∧"表示"添加"；"→"表示"改换"；"↓"表示"换行"。）

就整体而言，修订版对于课程理念的表述或更加准确或更加丰富或更加注意语文学习的实践性或更加突出语文教育的继承性和对时代实际的适应性。而且，两种语文课标所秉持的基本理念虽然是一致的，但修订版课标在实验版课标的基础上更加明确地提出了语文课程要紧跟时代和社会的发展脚步，应对中华民族传统文化传承和增强民族凝聚力具有一定作用，特别是对过去提出的要求做了更加明确的表述。

具体而言，修订版课标课程理念的变化如下：

①在全面提高学生的语文素质中，修订版将过去实验版中的"培育"改为"激发和培育"，将"指导"改为"引导"，虽然仅仅修改了几个字，但是体现的是以人为本，引导学生主体自主学习和开发创新精神的理念；文中还将"发展思维"后面添加了"初步掌握……，养成……"，将"口语交际能力"后添加"正确运用祖国文字"，对各项都添加了具体的要求，更加明确指出了实施的目的和最低要求，体现的是修订版课标更加重视课标的具体作用和实施的效果，一改实验版的不明确，不具体，不在结果处作具体要求的风格。在"语文课程要重视提高学生的品德修养和审美情趣"前面添加了"通过优秀文化的熏陶感染，促进学生和谐发展"，这里对语文课程的任务添加了对文化的要求，对学生和谐发展的要求，在响应导语中提出的"语文课程要对中华民族的传统文化起一定作用"的同时响应了国家对和谐的号召。

②在正确把握语文教育特点方面，修订版中修改了一些词语，例如，将"精神领域"改为"精神世界"，将"反应"改为"理解和感受"，将"重视语

文的熏陶感染作用"改为"重视语文课程对学生思想情感所起的熏陶感染作用",将"注意教学内容的价值取向"改为"注意课程内容的价值取向,要继承和发扬中华优秀文化传统和革命传统,……培养良好思想道德风尚",等。这些细微的变化反映了新课标对课程及教育者的实施的要求更加明确具体,也反映了时代对社会的要求,同时使教育者对学生的培养更加有方向感和目标性,使课标的贯彻实施更加简单易行。

③在努力建设开放而有活力的语文课程方面,修订版也贯彻了导语提出的"重视民族文化传统的同时密切关注时代和社会的发展",在确立的目标中,又提出以人为本的理念,要以学生为主体,发展相对稳定,但又灵活的实施机制。

另外,需要补充的是,相对于实验版,修订版把显现在实验版中的语文课程的基本理念提炼为"全面提高学生的语文素养,正确把握语文教育的特点,积极倡导自主、合作与探究的教学方式,努力建设开放而有活力的语文课程"四条,而后每一条的表述与实验版相较都有不同程度的变化。

实验版新课标提出的"激发"凸显出对学生学习主体性的尊重,一词之差,把过去单纯地老师"满堂灌"的单向"培育",转向为既要老师掌握引导权,主动去培育,又需要教师有意识地照顾到学生的学习兴趣,激发起他们主动学习的欲望。课程实施者需要对增加的这一词引起足够重视。"指导"换作"引导",亦是对学生主体性地位的肯定。"指导"是居高临下以老师为主的所谓"我说什么,你做什么",而"引导"就意味着老师必须尊重学生的主体性,尽量做到在理解学生本身实际的情况下,从学生已有的知识结构出发导引出新的学习内容。

4. 设计思路的变化

两种版本的语文课标在设计思路上也保持着高度的默契。但相对于实验版课标,修订版有两个明显的变化:

其一,题目的改变:由课程标准的设计改为课程的设计。课程标准本为课程而设,所以课程标准所谓的"设计思路"本就指向的是课程的设计,而不是课程标准的设计。

其二,条款由4条增加到5条,表述更加明确清晰:第一条说明了语文课程的指导思想——邓小平理论、"三个代表"重要思想、科学发展观;第二条指出了语文学习的途径——多读多写，日积月累，重视语言文字运用的实践（强调语文学习的实践性）；第三条是对实验版1、2条的整合，强调九年一贯整体设计；第四条强调课程与生活的整体联系（强调语文学习的生活性）；第五条部分词语调换了叙述顺序，把教学和评价放到了前面。

从设计思路的变化来看，修订版课标具有关注社会核心价值、重视语文教育的实践性、整体性和生活性、追求叙述的准确性和关切教学评价的特点。

（二）"课程目标与内容"的变化

作为课标的主体部分，修订版课标在课程目标与内容上对实验版课标作了细致的调整和修缮。鉴于课标主要阐述了"总体性目标与内容"和"阶段目标与内容"两个方面，我们拟从这两个方面来考察课程目标部分修订版课标的变化。

1. 总体目标与内容

无论是实验版课标还是修订版课标，在总体性目标上都提出了十条规定。十条规定一一对应，只是在表述和内容上有所改动。其中，第一条，除却实验版课标提到的爱国主义、社会主义道德，修订版课标添加了"集体主义"和"发展个性，培养创新精神和合作精神"等内容；第二条把第一条中的"提高文化品位"吸纳了进来；第三条在词语搭配上作了修改，把"养成语文学习的信心和良好习惯"改成了"增强学习语文的自信心，养成良好的语文学习习惯"；第四条中的"激发想象力和创造潜能"移至第五条"能主动进行探究性学习"之后，紧跟第四条"发展思维能力"后面的是由第四条最后的"初步掌握科学的思想方法"改造而来的"学习科学的思想方法"；第六条未变；第七条强调发展感受和理解的能力，并明确规定了背诵的数量；第八条将实验稿中的"能文从字顺地表达自己的意思"中的"意思"具体化为"见闻、体验和想法"，并指出"发展书面语言运用能力"；第九条"运用口头语言文明地进行人际沟通和社会交往"与第八条"发展书面语言运用能力"相呼应，通过"运用"相连接，构成对语文课程性质的揭明；第十条增添了"积极尝试运用新技术和多媒体学习语文"，意图说明语文课程要关注现代信息技术，使其为我所用。这实际上是对当时代信息技术迅猛发展的时代背景的一种回应。

从总体上来看，修订版课标在总体性目标上呈现的变化至少透露了三方面的信息：其一，强化社会主流核心价值对语文课程的引领；其二，突显语文课程的特点：口头语和书面语的运用；其三，追求文本表述的准确性和逻辑性。这三方面构成了修订版课标发生变化的部分缘由，同时又将继续在修订版课标的内容中展现。

2. 学段目标与内容

语文课程标准从"识字与写字""阅读""写作""口语交际"和"综合性学习"等五个方面来对"学段目标与内容"进行了阐述。总体而言，在阶段目标与内容的规定上，修订版课标与实验版语文课标也没有很大不同，只是在一些内容上作了调整。以下围绕"学段目标与内容"的构成展开论述。

（1）识字与写字部分

从下表的信息可以看到，在"识字写字"的要求上，修订版课标有两个比较显明的变化：其一，在各个学段都强调"写字姿势正确，有良好的书写习惯"。其二，识字、写字的数量要求降低。这实质上表达了通过适度降低识字、写字的数量要求来确保识写质量的意图。同时，降低识写的数量要求，也有利于减轻师生教学负担。另外，还值得注意的是，修订版课标中在第二学段把实验版课标中的"有条件的地方，可以学习键盘上输入汉字"删除并改成"写字姿势正确，有良好的书写习惯"。这里至少包含了四层意思：①对语文课程的准确定位。语文课程是运用语言文字（包括口头语和书面语）的课程。书面语用手写和键盘输入的区别在于手写本身是一种亲历性、个性化和审美化的方式，而键盘输入是一种中介性、去魅性的方式。重视手写式书写其实是重视语文学习的个性化和亲身性的表现。②适应信息技术迅猛发展的时代背景。用键盘输入在现时代已成为一种普遍的基本能力，无需特殊强调。③回应语文课程实施中学生写字水平普遍不高的问题。因为过多地借助于键盘输入，当代学生的写字水平普遍下降，这使得重视手写式书写非常必要。④第二学段属于学生学习语文的"发展时期"〔我们把语文学习按学段分为起步时期（第一学段）、发展时期（第二学段）、稳定时期（第三学段）、成熟时期（第四学段）〕，重视手写式书写实际上是重视发挥第二学段对于语文学习的作用：促进学生养成正确书写的习惯，增加学生对于语文学习的亲身体验性和认同性。

版本 学段	实验版	修订版
第一学段 （1—2 年级）	1. 有主动识字∧的愿望 2. 认识常用汉字 1600—1800 个，其中，800—1000 个会写→ 养成→ 6. 能用音序、部首检字法查字 典，学习独立识字→4	写字 认识常用汉字 1600 个左右，其中 800 个左右会写 努力养成 学习独立识字。能借助汉语拼音……， 能用音序、部首检字法查字典
第二学段 （3—4 年级）	2. 其中 2000 个左右会写→ 3. 会使用字典、词典，有初步 的独立识字能力→ 5. 有条件的地方，可以学习使 用键盘输入汉字×→	其中 1600 个左右会写 有初步的独立识字能力，会用音序检字 法和部首检字法查字典、词典 写字姿势正确，有良好的书写习惯
第三学段 （5—6 年级）	1. 其中 2500 个左右会写→ 3. ↓∧	其中 2500 个会写 4. 写字姿势正确，有良好的书写习惯
第四学段 （7—9 年级）	1. 其中 3000 个左右会写× 4. ↓∧	4. 写字姿势正确，有良好的书写习惯

（备注：1. "识字与写字"部分的内容：第一学段，实验版和修订版均有 6 条；第二学段，实验版与修订版均有 5 条；第三学段，实验版 3 条，修订版 4 条；第四学段，实验版 3 条，修订版 4 条。

2. 符号："∧"—添加；"→"—改换；"↓∧"——换行并添加；"×"—删除；"×→"—删除并改为。）

（2）阅读部分

结合下表来讨论，修订版课标的"阅读部分"有两点值得注意：首先，文本态的课标在表述上具有更强的综合性，表现为修订版各学段"阅读部分"的条款较之实验版各学段均有所减少。但数量减少并不等于内容减少。我们注意到，修订版课标"阅读部分"条款减少主要是通过"归并"的方式做到的，而内容却与实验版课标几乎不相上下，甚至有所增加。其次，修订版课标的某些内容比如在第三、四学段中出现的"非连续性文本"所指不甚明了，其目的为何更是让人犯疑。前一点是就修订版课标阅读部分的变化来说的，后一点是就修订版课标阅读部分可能存在的问题而言的，两点共同构成修订版课标阅读部分的形相。从"变化"言之，修订版课标具有更强的综合性和准确性。

版本 学段	实验版	修订版
第一学段 （1—2年级）	3. 学习默读↑ 4. 借助读物中的图画阅读 5. 结合上下文……，在阅读中积累⊂ 词语 7. 童谣→ 10. 喜爱图书，爱护图书×→	2. 有感情地朗读课文。学习默读 3. 结合上下文……，借助读物中的图画阅读 儿童诗
第二学段 （3—4年级）	2. 初步学会默读能对课文中不理解的地方提出疑问×→ 4. 体会文章表达的思想感情，∧ 9. 注意在诵读过程中体验情感，领悟内容→ 10. 收藏并与同学交流图书资料→	初步学会默读，做到不出声，不指读。并学习略读，粗知文章大意 能对课文中不理解的地方提出疑问 6. 注意在诵读过程中体验情感，展开想象，领悟诗文大意 9. 收藏图书资料，乐于与同学交流
第三学段 （5—6年级）	2. 默读一般读物每分钟不少于300字∧ 3. 能借助词典阅读……，辨别词语的感情色彩。 4. 联系上下文……，体会其表达效果 5. 揣摩→ 6. 阅读说明性文章…… 7. 阅读叙事性作品……⊂ 注意通过诗文的声调、节奏等体味作品的内容和情感→ 利用图书馆、网络等信息渠道尝试进行探究性阅读。扩展自己的阅读面，课外阅读量不少于100万字→	学习浏览，扩大知识面，根据需要搜集信息 3. 能联系上下文……，体会其表达效果 了解 5. 阅读叙事性作品……。预读说明性文章……。阅读非连续性读本，能从图文的呢过组合材料中找出有价值的信息 7. 注意通过语调、韵律、节奏等体味作品的内容和情感 8. 扩展阅读面，课外阅读量不少于100万字

续表

版本 学段	实验版	修订版
第四学段 （7—9年级）	3. 扩大阅读范围，拓展自己的视野→ 4. 理解主要内容→ 5. 能提出自己的看法和疑问→ 5. 共同探讨疑难问题→ 8. 能有自己的情感体验→ 8. 对作品的思想感情倾向，能联系文化背景作出自己的评价。× 9. 阅读科技作品…… 10. 阅读简单的议论文……｝⊂ 11. 诵读古代诗词…… 12. 阅读浅易文言文……｝⊂ 13. 了解基本的语法知识→	2. 扩大阅读范围 3. 理解分析主要内容 4. 能提出自己的看法 4. 共同探讨、分析、解决疑难问题。有自己的情感体验 8. 阅读简单的议论文……。阅读新闻和说明性文章……。阅读科技作品……。阅读有多种材料组合、较为复杂的非连续性文本……。 9. 诵读古代诗词，阅读浅易文言文，…… 10. 随文学习基本的语汇、语法知识

（备注：1. 阅读部分的内容：第一学段，实验版10条，修订版7条；第二学段，实验版10条，修订版9条；第三学段，实验版11条，修订版8条；第四学段，实验版15条，修订版12条。2. 符号："→"—改换；"}⊂"—归并；"×"—删除；"↑"—提前。）

（3）写作部分

依下表而论，写作部分，修订版重视叙述综合性的特点继续显现。相较于实验版课标，修订版在此部分有两点是值得一提的：①修订版课标更加注意语文课程目标的适切性。如第一学段，习作提出的要求是"留心周围事物"，而第二学段习作提出的要求是"观察周围世界"。从"留心"到"观察"，显然的，要求有进一步提高。并且重要的是，这提高的"要求"并非修饰或揠苗，而是符合学段和学生的实际的。②修订版课标突显了对于学生态度的关注。如第二学段"乐于与同学交流"就提及了交流的态度要求。所谓"知之者不如好之者，好之者不如乐之者"，"乐于"的提出实际上传达了一种对学生语文习作的更好期望。

学段＼版本	实验版	修订版
第一学段 （1—2 年级）	对写话有兴趣，∧写自己想说的话，写想像中的事物，写出自己对周围事物的认识和感想	对写话有兴趣，留心周围的事物，写自己想说的话，写想像中的事物
第二学段 （3—4 年级）	1. 留心周围事物，乐于书面表达，增强习作信心∧ 2. ∧注意表现自己觉得新奇有趣的或印象最深、最受感动的内容 6. 根据表达的需要⋯⋯ ⊃ 7. 学习修改习作⋯⋯	1. 愿意与他人分享习作的快乐 2. 观察周围世界⋯⋯，注意把自己觉着新奇有趣或印象最深、最受感动的内容写清楚。 5. 学习修改习作⋯⋯
第三学段 （5—6 年级）	3. 能写简单的记实作文⋯⋯ 4. 学写读书笔记⋯⋯ ⊃ 5. 根据表达需要⋯⋯ 6. 修改自己的习作⋯⋯ ⊃ 7. 课内习作每学年 16 次左右。40 分钟完成不少于 400 字的习作→	3. 能写简单的记实作文⋯⋯ 4. 修改自己的习作，正确使用常用的标点符号 5. 习作要有一定的速度。课内习作每学年 16 次左右
第四学段 （7—9 年级）	1. 写作要考虑不同的目的和对象× 2. 写作要感情真挚，力求表达自己对自然、社会、人生的独特感受和真切体验→ 3. 捕捉事物的特征，力求有创意地表达→ 4. ∧根据表达的中心⋯⋯，选择恰当的表达方式⋯⋯，丰富表达的内容∧ 7. 有独立完成写作的意识，注重写作过程中搜集素材、构思立意、列纲起草、修改加工等环节→ 8. 养成修改自己作文的习惯，修改时能借助语感和语法修辞常识，做到文从字顺。→	1. 写作要有真情实感，力求表达自己对自然、社会、人生的感受、体验和思考。 2. 能抓住事物的特征，有自己的感受和认识，表达力求有创意。 4. 写作时考虑不同的目的和对象⋯⋯。正确使用常用的标点符号。 3. 注重写作过程中搜集素材、构思立意、列纲起草、修改加工等环节，提高独立写作能力。 7. 根据表达的需要，借助语感和语文常识，修改自己的作文，做到文从字顺。

（备注：1. 写作部分的内容：第一学段，实验版和修订版均 3 条；第二学段，实验版 8 条，修订版 6 条；第三学段，实验版 7 条，修订版 4 条；第四学段，实验版 10 条，修订版 8 条。2. 符号："→"—改换；"∧"—添加；"}⊃"—归并。）

（4）口语交际部分

依下表而言，修订版课标的变化透露了三点重要的信息：①重视学生个体的不同感受，如第一学段中"能复述自己感兴趣的情节"的表述。②注意课程目标的适切性，如关于交谈中的倾听问题，实验版在第一、二学段都是在"能"的水平进行规定的，而修订版实现了从第一学段的"能"到第二学段的"学会"的转变，表现了一种对于语文口语交际要求的"进化"眼光。③注重语言表达的简明性。如第三学段第5、6条的表述在实验版的基础上删除了"在交际中"、"在交流中"，第四学段第4条实际上是由实验版第四学段第4.5条归并而来的，表明了在语言上更加追求表述的简洁性、综合性。

版本 学段	实验版	修订版
第一学段 （1—2年级）	1. 讲普通话→ 3. 能复述大意和精彩情节→ 6. 对感兴趣的话题发表自己的意见→	1. 学说普通话 3. 能复述大意和自己感兴趣的情节 6. 敢于发表自己的意见
第二学段 （3—4年级）	1. 在交谈中能认真倾听→ 3. 能清楚明白地讲述见闻…… 4. 能具体生动地讲述故事…… }⊂	1. 学会认真倾听 3. 能清楚明白讲述见闻……，讲述故事力求具体生动
第三学段 （5—6年级）	5. 能根据交流的对象和场合……→ 6. 在交际中注意语言美，抵制不文明的语言→	5. 能根据对象和场合 6. 注意语言美，抵制不文明的语言
第四学段 （7—9年级）	5. 注意表情和语气……注意根据需要调整自己的表达内容和方式…… }⊂	4. 注意表情和语气，根据需要调整自己的表达内容和方式……，增强感染力和说服力

（备注：1. 口语交际部分：第一学段，实验版和修订版各6条；第二学段，实验版4条，修订版3条；第三学段，实验版和修订版均6条；第四学段，实验版8条，修订版6条。2. 符号："→"—改成；"}⊂"—归并。）

（5）综合性学习部分

综合性学习部分，修订版课标与实验版课标几乎如出一辙（见下表）。这一方面表明修订版课标与实验版课标具有同样的理念，另一方面表明我们关于语文课程的"综合性学习"认识（理论的或实践的）历经十年的课改也没有获得更多的进展。从前者看，语文课标秉持了稳定性与时代性相统一的进化原则；从后者论，语文课标对于语文课程的综合性的研究、讨论有待深化。合两者言之，则语文课标在适应"现在"和走向"将在"之间保持着必要的张力。

版本 学段	实验版	修订版
第一学段 （1—2 年级）		
第二学段 （3—4 年级）	2. 书面与口头结合表达自己的观察所得→	2. 用书面或口头方式表达自己的观察所得
第三学段 （5—6 年级）		
第四学段 （7—9 年级）	1. 能自主组织文学活动……→ 2. 从报刊、书籍或其他媒体中获取有关资料→	1. 自主组织文学活动…… 2. 能从书刊或其他媒体中获取有关资料

（备注：1. 综合性学习部分：各学段，实验版和修订版条款均同。2. 符号："→"—改换；"＼"—相同。）

总之，修订版课标的课程目标部分在其构成的各个层面上较之实验版课标均有不同程度的变化。这些变化或表现为理念的深化、更新，或表现为内容的充实、整合，或表现为表述的具体化、准确化、简明化，或表现为逻辑的理顺，或表现为语文课程特点的突显，它们共同表征着修订版课标之"修订"（反思、发展）的形象。

（三）"实施建议"的变化

伴随着前言、课程目标的变化，修订版课标的实施建议部分也发生了相应的调整。鉴于实施建议部分由教材编写、课程资源开发与利用、教学、评价等四个方面构成，教材编写、课程资源开发与利用两方面内容较少，教学和评价两方面内容较繁多，我们拟分"教材编写—课程资源开发与利用""教学建议"和"评价建议"三层稍作梳理。

1. 教材编写—课程资源开发与利用

类目 \ 版本	实验版	修订版
教材编写	1. 教材编写要以马克思主义为指导……，面向未来→ 2. 教材应体现时代特点和现代意识，∧，关注人类…… 3. 教材要继承和弘扬中华民族优秀文化∧，…… 5. 风格丰富多样，∧①，……，适合学生学习∧② 6. 教材应注意引导学生掌握语文学习的方法∧ 8. 重视运用现代信息技术→ 9. 教材要有开放性和弹性……→	1. 教材编写应依据课程标准……，关注各学段之间的衔接 2. 关注现实 3. 和革命传统 5. ①各种类别配置适当；②要重视开发高质量的新课文 6. 养成良好的学习习惯 8. 要体现语文学习的特点，内容适量，便于实施 10. 教材编写应努力追求设计的创新和编写的特色。要重视现代教育技术在语文课程中的运用。编写语言应准确、规范
课程资源开发与利用	1. 例如：教科书、∧③、……、戏剧表演，∧④，图书馆、…… 1. 自然风光，文物古迹、风俗民情，……→ 2. 各地区都蕴藏着自然、社会、人文等课程资源。∧→	1. ③相关配套阅读教材；④生产劳动和实践场所 1. 自然风光、文化遗产、风俗民情、方言土语，…… 2. 学校要有强烈的资源意识，认真分析本地和本校的特点，充分利用已有的资源，积极开发潜在的资源，特别是人的资源因素和课程实施中生成的资源因素。

（备注：1. 教材编写部分：实验版 9 条，修订版 10 条；课程资源开发与利用部分：实验版和修订版均 4 条。2. 符号："→"—改换；"∧"—添加。）

从上表呈现的信息来看，修订版课标中教材编写—课程资源开发与利用较之实验版课标有三个重要的变化：第一，教材编写的指导思想具有强烈的现实性、直接性。实验版课标所谓"教材编写要以马克思主义为指导，坚持面向现代化，面向世界、面向未来"对于实际的教材编写而言较抽象，修订版课标认为"教材编写应依据课程标准，……"后更准确、具体，更有指导性。并且重要的是，修订版课标的表述并没有否定实验版课标的精神、理念，因为课程标准作为由国家政府制定的指导课程实施的纲领性文件事实上容纳了实验版课标"以马克思主义为指导……"意思。第二，修订版课标更加关注突显语文课程的特点，如修订版课标教材编写部分的第8、10条都直言教材编写要体现语文学习的特点。第三，修订版课标在课程资源的开发与利用上突出了学校的角色和作用，这彰显了现时进行校本课程开发、研究以及实施课程三级管理的时代特色。

2．教学建议

教学建议部分，修订版课标的主要变化见下表所示。从表来论，修订版课标此部分的变化至少透露了三个信息：其一，修订版课标对教师的要求更加具体化和细化。表现为修订版课标的第3条从观念—知识、教材、教法和效果四个层面对教师提出了要求。其二，修订版课标更加突出语文课程特点。表现为：①修订版课标第4条从课内与课外、语文实践与社会活动两个方面阐述了语文课程的综合性、实践性。②修订版课标"在教学中努力体现语文课程的综合性、实践性"中第1、2条"重视学生读书、写作、口语交际、搜集处理信息等语文实践，提倡多读多写"和强调"沟通听说读写"表明了对语文课程特点的关注。③修订版课标在"关于识字、写字与汉语拼音教学"中把识字、写字延伸为贯穿于整个义务教育阶段的总为教学内容；在"关于阅读教学"中对阅读载体——语言文字，阅读材料——文本，以及对理解课文、课外阅读等特意指出；在"关于写作教学"中对听说读写之间联系的再次强调；在"关于综合性学习"中对语文综合性学习要体现"语文"特点的说明；以至新增的"关于语法修辞知识"等都表明了对语文作为语文的关切。

维面 类目	版本	实验版	修订版
总体建议	（一）充分发挥师生双方在教学中的主动性和创造性	1. ∧。语文教学应在师生平等对话的过程中进行 2. 注重培养学生自主学习的意志和习惯，∧，为学生…… 3. ∧①，不断提高自身的综合素养∧②，……，灵活运用多种教学策略，∧③	1. 学生是语文学习的主体，教师是学习活动的组织者和引导者 2. 引导学生掌握语文学习的方法 3. ①教师应确立适应社会发展和学生需求的语文教育观念，注重吸收新知识；②应认真钻研教材，正确理解、把握教材内容；③和现代教育技术，努力探索网络环境下新的教学方式；精心设计和组织教学活动，重视启发式、讨论式教学，启迪学生智慧，提高语文教学质量
	（二）在教学中努力体现语文课程的综合性、实践性	1. 努力改进课堂教学，整体考虑知识与能力、情感与态度、过程与方法的综合，∧…… 2. ∧④，沟通课堂内外，∧⑤……	1. 注重听说读写之间的有机联系，加强教学内容的整合，统筹安排教学活动，促进学生语文素养的提高 2. ④重视学生读书、写作、口语交际、搜集处理信息等语文实践，提倡多读多写，改变机械、粗糙、繁琐的作业方式，让学生在语文实践中学习语文。学会学习；⑤沟通听说读写
	（三）重视情感、态度、价值观的正确引导	1. ∧⑥，高尚的道德情操……，形成正确的价值观和积极的人生态度，∧⑦，不应当做外在的附加任务。∧⑧，……	1. ⑥正确的思想观念、科学的思维方式；⑦是与帮助他们掌握学习方法，提高语文能力的过程融为一体的；⑧应该根据语文学科的特点
	（四）正确处理基本素养与创新能力的关系	1. 给学生打下扎实的语文基础。∧，<u>同时要注重开发学生的创造潜能，促进学生持续发展</u>。→	1. 尤其要注重激发学生的好奇心、求知欲，发展学生思维，培养想象力，开发创造潜能，提高学生发现、分析和解决问题的能力，提高语文综合应用能力
	（五）遵循学生身心发展和学习规律，选择教学策略。		

续表1

维度\类目\版本		实验版	修订版
具体建议	（一）关于识字、写字与汉语拼音教学	1. 是1—2年级的教学重点→∧ 2. 识字与写字的要求应有所不同，1—2年级应多认少写→ 3. 识字教学要∧，将儿童熟识的语言因素作为主要材料，<u>同时充分利用儿童的生活经验</u>，<u>注重教给识字方法，力求识用结合→</u> 4. ∧^⑫，写字教学要重视对学生写字姿势的指导，……→，养成良好的书写习惯∧^⑬ 5. 宜以活动和游戏为主，与学说普通话、识字教学相结合→	1. 是第一学段的教学重点，也是贯穿整个义务教育阶段的重要教学内容 2. 低年级段学生"会认"和"会写"的资粮要求有所不同。在教学过程中要"多认少写"，要求学生会认的字不一定同时要求会写。本标准附有"识字、写字教学基本字表"，建议先认先写"字表"中的300个字，逐步发展识字写字的能力 3. 注意儿童心理特点 结合儿童的生活经验，引导他们利用各种机会主动识字，力求识用结合 5. ⑨按照规范要求认真写好汉字是教学的基本要求，练字的过程也是学生性情、态度、审美趣味养成的过程。每个学段都要指导学生写好汉字 ⑩提高书写姿势，第一、二、三学段，要在每天的语文课中安排10分钟，在教师指导下随堂练习，做到天天练。要在日常书写中增强练字意识，讲究练字效果 6. 宜多采用活动和游戏的形式，应与学说普通话、识字教学相结合，注意汉语拼音在现实生活中的运用

续表2

维 面 版 本 类 目		实验版	修订版
具体建议	（二）关于阅读教学	1. 阅读是搜集处理信息……。阅读教学是学生、教师、文本之间对话的过程。→ 2. 阅读是学生的个性化行为，∧[11]，不应以教师的分析来代替血红色呢个的阅读实践。∧[13]。要珍视学生独特的感受、体验和理解。∧[12] 4. ∧[14]，提倡多角度的，有创意的阅读，……，提高阅读质量。∧[15]。 5. 各个学段的阅读教学都要重视朗读和诵读。加强对阅读方法的指导，……→ 6. 可以引导学生随文学习必要的语法和修辞知识，……→ 7. 培养学生广泛的阅读兴趣，……。鼓励学生自主选择阅读材料。→	1. 阅读是运用语言文字获取信息……。阅读教学是学生、教师、教科书编者、文本之间对话的过程。 2. [11] 阅读教学应引导学生钻研教材。[12] 教师加强对学生阅读的指导、引领和点拨。[13] 不应以模式化的解读来代替学生的体验和思考；要善于通过合作学习解决阅读中的问题，但也要防止用集体讨论来代替个人阅读。 4. [14] 在理解课文的基础上。[15] 但要防止逐字逐句的过深分析和远离文本的过度发挥。 5. 各学段关于朗读的目标都要求"有感情地朗读"，……。朗读要提倡自然，要摒弃矫情做作的腔调。 6. 应加强对阅读方法的指导，…… 7. 可以引导学生随文学习必要的知识，但不能脱离语文运用的实际去进行"系统"的讲授和操练，更不应要求血红色呢个死记硬背概念、定义。 8. 要重视培养学生广泛的阅读兴趣……，提高阅读品位。……关注学生通过多种媒介的阅读，鼓励学生自主选择优秀的阅读材料。加强对课外阅读的指导，开展各种课外阅读活动，创造展示与交流的机会，营造人人爱读书的良好氛围。

续表 3

维面 类目 版本		实验版	修订版
具体 建议	（三）关于写 作教学	1. 应引导学生关注现实，热爱生活，∧，表达真实情感 2. 1—4 年级从写话、习作入手 → 3. 不说假话、空话、套话，∧，……，鼓励写想像中的事物 4. 鼓励自由表达和有创意的表达∧ 5. 写作知识的教学力求精要有用。……↓∧⑮⑯	1. 积极向上 2. 关于写作思维目标，第一学段定位于"写话"，第二学段定位于"习作" 3. 并且抵制抄袭行为 4. 鼓励写想像中的事物，加强平时练笔指导，改进作文命题方式，提倡学生自主选题。 6. ⑯要重视写作教学与阅读教学、口语交际教学之间的联系，善于将读与写、说与写有机结合，相互促进，要关注文的书写质量，使学生把作文的书写也当做练字的过程。⑰积极合理利用信息技术与网络的优势，丰富写作形式，激发写作兴趣，增加学生创造性表达，展示交流与相互评改的机会
	（四）关于口 语交际教学	2. 教学活动主要应在具体的交际情境中进行。∧ 4. 努力选择贴近生活的话题、…… 5. ∧，鼓励学生在各科教学活动中以及日常生活中锻炼口语交际能力	2. 不宜采用大量讲授口语交际原则、要领的方式。应努力选择贴近生活的话题，采用灵活的形式组织教学 3. 重视在语文课堂中培养口语交际的能力
	（五）关于综 合性学习	2. 综合性学习应强调合作精神，…… → 3. 特别重视探索和研究的过程。∧ 4. 提倡跨领域学习，与其他课程相配合∈∧{	2. 综合性学习应贴近现实生活。联系生活中的实际问题开展学习活动，在实现语文学习目标的同时，提高对自然、社会现象与问题的认识，追求积极、健康、和谐的生活方式。增强抵御风险和侵害的意识，增强在与自然、社会和他人互动中的应对能力 3. 加强教师在各环节中的指导作用 4. 综合性学习应强调合作精神，…… 5. 综合性学习应开放、多元，提倡与其他课程相结合，……。跨学科学习，也应以提高学生语文素养为目的 6. 积极建构网络环境下的学习平台，……
	6. 关于语法 修辞知识	⟶	新增

（备注："∧"—添加；"→"—改换；"↓∧"—换行并添加；"∈∧{"—分解并添加）。

3．评价建议

评价建议部分，大致可分为"总体建议"和"具体建议"两方面。总体建议方面，修订版课标在"表述的方式"和"内容量"方面作出了较为明显的调整。首先，关于表述方式。修订版课标采用的是"分述"（与实验版课标采用的"概述"相对），在保持一定的概括性的同时运用了"描述"；修订版课标在评价建议的"总论"中对语文课程的评价用功能、方式、主体和特点等几个关键词进行了总体描述，概括为"充分发挥语文课程评价的多种功能""恰当运用多种评价方式""注重评价主体的多元与互动"和"突出语文课程评价的整体性和综合性"四个方面，并围绕这四个方面展开了具体描述。其次，关于内容量。修订版课标在内容上大为充实了实验版课标中提及的有关评价的条款，比如关于语文课程评价功能的阐述中，实验版课标只用"不应过分强调评价的甄别和选拔功能"一句概括。修订版课标在承认实验版课标所隐含的语文课程评价具有甄别、选拔等多重功能的基础上，指出了要突出语文课程评价的诊断、反馈和激励的功能。具体建议方面见下表：

具体建议	（一）关于识字与写字	1. 借助汉语拼音认读汉字、∧、 2. 不同学段应有不同的侧重→ 3. ∧①，重视书写的正确、端正、整洁，∧② 3. ↓	1. 说普通话 2. 第一、第二学段应多关注学生主动识字的兴趣，第三、第四学段要重视考查学生独立识字的能力 3. ①写字的评价，要考查学生对于要求"会写"的字的掌握情况②在此基础上，逐步要求书写流利。第一学段要关注学生写好基本笔画、基本结构和基本字，……。对学生写字学习情况的评价，当以本标准附录5"义务教育语文课程常用字表·字表一"为依据 3. 评价要有利于激发学生识字、写字的兴趣，帮助学生养成写规范字，减少错别字

续表

具体建议	（二）关于阅读	1. 阅读评价要综合考查学生阅读过程中的感受、体验、理解，∧，…… 2. 评价学生的朗读，可以从语音、语调和感情等方面进行综合考查，∧ 注意加强对学生平时诵读的评价，鼓励学生多诵读，在诵读实践中增加积累，发展语感，加深体验和领悟→ 3. 根据各学段的目标，具体考查学生在词句理解、文意把握、要点概括、内容探究、作品感受等方面的表现→ 4. 对学生独特的感受和体验应加以鼓励。∧ 5. 而不应考查对词法、句法等知识的掌握程度。∧↓	1. 要关注其阅读兴趣与价值取向、阅读方法与习惯，还要关注其阅读面和阅读量，以及选择阅读材料的能力 2. 评价"有感情地朗读"，要以对内容的理解与把握为基础，要防止矫情做作 诵读的评价，重在提高学生的诵读兴趣，增加积累，发展语感，加深体验和领悟。在不同学段，可在诵读材料的内容、范围、数量、篇幅、类型等方面逐渐增加难度。 3. 第一学段可侧重考查对文章内容的初步感知和文中重要词句的理解、积累；第二学段……；第三学段……；第四学段…… 4. 第一学段侧重考查学生能通过朗读和想像等手段，大体感受作品的情境、节奏和韵味；第二学段……，具体感受作品的形象和语言 5. 要重视学生课外阅读度的评价。……，进而考查其阅读的兴趣、习惯、品位、方法和能力
	（三）关于写作	1. 综合考查学生作文水平的发展状况。∧	1. 第一学段主要评价学生的写话兴趣；第二学段……；第三、四学段……。对于作文的评价还应关注学生汉字书写的情况。
	（四）关于口语交际	1. 评价学生的口语交际能力，∧③。应重视考查学生的参与意识、情意态度和表达能力④。让学生承担有实际意义的交际任务，∧⑤。	1. ③须注重提高学生对口语交际德尔认识和表达沟通的水平。考查口语交际的项目可以有讲述、应对、复述、转述、即席讲话、主题演讲、问题讨论等。 ④第一学段主要评价学生口语交际的态度和习惯，重视鼓励学生自信地表达；第二、三学段……；第四学段……。 ⑤并结合学生在日常生活和学习活动中的表现
	（五）关于综合性学习	1. 综合性学习的评价应着重于学生的∧[6]、探究精神和创新意识。……学习成果的展示与交流∧⑦	1. ⑥语文综合运用能力⑦第一、第二学段要较多地关注学生参与语文学习活动的兴趣与态度。第三、四学段……。各个学段综合性学习评价都要着眼于促进学生提高语文水平的效率，并有助于他们扩大视野，更好地掌握学习语文的方法

（备注："∧"—添加；"↓"—下一行；"∧↓"—添加并换行。）

从表中可以看到，具体建议方面，在条款上，修订版课标与实验版课标出入不大。但在内容上，修订版课标比实验版课标有明显增加，并且增加的主要是实验版课标中关于评价的操作方面，比如实验版课标提出"不同学段应有不同的侧重"，结果却没有对所谓的不同侧重作出具体说明。修订版课标就此进行了必要的补充。

以上我们以相对全面的方式对修订版课标的变化作了粗略地梳理，关于义务教育语文课标，我们可以确信两个基本点：①修订版课标在构架和精神上与实验版课标一脉相承，都循"前言—课程目标与内容—实施建议"的框架展开对语文课程的描述和说明，并且在语文课程的理念和主体精神上保持着高度的一致——"一切为了学生"，极力在"课程—人—文化"的视界下建构一种兼具适切性和未来性的人与课程相遇的情境，从而促进课程与人的双向生成。(2)修订版课标具有不同于实验版课标的风貌，从前言到课程目标与内容再到实施建议，修订版语文课标都对实验版课标作出了不同程度的调适——或增加、删除、改换、填充，或着眼于"表述"，或针对于"内容"，或出发于"逻辑"。如果说实验版课标是一种"曾在"，那么修订版课标则是一种"现在"。"现在"和"曾在"的区别就在于"曾在"已经"退场"，它是我们的"历史"（课程的"历史"），而"现在"正在"出场"，它是我们的"生活"（课程的"生活"）。在这个意义上，从实验版课标到修订版课标完成的是一种从课程的历史到课程的生活的转换。课程的历史、课程的生活不仅是课程的事情，更是人的事情。所以，修订版课标的变化从根本上说是人的变化——人的由于语文认识—实践活动而来的"视界"的变化。从而，课标的变化具有一种关切人自身的意义和意味。

三、 修订版课标局部变化分析

每一次课标的变更都是为了适应时代的发展，紧跟世界发展的脚步，但是由于进入新世纪以来，时代主题并未发生根本上的变化，相应地修订版课标比之于实验版课标也只是局部的变化而已。我们说，相比于2001年实验版课标，2011年修订版课标大的方向和框架并没有实质性的变化，而只有一些局部的变化。对比实验版课标与修订版课标我们可以发现，修订版课标的局部变化表现在作为文本之语文课标的表述、作为课程之语文本身和语文课程的实施三个方面。以下我们将围绕着这三个方面作——审视。

（一）重视语文课程标准的表述

一般地看，表述是从语言层面展开的一种对于意义的组织和构建，它反映了人在表达自身理想上所做的一种努力和尝试。这种努力或尝试不仅是基于语言具有的自完善趋向，而且是基于人更好地想像和建构世界的追求。在这个意义上，重视表述的问题，实际上就是重视语言和人的关系：语言通过人来言说，人通过语言而存在。具体地看，语文课标的表述，是从语言层面对语文课程进行的一种筹划，它包含了人对于理想语文的想像和构建，这一想像和构建主要表现为追求叙述的逻辑性、关注表述的准确性和适度增加内容的丰富性三个维度。

1. 追求叙述的逻辑性

修订版语文课标在叙述的逻辑性上有较多注意。如课程基本理念之全面提高学生的语文素养部分，由实验版"语文课程应培育学生热爱祖国语文的思想感情，指导学生正确地理解和运用祖国语文，丰富语言的积累，培养情感，发展思维"[①] 调整为"引导学生丰富语言积累，培养语感，发展思维，……，正确运用祖国语言文字"[②]。要正确理解和运用祖国语文，从可能性上讲，必须以一定的语言积累、语感和语言思维为基础。也就是说，在逻辑上，语言积累、语感和语言思维是先于正确理解和运用祖国语文的。又如积极倡导自主、合作、探究的学习方式部分，由实验版"关注学生个体的差异和不同的学习需求，爱护学生的好奇心、求知欲，充分激发学生的主动意识和进取精神"调整为"爱护学生的好奇心、求知欲，……，充分激发他们的问题意识和进取精神，关注个体差异和不同学生的学习需求"[③]。"关注个体差异和不同的学生学习需求"注重的是个体性，"爱护学生的好奇心、求知欲"关注的整体性，两者是个体性与整体性的关系，从个体性到整体性或由整体性而个体性在逻辑上都是没有问题的，但"语文课程必须根据学生身心发展"这一总领句的落脚点是整体性，即学生的"一般"，所以，修订版所采用的由整体性而个体性的表

---

① 教育部. 全日制义务教育语文课程标准（实验稿）[M]. 北京：北京师范大学出版社，2001：1.
② 教育部. 全日制义务教育语文课程标准（修订版）[M]. 北京：北京师范大学出版社，2012：2.
③ 教育部. 全日制义务教育语文课程标准（实验稿）[M]. 北京：北京师范大学出版社，2001：2.

述更符合此部分表述的逻辑。类似的例子还有很多，如课程目标部分第七条关于"独立阅读"的表述，阶段目标第一学段第六条关于"识字"的表述等。

总体上来看，修订版课标的表述逻辑更为严谨、清晰。

2. 关注表述的准确性

修订版课标对于表述的准确性的注意随处可见。如课程基本理念之全面提高学生的语文素养部分，修订版课标删除了实验版中"促进德、智、体、美的和谐发展"的内容，因为"逐步形成良好的个性和健全的人格"的表述中已经内在地包含了"德、智、体、美的和谐发展"，在某种意义上，甚至是比德、智、体、美和谐发展更高的要求。又如课程基本理念"正确把握语文教育的特点"中，修订版课标把实验版课标的"精神领域""反应""注意教学内容的价值取向""还应考虑"等分别改成了"精神世界""理解和感受""注意语文课程内容的价值取向""特别关注"，这些词语的更换表达有各自不同的特质："精神世界"具有口语性、人为性；"理解和感受"具有亲历性和过程性；"注意语文课程内容的价值取向"是试图与课标的表述相一致，而且重要的是，这里带入了对于教学（内容）与课程（内容）关系的思考。从教学与课程的关系来看，这里似乎是采用了大课程小教学的观念或显示了大课程小教学这样一种理论倾向。"特别关注"表达了比"还应考虑"更高的要求，这种强调语气向我们说明，语言文字作为语文课程的基质对语文内容构成具有全局性影响。这对于语文课程而言是一种更为准确的定位。其余如学段目标中第一学段部分关于"识字与写字"的第4条规定，由实验版"养成正确的写字姿势和良好的写字习惯"[1] 改成"努力养成良好的写字习惯，写字姿势正确"[2]。"养成正确的写字姿势"，这里明显存在搭配不当的问题。如第6条规定，修订版把"学习独立识字"放在主语位置，把"借助汉语拼音认读汉字和学会用音序和部首检字法查字典"[3] 作为"学习独立识字"的限定语等，都表现出了对表述的准确性的追求。

3. 适度增加内容的丰富性

修订版课标对表达的丰富性的关切也是有目共睹的。如课标开篇部分的导

① 教育部. 全日制义务教育语文课程标准（实验稿）[M]. 北京：北京师范大学出版社，2001：4.
② 教育部. 全日制义务教育语文课程标准（修订版）[M]. 北京：北京师范大学出版社，2012：5.
③ 教育部. 全日制义务教育语文课程标准（修订版）[M]. 北京：北京师范大学出版社，2012：5.

语就采用的全新的内容，虽然篇幅并不比实验版多出多少，但内容却丰富了许多。修订版课标的导语以其对语文课程的特点和运用领域、语文课程改革的时代背景、语文课程的目标、语文课程的作用、语文课程内容的价值取向等的揭示和阐述确定了语文课程的框架。这无疑比实验版课标对于语文课程"蜻蜓点水"式的描述更加具体和丰富。又如课程设计思路部分，修订版第 1 条是额外增加的。增加的这一条一来反映了时代和社会对于语文课程的要求和期望，二来作为课程设计思路的首条，特别是作为具有思想、价值导向意义的条款，对课程设计思路的整体起到了一种统摄和引领作用。这对于更加准确地把握语文课程具有实际意义。其余如学段目标第三学段阅读部分，修订版课标把实验版课标的第 6、7 条归并了，内容却并没减少。相反，修订版课标还应时代要求增加了"非连续性文本阅读"的内容，如学段目标第四学段阅读部分，修订版课标第 8 条是实验版课标第 9、10 条的合并，第 9 条是实验版课标第 11、12条的合并，其中修订版第 8 条增加了"复杂的连续性文本阅读"的内容。从这些变化中可以看到，修订版课标在表述上较充分地注意了内容丰富和综合的问题。

总之，修订版课标在文本上提高了表述的逻辑性、准确性和丰富性。这使修订版课标文本在形象上具有更多的可理解性和可接受性。

（二）彰显语文之为语文的品质

修订版课标在承继实验版课标基本精神的前提下，表现了对于语文之为语文的品质的注重，这具体地从重视语言文字的学习和运用、注意语文课程内容的价值取向以及强调语文课程的综合性和实践性三个方面呈示出来。

1. 重视语言文字的学习和运用

修订版课标对于语言文字的重视与实验版课标是一贯的。从开篇"语言文字是人类最重要的交际工具"[①] 到课程性质"语文课程是一门学习语言文字运用的课程"[②]，从课程基本理念"正确运用语言文字、特别关注语言文字对识

---

① 教育部. 全日制义务教育语文课程标准（修订版）[M]. 北京：北京师范大学出版社，2012：1.
② 教育部. 全日制义务教育语文课程标准（修订版）[M]. 北京：北京师范大学出版社，2012：2.

字写字的影响"① 到课程设计思路"语文课程应重视语言文字运用的实践"②，从各学段目标"识字与写字"部分对正确的写字姿势和良好的书写习惯的反复强调到实施建议部分"识字、写字是第一学段的教学重点，也是贯串整个义务教育阶段的重要教学内容"③，无不流露出对语言文字的特别关注。这些有关语言文字的要求，总体上坚持了实验版语文课标的思路，但比之实验版课标更加凸显了语言文字作为语文课程载体的重要性。推究修订版课标何以如此不厌其烦地为语言文字张目，主要的可能有以下几个方面：其一，语言文字作为语文课程的本然构成，其重要性并没有获得一致认同，倒很像道德教育有过的困境——说起来重要，做起来次要，忙起来不要。之所以如此，原因是复杂的，但很重要的一点是对语言文字的重要性的认识没有进入到关切语文课程存在，确切地说，是关切人的存在的视域。其二，多元文化（包括语言文字）并存的格局，使确立语言文字作为文化内核更加紧迫。其三，熟练而灵活地运用汉语言文字的能力、素质，比如写好汉字、有效地阅读，并没有在绝大多数的国民身上表现出来。这些都使得语言文字的重要性再怎么强调都不过分。

2. 注意语文课程内容的价值取向

对于课程内容的价值取向的强调可以算得上是修订版语文课标的一大亮点。这可以从很多地方显示出来。如导言部分"语文课程对继承和弘扬中华民族优秀文化传统和革命传统，增强民族文化认同感，增强民族凝聚力和创造力，具有不可替代的优势"④，这固然是在强调语文课程的重要作用和独特性，但却也显露着对于语文课程的定位：语文课程要继承和弘扬中华民族优秀文化传统和革命传统，在价值取向上必然要把优秀文化传统和革命传统的精神作为内在旨趣。语文课程要起到增强民族文化认同感、凝聚力和创造力的作用，也必然要让自身朝向那些被认定是民族的优秀的文化。在这个意义上，可以认为，导言部分对于语文课程的这种说明实际上为语文课程确立了基调。又如课程基本理念之正确把握语文教育的特点部分"应该重视语文课程对学生思想情感的熏陶感染作用，注意课程内容的价值取向，要继承和发扬中华民族优秀文

---

① 教育部. 全日制义务教育语文课程标准（修订版）[M]. 北京：北京师范大学出版社，2012：3.
② 教育部. 全日制义务教育语文课程标准（修订版）[M]. 北京：北京师范大学出版社，2012：13.
③ 教育部. 全日制义务教育语文课程标准（修订版）[M]. 北京：北京师范大学出版社，2012：13.
④ 教育部. 全日制义务教育语文课程标准（修订版）[M]. 北京：北京师范大学出版社，2012：1.

化传统和革命传统，体现社会主义核心价值体系的引领作用，突出中国特色社会主义共同理想，弘扬以爱国主义为核心的民族精神和以改革创新为核心的时代精神，树立社会主义荣辱观"①，这一申明放在课程基本理念部分，其意图可想而知：要使主流核心价值融进语文课程的理念深入人心，要在理念的高度上使语文课程成为体现和朝向主流核心价值的课程。再如，课程设计思路部分，修订版课标第 1 条"九年义务教育语文课程，应以邓小平理论和'三个代表'重要思想为指导，深入贯彻科学发展观，……，为学生终身发展奠定基础"②，这在实验版课标中是没有的，修订版课标添加这一条与在课程基本理念中增加关于语文要渗透主流核心价值的内容有异曲同工之处：如果说在课程基本理念中增加语文课程要融进主流核心价值的内容是要在理论的高度上为语文课程定向，那么，课程设计思路中再次强调语文课程内容的价值取向问题则是要为语文课程的设计操作导航。以此，修订版课标表现着明显的价值意识。

3. 强调语文课程的综合性和实践性

修订版课标对于语文课程综合性和实践性的关注与实验版课标是一脉相承的。所不同的是，实验版课标对于语文课程之综合性和实践性的揭示比较零星，修订版课标在实验版的基础上走出了一段距离。如在课程性质中，修订版课标既保留了实验版课标"工具性和人文性的统一，是语文课程的基本特点"③ 观点，又在首句就点明了语文课程的性质的重要一面："语文是一门学习语言文字运用的综合性、实践性课程。"④ 这算是对语文课程作了具有实质意义的说明：综合性偏向于语文课程的内容方面，实践性侧重于语文课程的学习方式方面。这与"语文课程的基本特点是工具性与人文性的统一"中的工具性与人文性相对应。工具性关注的是语文课程的功用，人文性强调的是语文课程的目标，二者虽有所不同，但它们各自作为描述语文课程的一个点却构成了对于语文课程的面的描述：目标→内容→方式→功用。又如课程基本理念之积极倡导自主、合作、探究的学习方式部分，"语文学习应注重听说读写的相互联系，注意语文与生活的整合，注重知识与能力、过程与方法、情感态度与价

---

① 教育部. 全日制义务教育语文课程标准（修订版）[M]. 北京：北京师范大学出版社，2012：2.
② 教育部. 全日制义务教育语文课程标准（修订版）[M]. 北京：北京师范大学出版社，2012：3.
③ 教育部. 全日制义务教育语文课程标准（实验稿）[M]. 北京：北京师范大学出版社，2001：1.
④ 教育部. 全日制义务教育语文课程标准（修订版）[M]. 北京：北京师范大学出版社，2012：1.

值观的整体发展"①，实施建议之教学建议部分"教学中努力体现语文的实践性和综合性"② 中"教师应努力改进课堂教学，整体考虑知识与技能、过程与方法、情感态度与价值观的综合，注重听说读写之间的有机联系，加强教学内容的整合"③，实施建议之评价建议部分"突出语文课程评价的整体性和综合性"中"应注意识字与写字、阅读、写作、口语交际和综合性学习五个方面的有机联系"④ 等都表达了对语文课程综合性的关注。对于语文课程的实践性的注意也不胜枚举，如课程基本理念之正确把握语文教育的特点中，"语文课程应该让学生多读多写，日积月累，在大量的语文实践中体会"⑤，又如课程设计思路第 2 条，"语文课程应注重引导学生多读书，多积累，重视语言文字运用的实践，在实践中领悟文化内涵和语文应用规律"⑥。此处对积累和领悟语文内容的内在生活实践性作出回应。再如，课程目标部分修订版语文课标把"写字姿势正确，养成良好的书写习惯"⑦ 作为一条基本要求纵贯于四个学段，大大突破了实验版课标在此问题上的要求，其用心显然是从外在要求和规范上确立语言文字实践的重要性和连续性，是要把语言文字的实践转化为学习语文课程的内在自觉。

综上，修订版语文课标从重视语言文字的学习和运用、注意语文课程内容的价值取向及强调语文课程的综合性、实践性三个层面彰显了语文之为语文的品质。从实验版课标到修订版课标"变与不变"中，我们有理由相信，语文之为语文的品质不仅会在文本中继续获得说明，而且会在语文课程的实践中获得实现。

（三）突出对"语文课程实施"的关注

修订版课标之"修订"之义不仅在于它呈现了理解、想像语文的更好图景——理想表述之语文和本真（语文之为语文）之语文，而且在于它为理想语

---

① 教育部. 全日制义务教育语文课程标准（修订版）［M］. 北京：北京师范大学出版社，2012：2-3.

② 教育部. 全日制义务教育语文课程标准（修订版）［M］. 北京：北京师范大学出版社，2012：13.

③ 教育部. 全日制义务教育语文课程标准（修订版）［M］. 北京：北京师范大学出版社，2012：13.

④ 教育部. 全日制义务教育语文课程标准（修订版）［M］. 北京：北京师范大学出版社，2012：18.

⑤ 教育部. 全日制义务教育语文课程标准（修订版）［M］. 北京：北京师范大学出版社，2012：2.

⑥ 教育部. 全日制义务教育语文课程标准（修订版）［M］. 北京：北京师范大学出版社，2012：3.

⑦ 教育部. 全日制义务教育语文课程标准（修订版）［M］. 北京：北京师范大学出版社，2012：6.

文的实现开辟了道路。这就使得修订版课标对于"语文实施"的关注成为接下来要阐述的问题。从修订版课标呈现的局部变化中可以看到，修订版课标在突显语文课程实施的时代背景、保持对语文教与学的方式的重视、回应语文课程实施中的突出问题等方面表现了其"修订之象"。

1. 突显语文"课程实施"的时代背景

修订版课标的出炉是课标运行一定时期后走向进化的结果，它反映了语文课程的自变化，也反映了课标对于时代背景的契合。就课标与时代背景的互动关系而言，修订版课标可以看作对时代背景的一种呼应。这充分地表现在以下地方：课标导言部分"当今世界，经济全球化趋势日渐增强，现代科学和信息技术迅猛发展，新的交流媒介不断出现，……，时代的进步要求人们具有开阔的视野、开放的心态、创新的思维，对人们语言文字运用能力和文化选择能力提出了更高的要求，也给语文教育提出了新的课题"[1]；课程基本理念之正确把握语文教育的特点部分"注意课程内容价值取向，……，树立社会主义荣辱观"[2]；课程设计思路部分第 1 条"九年义务教育课程，……为学生终身发展奠定基础"[3]；课程目标部分第 1 条在实验版课标的基础上增加了"'集体主义'[4]、'培养创新精神和合作精神'[5]"等内容；学段目标与内容之第三、四学段阅读部分增加了非连续性文本阅读的内容，实施建议之教学建议中增加了关于语法修辞知识的内容……从这些内容所呈现的信息来看，修订版语文课标密切注意了把时代背景融进课标，让语文课标关涉时代的问题，也就是课标与时代背景的双向互动问题。就我所见而论，任何时代的课标都会表征其与时代的关系，但不同时代的课标对于其与时代关系的表征是不同的。这既与课标所处身的时代背景的特质有关，也与课标本身的性质有关。以修订版语文课标来看，它所处身的时代已是经济全球化、信息化社会蓬勃上升期，这一时期整个世界的流变性、开放性、交互性、创造性及多元性特别明显，这使得我们不仅需要有包容和理解，也需要有自我保持的勇毅和坚守底线的精神。前者表现为我们鼓励多元并存和互动，后者表现为我们努力建立自己精神家园的行动。修

---

① 教育部. 全日制义务教育语文课程标准（修订版）[M]. 北京：北京师范大学出版社，2012：1.
② 教育部. 全日制义务教育语文课程标准（修订版）[M]. 北京：北京师范大学出版社，2012：2.
③ 教育部. 全日制义务教育语文课程标准（修订版）[M]. 北京：北京师范大学出版社，2012：3.
④ 教育部. 全日制义务教育语文课程标准（修订版）[M]. 北京：北京师范大学出版社，2012：4.
⑤ 教育部. 全日制义务教育语文课程标准（修订版）[M]. 北京：北京师范大学出版社，2012：4.

订版课标就很好地表现了在自我和时代背景之间自由往返的尝试：体现语文之为语文的本真，同时又把国际的（经济全球化）和本土的（社会主义核心价值体系）带进自我展布的历程。我们有理由相信，修订版课标所作出的积极尝试会在未来的课标中继续展现，因为时代和课标本身都处在人的世界性存在展布的路途上。

2. 保持对语文教与学的方式的关注

修订版课标虽有修订，但在思想脉络上与实验版可谓同出一辙。所以，修订版课标延续了实验版课标对于教与学的方式的关注：积极倡导具有自主、合作、探究品质的教与学的方式。但又有所不同：实验版语文课标对于教与学的方式没有明确具体的表述，而修订版课标对教与学的方式作出了说明。如实施建议之教学建议充分发挥师生双方在教学中的主动性和创造性部分提出"教师应认真钻研教材，正确理解、把握教材内容，创造性地使用教材；积极开发、合理利用课程资源，灵活运用多种教学策略和现代教育技术，努力探索网络环境下新的教学方式"[1]。又如实施建议之具体建议关于阅读教学部分，"阅读教学应引导学生钻研文本"[2]，"教师应加强对学生阅读的指导、引领和点拨，但不应以教师的分析来代替学生的阅读实践，不应以模式化的解读来代替学生的体验和思考；要善于通过合作学习来解决阅读中的问题，但也要防止以集体讨论来代替个人阅读"[3]。从修订版课标的这些表述中，我们可以发现，修订版语文课标在指向操作的意义上保持了对语文教与学的方式的关注，它试图在理论的抽象和操作的具体之间为语文的教与学找到固着点。也许它的寻找未必足够，但较之实验版语文课标的语焉不详，它已迈出了重要一步，必然会对语文课程的教与学产生更有实质性的影响。

3. 回应语文课程实施中的突出问题

从实验版课标到修订版课标的转换，很关键的一点是修订版课标正视和尝试解决实验版课标实施过程中的问题：实验版课标可操作性差，实验版课标下的语文课程语文性不显，实验版课标缺少关于"训练"方面的规定和要求，语

---

① 教育部. 全日制义务教育语文课程标准（修订版）［M］. 北京：北京师范大学出版社，2012：12-13.

② 教育部. 全日制义务教育语文课程标准（修订版）［M］. 北京：北京师范大学出版社，2012：14.

③ 教育部. 全日制义务教育语文课程标准（修订版）［M］. 北京：北京师范大学出版社，2012：14.

文课程中关于识字与写字方面存在的突出问题——学校、社会错别字使用严重、文字书写质量下降、有些地方写字教学负担过重等。修订版课标在这些方面显现出新象：如对于文字书写问题的关注，把"写字姿势正确，养成良好的书写习惯"作为贯穿各个学段的要求，这既表明了"良好书写"形成的长期性，又表明了解决书写质量普遍不高问题的决心和努力。又如对实验版课标下的语文课程语文性不显问题的关注，修订版课标至少从重视语言文字的学习和运用、注重语文课程内容的价值取向、强调语文课程的综合性和实践性三个方面表达了对语文之为语文的关切。再如评价建议中关于精读评价的问题，实验版中只有很概略的说明："重点评价学生对读物的综合理解能力，要重视评价学生的情感体验和创造性的理解。根据各个学段的目标，具体考查学生在词句理解、文意把握、要点概括、内容探究、作品感受方面的表现"[①]，而修订版语文课标却对各学段评价的具体方面进行了说明："第一学段可侧重考察对文章内容的初步感知和文中重要词句的理解、积累；……，第四学段侧重考查理清思路、概括要点、探究内容等方面的情况，以及读懂不同文体文章的能力"[②]。这一方面体现了对于语文实施的层次性、阶段性的注意，另一方面回应了实验版语文课标可操作性差的问题。关于解决实验版语文课标可操作性差的问题，修订版课标在学段目标与内容、实施建议部分都有明显的表现。从已有的调整和改进来看，应该说，修订版课标具有了一定的操作性，较好地处理了抽象的理论与具体的实践之间的连接问题。

　　总而言之，修订版课标在突显语文课程实施的时代背景、保持对语文教与学的方式的重视和回应语文课程实施中的突出问题等方面表达了对于"语文实施"的关注，展示了自身的特点。由这些方面，修订版课标获得了"实践性"的昭示。

四、 修订版课标实施应注意的几个问题

　　作为对实验版课标的一种发展和修正，修订版课标表现出了对实验版课标从反思到超越的姿态，并且显露出了适应时代的新风貌。自然的，修订版课标

---

①　教育部. 全日制义务教育语文课程标准（实验稿）[M]. 北京：北京师范大学出版社，2001：18.
②　教育部. 全日制义务教育语文课程标准（修订版）[M]. 北京：北京师范大学出版社，2012：19.

也昭示着未来语文课程实施走向的线索。修订版课标最终的落脚点还是在实实在在的课程实施当中，延续前面的对比研究我们进一步对课程实施中的应注意的问题，作了以下几点思考。

（一）形成忠实于修订版课标的课程实施导向

之所以将这个观点作为修订版课标实施关注的第一个要点，是源于在过去"教学大纲"时代所形成的对于具体课程实施者的束缚在修订版中得到了解放，但这解放有点矫枉过正，反而使得标准的实施缺乏操作性，于是才有了修订版课标实施中需要强调的"形成忠实于修订版课标的课程实施导向"。

我们认为，教师的课程实施依据无外乎这几个来源：一个是教师基于多年工作实践所总结的各种经验和教训，一个是教师手头可资利用的教科书和各种各样的教学参考书，还有一个就是我们的义务教育语文课程标准。就这三个实施依据而言，无论是过去的教学经验还是琳琅满目的教学参考书，解决的都是关于教学的内容和教学方法、手段的问题，一般不会涉及为什么教和如何把握教的程度的问题。但是，毫无疑问地，为什么教和如何把握教的程度的问题对于课程实施而言也是极其重要的，而这个问题的解决就有赖于课程标准了。我们知道，课程标准跟教师过去所积累的经验以及教学参考书并不冲突，它们是相辅相成的关系。但是，我们也需要知道课程标准才是最根本的课程实施的来源，教师要深入细致地了解和掌握课程标准，揣摩其对教学目标、课题目标的明确具体要求，并依据这个要求来组织教学内容，安排好配套的教学活动。

从世界范围看，有些国家会明确提出教学内容分类，有些国家会提出教学目标分类，而有的国家则提供学业水平方面的分类，这些分类都是为了指导教师更有针对性地忠实于课程标准，将课程标准更好地落实在课程实施当中。就修订版课标而言，其在这几个方面并没有作出很大的改变，但修订版课标相较实验版课标而言，在课程目标的设置和课程内容的序列化方面还是作出了有益的尝试。比如，设置了更多层级的难度梯度，学段与学段之间联系更加紧密，而且无论是表述的适当性还是准确性都有所提高。

（二）形成遵循修订版课标的课程评价体系

我们说，语文教育对每个学生的情操都负有陶冶责任，语文教育对每个学生的人格都负有或大或小的塑造责任，语文教育在单纯的语言文字教学之外还负有"育人"作用。语文反映整个社会的历史变迁，也反映着历史变迁所沉淀下来熔铸在整个民族心灵深处的烙印——民族精神，我们甚至可以这样说，语文是整个人类文明历经千万年沉淀形成的光辉璀璨的精神珍珠。也就是说，学生们要想学好语文就必须学会感受和领悟所有中外文明的精神内核，学会吸取民族精神的精华营养，只有这样语言文字的学习才能有载体和依托。

由于以上原因，修订版课标着重突出了在语文课程中对社会主义核心价值观有所体现和侧重的要求，同时要突出对民族精神和公民素养培养的关注，并把过去单纯给学生灌输知识过渡到着重培养学生的综合素质与知识运用创新能力的模式上来，要把蕴含着人文关怀的篇章加入语文教材中，陶冶学生们的情操，熏染学生们的心灵和人格，让学生们的人生旅程因语文的存在而更加美好。修订版课标这种局部方向的转变必然要求相应评价体系改变与之配套。

修订版课标强调指出，语文课程目标的设置要有整体协调性和综合实践性，并且这两种性质要能体现和落实在义务教育语文课程评价当中。语文课程评价要注重从整体上考查学生们经过一段时间的语文学习后其语文涵养是否有相应的提高。语文课程评价还应该注意识字与写字、阅读、写作、口语交际和综合性学习五个方面的有机联系，注意知识与能力、过程与方法、情感态度与价值观的交融、整合，避免只从知识、技能方面进行评价。① 修订版课标中涉及对语文课的评价问题时，并不强调把每节课都割裂开来单独作出评价，而是倾向于把每堂课和前后相关的课联系起来，并将学生们的课堂表现与课程评价联系起来。而且，每一节课内容并不是把能想到的每一个方面都照顾到位才算好，它应该有选择地侧重一些教师认为对学生很重要的方面，要根据学生们的发展实际来决定，这一节课是传授知识还是进行技能培训又或者是对情感和态度进行熏陶，这些都没有严格要求，教师拥有灵活安排的权利。但这种灵活安排并不是说教师可以天马行空、随心所欲，而是既要照顾到语文课最基本的学习内容语言文字，又要实现对文章人文性和美学特性的挖掘，从而对学生人格养成、心灵成长起到熏陶和促进作用，只要教师能具有这些意识，那么每一节课都能在语文课程评价中获得比较理想的分数。这就要求我们的语文教师把自己的角色定位到语文课程开发者的位置，对每一篇文章都进行多角度的解读，最好能把自己个性化的思想学识甚至人格操守融入其中，让自己的思想激起学

---

① 胡根林. 2011版语文新课标的"不变"与"变"［J］. 中国教育学刊，2012（6）：60-64.

生们思维的浪花，让自己的优秀人格通过语文课堂的传播成为学生人格的一部分。

（三）改变语文课程的应试倾向

语文课程标准修订组组长温儒敏在其汇总报告中说："总的来说是要尽量摆脱应试教育的束缚，往素质教育靠拢，同时遵循语文教学的规律，特别注意激发兴趣，保护天性，学会学习。"①

温组长对应试教育的批评在语文课标中阅读方面的目标和内容要求中都有体现。修订版课标提出阅读要体现出学生的个体差异性需求，把学生对阅读的理解作为阅读教学的切入点，让学生的个性在阅读学习中生长舒展，教师要学会理解学生在阅读方面的个人感受，不能把自己的感受强行推介给学生，而是让学生自主自发地进入阅读本身。修订版课标对阅读的量和质都有新的要求，总的来说，学生们应该在自己力所能及的时间范围内多读好书，如一些大家公认的经典书籍，尤其应该主动阅读，并在阅读中吸收精神营养，让自己的语文修养在不知不觉中提高，让自己对语文的感悟和体验更加深刻有力。

温组长对应试教育的批评在语文课标中写作教学的目标和内容方面亦有着明显的痕迹。修订版课标对应试作文提出了有力的批评，认为这样的作文是生搬硬套的夹生饭，不但对文风有害，对学生的人格成长也是有百害而无一利的。修订版课标对作文教学的要求中，突出了让学生们写"真情实感"，让学生们把生活中自己身边发生的事情、自己的所思所想所感所悟都放入自己的写作当中，这样就给学生们一个自由宽松的空间。说真话可以说即是写作的最低要求也是写作的最高境界。我们说，一个人表达的首先或者说唯一的来源只能是自己：自己的经验、感悟、想法，所有的一切最终的来源都只能是自己。一个简单的要求就解放了孩子们笔下的世界。

（四）警惕"泛语文"陷阱

引进新课标的先进教学理念，可以说对语文教育有大解放、大促进。对于

---

① 语文课程标准研制组. 全日制义务教育语文课程标准（实验稿）修订建议汇总报告、全日制义务教育语文课程标准（实验稿）修订建议汇总报告（续）［J］. 语文建设，2003（10，11）：14-18；14-16.

官方文件发布的语文课程理念的学习和体会，以及付诸行动是教师们响应新课程改革的行动表现，语文新课程改革必然呈现一片生气勃勃的崭新面貌。但是对于新课标的实施，由于它没有固定的模式可借鉴，备课、上课、评价等都将呈现出动态化的创造形式，所以必然会出现对于一些基本理念的内涵还不明确的现象，对于一些基本理念的内涵作了错误理解和实践也就可能异化了新课程语文课堂，这样的异化将让语文课程误入歧途——走向"泛语文"。

什么是"泛语文"？首先，我们说如果语文课程目标里出现了其他学科的课程目标，很有可能这时的状况就陷入了把语文课程过度宽泛化的陷阱；其次，当我们从语文课程内容中看到大段的政治、思想品德方面的东西，那我们也可以说这时的状况陷入了把语文课程过度宽泛化的陷阱；再次，如果我们从语文课程评价中看到诸如"引导过度""偏离学科内容不知所云"之类的话语时，我们也可以认为，这时的情况陷入了把语文课程过度宽泛化的陷阱。桑进林曾对其下定义为"所谓泛语文，就是指中学语文课堂教学内容偏离课程标准，脱离教材，游离于语文知识之外，漫无边际地延伸课堂内容的教学行为。"[①]如果一堂课上大家讨论热烈、表现得十分踊跃，，然而当你注意他们讨论的内容时，发现这些内容大多数是与本节课的学习内容关联度不大的东西，在这样泛化语文的情况下我们几乎可以肯定，学生们的语文收获被悄悄的抹去了。当然，语文课上适度的延伸是有必要的，我们需要警惕的是那种过度延伸的倾向，防止语文课程陷入过度宽泛化的陷阱之中。

由于新课标强化了社会主义核心价值体系的思想导向，突出了现代公民素养和民族精神的培养，我们一线教师在具体课程实施时要防止"泛语文"倾向，越俎代庖地把语文课变成德育课、政治课，当然，对新课标强调的社会主义核心价值体系的思想导向和现代公民素养和民族精神的培养的适当延伸是有必要的，但一定要点到为止，防止过犹不及。

相应的，我们的语文教育必须重视"语言知识"的教学。

修订版课标在教学目标方面作了一些积极的调整，同时对教学过程中有可能会发生的缺陷之处进行了弥补，对于过去实际上只注重对学生知识的灌输，忽略对学生们综合能力、自主创新能力培养的方向性失误进行了纠正，这纠正里还包含了对学生民族精神培养的重视以及公民教育在语文课程中渗透加强的

---

① 林淑媛. 对新课改中课程实施问题的反思 [J]. 教育导刊, 2006, (12): 19-22.

内容。修订版课标大力地强调了语文学科的人文性，毋庸置疑这是一个走向良性发展方向的转变，但是，需要指出的是，这种转变可能带来的一个副作用：把原本已经不受教师们重视的语言知识的学习进一步边缘化了。可以这样说，语言知识是语文学科所特有的味道，称之为"语文味"；语言知识的边缘化将淡化我们语文学科的味道，使语文学科赖以立足的根本发生动摇。

过去，苏联凯洛夫教育学统治着我国教育领域的各个方面，在语文学科中，语言知识的地位崇高到无以复加，对它的学习几乎占据了语文学习的半壁江山。诚然，这种过分的偏重，导致了语文学习脱离实际生活和实际运用，造成了很大的负面影响，这才有了后来的变革。

后来"淡化语文知识"成为语文课程变革的重心和主题之一，来自西方的大量的课程改革理念给我们的语文课堂输送了一股清新的空气：学生们的自主性在不断地提高，学生们慢慢学会了互相合作，学生们逐渐地适应主动探究的新的语文学习方式，无论是课堂气氛还是师生互动，相较过去而言都可以说是焕然一新，令人精神为之一振。然而，任何事情都是过犹不及的，矫枉过正的后果就是语文教学效率慢慢地降低，语文教学的质量逐渐地下滑。如果我们细加探究，几乎可以肯定，语言知识的缺失就是这些恶果发生的最根本原因。我们知道，语文学科的人文性是必须强调的，但是过分强调会直接导致语言知识彻底被边缘化，从而导致语文学习质和量的同步下滑。实际上，只要教师注意改进自己的教学方法，让学生们对语言知识更感兴趣，引导学生联系实际来学习语言知识，那么语言知识的学习就将跳出单向灌输的窠臼，从而既夯实了语文基础，又没有以牺牲学生对语文学习的兴趣为代价。

因此，在修订版课标的具体实施中，教师一方面要有意识地加强"语文知识"的教学以防止其缺失，另一方面要注意教学方法的改进，让过去枯燥乏味的语言知识的学习变成一件乐事。这是防止陷入"泛语文"陷阱的正确举措。

第四章 新世纪基础教育课程未来改革的建构

　　新世纪基础教育课程未来改革，必须围绕立德树人的根本目标，确立"课堂（教学）中心""教师中心"和"学生中心"的价值取向，坚持"三个重要"即"课堂比课程重要、教师比教材重要、学生比学科重要"的先进理念的引领，以具有本地性、适切性、原创性等特性的科学的本土课程教学论特别是"四生课堂"理论为指导，立足历史—现实—未来和线上—线下一体的立体四维时空，开展踏踏实实的课程改革特别是课堂改革实践（实验），在理念—行动、理论—实践的多元坐标中围绕教学主体的生命性、教学目的的生长性、教学内容的生活性和教学过程的生成性实现课程教学理论及其实践模式的双重建构。

第一节　从课程到课堂：基础教育课程改革应然走向之一①

课程是学校教育活动的内容及其科目设置，它只有而且必须通过师生课堂的活动才能为学生所掌握从而转化为学生内在的知识与素质结构。所以，课堂是课程落实的最主要、最有效场所。对于学校人才培养来说，课堂比课程更重要！这是因为从根本上说，课堂教学就是教师和学生围绕教学目的而展开的共同活动，亦即师生双方通过行为作用于课程促进学生身心发展的活动。因此，从整个教育活动来说，师生的课堂教学行为良否决定着课程实施状况好坏和教学质量的高低，最终决定着人才培养质量的优劣。

一、课堂教学是学校最基本最主要的工作

育人目标主要是通过课堂教学来实现的。"这是因为，它所产生的教育作用最全面、最深刻、最系统，占的时间最多。一个学校的教育质量如何，主要就是由它的各科教学质量来决定的。"（李秉德，1991 年）正是在这种意义上，学校应"以教学为中心"，教学工作应被视为学校的中心工作，其他各项工作均应围绕它来展开并为它服务。教学，主要是通过师生的课堂行为来完成的。离开了师生的课堂互动行为，教学即不复存在；师生的行为若出了问题，教学也必然会出问题。因此，师生的课堂行为决定着教学的成败。

二、课堂教学是提高质量的根本保证

20 个世纪末我们下力气抓了义务教育普及，21 世纪初抓了高等教育大众化。义务教育普及和高等教育大众化都属于量的扩张，是一种外延式规模型教育发展模式。今后的发展必定要回到质的提升、走内涵式质量型发展道路上

---

① 张传燧。原载《湖南师范大学教育科学学报》2013 年第 2 期，原标题为《课堂比课程更重要》。收入本书时，文字、标点有所改动.

来。《国家中长期教育改革与发展规划纲要》提出：要把提高质量作为未来十年教育改革发展的核心任务。2011 年底在青岛召开的"课程与教学论研究的责任与使命"学术研究会上，与会者一致认为课堂应该成为理论与实践的中介环节，走进课堂是处理理论与实践关系最可取的解决方法。2012 年 7 月在长春召开的全国教学论学会第十三次学术年会的总主题是"教学质量与教学改革"，分主题有"教学质量视域下的课堂教学研究"。2012 年 10 月在福建武夷山市召开的第八次全国课程学术会议收到的百多篇论文中有近 50 篇是讨论课堂教学和师生的教学行为的。2012 年 11 月在广州召开的第十四届两岸三地课程理论研讨会的主题是"课程实施与教师专业发展"。这些会议关注的问题表明，课程理论工作者已逐渐转向课堂教学问题研究。可以说，这些会议主题抓住了问题的关键，把握住了今后一段时期教育发展的走向。提高质量，教育工作重心即落脚点在哪里？在课程，还是课堂（教学）？课程是开展教育活动的前提条件，完备合理优化的课程是保证教学质量、实现教学目的的基础。但提高教学质量、实现教学目的主要是依靠课堂教学来完成的。课堂教学才是落脚点和归宿，离开了课堂教学或者忽视了课堂教学，再好的课程也不能保证教学目的的实现。因此，教育实践工作和教育理论研究从课程转移到课堂（教学），从课程决策者、课程设计者、教材编写者转向课程实施者即师生，是一种本然或曰应然的视角。

三、 课堂教学是课程知识转化为学生核心素养的基本保证

新世纪基础教育新课程改革以来，我们重点抓了理念化、制度化、文本化课程建设。从十年课程改革理论研究看，人们过于将关注的焦点和重点放在"课程"上，"课程标准""课程方案""课程评价""课程意识""课程资源""课程设计""课程开发"等"理念化课程"的研究占据了主流。从课程与教学的实践看，颁布《基础教育课程改革纲要》（试行），实行国家、地方、学校"三级课程管理制度"，建立了教材审定制度，"制度化课程"建设成效显著。同时，制定了基础教育阶段各科课程标准，根据"一纲多本"原则编写出版了义务教育阶段各科多套教材，"文本化课程"更加完善。然而无须讳言，与理论、制度、文本课程繁荣形成反差的是，学校课堂教学状况不容乐观。"课改十年，课程虽好，课堂依旧"现象十分明显。其原因之一，就在于我们在这十

年狠抓了课程建设，但对课堂教学关注远远不够。先进课程理念与残酷课堂现实脱节的"两张皮"现象仍然严重存在。设想性、方案性、规划性、文本性是静态的理念课程、制度课程、文本课程的突出特征，而"实践性"动态性则是"行为化课程"［即课堂教学，有人又称之为实施的课程或实践性课程（施瓦布）］的显著特征，"理念化课程""制度化课程""文本化课程"需要通过"行为化课程"才得以真正实施，也必须转化为"行为化课程"才最终取得实效。

未来十年深化课程改革，应当确立"三个重要"（"课堂比课程重要、教师比教材重要、学生比学科重要"）新理念，实现"三个转向"即从"课程"（curriculum）到"课堂"（classroom），从教材（textbook）到教师（teacher），从学科（subject）到学生（student）的转向，关注师生、关注课堂里师生的行为表现，应当成为未来基础教育课程改革的必然走向。

第二节　从教材到教师：基础教育课程改革应然走向之二[①]

教材和教师历来都是课程与教学论研究领域中关注的重点。就前者而言，新世纪课程改革十分注重对教材的调整和革新，在"一纲多本"原则的指导下我国基础教育教材呈现出多样化特征，变得更加"以人为本"。但是，再好的教材，如果教师抱着依赖和服从的消极态度，不将理念化的课程转化为行为化的课程，那么课程目标就难以实现。就后者而言，教师是课程的实施者，是课堂教学行为的主体，教师在教学目的实现过程中占据重要的地位和作用。因此，在课程改革和教育研究中必须对教师教育观念及教学能力的培养加以重视，赋予教师课程权利，促使教师由课程的执行者、课程实施的工具向课程的主体和建构者转变，完成教师课程角色的转型，彰显教师的课堂权利，增加教师的专业自主性，使其在课程开发、课程设计、课程实施、课程评价中发挥更为重要的作用。

---

① 湖南师范大学李梦婷 2015 年硕士学位论文。收入本书时笔者作了较大修改.

一、 研究背景、 目的和意义

(一) 研究背景

教材和教师是课程与教学论研究领域中关注的两大重点。我国基础教育教材在新课改理念的指导下发生了深刻变化，主要表现为：教材实现"一纲多本"；逐步由对教学的"控制"和"规范"转向"为教学服务"；兼顾了文化功能和实用功能；注重学生自学探究能力的培养。然而，教材的改革并没有带动教师课堂教学行为及学生学习行为的必然转变，教师仍然恪守着老旧的教学观念和教学模式，对教材的依赖性也没有降低，整个课堂教学过程仍是对教材内容按部就班的转述过程。在这种情况下，学生学到的还是只有教材上的知识，变化的仅仅是可能这些知识更具时代性和典型性，而通过教材改革实现培养学生乐学、好学、积极主动学习的学习态度，培养学生自主学习能力，促进学生全面发展、整体发展的目标却并未真正实现。可以说，再好的教材也不能保证教学目的的必然实现，教材最终还是要通过教师转化成实际的教学行为，才能最终转化为学生的经验，而教师是否充分理解以学生发展为本的新课程改革理念，是否能够有效地利用教材，根据学生的实际情况，展开有针对性和实效性的教学，才最终决定了教育改革目标能否顺利实现。因此，教师是课程的实施者，是课堂教学行为的主体，在课程改革目标实现过程中扮演着关键的角色。在教学改革和教育研究中必须更关注教师，重视教师的作用和地位，重视教师教育观念及教学能力的培养，赋予教师课堂权利，促使教师由课程的执引者、课程工具转向课程的介入者，使其在课程开发、课程设计、课程实施、课程评价中发挥出更为重要的作用。

自 21 世纪我国实行新课程改革以来，教育者们在教师和教材方面做了大量的研究和改革工作，并取得了很大的研究和改革成果。但是，就整体教育质量和学生的学习效果来看，较新课改之前并没有显著的改变，其主要原因在于：第一，在教材的编写上，偏重学科取向、专家取向，忽视了一线教师所应发挥的作用，教材的适用性还有待提高。第二，教材建设初步完善，并且开发了多个教材版本以适应不同地区和学生群体的需要，但是不重视一线教师对教材的开发及其二次开发，使得在具体教学实践中教材仍难完全适应具有差异性的教师和学生的需要，部分教师和学生对教材的理解感觉吃力和无所适从，导致教学效果不佳。第三，不重视教师的课程权利，教师在课堂上应占据主导地位，凭借自身的专业素养，选取最适合学生的方式和内容进行教学，而不是成为教材教学的附属工具；教师在升学考试制度的压力下，并没有从传统的教学模式中走出来，教学方式和课改之前没有实质性的变化，这也与过分重视教材，升学考试内容主要以教材里的内容为主有关，教师的主导地位受到压制，重分轻能时代背景下，教师被迫采取最常用、最快速的教学方式以最大可能地向学生传输教材内容。第四，教师培训中教材培训所占比重过高，培训缺乏针对性和有效性，不能实现提升教师课堂教学能力和综合素质的目标。因此，在教材建设越来越完善，课堂教学却老一套，教育质量并没有显著提升，课程改革目标难以实现的现状之下，我们应该清楚地意识到，完成由教材到教师的转向是基础教育课程改革未来的必然走向。

未来10年深化课程改革，应当确立"三个重要"的新理念，分别是课堂比课程重要，教师比教材重要，学生比学科重要，实现"三个转向"，即从"课程"（curriculum）到"课堂"（classroom）、从"教材"（textbook）到"教师"（teacher）、从"学科"（subject）到"学生"（student）的转向，更关注师生、关注课堂里师生的行为表现，应当成为未来基础教育课程改革的必然走向。[1] 本节选取研究"三个转向"之"教材到教师"转向作具体的调查和论证研究。本研究认为，教材体现的教学目标需要教师的具体教学实践来实现；教材承载的理念化课程标准需要教师转化为行为化课程；教材反映的教学模式和教学方式需要教师选用和践行才能发挥作用。因此，教育实践工作和教育理论研究从教材转移到教师，从关注教材的编写和改革转为关注教师的培养和发展，是基础教育课程未来改革的必然走向之一。

（二）研究目的及意义

教材和教师历来都是课程与教学论研究领域关注的重点问题。从教材到教师的基础教育课程改革走向研究有助于完善和丰富教师专业成长、学生发展和课程改革等方面的理论，所以具有一定的理论意义。

虽然新世纪新课程改革在教师和教材方面作了大量的研究和改革工作并取

---

① 张传燧. 课堂比课程更重要［J］. 湖南师范大学教育科学学报，2013（2）：扉页.

得了相当的成果，但是就整体教育质量和学生学习成果来看，较新课改之前并没有显著的改观。通过分析这些现象及其原因，并提出相应的解决策略，对于推动基础教育课程改革实现由教材到教师的转向，具有一定的实践意义。

二、 基础教育课程改革中教材和教师地位及作用调查

（一）调查设计与实施

1. 调查范围与对象设计

（1）调查范围

本研究的调查范围主要圈定在长沙市市区的中小学。长沙是湖南省省会，位于湖南省东部，占地面积 11800 多平方公里，辖六市辖区、二县、一县级市。市区拥有小学 189 所，中学 74 所。

（2）调查对象

为了解基础教育课程改革中教材和教师的地位及作用的现状，本研究选择长沙市从事基础教育工作的教师为调查研究对象。

一是问卷调查对象的选择。因本研究主要研究对象是长沙市从事基础教育工作的教师，基础教育包括小学教育、初中教育和高中教育三个阶段。本研究决定以 300 人为抽样的人数，在样本的选择上采取分层随机抽样的方式，主要分为三层：小学教师、初中教师和高中教师，其中小学、初中、高中教师各抽取 100 人，组成 300 人的样本。根据上述情况，本研究共发出问卷 300 份，回收 294 份，回收率 98％，有效样本 290 份。问卷抽样调查对象有效样本分布情况见下表。

二是访谈对象的选择。本研究分别在小学、初中、高中各选取了 2 名从事基础教育工作时间比较长、教学经验丰富的教师作为访谈对象，共计 6 名教师。

有效样本分布情况

学校性质	发放问卷数量	有效问卷数量	有效率
小学	100	96	96％
初中	100	96	96％
高中	100	98	98％

2. 调查内容与维度设计

（1）问卷调查内容及维度设计

本研究的目的是探讨基础教育改革的未来走向，为了实现这个目的，本研究制定了以教育研究与教学实践中教师和教材的地位和作用为内容的调查问卷，该问卷共 21 个问题，主要包括四个维度：

①教材编写过程中教师的地位和作用。我国大部分教育研究者和改革者都认为课程改革的核心和关键是教材改革，因此新课程改革将大量的时间、精力和研究资源都集中在了教材改革上。教育研究者们根据某一种或者几种教育理论，结合国外教材编写的优秀经验和我国教材编写的不足提出了教材改革的方向、内容和范本，他们同时也是教材编写的主要参与者。但是，从事基础教育工作的一线教师，作为对学生身心发展水平、认知水平等最为了解的群体，作为课堂教学工作的践行者和教材的使用者，从应然上来说其在教材编写过程中应当也必须被赋予重要的职责。在教材编写过程中从事基础教育工作的一线教师是否占据重要地位并发挥着重要作用，这是本研究要调查的重要内容之一。

②教材二次开发过程中教师的地位和作用。新课程改革要求教师转变教学观念，摆脱教书匠的职业定位，成为一名有课堂掌控力和创新能力的人。教师不应再从属于教材，不应再原封不动地传授教材内容、按部就班地复述教材知识，教师应该根据学生的实际情况、学习水平和特点来组织和开展教学，并对教材进行针对学生的实际和自己的课堂教学实践的二次开发。可以说教师对教材的"二次开发"能力在课程实施过程中尤为重要，在一定意义上决定着教师教学质量，也决定着课程改革对教学实践发展的推动力。因此，新课程改革也十分重视教师对教材的"二次开发"。既然如此，那么在实然上，教师对教材二次开发的现状又是如何呢？这也是本研究调查的重要内容之一。

③课堂教学过程中教师和教材的地位和作用。新课改背景下语文课程标准明确提出要"充分发挥师生双方在教学中的主动性和创造性"，明确"教师是学习活动的组织者和引导者"，[①] 这实际上是强调教师教学主导地位的确立和主导作用的发挥，要求教师改变以往过分注重知识传授的观念，使教学的过程变成师生双方主动性和创造性发挥的过程。但是，在课堂教学实际中，很大一

---

① 教育部. 全日制义务教育语文课程标准（实验稿）［M］. 北京：北京师范大学出版社，2001.

部分教师还是将教材的编写顺序作为自己的上课顺序，按教材规定的教学目标、教学内容和教学方式来设计教学，对每一节课、每一块内容的处理方式也十分相似，更重视知识的讲解而非对学生素质和能力的培养，仍旧扮演着教书匠的角色。因而，在当前的课堂教学过程中，教师的主导地位和作用有没有得到充分的发挥，教师是否还只是教材的理解者、分析者和对学生发号施令者，教材是否超越教师在课堂教学中占据着更为主导的地位和作用，同样是本研究需要调查的内容之一。

④教师培训中教材培训的地位和所占比重。教师培训的目的是通过培训促使教师自身专业技能的不断更新，确保教师的综合素质符合时代发展要求，帮助教师更好地应对日常教学工作，提高学生知识学习的有效性。[①] 新课程改革中，教师的教学适应新的教学目标、教师在教学中适应新课程改革的课程结构、适应现有的评价体系，是新课程改革的关键，也体现出新课改对教师综合素质的要求。教师综合素质提升，建立相适应的教师培训制度和体系无疑是最具实效性的途径之一。[②] 从应然层面上说，教师培训应当能够帮助提升教师的教学能力和综合素质，帮助教师适应新课程改革的要求，而非进行大量的教材培训，单纯帮助教师适应教材改革。那么从实然来看，现有的培训制度中教材培训所占比重是否过大，教师培训是否帮助教师实现个人教学素养的提升，也是本研究的又一重要调查内容。

（2）访谈内容设计

访谈的对象是从事基础教育工作的一线教师，一共 6 名，其中小学、初中、高中教师各 2 名。考虑到访谈的时间安排，为了在较短的时间内通过访谈的形式了解 6 位教师对基础教育改革和教育实践中教师和教材的地位和作用的看法，笔者从四个方面提出了比较有针对性的问题。

访谈的第一部分是让 6 位老师了解访谈的目的。第二部分就是对 6 位老师情况做一个基本的了解，比如目前所任教的年级、教龄等。第三个部分是访谈设计的 7 个问题，主要是想了解老师对以下四个方面的看法：第一是对于当前所用教材的态度及教材编写过程中教师应发挥的作用和当前实际发挥的作用的看法和建议；第二是对于教师对教材二次开发的必要性的看法；第三是对于课

---

① 朱益明. 近年来教师培训研究发展述评［J］. 上海教育科研，2004（11）：4-8.
② 教育部师范教育司. 更新培训观念变革培训模式［M］. 长春：东北师范大学出版社，2001.

堂教学过程中教材和教师的地位和作用的看法；第四是对教师培训的目标及存在的问题的看法。

3. 调查问卷与访谈提纲的编制

（1）调查问卷的编制

调查问卷的对象主要是从事基础教育工作的一线教师，根据研究的维度，本调查问卷共分为五个部分：第一部分是对调查对象基本资料的调查，主要是调查对象所在的学校性质；第二部分是关于当前教材编写及选用过程中一线教师参与度情况的调查；第三部分是关于当前教师对教材二次开发情况的调查；第四部分是关于当前教师课堂教学情况的调查，包括如何制定教学目标、教学内容、教学方法、教学顺序等；第五部分是关于教师参加教师培训的相关情况的调查。

（2）访谈提纲的编制

在小学、初中、高中各选取 2 名有代表性的教师进行访谈，这 6 名教师均为教学经验丰富、教龄较长的老师，了解他们关于基础教育改革未来走向问题的看法。访谈第一部分是对于 6 名教师基本情况的了解；第二部分是关于被调查者对于当前所用教材是否能够实现新课程改革目标及教师应在教材编写和选用过程中发挥怎样的作用的看法；第三部分是关于被调查者如何看待教师对教材的二次开发问题以及对何为真正的教材的二次开发的认识；第四部分是关于被调查者对于课堂教学过程中教师和教材分别应该发挥什么样的作用的看法，以及如何看待教师课堂权利发挥的问题；第五部分是关于被调查者对于当前教师培训的看法，以及对未来教师培训改革走向的建议和意见。此次访谈的 6 位教师的基本情况见下表。

访谈对象基本情况

教师	所属学校	年龄	教龄	最高学历
潘老师	小学	38	18	大专
陈老师	小学	29	7	本科
李老师	初中	32	10	本科
欧老师	初中	34	13	本科
黄老师	高中	46	25	本科
罗老师	高中	30	6	硕士

4. 调查实施与数据处理

（1）调查实施

整个调研开始于 2014 年 11 月，调研时间为 1 个月，于 2014 年 12 月结束。为了检验调查问卷和访谈提纲是否有设计不周或遗漏之处，此次调查研究首先选取了 12 名教师进行试测，其中小学、初中、高中教师各 4 名。在试测过程中，某些单项选择问题有教师勾选了多个选项，因此在正式问卷中强调了此次调查问卷的题目均为单项选择；对于某些题目教师表示对题干和选项不能够完全理解，或者容易产生理解歧义，因此在正式问卷中删改了这些问题。

经过试测和对问卷的调整以后，就正式进行问卷和访谈。从 263 所学校中采取分层随机抽样的方式抽取了 12 所学校，其中小学、初中、高中各 4 所，在选定的 12 所学校分别进行问卷的发放。参与本次调研的对象共有 306 名，其中问卷调查对象 300 名，访谈对象 6 名。问卷回收 294 份，其中有效问卷 290 份，无效问卷 4 份，有效问卷率为 96.7%。无效问卷产生的原因多为被调查者没有仔细阅读问卷题目和要求，没有对有些问题的答案进行勾选，或者对某些问题进行了多项勾选（本研究的问卷全部为单项选择题）。关于访谈，主要是从抽取的 12 所学校有针对性地选取了 6 名教学经验丰富、有代表性的教师进行访谈，并通过录音和笔记的方式对访谈内容进行记录。

（2）数据处理

本研究对数据的处理主要采用 Excel 统计方法，这是一种简单、直观、易分析和理解的统计方法，意在使大家能更直观、清楚地了解本研究的调查方法和结果；对于访谈结果的处理主要是对访谈记录和访谈录音进行有针对性的分析。

（二）调查结果分析

根据问卷调查的四个维度，问卷调查的结果分析也将从这四个方面进行。

1. 教材编写和选用过程中教师的地位和作用

问卷 2～5 题调查结果统计

题号	总数	A	B	C	D
2	290	70.7%	24.1%	5.2%	—
3	290	32.4%	52.8%	14.8%	—
4	290	49.0%	36.9%	9.0%	5.1%
5	290	12.4%	19.3%	68.3%	—

上表所示的调查结果从四个方面表现出教师在教材编写和选用过程中的地位和作用：调查对象所使用的教材所属的类型；教材在编写过程中线教师参与情况；教材编订完成后试用及意见征询的情况；教材选用过程中教师的参与情况。统计表明，高达 70.7% 的教师所用的教材是基础教育通用教材，即新课标系列教材，试用校本教材和自编教材的比例分别是 24.1% 和 5.2%，且通过访谈我们了解到使用校本教材和自编教材的老师基本上教授的是音乐、美术、体育、思品等科目，也就是非统一考试类科目，且这两类教材在小学的使用率较高。52.8% 的教师表示其所用的教材在编写过程中没有征询过一线教师的意见，也有 32.4% 的教师表示其所用的教材在编写过程中征询过一线教师的意见，结合第 2 题的回答来看，征询过一线教师意见而编写的教材绝大多数属于校本教材和自编教材，也就是说通用教材在编写过程中对教师的地位和作用认识不足，教师在教材编写过程中没有发挥出应有的作用，而校本教材和自编教材的编写在这一点上做得比较好。49.0% 的教师认为其所用的教材在编订完成后没有给一线教师试用，36.9% 的教师认为其所用教材在编订完成后虽进行了试用但是并没有详细征询一线教师对试用教材的意见和看法，教材的试用只是走个过场，并没有真正实现教材试用的目的，仅有 9.0% 的教师表示其所用的教材在编订完成后进行了试用，并详细征询了试用教师的修改意见和看法。68.3% 的教师认为在教材的选用上，教师并没有自主权，用的都是当地教育部门或者学校规定的教材。

2. 教材二次开发过程中教师的地位和作用

问卷 6～11 题调查结果统计

题号	总数	A	B	C	D	E	F
6	290	17.9%	45.9%	30.7%	5.5%	—	—
7	290	35.5%	57.2%	7.2%	—	—	—
8	290	19.3%	71.0%	9.7%	—	—	—
9	290	17.9%	23.5%	36.9%	8.6%	13.1%	—
10	290	7.9%	33.5%	4.8%	26.2%	14.8%	12.8%
11	290	42.4%	33.5%	16.2%	7.9%	—	—

上表所示的调查结果从六个方面表现出教材二次开发中教师的作用和地位：教师对所用教材优劣及优缺点的判断能力；教材是否留有给教师二次开发的空间；教师在教学过程中对教材二次开发的情况；教师对教材二次开发的方式；教师对教材二次开发的主要依据；教师对教材二次开发的目的。统计表明，有 63.8% 的教师认为自己可以或还可以从知识体系、教材的编写以及学生的情况出发，判断出教材的优点以及缺陷，表明大部分教师对所教课程的知识体系、教材情况及学生情况还是较为了解并且有自己的判断的，也知道怎样的教学方式和教学内容是更适合学生的实际情况的。35.5% 的教师认为所用教材为教师的二次开发预留了较大的空间，57.2% 的教师认为只预留了部分的空间，仅有 7.2% 的教师认为教材没有预留出任何空间，说明一般情况下，大部分教材还是给教师预留出了可以改变和补充的空间的。虽然教师对教材优劣有自己的判断，教材也给教师预留出了二次开发的空间，但是，仅有 19.3% 的教师经常对教材进行二次开发，71.0% 的教师只是偶尔对教材进行二次开发，可以说教师二次开发的情况并不十分理想。从第 8 题的调查结果不难看出，教师对教材二次开发的方式还是比较丰富的，但最主要的方式还是调序，并没有对教材的内容作较大的改动，教材整合意识不强，自主性不足。在对教材二次开发的主要依据的选择上，33.5% 和 22.6% 的教师分别选择了方便教学和与考试的密切程度。在访谈中笔者也了解到教师对教材进行了重新排序，如将某些定理性的内容提到定理推论前或将某些课后作品鉴赏提到课前，主要考虑的是这样做比较方便教学；教师对教材进行删减或增，主要考虑的是某些内容并

非在考试范围可以略讲或某些内容是历年来考试的重点和难点需要详讲。42.4%的教师认为教师对教材二次开发的目的是使学生更好地掌握教材的内容，33.5%的教师认为教材二次开发的目的是便于自己教学。可以看出，教师还不具备以学生的发展为立足点，从学生的角度对教材进行二次开发的意识。

3. 课堂教学过程中教师和教材的地位和作用

问卷 12～17 题调查结果统计

题号	总数	A	B	C	D	E
12	290	33.4%	11.4%	43.4%	7.3%	4.5%
13	290	42.8%	30.3%	11.0%	15.9%	—
14	290	12.0%	63.8%	18.6%	5.6%	—
15	290	23.1%	36.2%	19.7%	21.0%	—
16	290	21.7%	38.3%	22.4%	13.8%	3.8%
17	290	19.7%	38.3%	20.7%	21.3%	—

上表所示的调查结果从六个方面表现出课堂教学过程中教师和教材的地位和作用：教师制定教学目标的依据；教师选择教学内容的依据；教师安排教学顺序的依据；教师选择教学方法的依据；教师对学生进行评价的依据；学校对教师进行评价的依据。统计表明，43.4%的教师是将集体备课制定的教学目标作为自己的教学目标，33.4%的教师是依据教材来制定自己的教学目标，且调查了解到教师集体备课制定教学目标的依据主要是教材和教学大纲，所以教材在课堂教学的教学目标的制定上占据着重要地位。42.8%的教师根据教材的内容来确定自己的教学内容，30.3%的教师根据集体备课的情况来确定自己的教学内容，实际上在教师备课确定教学内容过程中，教材也是主要的依据。63.8%的教师选择了基本按照教材的内容编排顺序上课，可以看出在教学顺序的确定上教材也发挥着重要的作用。通过第16题的调查结果可以看出，教师主要依据学生的能力和综合素质情况、个人思想品德情况对学生进行评价所占比重很低，分别是13.8%和3.8%，教师主要还是依据学生对教材和知识的掌握和运用情况对学生进行评价。从第17题的调查结果可以看出学校也主要是通过学生成绩来评价教师教学成绩的，所占比重为38.3%，在所有选项中被选择率最高。

4. 教师培训中教师和教材的地位和作用

问卷 18～21 题调查结果统计

题号	总数	A	B	C	D	E	F
18	290	88.6%	11.4%	—	—	—	—
19	257	14.4%	41.6%	30.0%	13.2%	0.8%	—
20	257	14.0%	9.3%	32.7%	5.8%	30.7%	7.5%
21	257	14.0%	25.3%	47.9%	12.8%	—	—

　　上表所示的调查结果从四个方面表现出教师培训中教师和教材的地位和作用：教师是否参加过教师培训；教师培训中教材培训所占比重；教师在教师培训中最想学习的内容；教师培训能否提升教师的综合素质。统计表明，88.6%的参加调查的教师参加过教师培训，11.4%的教师还没有参加过教师培训，没有参加过教师培训的被调查者无需回答 19～21 题。56%的教师认为在教师培训中教材培训占有大比重或较大比重，仅有 0.8%教师认为在教师培训中没有进行过教材培训，可见教材培训是教师培训的重要内容。而第 20 题的结果显示，教师最希望在教师培训中学习的内容为课堂教法和教育技术，仅有14.0%的教师希望在教师培训中进行教材培训。60.7%的教师认为教师培训基本不能实现提升教师综合素质的目的。

　　总的来说，调查与访谈结果表明：第一，教师作为与学生接触最密切群体，同时也是教学活动的直接参与者、教材的使用者，本应在教材编写和选用过程中发挥重要的作用，却被排斥在了教材编写和选用的决策过程之外，没有被赋予应有的自主权。第二，新课改以来出版的教材基本上都给教师预留了一定的二次开发的空间，新课改也对教师提出了相关的要求，但是教师虽对课程知识体系及学生情况、需求比较了解，也有一定的根据学生实际需求和层次情况设计课堂教学的能力，却仍惯性地依赖教材，对教材的二次开发还停留在表面上，可以说还不能称之为真正地对教材的二次开发。第三，在教学过程中教材仍旧是教师制定教学目标、选择教学内容、安排教学顺序、选择教学方式以及进行教学评价的最重要的依据，甚至是唯一的依据，教师还不能够充分地发挥自己的课程权利，自我效能感不高。第四，新课改三维目标的确立对教师提出了更高的要求，教师的教学如果想要适应当前的教学目标，必须提高自身的教学设计能力、教学活动规划能力、教学方法应用能力和其他方面的综合能力，但是显然，当前的教师培训并没有跟上新课改的步伐，还是按固有的以教材培训为主的模式运行，这显然无法帮助教师适应新课改，这也在一定程度上限制了新课改的深化和推进。

三、 新课改中重教材轻教师问题及原因分析

（一）课改中重教材轻教师问题的具体表现

1. 教材编写和选用过程中教师的作用被忽视

（1）一线教师在教材编写人员中所占比重过低

在新课程改革"一纲多本"理念的指导下，基础教育实现了教材的多样化，这也使得我国基础教材编写队伍不断壮大，除了课程改革委员会和教育出版社的专业编写人员以外，很多的高等院校教师、教研人员也加入了教材编写的队伍。但是，教材是一种特殊的图书，与学术专著和一般图书有本质的不同，教材的自身特点决定了教材编写组的成员必须具有以下四类素养：第一，充分了解新课程标准、国家教育价值取向和时代发展需求；第二，具有深厚的学科知识，掌握学科的体系、结构和内容，懂得教材编写原则和方式；第三，对国内外同类教材有一定的研究；第四，了解教材所针对的学生的身心发展水平和能力程度，了解教材使用者——教师的特点。学科专家，作为教材编写组的主要组成成员，他们具有深厚的学科背景及扎实的学科知识，对学科的知识体系、结构、内容都有比较全面的把握，在一定程度上保证了教材的科学性、专业性和规范性。但是，大多数的学科专家都是高等院校的教授，长期面对的教学对象是本科生和研究生，并没有丰富的从事基础教育的实际教学经验，为了编写教材而去基础教育学校的考察和听课也难免停留于表面，对基础教育教学的实际情况并不能完全把握，对学生的身心发展水平、能力程度和心理状态也知之甚少。因而，学科专家编写的教材更加注重学科知识体系、内容之间的逻辑联系，难以根据教学实际去确定教材难度和深度，造成教材过于学术化和专业化，教材针对学生的适应性不高。而一线教师是教材的直接使用者，也是与学生接触最密切的群体，最了解学生的学习能力水平和学习心理，有一定的学科背景，并且在长期的教学过程中，对各类教材和教辅资料都很熟悉，知道

了学科知识的难点和重点分别在哪，了解学生学习的困难点在哪里，并且摸索出了适合学生的教学模式和方法，以及学生自学的方式和方法，这正好弥补了学科专家的不足。由此可以看出，教师应当被赋予更多参与教材编写的权利，应当也必须在教材的编写过程中发挥出重要的作用，教师应当成为教材编写团队中不可或缺的组成部分。

但是，本研究的调查表明，在教材编写组中一线教师所占比重不高，一线教师在教材编写和教材编写完成后的修订过程中的参与度也较低，在教材编写过程中教师是被边缘化的，教师并没有发挥其应有的作用，这导致有些教材编写出来对教师和学生都是不适用的。2009 年 11 月，有关研究人员针对当前我国高中使用率最高的 72 种高中语文选修教材的编写人员构成进行了统计，这72 种教材分别出自五家不同的教育出版社，统计表明 204 名教材编写人员中，高等院校的教师及研究生为 105 人，占到了一半以上；编辑和作家、诗人为53 人；一线教研员和教师仅为 46 人，只占总数的 23％。[①] 以上两个调查都表明，基础教育教材在编写组人员构成上存在一线教师所占比重过低、教师的作用被忽视的问题，这导致很大一部分教师和学生对教材感到不适应，教学效果不佳。

（2）一线教师在教材选用上话语权缺失

新课改以来，我国出台了一系列的教材选用方面的政策措施，一般来说当前我国的教材选用是由教育行政部门指定代理人来行使教材的选择权，代理人主要包括：学校、教师、教研员和教材选用委员会。宁言峰通过对上海的教材选用体系进行系统分析后指出，"教科书选用的代理制度为一项重要的制度形式很难发挥其应有的作用。这种制度使得教育行政部门下移给学校和教师的选用权，经由各级代理人之手，复而又上传给了教育行政部门，形成了一个循环，在这个循环里教师还是没有获得真正的选用权。事实上，'代理制'的背后其实遵循了一种'代理人的逻辑'：假定选择者（学校里的教师和学生）缺乏选择的能力；既然选择者缺乏选择的能力，那么他们的意见常常也无足轻重；教科书选用专家或优秀教师代表能够代为行使选择的权利，且能够忠实地体现选择者的偏好；为了推进改革，选择者应该放弃他们的选择权。由此可见，一方面是教育部的'选择权下放'，另一方面是与之相伴而生的'逐级代

---

① 郭岩. 人教版高中语文选修教材编用反思性研究［D］. 长沙：湖南师范大学，2014.

理选择制度'，但二者之间其实存在天然的矛盾。"① 本研究的调查也表明，63.8％教师都能够通过自己的教学经验判断出教材的优劣以及对本门课程的适用度，但是高达 68.3％的教师都认为在教材的选用上并没有征询过任课教师的意见，一般都是由地方教育行政部分管理下的教材选用委员会直接选定了教材，教师在教材的选用上基本没有话语权。

教师是教材的直接使用者，处于教材选用系统的终端，整个教材选用的初衷应该是为教师和学生服务。新课改以来，我国的教材选用权逐步下放，并且制定了比较系统和全面的教材选用标准、选用原则和选用程序，但是这些标准和程序并没有有效地实施起来，为教师和学生制定了较为完善教材选用制度却又没有保障教师的话语权，这不得不说是本末倒置。教师在教材的选用上没有话语权，却要承担巨大的教材选用风险，不适当的教材会影响教师课堂教学效果，而被一线教师认可的、真正的优秀的教材又得不到选用。

2. 不重视对教师教材二次开发能力的培养

（1）教师对教材的二次开发认识不清

教材的二次开发是教师在充分分析课程标准、教材设计者主旨和学生学习特点、教学实际情境等的基础上，运用增加、删减、调整和整合等方法对教材目标、教材内容和教学方法等方面进行的二次加工和处理，目的是提高教材在不同教学情境下的适应性，最终为教学服务。对教材进行二次开发，实际上是对教学内容进行个性化的创造，教师不再是被动地教授教材知识，而是主动积极地根据学生的差异性和教学情境的多变性来调整教学目标、教学内容和教学方法，以促进学生知识和能力的全面发展，实现三维目标。

但是，调查表明，教师对教材二次开发的方式主要是调序、增加和删减内容，整合意识不高，很多教师认为调整教材顺序、删除过于简单或者过于难的题目或内容就是对教材的二次开发，这是对教材二次开发认识不足的表现。同时，33.5％和 26.2％的教师分别将方便教学和与考试的密切程度作为对教材二次开发的主要依据，大部分教师在开发教材的过程中，仍旧是以教材为中心，而非是以满足学生的发展的需求和教学实际情景需要为目的。开发的目的应是让学生更好地掌握教材内容，这样的教材二次开发并不能称作真正意义上

---

① 宁彦峰. 教育改革中的教科书建构 [D]. 上海：华东师范大学，2008.

的对教材的二次开发，这也是教师对教材二次开发重视不足、认识不清造成的。

（2）教师对教材的二次开发重视不足

新课程改革以来，教材的功能定位发生了变化，更偏向"为教学服务"的功能定位。新课标要求教师能够结合实际教学情境，富有创造性地、灵活地使用教材，摆脱"教教材"的思维固式。调查表明，63.8％教师对所教课程的知识体系、教材情况及学生情况还是较为了解并且有自己的判断的，也知道怎样的教学方式和教学内容是更适合学生，更能够提高学生的学习兴趣，也就是说大部分老师具备了对教材进行二次开发的能力。且通过访谈和课堂观察，笔者发现，大多数的教师还是比较认同新课程改革的相关理念的，大部分教师也赞同教师应该对教材进行二次开发的观点，认为教师有必要根据学生和教学的实际情况有针对性地设计课堂教学，对教材进行二次开发，应让课堂"活"起来，不能一味地按部就班，要充分调动起学生的学习兴趣，这表明大部分老师也有了应对教材进行二次开发的意识。

但是，实际情况是仅有19.3％的教师经常进行教材的二次开发，71.0％的教师只是偶尔对教材进行二次开发，教师对教材的二次开发重视严重不足。新课改要求教师进行教材的二次开发，也在教材的编写时有意识给教师预留出了开发和创造的空间，但是在教学实践中，教师还是倾向于依据自己以往的经验，盲目依赖教材，单纯地将课堂教学当作教材知识的传递过程，以教授教材内容为教学目的，导致教学非但没有培养学生独立思考、自主探究的能力，反使学生对教材的依赖性增强；学习能力不仅不能得到提升，反而有可能出现倒退。出现这种情况的原因，主要是新课程改革以来，教材改革被放在了核心地位，对教师的关注度远远低于对教材的关注，不重视教师对教材的二次开发，教师也自然而然地产生了教材既然是课程专家和教育专家集体研制的产物，是新课程改革理念的思路的集中体现，那么教学按照教材来就准没错的思想。

3. 课堂教学过程中教师应有的权利被削弱

我国新课程改革的重要理念之一就是将课堂权利从教育行政部门和专家手中逐步下移到从事一线教学工作的教师和学校手中。课堂权利是我国法律规定的必须赋予教师的一项基本权利，它是由教师的职业特点决定的，也是由课堂教学活动的独特性决定的。但是在新课程改革过程中，教师在课堂教学中最重要的"教什么"和"怎么教"两大问题上都不具备决策权，反倒是承载国家和教育行政部门意志的教材在这两大问题上占据了重要地位。①

本研究的调查也表明，教师在教学目标的制定、教学内容的确定、教学方法的选择和教学评价上，都没有掌握应有的课堂权利。就当前的现状来看，教材在课堂教学的各个环节都发挥着引导和决策的作用，课堂教学过程中教师应有的课堂权利被削弱。这种在课堂教学中，重教材轻教师的现状，将导致一系列的课堂教学问题：第一，降低了教师的自我效能感，教材变成了整个课堂教学的主导，课堂教学变成了一个固定式的、机械化的流水式作业，教材虽然在长期的改革中变得越发合理和完善，帮助教师节约了备课时间，但这种课堂权利的偏移，也导致教师的工作热情不高，时间和智力投入低，不会进行有深度的教学反思，更不会根据学生和教学的实际情况调整教学方式和教学风格，教师自我效能感低的情况下的教学绝非一种高质量的教学；第二，挫伤了教师的积极性，课堂权利的缺失会导致教师用消极的态度来对待教学，教师在课堂教学中与学生是一种面对面的交流，教师的教学态度对学生会有直接的影响，因此也会降低学生学习的积极性，导致教学效果不佳；第三，教师唯教材论，会导致学生也深陷教材和教辅资料中，虽掌握了教材上的知识，但搜集和处理信息的能力、学习和迁移能力、分析和解决问题的能力、合作和交流的能力都无法得到提升，新课程改革提出的三维目标也将无法实现。

新课程改革之前，教师在课堂教学中的创新部分不多，新课程改革要求赋予教师课堂权利，希望教师能够做到因地制宜、因材施教。因为即使教材实现了"一纲多本"，但未必能完全适合不同地区、不同学校的教学特点，也未必都适合具有不同知识背景和能力优势的教师，更未必适合发展水平和学习能力不同的每个学生，只凭借一本教材去主导课堂教学，决定课堂教学的目标、内容、顺序、方式等，显然是行不通的。因此，当前重教材轻教师、教师的课程权利被剥削的问题，导致课堂教学质量提不上去，与新课程改革的初衷和目标是相违背的，是新课程改革走进的一个误区。

4. 教师培训中教材培训所占比重过高

教师培训的目的是提高教师本身的素质，教师本身的素质在很大程度上决

---

① 赵虹元. 基础教育教师课程权力研究 [D]. 重庆：西南大学，2008.

定了课堂教学的质量，也决定了教师提高学生的课堂参与性和主观能动性发挥的能力。新课程改革将知识目标转变为了三维目标，教师是否能够适应新的教学目标和课程结构，依赖于教师培训是否能够帮助教师转变教育观念和教学方式、提高教师的综合素质。

但是，调查表明，56％的教师认为在当前的教师培训中教材的相关培训占大比重或较大比重。以往的教学重视知识目标的实现，对教师的培训大多围绕知识目标展开，集中在对教师教材掌握和运用能力的培养上。但是，新课程改革将知识目标转变为了知识与能力、过程与方法、情感与态度的三维目标，这就决定了教师培训必须作出相应的改变，不能再将教材培训放在重中之重的位置，而更应该重视教师能力和素质的培养，根据教师的日常教学活动以及在教学过程中遇到的教学困难和实际需求，展开有针对性的培训。调查表明，教师们最希望在教师培训中学习的内容是课堂教法和教育技术，但是当前的教师培训在此两点上都很缺乏。受传统培训观念的影响，教师培训跟不上新课程改革的要求，还停留在传统的知识目标阶段是造成当前教材培训比重过大的原因之一。但是，影响更为严重的是新课程改革中重教材轻教师的倾向。新课程改革将教材改革放在了极其重要的位置，教材变得更加科学、完善和专业化，因此教育培训者认为教师要适应新课程改革必须要先学习新的教材，那么将教材培训作为教师培训的重点也就无可厚非了。

在教师培训中，教材被放在了更为重要的位置上，而教师的实际需求被忽视。这导致：教师培训针对性弱，培训内容与教学实际相脱节；学科知识对大部分在职教师来说不是难点，教师学习态度消极；想学的学不到，学到的用不上，教师学习积极性不高；教师培训的提高教师综合素质的目标难以实现。60.7％教师认为教师培训基本不能或者不能实现提升教师综合素质的目的，那么教师培训就只是评职称和涨待遇的一个踏板，而非是教师自身素质和能力获得提升的一种途径，通过培训教师日常教学能力和教学质量并没有多大提升，教师培训俨然失去了本身的价值和作用。

（二）新课改中重教材轻教师问题产生的原因分析

1. 新课改以来重课程轻课堂倾向明显

新课程改革中重课程轻课堂的倾向十分明显，研究和实践的主要关注点都放在了课程以及课程最重要和最直接的载体——教材的调整和改革上，对课堂教学以及作为课堂教学主体之一的教师的关注远远不够。

首先，新课程改革重视对课程设置和课程内容的调整。

新课程改革在有关课程设置和课程内容方面的改革涉及基础教育课程的方方面面，主要包括：小学增设新型英语课程、法制课程和心理课程；基础教育阶段增加研究型课程；加强基础教育课程的综合性，提高课程内容的融合性和贯穿性；小学、初中课程要重视学科的综合，高中教学分科进行；等等。同时还提出，课程要突显综合性和多样性，要富有弹性，转变注重模仿、记忆、接受的学习倾向，倡导课程要鼓励学生合作与探索，重视学生终生学习意识和能力的培养。可以说，新课改对课程的关注是前所未有的，在理论研究和实践上都投入了大量的人力、时间和资源，对课程的重视程度可谓有目共睹。

对课程的重视和关注，自然会延伸到对课程最重要和最直接的载体——教材的关注上来，教材是课程资源的重要组成部分，新教材的编制、选用和管理也顺理成章地成为教育界研究的重点内容。新课改以来，在教材改革方面的研究资源的集中投放，对包括教材的编写、审查、管理和使用等各个方面都进行了大量的研究，并取得了一定的成果，主要包括：第一，改革教材内容"繁、难、偏、旧"的情况，对知识的难度进行了控制，强调基础和循序渐进；第二，教材编写语言简洁明快，编写思路清晰、层次分别；第三，理论与实际相结合，重视知识的应用性和迁移性，加入社会生活中会遇到的实际问题；第四，加入动态的交互信息，如相关知识内容的网络链接信息等，充分利用了网络信息技术的优越性和拓展性；第五，重视学科间的交融性，有意识地打破学科间的界限；第六，最为重要的是实现了教材"一纲多本"，编写出版了基础教育各科多套教材供不同地区和学校选用，教材呈现出多样性。可以看出，整个教育界呈现出一种重课程重教材的倾向性。

其次，新课改以来对于课堂教学的关注远远不够。

相比对课程的重视，新课改以来对于整个教育活动的落脚点——课堂教学的关注却远远不够。张传燧教授指出"新世纪基础教育新课程改革以来，我们重点抓了理念化、制度化、文本化课程建设，人们过于将关注的焦点和重点放在'课程'上，'课程标准'、'课程方案'、'课程评价'、'课程意识'、'课程资源'、'课程设计'、'课程开发'等'理念化课程'的研究占据了主流。从课程与教学的实践看，颁布《基础教育课程改革纲要》（试行）与实行国家、地方、学校'三级课程管理制度',建立了教材审定制度,'制度化课程'建设成效显著。同时,制订了基础教育阶段各科课程标准,根据'一纲多本'原则编写出版了义务教育阶段各科多套教材,'文本化课程'更加完善。然而无需讳言,与理论、制度、文本课程繁荣形成反差的是,学校课堂教学状况不容乐观。在这 10 年狠抓了课程建设,但对课堂教学关注却远远不够。"[1]

课堂教学是学生培养最基本的组织形式,对学生的教育最终是在课堂上通过教学完成的,师生课堂教学情况的好坏决定了课程目标能否实现,决定了教学和人才培养的质量的高低。可以说,课程理念再先进,教材再完善,如果课堂教学状况不佳,那么教育质量就难以提高,因此从应然的角度上来说,重视和关注课堂教学和教师是十分必要的。而就目前的情况来看,受重课程轻课堂的倾向的影响,对课堂教学关注度是明显不够的,从而对课堂教学的主体和直接参与者——教师的重视程度也显然不足。

2. 新课改重心在理念层面、教材层面的改革上

课程改革一般来说分为三个层次:理念层面、教材层面和实践层面。理念层面改革是指,由哲学家、社会学家、心理学家和教育学家根据政府的价值取向和时代的发展需求而提出来的改革理念,是课程改革的一个思路和方向,起指导作用,如教学主体理论、建构主义理论、施瓦布实践课程理论在课程改革上的运用都属于理念层面;教材层面改革是指,课程改革理念被我国教育行政部门和教育家们、改革家们接受和应用,并形成课程标准、课程方案和教材,其中教材规定了官方知识的内容和组织方式;实践层面改革是指一线教师拿到新的教材,根据课程改革标准和自己的知识经验以及学生和教学的实际情况,对教材进行有创造性的开发和处理,将教材转化为教学实践,完成实践层面的改革。

新课程改革要想实现课程改革目标,必须要同时完成三个层面的改革,任何一个环节跟不上都有可能导致改革的偏向。新课程改革就像是一个大的系统,这个系统又由两个子系统组成,分别是课程研制系统(包括理念层面和教材层面)和课程实施系统(实施层面),这两个子系统相辅相成、缺一不可。课程研制系统主要负责的是选取符合政府价值取向和时代需求的一种或者几种

---

① 张传燧. 课堂比课程更重要 [J]. 湖南师范大学教育科学学报,2013(2);扉页.

教育理念作为改革先导；根据一定的价值标准将选取出来的教育理念转化为具体的培养目标和教育目的；根据一定的标准和规则将培养目标转化为教学计划、教学大纲和教材。也就是说课程研制系统所产出的"预期的课程"是国家和教育改革者希望学生能够学习和掌握的东西。但是学生是否真的能够学习和掌握，还有赖于另一个子系统——课程实施系统，也就是课程实施层面改革的完成与否。而实践层面的课程改革的完成情况在很大程度上是由教师的教学能力水平和对教材的理解创造能力决定的。

在理念层面和教材层面，承载课改理念和培养目标、教学目的的教材处于核心地位；在实践层面则是教师处于核心地位。实践层面是课程改革的根基和落脚点，决定了课程改革是否能够落到实处、收到实效以及能否可持续进行，教材所承载的"预期课程""理论课程"必须通过教师转化为具体的实践课程，教材所承载的教学理念和教学计划必须依靠教师的教学行为来实现，教材所承载的三维目标实现与否也依赖于教师是否能够有效利用教材展开有针对性和实效性的教学，因此新课程改革必须重视实践层面的改革，将其与其他两个层面放在同等高度来看待，甚至应该将天平更侧倾一点。但是，就当前来看，新课改将主要的改革重心和关注点放在了理念层面和教材层面上，对实施层面缺乏足够的关注和重视，导致出现了重教材轻教师的改革偏向，这种头重脚轻的改革资源分配结构，必定会严重影响到新课程改革的实际效果，影响新课改目标的实现，阻碍新课改的可持续进行。

3. 应试教育的影响积重难返

新课改以前，我国长期实行的是应试教育，这种教育对知识还原性的记忆过分强调，追求标准答案，重视对学生应试技巧的培训，导致学生通过学习获得的是一些与社会实际脱节的死知识，对知识的掌握也停留在记忆和解题上，不能够将知识迁移运用到实际问题之中。学生学习似乎就是为了考试，除此之外别无所用，致使很多学生因为考试压力过大或考试失败，就自暴自弃，甚至酿成悲剧。用层层考试来选拔和分流学生，一方面选拔出来的学生知识迁移性差，高分低能现象普遍存在，发现问题和解决问题能力不强，创造性弱，学生社会适应性差，导致教育质量难以提升，阻碍了社会创新和发展；另一方面如果学生考试成绩不佳，会产生厌学的不良学习心理，导致学生其他方面的天赋和能力发挥不出来，阻碍了学生的全面发展。因此，新课程改革要求改变这种教育模式，提倡将学生的全面发展作为教育目标，关注每一位学生的发展，并针对应试教育提出了素质教育的理念，经过十多年的努力，素质教育理念已深入人心。

但是，由应试教育向素质教育转向绝非一件轻而易举的事情，应试教育的影响深远，在新课程改革已经推广十余年的今日，应试教育的地位仍旧难以撼动。这主要是因为传统的评价方式没有改变，学生获取教育资格的选拔主要还是依靠中考和高考，就我国目前的情况来看，我国中小学生数量众多，为了教育选拔的公平性，中考和高考暂时还无法取消。教学评价方式是旧的，导致：第一，学校难以兼顾新课改理念和应试评价方式，学生家长和外界当前评价学校主要还是依据中考或高考上线人数，素质教育是从国家教育发展的长远来考虑的，但是学生在中考或高考中的成绩决定了学校的现实利益，因此学校在选择上面临两难，甚至会将天平更加偏向应试教育一边；第二，教师一方面要按照课程改革的要求进行教学，另一方面又要接受旧的评价制度的考查，到底是要尽快转变教育观念，还是要继续用驾轻就熟的应试技巧来帮助学生反复巩固应试知识备战考试，教师也陷入两难的处境；第三，学生和家长更关注的还是如何通过中考和高考进入更好的学校就读，这对学生和家长来说决定着学生未来的发展前途，虽然现在高考制度作了一些调整，但是仍旧是"一考定终生"，在考试上取得好成绩是学习的目标，也是家长用来评价学校和教师高水平的标准。以此来看，学校、教师、学生和家长三方面都不能坚定地接受新课改的教育理念、践行新课改的教育模式，导致新课程改革推行受阻。

钟启泉教授指出，"尽管教育部已经明确了大体的改革方向——'下放、多样、扩大大学自主招生权'，但至今缺乏一个强有力的研究班子来具体地落实这些原则；中国的教育人口极其庞大，加上'应试教育'积重难返，如果缺乏指导性的、具体的操作规程的研究，那么，学科教学改革和综合实践活动难以推进，普通高中的课程改革可能崩溃。"[①] 在访谈中，教师也认为"新课改是我国教育长远发展的方向，但是现在一切教学都是为了以后的中考和高考，教学评价方式不改变，教师的教学模式也很难改变，新课改在实际教学中就发挥不了多大的作用"。应试教育积重难返，"唯教材""唯知识"更能帮助提高升学率，教师为了获取学校和家长的好评，在课堂教学中仍旧是教材的附属解

---

① 钟启泉. 中国课程改革：挑战与反思［J］. 比较教育研究，2005（12）：18-23.

释工具，教材在课堂教学中仍占据重要地位，教师的课堂权利不受重视，教学实践中重教材轻教师的现象不仅没有减少，反而有越演越烈的倾向。这样导致新课改的很多改革理念更多地还是停留在教育指令和书面上，徘徊在课堂之外，难以发挥出实质性的作用。

四、 基于教师的课程改革策略

（一）从教材到教师转向的必要性分析

教学过程实际上是教师、学生、教材三者相互作用实现教学目标的过程，但是新课程改革过程中教材的地位和作用被提到了首位，作为教学主体的教师的地位被忽视，由此导致教育改革理念难以实现、教学质量难以提升，因此新时期教育改革从教材转向教师有其必要性，主要表现为：

1. 教师与教材构成一对主客体范畴

教师和教材是一对主客体，教师是教学活动的主体之一，是教育教学活动的承担者，而教材是教学活动的客体，是教学活动指向的对象。长期以来，教育改革家们普遍认同，教育改革的最终目标是提高教育质量，教材改革是提高教育质量的关键。这是因为，"教材在教学系统中具有重要地位和多方面的功能，它具体而集中地体现教学目标和教学内容，决定和影响教学模式，影响教学环境和教学过程及教学评价，最终对学生的身心全面发展产生作用。"[①] 教材是国家课程标准和课程方案的主要载体，标志着教育改革的方向，是课程改革中教学内容、教学方法和学习方式的集中体现，教材编写的质量在很大程度上影响着课程设计的质量，教材的科学化和规范化推动了课程改革的深入，也影响着课程改革目标和教学目标的实现，影响着教育质量的提升。正是由于上述的原因，新课改以来我国将主要的教育研究和实践资源放在了教材改革上，教材研究处于新课改的核心位置。但是，新课改十余年来，教材越来越完善、越来越科学合理，教育质量却没有跟上教材改革的步伐得到明显的提升，究其原因是客体不会自动满足主体的内在需要，主体的知识水平、处理方式等制约着对客体的认识的深度和广度。课堂教学是整个教育的根基和落脚点，作为课

---

① 曾天山. 教材论［M］. 南昌：江西教育出版社，1997.

堂教学主体的教师应该受到更多的关注和重视，否则整个课程改革还是停留在书面上，落不到实处。

2. 教材体现的课程目标需要教师具体教学实践来实现

首先，教学目标是与具体的课堂教学相关联的。教材是"课程总体目标"和"学科课程目标"的集中体现，这两个目标要具体化为"教学目标"，而教学目标又要通过具体的课堂教学来实现，要具体落实到某一堂课或某一单元的教学需要达到的目标，这样才能逐步实现总的课程目标。具体的每堂课的教学目标体现出了教学的特殊性，特定的教学环境以及特定的师生因素会影响教学目标的制定和实现。教师是教学活动的组织者，根据课程总目标以及对环境因素和师生因素的审定决定每堂课具体教学目标的制定，并有针对性地选择教学内容和方式、手段，调控着整个教学过程，以达到预期的教学目标。因此，教师在教学目标的实现上发挥着重要的、关键性的作用。

其次，三维目标的实现离不开教师的实际教学。在"三个面向"思想的指导下，新课程改革把基础教育改革目标确定为："改变课程过于注重知识传授的倾向，强调形成积极主动的学习态度，使获得基础知识与基本技能的过程同时成为学会学习和形成正确价值观的过程。"[①] 并确定了新的"课程总体目标"为"知识与技能、过程与方法、情感态度与价值观"的三维目标。新课改以来的教材改革也是为实现三维目标服务的，但是实际效果却并不尽如人意，尤其是学生情感态度与价值观的目标的实现面临重大困难。学生情感态度与价值观的建立是一个长期的过程，也是一个耳濡目染的过程，容易受周围环境和人事的影响。首先，教师要能在实际的教学过程中对学生人生观和价值观进行有意识的培养，这仅仅依靠教材是完全不够的，教师必须能够把握好教育时机、掌握教育方法，帮助学生树立正确的价值观；其次，学生的生活中学校生活占绝大部分，而学生在学校生活中除了同龄人，与教师的接触最多，教师的行为、情感态度、语言表达方式等都会对学生造成影响，甚至教师会成为学生模仿的对象，教师的自我效能感高，对生活和工作持积极乐观、进取向上的态度，对学生的情感态度和价值观的形成也会起到积极正面的作用。事实上，三维目标中任何一个维度的目标的实现都离不开教师的实际教学，三维目标只提供了一

---

① 教育部. 基础教育课程改革纲要（试行）[Z]. 2001.

个学生培养的方向，对于如何理解这个发展方向，如何实现这个发展方向，还需依靠教师的把握、解释和实际教学。

因此，新课程改革提出了新的课程目标，但是课程目标只是一个方向性的要求，如果离开了教师从自身教学经验出发的理解和解释，离开了教师的实际教学，那么课程目标就仍旧是一个企划书，不能得到落实。要想课程目标落实为学生发展的实际结果，就必须关注课堂，关注具体的教学实践，更要关注作为教学主体和教学主导的教师。

3. 教材承载的正式的理论课程需要教师转化为运作的实践课程

根据古德莱德的课程分类，课程依据不同层次被分为了"理想课程""正式课程""领悟课程""运作课程"和"经验课程"五类。其中理想课程和正式课程属于文本课程，也就是教材体现出来的课程，是显性的。而领悟课程是教师根据自身的教学经验、人生阅历对理想课程和正式课程的理解和把握，是教师领会层面的课程；运作课程是课堂实际实施的课程，是教师与学生双方层面的课程；经验课程是学生实际领悟和学习到的经验，是课程对学生的实际影响效果，是学生层面的课程：此三类课程都是非文本的课程，是教材所不能体现的。

首先，从理想课程、正式课程到运作课程都必须经过教师的转化。教师层面的领悟课程是从文本课程到非文本课程转化的必经阶段，教师将对文本课程的理解和自身潜在的课程相融合，基于自身的经验、知识和能力去理解和领悟课程，并在此基础上将文本课程转化为运作课程。不同的教师的个人知识经验、教育观念、能力等都不同，对课程的领悟也会不同，甚至会有很大的差距，运作课程也由此会有很大的不同，因此文本课程必须经过教师的转化，而教师的综合素养又决定了课程转化的实际结果。

其次，运作课程到经验课程也必须经过教师的转化。经验课程是课程对学生的实际作用效果，是整个课程的落脚点，也决定了课程目标的最终实现情况。教师在课堂教学中会不自觉地将个人的生活经历和社会体悟带入进去，也会将个人的人生观、价值观和情感态度渗透到教学活动中，教师的理论水平、教学实践能力和人格品质都会影响到运作课程的实施，也会对学生的课堂体验产生影响，从而影响到学生层面的经验课程的实施效果。

因此，正式的理论课程只是指令上和书面上的，教材便是正式课程的主要承载物，但是要将教材上的文本课程转化为运作课程，将运作课程转化为学生层面的经验课程，必须经过教师的理解、把握和教学实践。同时，教师各方面的综合素质也决定了教师课程转化的效果，影响着课程对学生的作用和效果。也正是因为如此，基础教育改革将过多的研究资源放在教材的改革和完善上，忽视了对教师的关注，那么好的课程改革理念就只能停留在文本层面。

（二）基于教师的课程改革策略分析

1. 给予教师参与教材编写和选用的权利

（1）给予一线教师在教材编写上的权利

自新中国成立以来，我国教材的编写和出版都是由一家或几家重要的出版社垄断。新课程改革以来，我国基础教育教材实现了"一纲多本"，但教材编写和出版的垄断局面仍旧没有被打破。虽说教材交由有资历的出版社组织编写是有其必然原因的，主要是飞速发展的知识时代和信息时代，教材的编写是一个复杂、严谨过程，工程量也十分巨大，已然不能仅靠几位学科专家的闭门造车，必须要动员各领域、多方面的人才通力协作才能完成，而有资历的出版社依靠其特殊的经营管理体制和相关资源是掌控和组织教材编写的最为合适的机构，但是正是因为出版社处于这种垄断地位，没有处于市场竞争之中，使得出版社不能居安思危，没有不断提升教材编写人员素质和教材质量的意识，导致出版社虽是组织编写教材最适合的机构，却不能发挥出最佳的组织效果。

在编写人员的选择上，出版社还是习惯性地依据以往的固定模式，选择长期合作的学科专家和教授，因此这类人才不仅具有学科专业知识背景而且具备教材编写经验，虽说在教材编写上难有什么创新性，但至少不会出错，是最安全的选择。但是，教材完全有别于一般的学术性著作，它是面向处在学习阶段的学生的，新课程改革更要求教材要"以人为本"，重视学生的发展，由此教材的编写者不仅要具备专业知识，更要懂得我国新课程理念和教育方针、政策，懂得教育规律，了解中小学生身心发展水平和特点，了解一线教师的教学需求和教学中的困难点，同时还要能够掌握历史上同类教材和国外同类教材的特点，这样才能编写出符合新课程改革理念、适合教师教学、适应学生身心发展规律和认知水平的优秀教材。而由学科专家和教授组成的编写团队，虽具备专业素养上的优势，但由于长期从事的还是高等教育和教研工作，没有基础教育教学经验，对基础教育教学工作做的实地调查也多流于形式，对中小学教育的实际情况、对中小学生学习情况还摸不清楚，这样编写出来的教材容易变成学科知识总集，虽能保证知识的科学性和逻辑性，但不能使教材真正做到"以人为本"，难以推动课程改革的深化。

因此，为了弥补教材单靠学科专家和教授编写的不足，应该鼓励一线教师参与教材的编写，通过教育行政部门来组织一批聚集包括学科专家、教育理论家、教育改革家、一线教师在内的各领域优秀人才的教材编写团队，并积极鼓励各大出版社与这样的团队展开合作，逐步打造出一批高素质的教材编写团队和高水准的教材出版社，打破当前教材出版被几家出版社垄断的局面。这种高素质的教材编写团队形成的重点是要吸纳一批优秀的、教学经验丰富的一线教师，真正重视一线教师在教材编写中的作用，让教材真正能够做到"以人为本"，适应教师和学生的需求，而不是一本"唯知识论"的学科知识集。

（2）给予一线教师在教材选用上的权利

新课程改革之前，教材实行的是"一纲一本"制，学校和教师对于教材没有进行选择的可能；新课程改革之后，教材实现了"一纲多本"，从理论上来说教材有了选择上的可能，但是实际上"一纲多本"仅是增添了地方版教材，而各省市地方版的教材基本上仍是单一的，教材的选择受到地方教育行政部门的干预，教师仍旧没有教材选用上的权利。

教材最终是为教师和学生的教学活动服务的，教材的选用权最终还是要逐步下移给学校和教师，教材选用的决策权全权交由地方教育行政部门只是我国教材选用制度和法规尚未健全时的一种过渡性措施，若长久采用这种选用模式，将挫伤我国教材市场，形成教育腐败，导致真正优秀的教材不能够被选用，由此也会挫伤教材编写者的热情，阻碍教材多样化的发展。因此，在教材的选用上绝不能由某一人或某一组织来全权决定，在鼓励教师参与到教材选用的过程中来，鼓励教师在教材选用过程中发挥更大的自主作用的同时，也要尽快建立和完善相关的法规和教材选用制度，防止教材选用中出现不正当的商业竞争行为、教育腐败行为和地方保护主义。

总之，必须建立起完善的教材选用制度，包括规范的选用程序、科学合理的评选原则和方式、明确的选用职责规定，力求教材选用过程公平、公正，使教材的使用者能够真正发挥在教材选用上的作用和自主权。

2. 重视教师对教材的二次开发

要鼓励教师对教材进行二次开发，强化教师对教材二次开发的意识。教师对教材的二次开发不能是偶尔为之，而应该是经常性的，贯穿于教学活动的全过程。调整教师对教材二次开发的认识，并非对教材的增删和调序就是对教材的二次开发，教师在对教材二次开发的过程中应具有差异教学和整合资源的意识。教师只有摆脱教材核心的教学观念，才能把学生从教材和教辅资料中解脱出来。应更重视三维目标的实现，而不是单纯的知识和技能的接受。教师要想更好地对教材进行二次开发必须做到以下两点：

（1）树立差异教学的意识

美国学者汤姆森在《多元能力课堂中的差异教学》一书中指出："差异教学的核心思想是将学生个别差异视为教学的组成要素，教学从学生不同的准备水平、兴趣和风格出发来设计差异化的教学内容、过程与结果，最终促进所有学生在原有水平上得到应有的发展。"[①] 不同的学生之间在知识背景、认知水平、学习特点、心理素质和人格特征等多个方面都存在差异，一套教学内容和方式不可能适应所有学生的需要。新课程改革强调"以人为本"，重视学生的个性发展，要求教学能够满足学生的不同需求，帮助学生得到充分的发展，这实际上也是要求教师了解学生的特点和需要，开展有针对性的、差异化的教学。因此，教师在对教材进行二次开发的过程中，要树立起差异教学的意识，充分考虑学生在多个方面的差异性，因材施教，有针对性地调整教学内容、教学顺序、教学手段和方式等，甚至可以根据不同层次的学生制定出不同层次的教学目标、内容和方法。

教师在对教材的二次开发中应如何树立差异教学意识？第一，要坚持以学生为本，尊重学生的差异性，充分了解学生，真正做到从学生学习的角度去开发教材，从学生的实际需求出发去开发教材；第二，重视学生的个性发展，不要将考试成绩作为衡量学生学习能力和学习情况的唯一标准，不要用教材来限制学生的创造力和思想，重视学生的意见并将其作为开发教材的重要参考依据；第三，灵活运用差异教学策略，根据学生的不同水平调整教材内容，针对不同水平的学生制定不同的学习内容和目标，促使所有学生都能在原有发展水

---

① 汤姆林森著，多元能力课堂中的差异教学［M］. 刘颂译. 北京，中国轻工业出版社. 2003.

平上有所提高。

（2）提升课程资源整合意识

应试教育下，各门学科都是割裂开来的，都有各自的学科知识体系、考试方式和评价方式，教师长期受到应试教育的影响，只关注自己本门学科的课程内容，课程资源整合意识及整合能力都有所欠缺。新课程改革以来，要求教学要促进学生的全面发展，要培养学生发现问题、解决问题的能力，自然教师的教学也不能再局限于某一学科的内容。因此，教师在教材二次开发过程中要树立课程资源整合意识。首先，要充分利用有关的课程资源，使教材与社会生活中的实际问题、现象关联性更强，培养学生发现问题、分析问题和解决问题的能力；其次，可以开拓课程资源获取渠道，帮助学生把眼界打开而不是仅局限在教材上，引导学生自主学习，激发学生学习和探索的兴趣。总之，课程资源整合的方式是多样的，教师在对教材进行二次开发时要具备整合意识，帮助学生学会学习。

3. 提高教师在课堂教学中的权利

教师课堂权利被削弱导致了一系列的问题，包括：教师自我效能感不强、学生学习积极性被挫伤、教学质量不高、三维目标难以实现等。因此，必须提高教师在课堂教学中的课堂权利。

首先，对教师来说，提高教师课堂权利能够增强教师的自我效能感和个人教学效能。张绍仁在综合了国内外学者关于教师课堂权利的研究的基础上指出，绝大部分的研究者都认同提高教师的课堂权利有利于增强教师的自我效能感。Short & Rinehart 指出通过提高教师课堂权利带来的教师的自我效能，能够帮助教师获得为学生建立有效学习计划的能力。钟任琴认为提高教师课堂权利有利于教师个人教学效能的提升，包括课程设计能力、教学活动规划能力、教学方式运用能力和班级管理能力等。教师自我效能感和个人教学效能的增强，能够帮助教师提高对自身教学工作的归属感和满意度，将更多的热情和精力投入到教学工作中去，对自己的教学决策和教学技能有信心，关注学生的发展，并且能够帮助学生建立有效的学习计划，规划发展方向，从而使得教学质量大大提高。同时，教师课堂权利的提高也使得教师创生课堂成为可能，教师能够在整个教学过程中，根据教学实际情况、教师个人的知识经验和教学特点、学生的学习风格和发展水平等，充分发挥主动性和创造性，自觉变革课堂教学中的各要素，以达到促进学生发展的目的。这是新课程改革的教学理念，也是新课改对教师提出的新要求，只有提高教师课堂权利才能保障教师创生课堂顺利开展。

其次，对学生来说，提高教师的课堂权利有利于促进学生的发展。一是教师自我效能感增强，工作态度热情积极，在某种程度上提升了教师的人格魅力，对学生会产生一种潜移默化的积极影响；二是会增加教师对学生的期望值，大量研究和实践表明教师对学生的期望对学生的发展会产生正面积极的影响作用；三是教师课堂权利的提高赋予了教师选择教学内容的权利，教师选择增加的教学内容将大大开拓学生的知识面，教材和教辅资料不再是学生获得课程知识的唯一来源；四是教师被赋予了选择教学方式的权利，教学方式不再枯燥单一，变得灵活多样，学生的学习变得更加有趣味性。

最后，教师课堂权利的提高使得课堂教学不再是教材唱主角，也不再是以教材知识的传授为中心内容，课堂教学变得更加具有创造性和生成性，有利于培养学生搜集和处理信息的能力、学习新知识的能力以及合作能力等，有利于促进学生知识与技能、情感与态度等多方面的发展，从而推动新课程改革三维目标的实现。因此，我们必须重视教师在课堂教学中课堂权利的发挥，不能一味地让教材去统治整个课堂。教材归根到底是书面的知识和纸上的课程，教师才是与学生接触的鲜活的个体，更应该是课堂的主导者。

4. 加强对教师综合素质的培训

新课程改革以来，相对以往，教师被赋予了更多的课堂权利，但是教师是否具备相应的能力和素质来掌控这一权利，是当前我国课程改革面临的又一重大问题。事实上，绝大部分教师并不具备科学及最大化运用课堂权利的能力和素质，教师自身素质缺乏保证，即使提高了教师的课堂权利，教师没有能力去行使权利，那也是没有实际效果的，教师的自我效能感和个人教学效能也不会有所提升，课堂教学质量也不会得到提高。相对于外界因素来说，教师自身综合素质的缺乏才是真正阻碍教师课堂权利拥有的内在原因，也是阻碍教学质量提升的最根本的原因。

因此，提高教师综合素养和能力是提高教学质量、推进新课程改革的必然要求，而教师综合素养的提升的重要途径之一就是建立良好的教师培训制度和培训体系。首先，要明确教师培训的目的是提升教师的综合素质，主要包括教师的理论素质、教师的业务素质、教师的创新素质和教师的研究素质。提高教师的理论素质，就是要用新的现代教育理论来武装教师，改变教师落后的教育观念，使教师真正理解和接受新课程改革理念，并融入其中；提高教师的业务素质，就是要帮助教师获得课程开发、设计、实施和评价的能力，而不是仅有娴熟的教书匠的技艺；提高教师的创新素质，就是要培养教师课改和创新的能力，使教师具有创新的思维、创新的知识结构以及创新实践能力；提高教师的研究素养，就是要增强教师的研究意识，提高教师的研究能力。其次，要保证培训内容能够满足教师的实际需求，教学培训要具有针对性和有效性。教师培训内容的确定，决不能想当然地根据以往的经验将教材培训放在首位，要注意教师实际需求与教师培训内容之间的匹配性，在培训内容的选择上，要深入调查了解教师在日常教学活动中的实际困难和需求，以及教师专业发展的实际需要，选择教师真正感兴趣的、真正需要的培训内容，这样才能调动起教师参与培训的积极性，有效地帮助教师提升各方面的素质和能力。再次，要建立起一套教师培训师选拔机制，改变当前教师培训师多由高等院校教师担任的现状，高等院校教师缺乏从事基础教育工作的实际教育经验，具备的更多的是学科理论知识，这样教师培训会陷入教材培训、学科知识培训的误区，使得理论与实践相脱节，消磨教师的学习热情。应选拔一些具有丰富教学经验且具有创新和改革意识与素质的教师来担任培训师，这样才能通过培训帮助教师提升理论、业务、创新和研究等多方面的素质和能力。最后，要转变教师培训方式，当前教师培训方式存在单一化、机械化、满堂灌的现象，教师培训本身也是一种教学活动，对教师日常教学起借鉴和示范作用，如果教师培训本身是采用机械的授受方式，教授的却是让教师采取创新性、多样化和个性化的教学方式，那么无疑不会收到好的培训效果。

因此，要改变当前落后的教师培训模式，实现教师培训对教师综合素质提升的实际功用，必须明确培训目的、改变培训内容、建立培训师选拔机制以及转变培训方式。同时，调查表明，教师更渴望在教师培训中接受到专业化、个性化的培训，因此在我们要求教师在教学活动中具有差异意识的同时，教师培训也可以展开差异化教学，针对不同学科的实际教学情况，以及教师的差异性和学生的差异性等进行差异化的培训，使培训内容能贴近教学实际，运用率更好，以此提升教师培训的作用和效果。

附　录

一、基础教育课程改革中教材和教师的地位及作用的现状调查问卷

尊敬的老师：

您好！感谢您在百忙之中填写这份问卷。

我们正在做一项关于"从教材到教师：基础教育课程改革走向之一"的研究，本问卷旨在了解基础教育课程改革中教材和教师的地位及作用的现状。你下面所作的回答将为我们的研究提供极大的帮助和参考。本问卷无须记名，仅供研究之用，请放心并根据您的实际情况和想法在每一题后的括号内填写适合你情况的选项。谢谢您的大力支持和配合。

1. 您所在的学校属于(　　　)。

A. 小学　　　　　　　　B. 初中　　　　　　　　C. 高中

2. 您所教授的课程所用的教材属于(　　　)。

A. 通用教材　　　　　　B. 校本教材　　　　　　C. 自编教材

3. 据您所知，您所用的教材在编写过程中是否通过各种方式征询过一线教师的意见？(　　　)

A. 征询过　　　　　　　B. 没有征询过　　　　　C. 不太清楚

4. 据您所知，您所用的教材编订完成后是否先给一线教师试用，并征询意见？(　　　)

A. 没有试用过

B. 试用过，但没有详细征询意见

C. 试用过，并详细征询了意见

D. 不太清楚

5. 教师在教材的选用上是否具有自主权？(　　　)

A. 具有较大的自主权　　B. 具有较小的自主权　　C. 不具有自主权

6. 您是否能从知识体系，教材的编写以及学生的情况出发，判断教材的优点以及缺陷？(　　　)

A. 可以　　　　　　　　　　　　　B. 还可以

C. 不太行　　　　　　　　　　　　D. 不行

7. 您所用的教材是否留有允许改变和补充的空间?(   )

A. 留有较大的空间   B. 留有部分空间   C. 没有留有空间

8. 你在日常教学中对教材进行"二次开发"的情况是(   )。

A. 经常   B. 偶尔   C. 从不

9. 您对教材二次开发的方式主要是(   )。

A. 删减   B. 增加

C. 调序   D. 整合

E. 替换

10. 您在对教材进行二次开发时的最主要依据是(   )。

A. 课程标准   B. 方便教学   C. 教学时间安排

D. 与考试的密切程度   E. 学生的具体情况   F. 个人知识和经验

11. 你认为对教材进行"二次开发"的主要目的是(   )。

A. 使学生更好地掌握教材安排的内容

B. 便于自己的教学

C. 便于学生学习

D. 激发学生的学习兴趣

12. 您一般依据什么制定自己的教学目标?(   )

A. 教材   B. 老教师经验传授   C. 集体备课

D. 课程标准   E. 视具体情况而定

13. 您一般根据什么选择您的教学内容?(   )

A. 教材的内容   B. 集体备课确定的内容

C. 自己的教学经验   D. 学生的具体情况

14. 您是如何按照教材的内容编排顺序上课的?(   )

A. 完全按照   B. 基本按照

C. 大部分进行调整   D. 全部重新调整

15. 在教学中您一般会怎样选择教学方法?(   )

A. 根据教材要求选用

B. 根据教材内容选用

C. 根据学生的具体情况选用

D. 根据教学需求选用

16. 您一般依据什么对学生学习情况进行评价?(   )

A. 教材知识和内容的掌握情况

B. 考试大纲涵盖的知识和内容的掌握情况

C. 运用科学知识的方法和途径的掌握情况

D. 能力和综合素质情况

E. 个人思想品德情况

17. 您所在学校一般依据什么对您进行教学评价?（　　）

A. 教学任务完成情况　　B. 学生的学习成绩

C. 学生的反馈和评价　　D. 其他教师和领导的反馈和评价

18. 您是否参加过教师培训?（　　）

A. 参加过　　　　B. 没有参加过（不需回答后面题目）

19. 在您参加的教师培训中,教材培训所占比重为(　　)。

A. 大比重　　　　　　　B. 较大比重

C. 较小比重　　　　　　D. 小比重

E. 没有进行过

20. 您通过教师培训最想学习的内容是(　　)。

A. 教材培训　　　　　　B. 教学理论培训

C. 课堂教法　　　　　　D. 师德师风

E. 教育技术　　　　　　F. 其他

21. 您认为目前的教师培训是否能够实现教师综合素质的提升?（　　）

A. 能够实现　　　　　　B. 基本能实现

C. 基本不能实现　　　　D. 不能实现

再次感谢您的大力支持,祝您工作顺利、生活幸福!

二、访谈提纲

1. 您认为您所用的教材是否能够实现促进学生全面发展的新课程改革核心目标,为什么?

2. 您认为一线教师应在教材编写过程中发挥怎样的作用,为什么?

3. 您怎样看待教师对教材二次开发的必要性?您认为怎样才算是真正地对教材的二次开发?

4. 您认为在课堂教学过程中教材应该起到怎样的作用?

5. 您认为在课堂教学过程中教师应该起到怎样的作用?

6. 您认为在课堂教学中教师过分依赖教材,忽视自身的创造性和作用,会产生什么弊端？您认为当前教师的课堂权利是否得到保障？您认为教师应当具备怎样的素养才能保证教师课堂权利的有效发挥？

7. 您认为教师培训最重要的目的是什么？当前教师培训是否能够实现提升教师综合素养的目标？当前教师培训存在哪些主要问题？

第三节　从学科到学生：基础教育课程改革应然走向之三①

2001 年 6 月，基础教育课程改革大规模地开展并以前所未有的速度在全国范围内推广。2010 年，《国家中长期教育改革与发展规划纲要》提出，要把提高质量作为未来十年教育改革大战的核心任务。然而要想提高教学质量，落脚点应该在哪里呢？在学科，还是学生？学科是开展教学活动的前提条件，完备合理化的学科（课程）是完成教学目的的基本保证。但是学生的发展才是教学活动的最终目的和归宿，离开了学生，再好的学科也不能保证教学目的的实现。那么，当前的基础教育课程改革的现状究竟如何，未来改革过程中我们要怎么去做呢？笔者将尝试从以下三个方面来展开研究。首先，我们在建构主义和人本主义学习理论的指导下，主要采用文献法和调查法的研究方法，通过对长沙市从事基础教育的教师进行了问卷调查以及详细的访谈，以把握基础教育课程改革的现状。其次，通过对调查结果的分析，我们发现当前基础教育课程改革中存在着过分重视课程结构的调整、片面强调学科及内容的整合、忽视了学生的地位与作用三个方面的问题，进而对基础教育课程改革从学科转向学生的原因进行了详细的分析与阐述。最后，根据现存的问题及原因分析，我们相应地提出了学生本位的课程改革策略：要突显学生的主体地位；发挥学生的主动作用；重视对学生学习的引导；重视学生的综合发展。希望这些策略有助于促进基础教育课程改革的进一步发展。

---

① 湖南师范大学邓华 2015 年硕士学位论文。收入本书时笔者做了作大修改.

一、 研究概论

(一) 研究背景

随着知识经济时代的到来，国际竞争日趋激烈，我国的国民素质和综合国力亟待提升。在这样的形势下，党中央国务院提出了基础教育课程改革这一重大决策，并于 2001 年 6 月大规模地在全国范围内推广。随着新一轮基础教育课程改革不断深入，与之相关的一系列理论与实践问题探讨的研究也以前所未有的速度不断涌现。我们一直在强调要把提高质量作为未来教育改革的核心任务，然而提高教学质量的关键落脚点应该在哪里呢？在学科，还是学生？众所周知，学科是开展教学活动的前提条件，那是不是只要有完备合理化的学科（课程）就能顺利达成教学目的呢？其实不然，学生的发展才是教学活动的最终目的和归宿，一味地改革课程（学科）、忽视学生，即使再好的学科也无法保证教学目的的实现。

要想基础教育课程改革取得喜人的成效，最终实现新课改的目的，那在实际的学校教育课程教学中学科与学生的地位与作用应是什么样的？而当前基础教育改革现状中学科和学生的地位及作用又发挥得如何呢？我们不难发现，当前的基础教育课程改革过程中存在着严重的偏重学科忽略学生的问题，我们把大部分的时间与精力集中在设置科学完备合理化的学科（课程），教育理论研究者也集中精力在研究什么样的课程或学科更适合新课改的教学，但忽视了学生的主体地位及作用。因此在未来的基础教育改革过程中，教育理论研究和教育实践工作应从学科转移到学生上来。

本研究从 2013 年度教育部人文社会科学研究一般课题"从课程到课堂：新世纪基础教育课程改革的未来转向研究"的子课题之一——"从学科到学生"角度来研究基础教育课程改革的走向，在相关的教育学理论的指导下，提出未来基础教育课程改革应坚持从学科走向学生的"学生本位"策略。

(二) 研究目的及意义

迄今为止，我国新一轮基础教育课程改革正在大刀阔斧地进行着，与此同时，相关的理论或实践方面的研究也在不断深入。本研究通过梳理新一轮基础教育课程改革在学科和学生方面相关的研究，发掘出重要的、有代表性的研究成果，并使其更加系统化、条理化，以供进一步的深入研究之用。同时，通过对这些研究梳理，发现现有研究的不足，从而进一步探寻基础教育课程改革的走向。

本研究对课程改革走向的探索旨在为新课程实践寻找一个正确的方向，因为这是新课改成功的关键，对以后的课程改革研究及教育教学实践都将产生一定的指导意义。而这对于在这一场声势浩大的新课改运动中的学校教育教学实践来说，更是如此。从学科到学生，终将成为未来基础教育课程改革的必然走向，我们要准确把握好这一走向，从而更好地指导课程改革和教学实践。

（三）文献研究综述

1. 关于新课改中对学科（课程）探索的研究综述

基础教育经历了漫长的改革过程，同时对我国教育教学也产生了深刻的影响。笔者通过对新课改的改革的举措与成就进行梳理发现，基础教育课程改革在学科（课程）方面采取了非常强有力的措施，当然也取得了不少喜人的成就。

（1）课改中关于学科（课程）的改革举措

新世纪基础教育课程改革是一项伟大而有意义的系统工程，是几乎全国所有的教育专家的智慧结晶。20世纪末修订的中小学课本全面更新工作尚未完全结束，国家教育部就于2001年迅速推出了国家课程标准，规定对课程的目标、功能、结构、内容及管理政策进行全面的改革。"整个改革涉及了课程的方方面面，其中包括培养目标、课程结构、课程实施、教材改革等等，是一个由课程改革所牵动的整个基础教育的全面改革"。[①] 我国在基础教育课程改革以来，在学科方面做了不少的工作。在小学阶段规定了开设思想品德、语文、数学等九门学科，同时有条件的小学可以增设外语。2001年秋季开始，全国城市和县城小学逐步开设英语课程，次年秋天，乡镇小学也逐步开设，并规定起始年级一般为三年级。[②] 初中阶段开设思想政治、语文、数学、外语、等十三科，有条件的学校还开设短期的职业指导课。所有学科都强调重视基础知识

---

① 蔡可. 新课改尚未：完成的教育启蒙 [J]. 北大教育评论，2013（10）：79.
② 谢恭芹. 中国近现代小学科学课程演变研究 [D]. 北京：首都师范大学，2008：27.

和基本技能的教学，以最终全面完成学科教学的任务。易斌在其博士学位论文总结到，基础教育课程改革几十年来，无论进行了多少次的改革，所有的学科教学中还是强调文化基础教育。随着课改的深入，适当设置综合课，初中阶段适当设置选修课。[①] 除此之外，新世纪基础教育课程改革以来教育部陆续颁发了不少的文件，对于新课程实施作了明确的规定。2001 年，教育部颁发了《关于开展基础教育新课程实验推广工作的意见》，文件提出："要加大基础教育课程改革实验区在课程设置、选用教材等方面的自主权，对新课改的实验要给予足够的政策支持。"[②] 2003 年，教育部颁发通知提到开设语文、数学、外语、思政、历史、地理、物理、化学、生物、艺术（音乐或美术）、体育与健康、技术和综合实践活动 13 个科目[③]。其中新增设的科目有技术和艺术，艺术是音乐与美术并行设置，供学校自主选择，对有条件的学校鼓励开设两种或多种外语。[④] 靳玉乐、张家军在《当前中小学课程改革的探讨——兼论我国现行的中小学课程计划》一文中指出："为了贯彻国务院每周 44 小时工作制，《课程计划》有了重大的改进，如规定了活动课程、综合课程等，把原来小学阶段的历史和地理综合成社会课……针对当前中小学课程中存在的问题从改革课程管理体制、优化课程结构、调整学科的课时比重等方面进行全面深入的改革。"[⑤] 教育部于 2001 年 6 月颁发的《基础教育课程改革纲要（试行）》的在"课程结构"部分首次提出了"小学阶段以综合课程为主"，小学低年级开设品德与生活课程，中高年级开设品德与社会课程。至此，品德课程作为基础教育课程体系的必要构件，出现在了小学教育领域课程结构之中，突显了其重要意义。

（2）课改中关于学科（课程）的改革成就

王亚迪、袁继文在《教师职称评定中的"偏科"现象》一文中指出，在一些学校，非升学科目的课时被挤占的情况严重。虽然现在的课程改革如火如

---

① 易斌. 改革开放 30 年中国基础教育英语课程变革研究（1978～2008）[D]. 长沙：湖南师范大学，2010：32.

② 教育部. 开展基础教育新课程实验推广工作的意见 [Z]. 教基 [2001] 24 号.

③ 教育部关于印发《普通高中课程方案（实验）》和语文等十五个学科课程标准（实验）的通知 [Z]. 教基 [2003] 6 号.

④ 普通高中课程方案（实验）[J]. 教育理论与实践，2008（02）：12.

⑤ 靳玉乐，张家军. 当前中小学课程改革的探讨——兼论我国现行的中小学课程计划 [J]. 教育研究与实验，1999（3）：23-25.

茶，国家和地方在课程设置上有明确的政策要求规定的课程都要开全开足，但是眼下我国的升学竞争越来越激烈，"一些学校并没有严格按照课程计划执行，有些课程没有开齐，有些课时不足，而是重主课轻副课，甚至考什么，教什么；不考就不开，不教"。[①] 尤其是艺术类课程，更是被挤占的重灾区。更有调查发现，"很多家长过分强调语文和数学等核心科目的学习，而忽略了其他子类的科目，导致学生知识上的缺乏。很多的学生和家长也因为中考不考，不想浪费时间，而且学生的功课一直很紧张，没有多余的时间再学非中考科目，这种现象在现实生活中也是屡见不鲜的。学生的群体性偏科对学生也产生了很大的影响，对学生的个性的形成影响很大，使得人格发展的教育在学校成为了一个盲点"。[②] 靳玉乐，张家军在《从〈课程计划〉的变化看我国中小学课程改革的方向》一文中总结："自新中国成立以来，中小学的课程设置大致上分为三大类：工具类、知识类、技艺类。国家先后实行了多次课程改革，当然取得了一些成就，但是同样也存在不少弊端：80 年代以后，课程的编制走向了学问中心课程的极端，课程内容偏难，知识面偏窄，应用性较差，以学生为价值取向的人文性内容太少。学科内容只考虑'升学'和'专家'的要求，忽视了学生的个性发展；我国的课程计划中存在着学科门类过多的严重问题，在新课改中虽有所调整，但失衡并未得到彻底扭转；不合理的课程结构仍有待进一步调整和完善。新世纪课程改革针对课程编制偏向学问中心的极端、学科内容偏难、学生知识面过窄、应用知识的能力差等问题进行了完善，使得课改理论研究与改革实践逐步相结合、课程结构不断得到优化、课程内容逐步现代化、生活化，最终实现课程管理的科学化。"[③] 由此可见，国家在课程改革中对于学科（课程）的改革做足了努力，当然也取得了一定的成绩。这在未来基础教育课程改革过程中还应继续发扬并不断完善，使其取得更辉煌的成就。1999年第三次全国教育工作会议上确定了"国家课程、地方课程与学校课程"的新的基础教育课程改革体系的三级课程模式。[④] 赵昌木、徐继存以 1978 年为起

---

① 王亚迪，哀继文. 教师职称评定中的'偏科'现象 [J]. 内蒙古教育，2000（12）：10-12.

② 陈健梅. 青少年人格教育初步研究（D). 南京：南京师范大学，2004：24.

③ 靳玉乐，张家军. 从《课程计划》的变化看我国中小学课程改革的方向 [J]. 河南大学学报（社会科学版），2000（02）：94-99.

④ 黄忠敬. 我国基础教育课程政策：历史、特点与趋势 [J]. 课程·教材·教法，2003（01）：21-26.

点，将我国基础教育课程改革的成长历程划分为三个阶段，其中深化阶段为
1994 年以后。活动课程的理论研究和实践探索成为课程改革深化阶段的主题，
着重深入研究活动课程的历史演变，新型活动课程的理论基础、性质、地位，
教学活动方式等问题。[①] 朱莉琴在其硕士学位论文《普通高中课程结构的历史
变革及现状调查》一文中分析道："普通高中新课程结构具有体现选择性，重
视选修课的开设；强调课程统整，重视综合实践活动；体现均衡性，重视技术
类和艺术类课程的特点。但理想的课程结构并不意味着理想的培养目标的实
现，它毕竟只是一个规划和蓝图，它是否符合我国基础教育改革的要求，是否
能够有条不紊、健康地推进，是否能够在实施中体现均衡、综合和选择的价值
追求呢，这些都有待实践的检验。"[②]

　　综上所述，国内外对学科的研究已经比较多，在关于如何改进学科设置，
提高教学质量等方面都作了比较多的努力，但是基础教育课程改革以来对学生
地位及作用的研究却不多见，尤其是在教学实践过程中的体现不足。笔者从基
础教育课程改革的角度，探寻学科的相关现状，批判地走向学生，进而提出如
下的问题：基础教育课程改革以来过于强调学科取向，教学质量的提高到底是
在学科还是学生，这个问题有待进一步思考。

2. 关于新课改中对学生的研究综述

　　新基础教育课程改革坚持以人为本的核心理念，一切以学生的健康发展为
着眼点，注重培养学生的健全人格。是否确立了学生的主体地位，直接关系着
素质教育的成效和新课改的成败。所以，教学过程中确切地落实学生的主体地
位是素质教育的重要内容，是学生自身学习生活的内在需要，更是人发展的必
然要求。

　　（1）学生与学科（课程）方面的研究

　　靳玉乐在《多元文化背景中基础教育课程改革的基本思路》一文中通过分
析多元文化深入发展的影响，将基础教育课程改革的基本思路概括为"一个目
标、两个转变和三个着力点"。一个目标即是以学生为本，促进不同文化背景
下所有学生的全面发展。但在现实的教育实践中，一方面是个体学生的全面发

---

① 赵昌木，徐继存. 我国课程改革研究 20 年：回顾与前瞻 [J]. 课程. 教材·教法，2002（01）：
3-10.

② 朱莉琴. 普通高中课程结构的历史变革及现状调查 [D]. 西安：陕西师范大学，2008：42.

展没有很好地实现，另一方面是众多的学生在考试选拔中成为失败者。因此，要实现学生全面发展的目标，基础教育课程改革在实践过程中要分别以理论、政策和实践三个层面作为着力点，逐步实现课程文化从单一向多元，在多元化的基础上转向全球化的两大转变。① 蔡可在《新课改：尚未完成的教育启蒙》一文中作出如下分析：长久以来，教育界对于课程的学科属性、完整性、系统性和专业性过于重视，如果考虑将中小学生培养成为学科研究领域的专家，那么试问让他们研习过深的内容究竟是为了什么呢？教育理论界一直都在追问什么知识才是最有价值的，然而在中小学普遍存在着这样一个扭曲的现象：教师对学科型的知识讲得深、讲得多，学生学得快。② 随着新课程改革的不断深入，对于课程的整合与分化、学科（课程）内容的更新逐步重视起来，将学生的生活与课程内容进行整合。新课改后出现的不少新的综合性课程，其中品德与生活课程就强调从学生的社会生活出发，以儿童的经验为起点自然而然地进行品德教育，不再追求道德知识的严密体系。在课程开展的过程中，要努力搜集儿童生活中蕴含道德性的生活事件和问题等素材，将爱国主义、集体主义等道德教育渗透到儿童生活、活动中去，努力使品德教育变得真实具体、可操作。③ 除此之外，基础教育课程改革以来设置的譬如艺术、品德与社会等综合课程都开始强调从学生的经验出发，课程的内容逐渐生活化、实用化。虽然新课改在理论上认识到了学生的重要性，在相关文件及研究中也在不断加强好学生主体地位的认识与宣传，然而在基础教育课程改革的实践以及学校教育教学过程中，学生的主体地位还是没有得到真正的落实，教育也还未完全地回归人，回归儿童。

（2）学生与教学方面的研究

新的国家课程标准在关于"教学中应注意的问题"部分明确提出："在教学过程中，教师要始终坚持学生的主体地位，应充分发挥学生在学习过程中的积极性和主动性，创造宽松、活跃的学习氛围，激发学生的学习兴趣……"④ 由此可见，新课程改革强调尊重学生主体的力度之大。这对教师提出了相当高的要求，在教学过程中教师要想方设法地充分发挥学生的主体作用，

① 靳玉乐. 多元文化背景中基础教育课程改革的基本思路 [J]. 教育研究，2003（12）：73-74.
② 蔡可. 新课改：尚未完成的教育启蒙 [J]. 北京大学教育评论，2013，11（4）：51-62，186.
③ 王楠. 小学品德与生活课程研究 [D]. 沈阳：沈阳师范大学，2005：37.
④ 王丽伟. 如何优化初中英语课堂教学 [J]. 青春岁月，2012（04）：158.

激发学生参与的积极性。徐莹在《浅谈新课改背景下课堂教学如何体现学生的
"主体地位"》①一文中总结道：课堂教学活动要以学生为主体，教师只是起
着主导作用，不能喧宾夺主。徐莹认为，新课改要真正使学生成为学习的主
人，首先是教师要改变观念，正确认识师生关系，做好角色定位。一改往常课
堂中学生的听众角色，让学生积极地参与到课堂中去，给学生留出足够的时间
和空间去思考、探索，多给学生一些表现自我的机会，让学生体验成功的喜
悦。其次，教学应完全根据学生的需要进行设计，改变传统的灌输式教学模
式，要善于改变，乐于尝试，鼓励并促进学生积极主动学习，将素质教育落实
到课堂教学全过程中。然而，在新课改的过程中普遍存在着这样一个问题：我
们总是将关注点集中在老师应该如何转变教学思想，怎样选择合适的教学方
法，如何才能让教师尽快适应新课改等方面，对学生的关注度却远远不够。然
而，众所周知，学生的学习状况很大程度上决定着新课改的成功，如此不关注
学生，单从教师方面入手的课改是很难取得成功的。只有在新课改的过程中从
真正意义上落实学生的主体地位，让学生成为学习的主人，能够自觉主动地去
提高自身的自主学习能力并真正融入学习中去，基础教育课程改革才能迎来春
天，取得最终胜利。②

　　在如何落实新课改中学生的主体地位，提高学生的自主学习和创造能力方
面，广大的教育理论工作者和一线教师都非常积极地进行了研究和尝试。由教
育部基础教育司组织编写、朱慕菊主编的《走进新课程——与课程实施者对
话》一书通过对《基础教育课程改革纲要》所涉及的核心概念、新的课程理念
进行阐述和反思，对新课程进行了详细的解读，对教师提供了方法上的指导，
为实施新课程指明了方向。③由程胜、郑金洲著的《学习中的创造》同样也对
新课程理念进行了阐述，同时介绍了新课改的宝贵经验，强调创造的重要性，
提出了要从培养学生的问题意识，创造积极的课堂环境入手，在教学中倡导创
造力培养，激发学生用创造精神去学习，从而走向新课程创造实践情怀。④对
于如何引导学生提升他们的自主学习能力，最重要的是要唤醒学生的自我意

---

①　徐莹. 浅谈新课改背景下课堂教学如何体现学生的"主体地位"［J］. 科技信息（学术研究），
2008（36）：314，316。

②　张丽娜. 新课改下，学生应该怎样学习［J］. 中国校外教育，2012（26）：84.

③　朱慕菊. 走进新课程——与教育实施者对话［M］. 北京：北京师范大学出版社，2002：326.

④　程胜，郑金洲. 学习中的创造［M］. 教育科学出版社，2008：148.

识，改变他们被动接受的思想，这也是提升其自主学习能力的前提条件。严育洪在其《"事"说师生关系》这一著作中以轻松的笔调通过案例引发思考，然后以事说理对基础教育课程改革背景下的师生关系进行了详细的描述和解说。[①] 由此可见，教育理论工作者们正逐步意识到了学生的地位，教师也应适时地调整师生关系，创设氛围激发学生自主学习能力。

综上所述，关于学科以及学生的主体性及生本理念的研究已经不少，可是教学质量仍然有待提高，问题出在何处，学科跟学生的地位及作用到底是怎样的，现状又如何，这些都值得我们去思考解答。笔者从基础教育课程改革入手，探索其从学科到学生的新走向。

（四）研究内容及概念界定

1. 研究内容

本研究以长沙市市区的中小学校为样本，通过问卷、访谈等方式对中小学教师展开调查，了解基础教育课程改革中学科和学生的地位及作用的现状，探寻其存在的问题并分析原因，从而提出相应的解决策略。研究的主要内容有：

①通过问卷调查和访谈，了解中小学校学科（课程）和学生地位和作用的现状，包括新课改以来课程科目的调整与变动情况、课程结构与呈现方式的调整、课程内容的变动以及学生在课程设计及其实施即课程教学中的地位及作用的表现。

②对调查结果进行数据化处理及文字分析，并揭示出目前基础教育课程改革中学生方面存在的问题及其形成的原因，因此基础教育改革要实现从学科到学生的转向。

③基于上述分析以及依据教育学理论的指导，提出相应的学生本位策略：突显学生的主体地位；发挥学生的主动作用；重视学生学习的引导；重视学生的综合发展。从而使基础教育改革状况得到进一步的改善，更好地发挥出育人的重要作用。

---

① 严育洪."事"说师生关系 ［M］. 北京：首都师范大学出版社，2010；63.

2. 概念界定

（1）新世纪基础教育课程改革

新世纪基础教育课程改革，简称新课改。为了响应推进素质教育改革的号召，构建一个全新的基础教育课程体系，2001 年 9 月，教育部提出要在全国 27 个省市自治区的课改实验区试行新课程改革，预示着新课改的正式开始。随着新课程改革的实行，《基础教育课程改革纲要》对新课程改革提出了以下基本思路：转变学生的学习方式；明确课程性质；转变课程功能；改革课程内容；改进教师的教学方式；建立科学的课程评价机制。总之，新一轮基础教育课程改革这项伟大的系统工程影响深远，意义之大毋庸置疑。

（2）学科

学科即知识或学习的一门分科。它包含两层含义，一是指学校"教学科目"的简称，也称"科目"，每个科目即是学校教学中按知识逻辑程序和教学逻辑顺序组织安排的一定知识、技能和活动方式的基本单位。如中小学的语文、物理、数学、美术等；高等学校的各类课程等。二是指学术的分类，如社会科学中的法学、史学等。张传燧教授在《课程与教学论》中认为，"广义的课程指课程计划中规定的所有教学科目……；狭义的课程特指一门具体的教学科目，如语文、数学、综合实践活动等。"[①] 本研究的"学科"即取张传燧教授定义的广义"课程"，特指学校所设置的课程与教学的科目。

（3）学生

学生一般指正在学校、学堂或其他地方接受教育的人。学生是课程实施的接受者和主动参与者，既是教育的对象又是教育的主体。课程实施的目的在于促进学生的发展，课程实施要考虑学生的可接受性和学生素质的完整性。[②] 学生作为教育活动的主体要充分发挥其主体性，教育活动很大程度上受学生身心发展的规律制约以及学生本身对课程实施的接受度的影响。本研究的学生，是指在教师的指导下正在学校、学堂或其他地方从事学习的人，主要是指在校的中小学青少年。

[①]　张传燧. 课程与教学论 ［M］. 北京：人民教育出版社，2008：4.

[②]　刘启迪. 试论学生与课程实施的关系 ［J］. 课程·教材·教法，2002（2）：8-11.

(五) 研究的理论依据

1. 建构主义学习理论

建构主义隶属于认知心理学派，建构主义学习理论是新课程改革的重要理论基础之一。它认为，学生是生活在社会之中的，因而是带着经验走进教室的，教学要从学生的兴趣和需要出发，教师要为促进学生理解而教；学习不是学生单方面地从教师那里把知识接过来的过程，而是需要学生以自己的经验为基础主动去建构自身知识体系的过程。为此，建构主义更加注重学习的主动性以及学习者主体作用的发挥。基础教育课程改革要培养学生的创新钻研精神以及实践动手能力，则需要充分尊重学生的主体地位，发挥学生的主观能动性。

建构主义认为，教学不是教师单方面地把知识传递给学生的过程，而是学生综合运用自身已有的知识经验去分析、解决问题，最终建构具有自身独特生命意义的知识体系的进程。这表明，学习是学生自己的而其他任何人无法替代的主动建构知识的过程。同时，知识是存在于具体的活动情境中，不可能存在脱离活动情境的知识，所以学生的学习需要在一定的情境下通过社会实践活动才能完成，从而形成相应的知识体系。由此可见，基础教育课程改革应当重视学生的学习过程。

在知识观上，建构主义强调知识是一种假设和解释，并不是对现实的准确表征，它首先具有动态性，会随着人类的认识程度的深入而不断发生变化，继而出现新的假设和解释。其次具有情境性。即在遇到具体问题时，知识并不是我们一用便灵的，而是需要我们针对具体的情景发挥主观能动性进行再创造，找到正确的解决问题的办法。知识的动态性和情境性要求我们在新课程改革过程中重视学生的主观能动性，因为知识的获得、问题的解决必须依靠学生在具体实践活动中主观能动作用的发挥。

建构主义强调，学生拥有丰富的经验世界，并且不同的学生的经验世界又存在很大的差异。近年来，关于儿童早期认知发展的研究表明，即便年龄很小的孩子也已形成了远比我们想象的所要丰富得多的知识经验。学生并不是空着脑袋而是带着丰富的经验走进教室的，教学过程中不能忽视这笔宝贵的经验资源，而是应当加以利用并促进其增长。教师不能只想方设法地把知识装进学生的脑袋里去，而是要引导学生从他们已有的经验世界中找到新知识的生长点，

"生长"出新的知识经验。同时，教师要多听学生的想法，帮助学生理解，引导学生去思考。

2. 人本主义学习理论

人本主义学习理论强调人的整体性、自主性和独特性，它认为学习是自主发起的，教师只需要为学生创设一定的学习氛围，学生就会自主去选择、发现适合的学习方式主动学习，教师只是学习的促进者，强调以学生为中心，注重学生的主动性和创造性的发挥。它对我国的基础教育课程改革产生了深远的影响。

罗杰斯是有意义的自由学习的主要倡导者，他认为有意义学习中应该注重学习内容与学习者个人之间的关系。所谓有意义学习，不仅仅是一种增长知识的学习，更是一种与每个人各部分经验都融合在一起的学习，是一种使个体的行为、态度、个性以及在未来选择行动方针时发生重大变化的学习。[①] 人本主义学习原则中最关键的就是让学生自由学习。教师要充分信任学生的学习潜能，尊重学生的中心和主体地位，让学生在自由交往的活动氛围中察觉学习内容与自身的关系，掌握最佳的学习方法。

学生中心的教学观认为：相对来说，凡是可以教给别人的知识都是无用的。教师的任务是为学生的学习创设真诚、尊重、移情等特定的心理氛围，同时为学生提供丰富的学习资源，在学习方法的采用方面学生拥有绝对的自主选择权。学生中心的教学观猛烈抨击传统教育"壶与杯"的教育理论，强调学生是学习的关键，教师只是学生学习的促进者，要坚持一切以学生为中心。[②] 教师只需为学生创设良好的学习环境，尊重学生的意愿，让学生自身的学习潜能在这里能够充分地被激发。学生中心的教学观为本研究提供了充足的理论支撑，我国未来基础教育课程改革重心要逐渐走向学生，学生才是学习的关键，促进学生的发展是改革的最终目的。

3. 教学主体理论

教学主体是教育学研究的基本问题之一，是课程与教学论的重要研究对象。教学主体理论是指教育家们在长期的研究与实践探索过程中，通过理解和

---

① 陈琦，刘儒德. 当代教育心理学 [M]. 北京：北京师范大学出版社，2007：206.
② 莫雷. 教育心理学 [M]. 广州：广东高等教育出版社，2005：156.

掌握教育教学规律，逐渐概括出的关于教学主体方面的系统知识和结论。对于教育主体的概念界定问题，我国教育理论界存在很多争议，由此也产生了"教师主体论""学生主体论""双主体论"等不同的教育主体理论。这些教学主体理论，要么偏重教师的"教"，要么偏重学生的"学"，使得教学过程出现了师生关系的龃龉和对立，都存在一定的缺陷。

张传燧等认为："教师和学生不仅是教学活动的主体，而且是教学的客体，同时又是各自活动（"教"或"学"）的主体和对方活动的客体。""知识传递的主体是教师，知识承继的主体是学生，师生共同构成知识传承的主体。"[①] 教学由教师的教和学生的学所构成的双边活动，双方是相互影响的，离开了谁都不能构成教学。由此，在教学活动过程中，学生作为"学"的主体时，同时也要受教师的品德、情感、态度、气质等方面的影响，接受来自教师的知识经验，是教师"教"的活动的客体。因此，在课堂教学过程中，我们必须重视作为教学主体之一的学生的作用和地位。但是传统教育观如师道尊严，教师代表绝对的权威，在教学中居于中心的主宰地位；学生处于被动的受体地位，学生的责任是听从教师的教导等思想根深蒂固。所以在未来的基础教育课程改革过程中这种观念要逐渐予以破除，切实尊重学生的主体地位，发挥学生的主动作用。

二、 新课改中学科和学生地位及其作用的现状调查

（一）调查设计

1. 调查目的与方法设计

（1）调查目的

本研究以长沙市市区中小学为例，在现有文献资料分析的基础上，结合个人的认识与理解，通过问卷调查、访谈等方式对中小学教师展开调查，目的在于了解广大教师对基础教育课程改革中学科和学生的地位及其作用现状的了解、认识和态度，在此基础上发现其中的问题并挖掘其形成原因。

---

① 张传燧，纪国和. 课程与教学论 [M]. 北京：人民教育出版社，2008：21.

（2）调查方法

①问卷法。问卷法是笔者以书面的形式提出问题让研究对象作答后收集起来以作为研究资料的方法之一。笔者将所要研究的基础教育课程改革现状的相关问题编制成问卷，以让中小学教师当面作答的形式进行全面的调查。为了保证调查结果真实可靠，本研究采用不署名的方式进行。

②访谈法。访谈法是以口头访谈的形式，根据被询问的答复收集客观的、不带偏见的事实材料，以准确地说明样本所要代表的总体的一种方式。在此次研究中，笔者将采取电话访谈、网络视频访谈和面对面访谈等多种方式向中小学教师了解其对基础教育课程改革的看法，为本研究提供强有力的事实依据。

2. 调查问卷与访谈提纲设计

（1）调查问卷维度设计

问卷调查的维度是指以问卷调查的方式围绕要了解的主题提出多方位、多角度、多层次的各类问题、方案、手段等，以判断、说明、评价所要了解的主题。本研究的调查问卷主要从以下五个维度进行编制。

①对新课改的熟悉程度。基础教育课程改革正不断地深入我们的课堂，当我们在教学实践中体会这轮课改的意义时深深地感觉到，课程改革不仅仅是改革学科、教材等，还是教育思想的改革和转变。教师对新课改的了解程度直接影响着课程改革的进程、效果等方方面面，不容忽视。

②课程科目的调整与变动。基础教育课程改革过程中，我们在学科方面做了不少的工作与努力，课程科目的调整与变动是其中一个方面的体现。通过教师这第三者的身份来了解新课改以来在课程科目方面所取得的成绩与效果，进而通过反思发现问题。

③课程结构与呈现方式的调整。课程结构是指按一定标准选择和组织起来的课程内容所具有的各种内部关系，主要包括各类课程的比重，各门课程之间的联系、配合和相互渗透，以及课程内容的排列顺序。[①] 历次基础教育课程改革思路与举措中，无不提及课程结构的调整，新世纪的基础教育课程改革也不例外，课程问题越来越受到教育界人士的关注。本问卷设计课程结构与呈现方式的调整这一维度，旨在通过了解新课改在这两方面做的努力与其成效，达到

---

① 李秉德，李定仁. 教学论［M］. 北京：人民教育出版社，1991：173.

本研究的目的。

④课程内容的变化。课程内容不是一经形成就不再改变的，它会随着时代社会进步和学生发展的需要不断进行更新和调整，任何故步自封的、不具有时代精神和自我更新能力的课程内容都是不会长久的。课程内容的调整要充分尊重学生的主体地位，要努力为学生个性化发展、为学校走向特色化搭建一个平台。新世纪基础教育课程改革中对课程内容进行了不少调整，然而在这些调整过程中是否发挥了学生的主体作用，对学生的发展及影响又如何，是本调查所要了解的方面。

⑤学生的地位与作用。在现代教育理念的指导下，突显学生在教学过程中的主体地位，越来越为时代所重视。张传燧教授在《课程与教学问题研究》书中提出："作用是主体性的地位和主体性的外在表现，是主体所具有的活动功能。学生的主动作用具体表现在现实体现教学目标；积极参加教学活动和自我实现，自我发展三个方面。"[①] 新课改以来学生的地位怎样以及作用发挥的程度是本研究的一个重要维度，它直接影响着教学质量和效果。

（2）访谈提纲设计

此次访谈对象是工作在教育实践第一线的中小学教师，一共 10 位，其中小学教师 3 位，初中教师 3 位，高中教师 4 位。考虑到教师们的工作忙碌，时间非常宝贵，为了在较短时间内通过访谈的形式了解他们对基础教育课程改革现状的看法，笔者提出了比较有针对性的 4 个问题。

访谈的第一部分是让 10 位老师了解访谈的目的。第二部分就是对 10 位老师情况作一个基本的了解，比如目前所任教的年级、教龄等等。第三个部分是访谈设计的 4 个问题，主要是想了解教师在新课程改革中的做法及成效：第一是关于基础教育课程改革以来在课程教学科目改革上所做的工作；第二是基础教育课程改革以来课程内容及呈现方式上发生了哪些变化；第三是基础教育课程改革以来学生的作用发挥得如何；第四是基础教育课程改革以来学生的地位是否受到了重视，有何体现。

---

① 张传燧. 课程与教学问题研究 [M]. 郑州：大象出版社，2013：56-58.

3．调查问卷及访谈提纲的编制及修订

（1）调查问卷的编制及试测

①调查问卷的编制。调查问卷的主要对象是中小学教师。根据研究的维度，本研究的问卷一共分为 6 个部分：第一部分是对调查对象基本资料的调查——调查对象的执教年级、性别及教龄；第二部分是关于被调查者对新课改目标和课标的熟悉程度状况的了解；第三部分是关于对新课改以来课程科目调整与变动的了解；第四部分是关于基础教育课程改革以来对课程结构与呈现方式调整的认识；第五部分是关于基础教育课程改革以来对课程内容变动的态度；第六部分是关于基础教育课程改革以来对学生地位及作用变化的感受。

②调查问卷的试测与修订。笔者选定长沙市岳麓区桐梓坡小学中的 30 名教师作为试测对象，检验此次调查问卷的考虑是否周全以便进行修改。试测中只回收了 27 份问卷，问卷的回收率为 90％。回收的问卷中包括 1 份无效问卷，26 份有效问卷。另外，在进行试测的过程中，发现问卷答案中注明是多项选择的出现了单个选项，因此笔者在问卷中对多选的注明进行了着重强调，防止调查对象在作答时忽略，导致问卷无效。

（2）访谈提纲的编制

在调查教师群体中共选择了 10 位工作在一线的中小学教师进行访谈，深入了解其对基础教育课程改革现状的认识与看法。第一部分就是对 10 位老师情况作一个基本的了解，比如目前所任教的年级、教龄等等；第二个部分是访谈设计的 4 个问题，主要是想了解教师在新课程改革中的做法及成效：第一是关于基础教育课程改革以来在课程教学科目改革上做的工作；第二是基础教育课程改革以来在课程内容及呈现方式上发生了哪些变化；第三是基础教育课程改革以来学生的地位是否受到了重视，有何体现；第四是基础教育课程改革以来学生的作用发挥得如何。

4．调查对象的选择

（1）问卷调查对象的确立

为了了解基础教育课程改革中学科及学生的地位和作用的现状，本研究以长沙市从事基础教育工作的中小学教师为研究对象。本研究采取分层随机抽样的方式分别从长沙市基础教育小学、初中、高中各 5 所学校的教师群体中抽取300 人的样本，其中小学、初中、高中教师各 100 人。在抽样的时候，为了确

保调查对象具有代表性，笔者充分考虑了性别、年龄因素的影响。以下是本次问卷调查对象的基本情况。

1. 调查对象的任教年级

为了全面了解基础教育课程改革中学科及学生地位及作用的现状，本次调查选取了从长沙市基础教育教师中分层抽取 300 名教师进行调查，发放问卷 300 份，回收有效问卷 273 份，任教年级人数的具体情况见下表：

调查对象的任教年级

年级	频数	百分比	有效百分比	累计百分比
小学	88	32.2	32.2	32.3
初中	90	33.0	33.0	65.2
高中	95	34.8	34.8	100

2. 调查对象的性别

本次接受调查的 273 名中小学教师中，男老师 80 名，女老师 193 名。男女老师占比分别为 29.3％和 70.7％，具体分布情况见下表：

调查对象的性别

性别	频数	百分比	有效百分比	累计百分比
男	80	29.3	29.3	29.3
女	193	70.7	70.7	100

(二) 访谈对象的确立

本研究分别在从事基础教育的教师中抽取 10 名教师作为访谈对象，其中小学 3 名，初中 3 名，高中 4 名。以下为此次 10 位访谈对象的基本情况（见下表）。

访谈对象的基本情况

教师	性别	任教年级	教龄	最高学历
汪老师	男	高三	28	大专
李老师	女	小二	23	大专
徐老师	女	小五	8	本科
肖老师	男	初二	10	本科
王老师	女	高一	15	本科
肖老师	女	高二	5	硕士
范老师	女	高三	18	大专
田老师	男	初三	7	本科
张老师	男	初一	16	大专
陈老师	女	小四	2	硕士

（二）调查实施及数据处理

1. 调查实施

整个调研始于 2014 年 9 月，以问卷调查为主，访谈主要是对问卷调查的辅助证明。问卷发放及访谈随着新学期的开始有序地进行，在 2014 年 10 月结束。对教师的问卷调查分为四个阶段，分别是拟定调查问卷、开展调查、整理调查结果及统计、综合统计分析。

在正式问卷调查开始前，笔者进行了一次试测，目的了测试问卷的可行性和有效性。此次教师问卷试测对象是岳麓区桐梓坡小学的 30 位老师，回收试测问卷后进行简单的统计。结果显示：问卷中的标明多选的题目，有老师只选了一项。而且通过试测结果还发现存在个别题目应该是属于多项选择题目，笔者没有标明的情况，这在之后进行了微改。

正式调查采取分层随机抽样的方法进行，问卷发放的对象是长沙市市区中小学教师共计 300 人，共发放问卷 300 份，回收问卷 291 份，回收率 97％。其中有效问卷 273 份，无效问卷 18 份，问卷有效率约为 94％。

在问卷调查的同时还进行了教师访谈调查。

2. 数据处理

本研究只是一个简单的现状调查，不适宜用大型统计分析和复杂的数据处理方法。所以，问卷回收后主要是采用比较简单的 Excel 统计方法来分析调查的结果，Excel 统计方法在数据分析中最为基础，也最易掌握；对于访谈结果的处理也只是针对记录下来的访谈笔记来进行分析。

（三）调查结果分析

根据问卷调查的五个维度，调查的结果将从这五个方面进行。

1. 对新课改目标和课标的熟悉程度

教师对新课改的熟悉程度

题号	总数	A	B	C	D
1	273	74.3％	13.1％	8.5％	4.1％
2	273	2.1％	15.2％	20.4％	62.3％

第1～2题是从两个方面来测试从事基础教育的中小学教师对基础教育课程改革的熟悉程度：是否了解新课改以及对新课程标准的学习程度。由上表可以看出，在所调查的对象中，有74.3％的老师认为自己是非常了解新课改的，13.1％的老师虽然不是很了解，但也是知道一些的。只有4.1％的老师认为自己不了解。对于是否学习过新课程标准，有62.3％的被调查者声称认真学习过，还有20.4％的老师表示粗略学过，15.2％的老师虽然没有主动学习过，但是在培训时有听过，只有极少数的教师没有学习过新课程标准。

2. 对新课改课程科目调整与变动的了解

新课改中课程科目的调整与变动

题号	总数	A	B	C	D	E
3	273	1.2％	10.5％	88.3％	—	—
4	273	85.2％	87.5％	92.4％	85.7％	89.6％
5	273	90.1％	86.4％	87.6％	—	—

从上表中不难看出，无论是义务教育阶段还是高中所段，基础教育课程改革以来在课程科目的调整与变动上做了许多的工作，从上表格的数据中我们不难发现，与1994年调整的课程计划，相比绝大部分被调查者都称新课程计划中课程科目作了调整变动，其中有88.3％的被调查者认为新课改课程科目的调整与变动很大。根据第4、5题的调查结果统计，85％以上的教师清楚地了

解新课改中课程科目的具体调整与变动，只有极少数的被调查者了解得不全面。同时在访谈过程中听了每位老师对基础教育课程改革以来在课程教学科目上做的工作的认识，笔者对他们的观点与看法进行了以下梳理和总结。基础教育课程改革历来重视课程教学科目的调整，相比较 1994 年调整后的课程计划，新世纪的基础教育课程改革在学科科目上作了不小的调整：义务教育阶段，将音乐与美术课合并为艺术，小学低年段将思想品德课、自然课、生活常识课、劳动课合并设置为品德与生活课；在小学中高年级将思想品德课、社会课、劳动课合并设置为品德与社会课；初中将历史课和地理课合并为历史与社会课，将物理、化学和生物课合并为科学课；高中阶段新设艺术和技术综合课程科目，并将综合实践活动作为小学至高中的必修课程。由此可知，基础教育课程改革中在课程科目的调整与变动上作了很大的努力，然而，新课改的成效仍然不突出，原因何在呢？是不是仅仅简单地通过课程科目的调整与变动就是顺应了世界课程改革人文社会科学综合化趋势的潮流，符合新世纪课程改革的回归生活的教育要求了呢？

3. 对课程结构与呈现方式调整的认识

课程结构与呈现方式的调整状况

题号	总数	A	B	C	D
8	273	86.3%	92.5%	87.3%	80.9%
9	273	89.2%	93.7%	90.7%	18.6%

由上表可知，从事基础教育一线工作的教师绝大部分对于新课程改革中课程结构的调整是了如指掌的，86.3% 的老师知道小学阶段是以综合课程为主；92.5% 的被调查者了解初中阶段课程设置是分科与综合相结合；明白高中阶段以分科课程为主的老师所占比例也高达 87.3%。除此之外，基础教育课程改革过程中设置了必修课的同时，还想方设法创造条件开设选修课。同时，新课改以来学科内容呈现方式也发生了很大的变化。根据调查结果我们不难发现，89.2% 的教师认为自基础教育课程改革以来各科的课程标准变化都很大，其中有 93.7% 的教师认为教材内容结构发生了变化，还有 90.7% 的教师认为教科书发生了变化，只有少数老师（仅占 18.6%）觉得学科内容呈现方式没有什么变化。同样地，笔者通过对 10 位老师的访谈发现新课改在课程结构及呈现

方式上的调整上下了很大的功夫，想方设法地去完善课程结构及呈现方式，力图使新课程改革取得更好的成效。李化树指出："通过课程的综合，为学生开辟了一条通向他们生活的渠道，使他们在生活的内在联系中获得整体的发展，特别是有利于他们的品德与社会性发展"。[①] 然而新课改通过调整课程结构，改变课程内容的呈现方式，是否就真的如愿以偿地达到了其最终目的呢？显然，新课改的目的并未得到实现，学生的发展状况仍然不容乐观，其原因何在，值得我们深思。

4. 对课程内容变化的态度

课程内容的变化情况

题号	总数	A	B	C	D
10	273	12.1%	41.5%	46.4%	
11	273	82.9%	83.2%	84.7%	91.6%

由上表可以看出，绝大部分被调查者认为新课改以来课程内容发生了变化，其中 46.4% 的被调查者认为发生了很大的变化，41.5% 的被调查者认为发生了一些变化，仅有 12.1% 的被调查者认为新课改以来课程内容没有发生变化。那么课程内容的变化主要体现在哪些方面呢？在认为发生了变化的教师中，有 91.6% 的教师认为课程内容有增有减；有 82.9% 的老师认为删除了一些繁、难、偏、旧的教学内容；83.2% 的教师认为课改以来课程内容打破了学科限制，加强了学科之间知识的渗透；还有 84.7% 的老师觉得增加了一些与生活实际相联系的活的知识。通过对 10 位老师的访谈，笔者发现新课改的过程中对传统课程内容的主要弊端有了比较清晰的认识，对于如何正确处理课程内容与学生生活、科技进步以及社会发展的关系进行了重新定位和调整，这使得新课程在内容上出现了许多新特点。本轮课程改革注重课程内容与学生生活的结合，更加关注学生的生活世界，力图实现以学生发展为中心的转向。从事小学教育 23 年的李老师的访谈让人印象深刻，他前后经历了几次课程改革，觉得课程内容的生活气息越来越浓，趣味性越来越强。尽管如此，研究及实践调查结果都证明：不管课程内容发生了怎样的变化，仅仅依靠完备合理的学科

---

① 李化树. 论新课程背景下小学德育课的生活化发展方向 [J]. 四川文理学院学报，2012 (3)：47-52.

结构、课程内容是不可能实现新课改的最终目的的，还需要切实地加强学生的主体地位，发挥其主动作用。

5. 对学生地位及作用变化的感受

新课改中学生的地位及作用表现情况

题号	总　数	A	B	C
6	273	23.5％	48.7％	27.8％
7	273	26.8％	28.1％	45.1％
12	273	31.4％	30.8％	37.8％
13	273	24.3％	42.7％	33.0％
14	273	38.4％	28.7％	32.9％
15	273	35.2％	48.1％	16.7％

由上表可知，基础教育课程改革以来学生的地位及作用表现并不明显。由第 15 题我们不难看出，新课改后只有 35.2％的老师认为学生能够自觉做到课前预习，积极思考；48.1％的老师认为学生还是被动学习，老师安排了才会照做，还有 16.7％的被调查者认为学生基本上是从来不预习。由此可见，新课改后学生的学习主动性并没有被调动起来，与课改前没有明显的差异。这其中的原因就是新课改并没有切实地尊重学生的主体地位，发挥他们的作用，学生的课程开发权利、课堂话语权并没有得到实现。48.7％的老师认为课程科目的调整与改动对学生产生了一些影响，还有 27.8％的老师认为其对学生根本没产生影响，只有 23.5％的老师认为课程科目的调整与改动对学生产生了很大的影响。在课程科目的调整与改动对学生产生的影响上，被调查的老师中的 26.8％认为减轻了学生的负担，但也有 28.1％的教师认为反而增加了学生的负担，当然也有 41.8％的觉得课程科目的调整与改动有利于学生的综合发展。而在课程内容的调整对学生的影响上，超过半数（合计 62.2％）的教师认为还是有影响的，只是程度深浅而已。在新课改课程内容调整后的影响中，24.3％的被调查者认为课程内容的调整增加了学生的学习难度，42.7％的被调查者认为学生的学习积极性有所提高，33.0％的教师觉得学生的学习兴趣增强了，但是也有 37.8％的教师认为课程内容的调整对学生没有产生什么影响。关于新课改后学生学习的积极性如何，笔者分析总结了 10 位被访谈教师的观

点。新课改以来学生的学习积极性略有一些改变，但是并无明显的差异。通过被访谈的 3 位小学教师笔者了解到，因为教材的生活化、课程的趣味性，学生参与课程的积极性略微有提高，举手回答问题的人数有上升趋势。初高中尤其是面临升学考试的初三、高三年级，尽管教材有所更新，课程科目有所调整，但是大部分学生并没有完全融入新课改，还只是停留在对考试的科目进行知识的掌握巩固，对新增设的科目毫无兴趣，对于这些科目的课堂教学也只是完成任务式的参与。由此可知，学生的地位及作用没有很好地得以实现。

通过对问卷及访谈的结果分析，我们不难看出，基础教育课程改革以来在学科方面采取了不少的措施，如调整课程教学科目、课程结构和呈现方式，改变课程内容等，同时也强调尊重学生，坚持为了一切学生的核心理念，发挥学生的作用，但是都只停留在文本上、理念上，并没有在实际的教学实践过程中得到落实。教师们都认识到了基础教育非常强调并重视学生的主体地位，在课程改革的核心理念和课改的具体目标两方面都已经把学生作为课程改革的积极参与者，作为教育的主体来提高学生的成绩、技能，塑造他们的价值观等，但教育工作者在实际开展工作中却很少去考虑教育主体的需要，学生的主体并没有得到突显。在学校教育中，依旧是教师的一言堂，满堂灌，唯成绩马首是瞻。

三、 新课改中重学科轻学生问题及其原因分析

基础教育课程改革无论进行多少次、怎样改革，最终的落脚点还是学生，学生的发展始终是其最终目的和归宿。"为了每一位学生的发展"这一新课改的核心理念突出了改革在强化和突出学科知识的同时，要更加注重对学生这一主体的整体关怀，改革必须实现从学科到学生的转向。本研究旨在通过调查发现当前基础教育课程改革中存在的问题及其原因，从而更好地为从学科到学生的转向奠定基础。

（一）新课改中重学科轻学生问题的表现

从这 10 来年的课程改革的理论研究看，人们将关注的焦点和重点放在"学科"（课程）上，"课程标准""课程设计""课程开发"等"理念化课程"

的研究占据了主流。① 新课改以来我们花费了大量时间和精力在建设理念化、制度化、文本化的学科（课程）上，三级课程管理制度也应运而生。然而无需讳言，理论、制度、文本课程如此繁荣，学校教学质量、学生学习情况及发展却不容乐观。其存在的问题就在于我们把过多地精力放在文本化、理念化的课程建设上，忽视了学生这一课程教学过程主体的地位，没有真正从学生出发，充分发挥他们的作用。

1. 过分重视课程结构的调整

众所周知，课程结构是课程培养目标的反映。新世纪基础教育课程改革思路之一就是调整和优化课程结构。调查表明，绝大部分被调查者都称与 1994 年调整的课程计划相比新课程计划中课程科目作了调整变动，其中有 88.3% 的被调查者认为新课改课程科目的调整与变动很大，超过 85% 的被调查者都详细地知道新课改课程科目的具体调整和变动。由此可见，新课改在教学科目和课程结构的调整上作出了巨大的尝试与努力，改变了现行单一的课程类型结构状况，在新的学校课程结构中设计了经验课程、综合课程、选修课程、地方课程和校本课程，使得学校课程类型多样化。本次调查结果也显示，从事基础教育一线工作的教师绝大部分对于新课程改革中的调整是了如指掌的，其中 86.3% 的教师知道小学阶段以综合课程为主，92.5% 的被调查者了解初中阶段是分科与综合相结合的课程。多种课程类型的有机结合固然对学生的全面发展有一定的帮助，但是仅仅期望在课程结构上下大功夫就能促进学生的全面发展从而顺利完成新课改，这是不现实的。

课程理论工作者们也集中精力研究课程结构等理念化课程以及怎样调整课程结构，他们提出了针对现行中小学课程类型单一、科目比例失衡的状况进行调整后的新的课程计划：整体设置九年一贯的义务教育课程，将音乐与美术合并为艺术，将综合实践活动设置为小学至高中的必修课程，等等。一方面我们要对这些努力改变现状的工作予以肯定，但从另一方面来说，把大部分的精力与时间放在理论的课程结构的调整上，而在实际的课程开发与整合过程中完全忽视了学生这一课程教学过程主体，漠视他们的话语权、课程开发等权利，是不可能真正从根本上改变目前学生的学习状况、提高教学质量的。

---

① 张传燧. 课堂比课程更重要 [J]. 湖南师范大学教育科学学报，2013 (2)：扉页.

2. 片面强调课程内容的整合

我国新一轮“基础教育课程改革纲要”中关于课程内容改革的目标是：“改变课程内容‘繁、难、偏、旧’和过于注重书本知识的现状，加强课程内容与学生生活以及现代社会和科技发展的联系。”[1] 课程内容的改革强调知识与能力并重，关注基础性、生活性等，这些工作都值得肯定。但是基础教育课程改革一味地研究课程要达到什么目标，应该开设哪些课程，学科内容要做些什么样的调整而忽视了学生的主体地位。只是做这些目标的制定、文本的修改，是不是就能提高基础教育教学的质量呢？调查结果显示，绝大部分教师认为新课改以来课程内容发生了变化，其中 46.4％的被调查者认为发生了很大的变化。在这些变化中，有 82.9％的老师认为删除了一些繁、难、偏、旧的教学内容；83.1％的教师认为课改以来课程内容打破了学科限制，加强了学科之间知识的渗透；还有 84.7％的老师觉得是增加了一些与生活实际相联系的活的知识，91.6％的被调查者认为课程内容有增有减。同时对 10 位老师的访谈结果表明，新一轮基础教育课程改革对于如何正确处理课程内容与社会、课程内容与学生、课程内容与科技发展的关系进行了重新定位和调整，更加关注学生的生活世界，注重课程内容与学生生活的结合，力图实现从以学科为中心转向以学生发展为中心。新课程还强调情感、态度和价值观的培养，当然这在课程内容的设计中有所体现。但是，要使学生形成主动学习的态度，掌握学习的方法仅仅依靠课程内容的改变就能实现吗？答案是否定的。学生才是这些目标的根本，是课程内容最终接受者，无论课程内容进行怎样的调整与变化，都是在课程落实的最主要、最有效的场所——课堂中最终被学生所吸收掌握。对于基础教育课程改革来说，无论课程内容设置得多合理，学科课程内容多完善，最终还是需要学生自己去吸收知识、掌握技能然后加以内化形成自己独特的见解。学生才是一切教育教学改革的出发点和最终归宿。所以，学生比课程（学科）更重要。基础教育课程改革已经在学科改革上做了很大的努力，如调整课程结构、改变课程内容，变革评价以及考试方式，以期能够促进每个学生身心发展。然而新课改在实施过程中，我们似乎都把改革的焦点集中在教师的教学理念、教学方式的改革以及课程自身的改革，却忽视了课程改革中学习的

---

① 石鸥. 从课程改革的目标看综合实践活动的独特价值 [J]. 中国教育学刊，2005（9）：19.

主体——学生，所以成效并不突出。未来的基础教育改革中，我们要逐步由学科走向学生。

3. 忽视学生的地位和作用

新一轮基础教育课程改革企图通过改变课程结构、课程内容和评价以及考试方式等来培养学生的创新精神和实践能力，从而促进学生身心健康发展。然而，在新课改的实施过程中，我们似乎都把改革的重点聚焦在课程自身的改革上，而忽视了对课程改革中学习的主体——学生的关注。笔者分析总结了10位被访谈教师的观点发现，新课改以来，因为教材的生活化、课程的趣味性，小学生参与课程的积极性略微有一些提高，但是初高中绝大部分学生并没有完全融入新课改，还只是停留在对考试的科目进行，知识的掌握巩固上，其实质并未发生任何转变。许多新课改的研究中提及很多教师仍然是穿新鞋走老路，其实这在学生方面表现得更为突出。学生依然以原有的学习思想和学习方法来应对教师的教学，新课改也并没有发挥出学生的主体作用，仍然只是把学生当作教育教学的客体和接受者。这些年来的基础教育课程改革尽管有成效，但充其量还只能说发挥了教师的主导作用，所有一切的改，基本上都是在课程、教师等方面动脑筋，很少接触到学生主体方面。因此，尽管改了不少，几乎涉及了教育的方方面面，但仅仅是字面上的课改，并未真正落到实处，没有重视学生的主体地位及作用的发挥，更没有使学生真正成为教学过程中的主体。

新一轮基础教育课程改革正开展得有声有色，同时也制定了不少的具体目标。其中改变学生的学习方法，提高其解决实际问题的能力尤其突出。这些都是我们喜闻乐见的，但是所有这些都还只是停留在文本层面，并未真正落实到教学行动中去。调查研究结果表明，只有23.5%的老师认为课程科目的调整与改动对学生产生了很大的影响，在课程内容的调整对学生的影响上，超过半数（合计62.2%）的被调查者认为还是有影响的，只是程度深浅而已。在新课改课程内容调整后的影响中，只有33.0%的教师觉得学生的学习兴趣增强了，认为课程内容的调整对学生没有产生什么影响的比例高达37.8%。在实际的教育教学中，学生作用的发挥起着至关重要的作用，它很大程度上影响着学校的教学质量，也是影响基础教育课程改革成效的直接因素。而课堂是发挥学生作用的最主要、最有效的场所，这就要求教师在课堂教学中充分尊重学生的主体地位，最大限度地发挥出其作用，这也是提高教育教学质量，真正实现基础教育课程改革的最终目标的关键环节。

(二) 新课改中重学科轻学生问题产生的原因分析

基础教育课程改革以来做了不少的工作与努力，但是收效并不明显，甚至还存在着上述的一些问题，究其原因何在呢？笔者认为主要是存在基础教育课程改革过程中重课程轻教学、重知识轻学生和重应试轻素质的三个不合理的倾向。

1. 新课改重课程轻教学

新课改以来，我们主要集中精力在抓课程的理念化、制度化、文本化的课程建设。纵观这十年课程改革取得的理论研究成果，我们始终将关注的重点放在了"课程"上，与繁荣的理论、制度、文本课程形成反差的是，学校课堂教学状况不容乐观。"课改 10 年，课程虽好，课堂依旧"① 现象十分明显。究其原因，主要是在这十年间我们确实狠抓了课程的建设，但是对课堂教学的关注却是远远不够的，仍然存在着先进的课程理念与残酷的课堂现实严重脱节的现象。由此可见，在基础教育课程改革中，我们始终坚持了把课程放在教育教学中的核心地位。课程在教育教学中的核心地位固然毋庸置疑，它是教育教学的重要依据，同时也是实现教育目标的主要途径。但是凡事都得把握好一个度，超过了这个度有时候往往会适得其反。当前基础教育课程改革重课程轻教学的倾向十分明显，研究和实践的主要关注点都放在了课程上，对课堂教学的关注却明显不足。新课程改革主要突出了对课程设置的调整和课程内容的改革，改革内容包括：小学开设新型英语课，增设法制和心理课；中学必须修满社会实践学分方能毕业；为了使中小学生告别难题，增加了"研究型"课程等等。无论是基础教育理论研究者还是一线的教育实践工作者，把全部的关注焦点集中在了课程上，忽视了教育教学实践这一环节的重要性，所以间接导致了一些问题的产生。课程作为学校培养学生的施工蓝图是不可或缺的。然而，学校才是培养人才的场所，教师是主要施工者，教学是这一目的达成的必经过程。离开了教学这一过程，再好的蓝图也只是一张空头支票，一文不值。我国新一轮基础教育课程改革在课程内容上对传统课程内容的主要弊端有了清晰的认识，其

---

① 张传燧. 课堂比课程更重要［J］. 湖南师范大学教育科学学报，2013（2）：扉页.

改革目标在于改变"繁、难、偏、旧"的课程内容和太过注重书本知识的现状，加强教学的生活化：将课程内容与学生生活、现代社会、科技进步更加紧密地联系起来。尽管新课改对课程内容有重大突破，但是还仅仅存留在理念化、文本化的层面。众所周知，课程包含了学校教育活动的内容及其科目设置，但是无论课程内容是什么，学生想要获得知识必须通过师生课堂的互动，从而转化为学生自我的知识与素质结构。由此可见，重课程轻教学的倾向是导致当前基础教育课程改革未能取得预期成效的原因之一。

2. 学校教育过程中重知识轻学生

长期以来的传统教育教学理论使得教育工作者形成了这样的误解：教学就是以传授系统的知识为目的，以课堂讲授为主要教学方式，强调教师的绝对权威，从而使得学生的实际情况、身心发展需要以及个性特征等被忽视。师生关系上尊奉师道尊严、教师权威，教学中很少考虑学生的兴趣和要求，致使学生成了接受知识的"容器"，其主体性和情感的发展受到抑制。在学校教育教学过程中，我们过度强调基础知识和基本技能的获得，铆足了劲地去想方设法如何才能大面积、高效率地传递教学内容，使学生掌握完整的知识结构，提高教学质量。一直以来，学校被认为是通过呈现系统的学科内容知识来发展学生智力的场所，知识是学校教育的基本内容，传授知识是学校教育的一项基本功能，这是经过多年教育实践达成的共识。为了培养学生的理性思维，学校一直以来都十分重视知识的传授，造成了这样一种只重知识的灌输、忽视学生的个性，抹杀了学生的创造性，同时其积极性跟主动性很少得到发挥的扭曲现象。所以，在基础教育课程改革过程中学生的主体地位及作用的发挥是尤其重要的，必须引起教育工作者的足够重视。班级里的每一位学生都应该是我们关注的对象，关注的本质就是尊重他、关心他、牵挂他，所以关注本身也是一种教育。基础教育课程改革后的教学过程应该逐渐成为一种使学生愉悦的情绪生活，同时也是一种积极的情感体验。要时刻关注学生在课堂上的表现，是思维活跃还是麻木呆板，是彩神奕奕还是没精打采？在掌握学科知识的同时，学生是以积极还是消极的态度来面对学习，学习的信心是强还是弱？所有的这些都将成为我们课程改革的理论研究者及实践者关注的焦点，同时还对我们的教学实践者提出了更高的要求：教师在实际教学中不能只做学科体系的传声筒，还应该积极创新，调动学生的积极性。其次，学生参与课堂的热情也直接影响着教育教学的质量，真正意义上的教学是要让绝大部分的学生都积极地参与到课堂中来。在这样的课堂上，不以教师作为一切行为的标杆权威，师生平等交流，学生的作用才有可能得以发挥，课程改革的实效才能落到实处。最后，教师要逐渐改变重知识轻学生的倾向，适时地调整教学策略，不再追求知识的灌输，而是要让每个学生都能参与，加强互动，调动起学生的学习激情，帮助学生改善学习方式，让学生能够自由主动地去学习，自觉发挥出他们的主动作用。只有这样，课程改革的目标才能得到很好地实现。

3. 应试教育根深蒂固

"考考考，老师的法宝；分分分，学生的命根。"一句通俗得不能再通俗的话语彻底揭露我国应试教育的弊端。说到应试教育最早可以追溯到我国隋唐时期的科举考试制度，可见其对人们的影响时间之久远。而我国人口、经济、科技发展等因素更使得应试教育得以兴起和发展。当前我国基础教育课程改革过程中产生的一些问题，很大程度上是受应试教育的影响。尽管新课程倡导"一切为了学生的发展"的核心理念、减轻学生的负担等，但现实是小学生拖着比自己个子还要高大的书包，里面满满地装着课本、练习册往返奔波于学校、家里、课外培训机构。无论是"考上好大学，出人头地"，还是"不让孩子输在起跑线上"等思想，无不显露着唯分数、唯成绩的功利主义教育。在应试教育的背景下，基础教育出现片面追求升学率、高分数的畸形发展现象。我国根深蒂固的应试教育让教育工作者们忽视了新课程改革的理念和目的，逐渐形成了"只打雷不下雨"的局面。

尽管基础教育课程改革，积极地倡导着要由应试教育向素质教育进行转变，广大教育工作者们似乎也逐渐意识到了这点，但是这是一异常艰辛的过程。在不少的教师看来新课改的理念虽然很美好，然而升学压力、学校的评价机制、社会及家长的评价方式让他们畏惧"改革"。在学校教育的现实中，依然是换汤不换药，唯考试分数马首是瞻。一方面，教师在课程改革背景下必须按照新的教育理念进行教学，另一方面，他们又接受着相对还比较滞后的教学评价机制的考查，所以很多教师无所适从，陷入了这样一种两难境地：他们不知道是应该按照课程改革的要求完成角色的转变，还是坚持运用原有的应试技巧来应对沉重的升学压力。教师和学生倾注全部精力在升学考试上，把考取高分数视为最终目标。而学生的考试分数也成为评价学生、教师好坏，学校优劣的第一标准，这也误导了家长、学子的成才观念。而导致这些的罪魁祸首就是应试教育。当前基础教育课程改革要想取得一定的实效，首要的是认识到应试教育的恶劣影响，然后逐渐改变这种局面。

四、 基于学生本位的课程改革策略

（一）突显学生的主体地位

当前基础教育课程改革过程中只见课程不见人的现象尤其突出，学生并没有真正成为课堂教学过程中的主体。那么，今后我们该如何加强改革的力度，使其取得良好的效果呢？最重要的是我们不能把学生当作一个被动的客观事物的接受体，而应把学生真正看成活生生的、具有能动性和独特意义的正在生长和发展中的人，树立"以学生为主体"的教学观念，突显学生主体地位，树立学生主体思想；从多方面入手搭建学生主体的课堂；发挥出学生的主动作用，倡导建立起和谐的师生关系，从而真正突显出学生的主体地位。

1. 树立学生主体思想

无论是教育理论还是实践层面，怎样看待学生，采取什么态度对待学生，一直都是备受教育界人士关注的重要问题。新课程改革自始至终坚持着"一切为了每一位学生的发展"的核心理念，由此可见学生的发展在教育教学中是何其重要。要促进每一位学生的发展，首先教育工作者就要树立学生主体的思想。那么，我们应该怎样牢固培养学生主体思想呢？众所周知，学生在教学中的主体地位不是各种外在力量附加的目的，而是由知识的发展性内在地决定了的，是完成有效教学过程的直接动力。传统教育中诸如师道尊严，教师就是权威，居于中心主宰地位，学生应该听从教师的一切教导等思想虽然根深蒂固，但是我们在未来的基础教育改革过程中要逐渐予以破除，培养起学生主体意识，革新自己的认识，并将其灵活运用到教育教学实践中去。缺少了以学生为主体的意识的支持，新课程倡导的学生自主探究、小组合作等都是纸上谈兵，难以进行，更别说取得成效。我们要切实转变现在的仍以课堂中心、强调教师主导作用的传统课堂教学模式，因为这种教学模式往往忽略了学生的主体作用，不利于学生主体意识的培养。有调查结果表明，多数学生基本上停留在被迫完成老师要求和任务的学习状态上，学习严重缺少主动性。他们缺乏主动学习和探求知识的意识，找不到适合独立学习的环境和学习方法。在以后的教育教学中，我们要抓住时机，发挥出学生的主体性，提倡让学生自己总结，鼓励学生积极大胆地发言；引导学生思考并说出学习课程的重难点。应该注意的问题以及遇到的困惑；培养不懂就问的勇气和学习精神，从而树立起学生学习的主人翁意识，帮助学生形成主体意识，努力调动其发挥主观能动性，最终提高学习效率。

2. 构建学生主体的课堂

新课程改革中很多理念如"以学生为主体""注重学生的可持续发展"等相比于传统教学有很大突破和发展。譬如极力主张学生多参加一些开放性的、合作性强的、生活化的教育教学活动，因为这更能发挥他们的主观能动性，锻炼他们的自主能力、合作能力和实践能力。新课程改革在某种程度上已经认识到了这些，只是在实际上落实的力度不够。未来课程改革要逐渐向学生进行转向，实行学生本位策略的课程改革，真正突显学生的主体地位，使学生的多种能力得到锻炼。所以，笔者认为在树立学生主体思想的前提下，应该想方设法构建学生主体的课堂，让课堂丰富起来。新课程改革以来，虽然一直在大力倡导以提升学生的整体素质为出发点和落脚点的新型教学模式，但是在传统教学思想的影响下，学生、老师都盲目地追求考试成绩，45 分钟的一堂课大部分时间都是老师在讲，教师完全掌握着课堂的话语霸权，学生几乎没有什么自由的时间和空间。因此在以后的教育教学实践中要切实做到新课程改革一再提倡的缩短在校时间，少留甚至不留作业，减小学生的压力。教育就是在教师的引导下学生不断发现问题、提出和思考问题、最终解决问题的过程。由此可见，教师最重要的是选择合适的教学方法增强学生的质疑意识和提问能力。那么在课堂上，如何让学生有勇气和胆量提出疑问甚至对老师的观点进行质疑呢？保证学生拥有无限宽广的思维空间是其首要条件。在各学科教学中，任科教师要充分尊重学生主体，给他们足够的活动空间与机会，让他们通过活动中的体验学会学习。学起于思，思起于疑。在教学实践中，教师要创设有利情境，引导学生发现问题，在不断的提问、反思、质疑过程中得出结论，完成学习任务。鼓励学生多问，勤思考，善质疑，从而保证学生的话语权。通过他们的谈论、思考，让学生阐述他们的思维过程，重视学生的表达、探索精神，这样就有可能从不断发现问题、解决问题的过程中养成善于思维的好习惯。同时俗话说得好："如果不亲自尝尝梨子的味道，哪知道梨子的香甜。"在教学过程中，教师要尊重学生的个性，给他们足够的自由时间和空间，还他们一片自由广阔的讨论交流天地。鼓励他们要敢想敢干，干什么都要亲自动手去摸索、去实践，从而发挥其主观能动性，在实践探索的教学过程中形成主体性。

3. 倡导建立和谐的师生关系

长期以来，教师在课堂教学过程中常常以权威者身份自居，这样的一种师生关系很大程度上使得学生的主体地位有所偏离。建立平等民主的和谐师生情感关系是构建学生主体课堂，实现学生主体参与的基础。建立和谐的师生关系关键取决于教师。首先，教师要努力营造民主轻松的课堂氛围。著名的教育家陶行知先生说过："创造能发挥的条件是民主。实行教育民主化，教师必须树立民主平等的思想。"① 尊重学生是建立良好师生关系的基础，学生是具有独特个性的独立个体，教师要充分尊重学生，承认学生之间的个体差异，创设民主平等的课堂学习氛围，让学生在自由自在的学习环境中发挥其创造性。其次，教师要真正改变其"居高临下"的姿态。在教学过程中教师要真心诚意地以平等的身份与学生进行分享交流，树立"一切为了学生，为了一切学生，为了学生一切"的思想。心理学中的"罗森塔尔效应"让我们明白，教师期望对学生的发展有着重要作用。在课堂教学中，教师要寻找机会与学生沟通，对他们的点滴进步给予肯定并对他们提出适中的期许，学生就会在老师的肯定与期盼中积极上进、不断进步。平等、民主、合作是新型师生关系的基本理念，教师要在新课程中找准自己的位置，尊重学生主体地位，发挥他们的积极主动性。

（二）发挥学生的主动作用

新的国家课程标准指出教师在教学过程中，应创设条件充分发挥学生在学习过程中的主动性，激发学生的学习兴趣……由此可见，学生主动作用的发挥在教学实践过程中是至关重要的，学生始终是自我学习活动的主人，这在任何时候都是其他人包办不了的，应该让学生掌握并能自觉地运用其学习的主动权。学生只有通过自主活动，充分发挥他们自己的主动作用，外在的事物才能

---

① 陶行知. 陶行知名篇精选 ［M］. 北京：教育科学出版社，2007：201.

进入他们的认知结构并成为其认知结构的有机组成部分。教学活动只有在学生的积极主动参与，并充分发挥其主动作用的前提下才能进行和完成。

1. 让学生积极地参与教学活动

著名教育家布鲁纳认为知识的获得是一个积极主动的掌握基本结构的过程，学习者应该是整个学习过程中的主动参与者，而不仅仅是信息的被动接受者。学生的主动作用是否真正得以发挥，其衡量的重要标志是学生参与教育教学活动的程度。要提高学生参与课堂的积极性，首先，我们要明白教师的情绪是学生在课堂上活动气氛的晴雨表，课堂进行的始终，学生都在关注教师的表情、语气等，要想学生积极地参与到课堂教学过程中来，教师应该在进入教室上课前调整好自己的情绪，即使有什么不开心的，也要装作若无其事的样子，只有在一种轻松、愉快的课堂气氛中，学生才不会带有紧张的心情参与课堂活动，学习效果才会事半功倍。相反，教师如果带着不愉快的情绪并且明显地表露出来的话，那么这节课学生总会畏首畏尾地应付，害怕犯错挨批评而不敢积极地参与课堂活动，如此一来学生主动作用的发挥能有好的效果吗？其次，我们要对学生充满信心，坚信学生能行。虽然基础教育课程改革一直倡导用多种方法开展教学，发挥学生的主动作用，但是在实际教学中教师往往由于担心完成不了教学任务等问题而放弃了采用多种教法，能用教授法教的绝不考虑其他方法。有些稍微偏难的教学内容教师会一遍又一遍不厌其烦地进行讲解，生怕学生没弄懂，久而久之，学生就会形成"上课是老师的事，我只要听就好了"，沦为了课堂的一个观众、听众。学生参与课堂的积极性几乎为零，更不用说发挥其主动作用……

2. 激发学生的学习兴趣

有人说，兴趣作为最好的老师，是引导学习的动力。众所周知，人们一旦对某事物产生了兴趣，心理上就会处于一种亢奋状态，就会有一种想去一探究竟的欲望。学生们学习也一样，要让学生积极地、主动地去学习，最关键的就是要激发起学生的兴趣，让他们产生一种急于去了解的冲动，进而产生强烈的求知欲，这样无需老师或家长的督促，他们就会充分发挥他们的自觉能动性与创造性去探究学习。只有对所要学习的内容感兴趣，学生才能在轻松愉快的学习过程中掌握知识、提高能力。所以为了使基础教育课程改革取得更大的成就，学校教育工作者们要从多个方面挖掘学生兴趣的所在，从而激发学生的学习兴趣。首先，我们应该紧密联系实际生活，从学生现有的知识经验出发，创设出生动并富有教育意义的情境，引导学生观察，紧紧地抓住学生的注意力，激发起学生的兴趣，引起他们的好奇心。其次，让学生拥有成功的体验，让他们在享受成功带来的愉悦中，激发出学习的兴趣。其实每个学生都希望学有所成、获得赞赏，这一点为我们激发学生学习兴趣提供了有效的心理条件。成功的体验可以让学生兴趣倍增，热情高涨。正如清代教育家颜昊先生所说"教子十过，不如奖子一长"，与其花费大量的时间和精力去要求学生，倒不如多用一点心力去发现学生身上的优点，并以此鼓励、夸奖他，让学生体验到成功喜悦，从而提高其学习兴趣。其实这样的例子随处可见，有时候老师的一句表扬的话语、一个赞美的微笑、一个鼓励的眼神，都能使学生直接获得满足和欢乐，从而增添学生的学习兴趣。

3. 培养学生的独立探究能力

学生的主动作用还表现在能开展独立思考，具有独立探究的学习能力上。在教学中，我们应该根据学生的心理特点，遵循教学规律，最大限度地激起学生独立探究的意识，锻炼其独立探索的能力，感受学习的乐趣。新课程理念指出：要提高学生的创新意识和自我探究的学习能力。课程改革的确给我们的课堂注入了新的气息和活力，那么如何来培养学生的独立探究能力值得我们深思。首先，提倡开放式的教学方法，杜绝教师的"一言堂"现象，否则学生的独立思考探究就无从谈起。教师应根据课堂教学内容、学生特点，采用多种教学方法相结合的方式进行教学，而不是简单地运用填鸭式教学完成教学任务。其次，努力培养学生勤于提问的习惯。有思考才会有问题，如果学生能够独立地提出某一问题，那就代表他们有认真地思考；问题提得好，则更显示了其思考的深度。即使学生提的问题很简单，教师也应注意评价方式，以免打击学生的积极性。最后，我们要提供足够的探索空间供学生独立思考并适时地加以引导。在教育教学过程中教师不宜把知识点讲得过细，只需讲清最主要的基础知识与基本原理即可，以利于学生知识迁移；对于其他知识的归纳、方法的总结以及相关的实践探索则可以给学生留下空间，自己动手尝试得到的往往记忆最深刻、最持久。

（三）重视学生学习的引导

在新世纪之初开始的第八次基础教育课程改革力度之大是前七次改革不可

比的。新课程提倡学习方式的转变，我们要通过扭转学生被动学习的状态、改变学生学习方式，充分调动、发挥学生主体性，达到让学生学会学习的目的。无论课程改革如何进行，我们都要重视对学生的学习加以引导。

1. 学习目的、学习态度的引导

学习目的、学习态度决定了学生的学习质量和结果，是影响学生学习状况十分重要的因素。因此，树立正确的学习态度是学生学习过程中不可或缺的，也是教育工作者的重要任务。现行基础教育教学中学生的学习目的、学习态度由于多种原因的制约在一定程度上被异化了。虽然基础教育课程改革一直在大刀阔斧地进行着课程目标的转变等，但是学生学的内容，重视的科目、参加的活动还是一直在围着升学转。有调查显示，现在一部分学生在学习过程中仍然习惯于等、靠、要，停留在被动学习的状态。如果不尽快调整自己，他将永远是学习的奴隶，当不了学习的主人。想要和新课改的步伐一致，做学习的真正主人，学生首先得端正自己的学习态度，明确自己学习目的，由"要我学"变成"我要学"。首先，我们要让学生知道为什么学，学习不是为了升学考试，不是为了考个好大学，更不是为了找份好工作，而是为了提高自身的科学文化素养和思想道德素质，培养自己的勤劳的习惯和坚强的意志。其次，学生应该逐步地调整自己的心态，切忌眼高手低，犯学习的大忌。我们应该明确目标，不盲目否定也不抬高自己，脚踏实地地进行学习，把主动权掌握在自己的手中，真正地成为学习的主人。

2. 引导学生掌握学习方法

基础教育课程改革强调教会学生学习，古人就有过"授人以鱼不如授人以渔"的光辉观点。随着新课改的推进，人们似乎已经感受到了一些变化：各地用的课本是不完全一样的；老师上课不再"紧扣教科书"了；学生的"问题"多起来了。但是现行的基础教育中学生学习依然存在着学习方式单一的弊端，而学生素质的发展是一体的也是多方面的，所以我们要教会学生掌握多种学习方法。就基础教育课程改革来讲，对学生多方面素质的发展的价值取向从客观上也决定了学生学习方式的多样性。首先，我们要让学生正确地认识不同学习方式的优缺点，认准各种学习方法使用的时间、场合以及适用范围，引导学生找到适合自己的学习方法。除此之外，它日益发展的信息技术给人们的生活和学习带来诸多便利的条件下，我们要着重引导学生学会正确使用和利用信息技术，为自己的终身学习和发展服务。最后，现行的素质教育下，我们要重视合作学习。真正掌握了学习方法的学生都不是在各自为政，而是充分利用现有的有利资源，在与老师、同学的交流、合作探究中取得更大的收获。

3. 重视学生元学习能力的培养

元学习是一种对自身学习的全过程进行督查、调整、掌管和自我反省的学习方式，培养学生的元学习能力成为学生学会学习的关键。一个会学习的人既能够提前制定好学习计划，也能在执行的过程中根据反馈所获得的信息变通地执行学习计划。学习者要对学习过程进行整理掌控，我国古代的"是故学然后知不足，教然后知困，知不足，然后能自反也；知困，然后能自强也"① 即是这一思想的体现。要重视引导学生的学，不可缺少的环节就是培养学生的元学习能力。"未来的文盲不再是目不识丁的人，而是没有学会怎样学习的人。"② 这一观点更加突出了元学习能力的重要性。要培养学生的元学习能力，首先要教会学生制订计划。制订计划的第一步就是客观清晰地认识自己，定位准确，制定合理的学习目标。目标是一切学习行为的指明灯，目标过高会打击自己的学习积极性，反之则会让人安于现状、不思进取。其次，教会学生合理选择适当的学习方法。根据不同的学习内容合理安排时间，选择方法，从而提高学习效率。最后，提高自身的调节能力。调节应贯穿整个学习过程的始终。在学习过程中，学生要善于及时检测目标达成状况，总结经验教训，扬长避短。对于做得不好的，要及时调节方法与情绪，采取补救的措施，充分发挥出自身的主观能动性。

（四）重视学生的综合发展

新一轮基础教育课程改革的核心思想是关注人，目的是使每一位学生都得到发展。为此，新课改以来，我们主要在抓课程的理念化、制度化、文本化建设，制定了详细的课改方案以及新的课程标准，尽管做了这么多的努力，体现国家意志的课程方案并没有得到很好的落实，一切为了学生的发展的目标并没有实现，其原因在于学校教育依然片面重视知识的传授。所以，未来基础教育课程改革过程中，我们要将制定好的课程方案具体落实到行动中去，重视并逐

---

① 戴圣. 学记 [M]. 北京：中华书局，1989：5.
② 阿尔温·托夫勒. 未来的震荡 [M]. 成都：四川人民出版社，1985：461.

步实现学生的综合发展。

1. 重视学生道德品质的提升

在努力提倡素质教育的今天，提升学生道德品质成为当前道德教育的重要内容。在学校教育中，我们除了设置品德课程，改变课程内容外，更重要的是将学生的道德品质置于重要的地位，而不能流于形式。德育过程中做到知行合一，不仅要让学生明白该知道什么，更重要的是掌握好方法，切实去行动，将道德认知和道德行为统一起来。学校德育要想提高学生的道德品质，就必须做到无论是课堂上还是日常生活中，都要注重以任何小事为导火线，鼓励学生从小事做起，强化学生对道德标准的认识，为学生"知行合一"创造良好的实践环境。同时对学生晓之以理，导之以行，提高他们的思想道德认识，并贯彻落实到行动中去，从而更好地形成知行统一的品格，达到我国培养人才的基本要求。俗语说，言传不如身教。因此，我们一定要身体力行，为学生树立好榜样，发挥出榜样的无穷力量，给学生起到良好的示范带动作用。比如在三月学雷锋月，不仅仅是强调学生学，教师更应该要身体力行，采取实际行动，为学生树立良好的榜样。

2. 重视学生个性的彰显

著名教育家爱尔维修认为："所有的人在出生时并无区别，都有一样的能力，唯独教育才使他们有差异。"对于人的个性发展来说，亦然。基础教育课程改革的使命就是要使学生全面综合发展，使每个学生得到相应的培育，让个性充分地发展。当前教育教学把学生视为工厂车间里边的零件，只是一味地生产加工，加工出来的零件大同小异，几乎一模一样。所培养出来的学生只会拾人牙慧，没有独立思考的能力，更有甚者成了只会背诵"八股文"的书呆子，难免令人感到可悲！所以我们必须改变对学生个性压抑与泯灭的做法，扭转这些偏离或错位的现象。每一个学生都有一个唯一的自我，我们应该重视他们的情感体验和独特感受。如果只是以落实知识点为前提，熟练知识技能为目的，就会导致忽视学生的情感，泯灭了学生的个性。我们要关注学生个体之间的差异，积极乐观地看待每个学生，坚信他们所取得的进步，从而实现教育教学的目的。

3. 重视学生动手实践能力的培养

传统的教育方式只注重动脑能力的培养，不注重动手能力的锻炼，导致学生学习很努力，课程成绩很好，但是实践动手能力不强，创新精神缺乏。为了全面推进新课程改革素质教育的实施，培养学生的实践动手能力至关重要。苏霍姆林斯基说过："儿童的智慧在他的手指尖上。"实用主义教育家杜威也提出让儿童从做中学，由此可见实践动手能力的重要性。在教学中，让学生多动手，亲身实践，既能加深学生对所学知识的全面理解，还能发展学生的思维，达到创新教学的目的。那么怎样来提高学生的实践动手能力呢？首先，教师应该清楚地意识到学生实践动手能力的重要性并使其贯穿于整个教学实践。在教育教学过程中，创造机会选择合适的教学情境让学生自己动手探究，逐步培养他们动手的习惯。譬如，在物理课堂上，相关的实验就可以让学生自己去尝试操作，教师只要给予相应的指导就好，即使失败了也是一笔宝贵的财富。其次，学生自己要对实践动手的必要性有深刻的认识。在当今科技飞速发展的今天，社会需要的不再是只会背诵书本知识应付考试的天才，而是各方面尤其是实践能力强的人才。由此可见，未来基础教育课程改革过程中，我们要逐步把重心向学生转移，重视其实践能力的培养以及综合素质的发展。

附　录

附录Ⅰ：新课改现状调查问卷

亲爱的老师：

　　您好！感谢您在百忙之中填写这份问卷。

　　我们正在做一项关于"从学科到学生：基础教育课程改革走向之一"的研究，本问卷旨在了解基础教育课程改革中学科和学生的地位及作用的现状，您回答的真实性将对我们的研究及教学改进提供极大的帮助和参考。此调查仅供研究之用，绝对保密，不会给您带来任何不良影响。调查是匿名的，答案无对错之分，请您如实填写。谢谢您的大力支持与配合！

　　请您填写：

　　性别：　　　　学校：　　　　任教年级：　　　　教龄：

　　1. 您了解新课改吗？（　　　）

　　A. 非常了解　　　　B. 知道一些

　　C. 了解很少　　　　D. 不了解

2. 您学习过新课程标准吗？（　　）

A. 没有学过　　　　　　B. 培训时听过

C. 粗略学过　　　　　　D. 认真学过

3. 与 1994 年调整的课程计划相比，新课程计划中课程科目的调整变动大吗？（　　）

A. 没什么变化　　　　B. 稍微有些调整　　　　C. 改动很大

4. 与 1994 年调整的课程计划相比，新课程计划对义务教育阶段课程科目做了哪些调整或改动？（　　）（可多选）

A. 小学阶段将品德与社会课合并为品德与生活（或品德与社会）

B. 小学阶段将音乐与美术课合并为艺术

C. 初中学段将"历史"课和"地理"课合并为"历史与社会"课

D. 初中学段将"物理""化学"和"生物"课合并为"科学"课

E. 设置综合实践活动

5. 较 1994 年调整的课程计划，高中阶段新课程计划课程科目有哪些调整？（　　）（可多选）

A. 新设艺术科目　　　　B. 开设综合实践活动

C. 新设技术科目

6. 新课改课程科目的调整与改动对学生影响大吗？（　　）

A. 影响很大　　　　　　B. 有一些影响　　　　　　C. 没什么影响

7. 新课改课程科目的调整对学生产生了哪些影响？（　　）

A. 减轻了学生的学习负担

B. 增加了学生的学习负担

C. 有利于学生的综合发展

8. 新课程计划在课程结构上呈现出哪些变化？（　　）（可多选）

A. 小学阶段以综合课程为主

B. 初中阶段设置分科与综合并列的课程

C. 高中以分科课程为主

D. 在开设必修课的同时，创造条件开设选修课

9. 新课改以来在学科内容呈现方式上有哪些变化？（　　）（可多选）

A. 课程标准发生了变化

B. 教材内容结构发生了变化

C. 教科书发生了变化

D. 没什么变化

10. 您觉得新课程内容较新课改前变化大吗？（　　）

A. 没什么变化　　　　　B. 有一些变化　　　　　C. 变化很大

11. 课程内容较新课改前发生了什么变化？（　　）（可多选）

A. 删除了一些繁、难、偏、旧的教学内容

B. 打破了学科限制，加强了学科之间知识的渗透

C. 增加了一些与生活实际相联系的活的知识

D. 有增有减

12. 课程内容的改变对学生影响程度如何？（　　）

A. 影响很大　　　　　B. 没什么影响　　　　　C. 有一些影响

13. 课改后课程内容的改变对学生产生了什么影响？（　　）

A. 增加了学生的学习难度

B. 学生的学习积极性有所提高

C. 学生的学习兴趣增强

14. 学生学习的主动性较课改前有变化吗？（　　）

A. 有所提高　　　　　B. 没什么变化　　　　　C. 有所下降

15. 课改后学生的主动性情况如何？（　　）

A. 课前预习，积极思考

B. 老师安排了就照做

C. 从来不预习

附录Ⅱ：课改现状访谈提纲

尊敬的老师：

您好！我是即将毕业的湖南师范大学研究生，为了解基础教育课程改革现状，完成硕士毕业论文，我编制了这份访谈问卷，希望您在百忙之中抽取一点时间回答这份访谈问卷。除用于研究之外这份访谈问卷资料不会外泄，请您放心！谢谢您的配合！

访谈提纲：

1. 据您所知，基础教育课程改在教学科目方面做了哪些工作？

2. 根据您的了解，新课改以来课程内容与呈现方式有哪些转变？

3. 您认为新课改以来学生的学习积极性如何?

4. 据您所知,新课改中学生的地位表现在哪些方面?

第四节 "四生课堂"的理论建构与实践探索

近年来,学生发展核心素养及其培育已引起国人的广泛重视。学生发展核心素养的培育离不开学科,离不开各学科的课堂教学活动。"四生课堂"是指具有生命性、生长性、生成性和生活性的课堂教学活动模式,是在传统生命教育思想的启发、现实课堂教学实践的反思、各种课堂教学模式的批判、学生核心素养培育的呼唤基础上,在哲学生命论和人本论以及生命教育论、教育目的论、教育过程论、生活教育理论、课程教学理论等教育学理论的指导下,基于课堂教学的整体和全程提出来的,是对笔者自我课程教学理论研究和实践探索的突破和超越。学生核心素养重视学生生命,着眼学生生长,指向教育过程,关注现实生活,与"四生课堂"具有内在一致性。学生核心素养培育必须通过课堂教学来进行,是学校课堂教学的目标任务;"四生课堂"模式是培养学生核心素养以及"全面发展的人"的最佳途径。"四生课堂"具有独特的运行结构、教学理念、教学特色和实践策略。

一、"四生课堂" 提出的背景

"四生课堂"是我在指导博士生李卯开展博士学位论文《〈中庸〉生命教育思想研究》的过程中受孔子、孟子等传统生命教育思想的启迪而想到并提出来的。孔子鼓励学生主动发问,说:"不曰'如之何,如之何'者,吾末'如之何'也已矣。"[①] 主张自主学习:"为仁由己",[②] "我欲仁,斯仁至矣"[③]。强调

---

① 《论语·卫灵公》。

② 《论语·子罕》。

③ 《论语·述而》。

尊重学生，认为"后生可畏"①。提倡"各言其志"②"当仁不让"③ 的民主、平等、开放教学，坚持教学相长的师生关系观。《中庸》说："天命之谓性，率性之谓道，修道之谓教。""诚者，天之道也；诚之者，人之道也。""自诚明，谓之性；自明诚，谓之教。诚则明矣，明则诚矣。""诚者，自成（即"成己"）也。（诚之者），成物也。……诚者非自成而已也，所以成物也。成己，仁也；成物，智也。"（成己），为"尽人之性"（成物），为"尽物之性"，即"赞天地之化育"。《孟子》曰："存其心养其性，所以事天也。"④ 即是说，"四生课堂"观的提出，是对中国传统生命教育思想的继承和创新，具有原创性、本土性。

"四生课堂"观的提出，亦是本人基于对现行课堂教学模式弊端的思考和自身课堂教学实践经验的总结与反思，具有很强烈的实践性。无须讳言，现行大中小学课堂教学模式仍然大多是教师主宰课堂而忽视学生主体的存在、指向应试教育而忽视素质教育、注重知识和分数而忽视能力和个性、注重考试结果而忽视学习过程、注重教学内容的知识性而忽视其生活性，更有甚者，漠视主体的生命性、重视目标的预设性、强调过程的结果性、注重课程内容的知识性。"四生课堂"正是针对这些弊端和不足提出来的，力图通过体现"四生"，即凸显主体的生命性、重视目标的生长性、强调过程的生成性、注重内容的生活性的课堂教学活动来克服和消除上述问题及其弊端，实现促进学生发展的根本目的。同时，"四生课堂"的提出，还是对笔者自身课堂教学模式的颠覆与超越，是笔者追求自我课堂教学模式的卓越和创新的具体表现。长期以来，虽然笔者也重视尊重学生的主体地位，发挥学生的主动作用，采取讨论式教学，但无须讳言，课堂教学模式仍然主要是教师讲学生听的模式，学生课下主动看书的不多，课上积极发言的不多，学习过程中联系现实生活思考的不多。怎样才能改变这种课程教学过程中的"三不多"现象？怎样才能使课堂教学指向主体的生命性、目标的生长性、过程的生成性、内容的生活性？理论和实践探索表明，"四生课堂"能够消除"三不多"现象，实现"四生"的目标。

在研究与实践过程中，我们查阅了大量资料，发现也有一些人在提"四生教育"或"四生课堂"，但仔细研究发现，这些提法或做法都存在着或多或少

---

① 《论语·子罕》。
② 《论语·公冶长》《论语·先进》。
③ 《论语·卫灵公》。
④ 《孟子·尽心上》。

的问题，都不够全面系统，不够科学完善。譬如说，从"四生教育"的角度，有的人将其概括为技能成就生存、实践体验生活、书香润泽生命、快乐相伴生长，即：生存、生活、生命、生长；① 有的人从学校德育角度谈"四生"：包括生命、生活、生存、生态教育；② 有的人提出"四生"教育是生本、生活、生态、生长；③ 也有提生命、生存、生理、生活教育的。这些论述分别是从不同的角度来谈的，他们所提的"四生"之间缺乏有机的联系，显得零散杂乱而系统性、整体性不强，缺乏内在的逻辑性。又譬如，第一种说法中，"生存"与"生命、生长、生活"三者之间就不在一个逻辑上；第二种说法中，"生态、生存"与"生命、生活"也不是一个逻辑层次的问题；同样，第三种说法中，"生本、生活、生态、生长"都不在一个逻辑上。而且这些观点的重点都不在课堂。再譬如，从"四生课堂"的角度，有的提尊重生命、以生为本、基于生活、生态发展的"四生"课堂④；有的提生本、生态、生成、生创课堂；⑤ 有的提生命、生动、生活、生成课堂；⑥ 有的提生本、生态、生成、生活课堂；⑦ 有的提生命、生长、生活、生态课堂；⑧ 有的提生命、生活、生动、生成课堂；⑨ 有的倡导生活、生机、生成、生命课堂；⑩ 有的提生活、生动、生

① "四生教育"为师生幸福人生奠基，黑龙江新闻网 2014 年 12 月 02 日 12：21.
② 刘明耀，曹金凤. 高职院校"四生教育"德育方式构建研究 [J]. 快乐阅读，2012 (10). 另见盐城市第一中学网站：盐城市第一中学强化"四生"教育、培养"五自"学生教育活动方案，2013-6-20 9；25；14.
③ 长沙市教科院. 小学学科融合"四生四味"助力课改，长沙教育网，2016-05-31.
④ 城乡齐研"四生课堂"，专家引领同构多彩课堂文化，人民网（北京），2012-03-29 15；01；23.
⑤ 周汉锋. "四生课堂"理念下就业导向的护理课堂教学评价 [J]. 职业教育研究，2013 (8)；153-156.
⑥ "四生课堂"听课体会 [EB/OL]. blog. zzedu. net. cn/xhxx-fanxinhui 的 blog.
⑦ 陈玉培. "四生课堂"让课堂教学充满"魅力" [J]. 课程教育研究（新教师教学），2016 (22)；79-80.
⑧ 构建"四生"课堂，落实以人为本 [EB/OL]. http：//www. docin. com/p-682258323. html，2016-09-13 17；25；42.
⑨ 蔡敦田. 构建"四生"绿色课堂的探索与研究 [EB/OL]. www. kc100. com/html/xxx/20100322/8406. html.
⑩ 桥下一中的博客. 校本培训特色、项目和模式方案 [EB/OL]. http：//blog. sina. com. cn/qxxq67412861.

命、生态课堂；① 有的提生活、生长、生成、生命课堂；② 有的提生动、生本、生活、生成课堂；③ 还有提生态、生命、生活、生成课堂或生命、生活、生动、生长课堂的。在这些提法中，"生态""生动""生机"与"生命""生活""生成""生长"都不是一个逻辑层面的概念，"生本""生创"只看到了学生的一面，而没看到或曰不承认教师在课堂模式建构这种特殊实践活动中的主体、主导作用，即使是谈"生命"，也只是指向学生而未指向教师，而教师的生命、教师这种具有重要甚至关键的地位和作用的个体，无论如何是不能忽略甚至抹杀掉的。无论如何，课堂教学活动都是教师和学生两个主体的行为表现和相互作用的过程及其结果。无论你把学生的地位和作用强调得如何重要如何崇高，都不能贬低更不能忽视教师的存在！④

当然，我们也看到，这些林林总总的"四生教育""四生课堂"，都注意到了"生命""生长""生成""生活"的重要性，这给予我研究"四生课堂"教学模式以很大的启发。但需要指出的是，目前关于"四生课堂"的理论研究少得可怜，在知网关键词检索只查得 4 篇，分别是周汉锋发表在《职业教育研究》2013 年第 8 期上的《"四生课堂"理念下就业导向的护理课堂教学评价》、陈玉培发表在《课程教育研究：新教师教学》2016 年第 22 期上的《"四生课堂"让课堂教学充满"魅力"》以及王煌 2014 年的硕士学位论文《中学课堂现状的"四生"教育观透视》和庄华英 2016 年的硕士学位论文《小学数学"四生课堂"的实践研究》。而后两篇论文都是在笔者指导下完成的，并且其基本理论构想和假设都是笔者提出来的。所以关于"四生教育""四生课堂"的理论研究，目前除了河南省郑州市二七区和黑龙江省哈尔滨市香坊区的部分中小学以及其他地区的一些中小学零散的实践探索外，十分薄弱和严重缺乏。

"四生课堂"，是基于课堂教学的整体和全程来谈的，具有突出的整体性。无论从教学生命还是从教学活动开展的整体角度来说，都不是从单一的教师的

---

① 民主街小学"四生"课堂教学理念简介 ［EB/OL］. hsmzjxx. com/ gxkt / Print. asp? ArticleID =1009.

② 陈月忠. 构建"四生"的高中生态政治课堂，新课程导学，2014，12（36）：17-18.

③ 深圳市龙岗区龙城天成学校探索四生课堂 ［EB/OL］. 深圳政府在线 www. sz. gov. cn.

④ 本部分内容的观点，详见张传燧《论教育过程中主体的作用及其转换》，《教育理论与实践》1999 年第 3 期；张传燧主编《课程与教学论》第四章"课程与教学的主体"第一、二节，人民教育出版社 2008 年出版。

"教"或学生的"学"角度出发，那样就忽视、割裂甚至否定了教学生命的整体性、教学主体的整体性乃至教学活动的整体性。"四生课堂"观中的"生命性"，说的是教学应当全面体现两个教学主体的生命，极其尊重两个教学主体的地位，充分发挥两个教学主体的作用。"四生课堂"观还是从课堂教学的全程来谈的，它指向课堂教学活动的主体、目的、过程和内容，体现教学主体的生命性、教学目的的生长性、教学过程的生成性和教学内容的生活性。所以，本人所主张的"四生课堂"观，与其他各种教育教学观诸如"生命教育观""生成教育观""生本教育观""生态教育观""生活教育观"乃至"四生教育观""四生课堂观"相比，具有以下几点不同之处：首先，它既强调学生也重视教师，重在两个主体生命意义的双重建构；其次，既强调理论也强调实践，重在理论与实践价值的双重建构；第三，即指具有生命性、生长性、生成性和生活性的课堂教学活动。基于生命，着眼生长，重在过程，密切生活，重在主体生命与课堂活动的整体双重建构。

"四生课堂"观的提出，也是基于"学生核心素养"培养的思考，具有很强的前沿性。近年来，学生核心素养的培养已引起国人的广泛重视。毫无疑问，学生核心素养的培养离不开学科，离不开基于学科的课堂教学活动。一言以蔽之，学生核心素养的培养在课堂！课堂，其本质是指师生开展教学活动的场所及其实际发生的教育教学活动；其外延并非只指几十平方米的教室，而应是指师生课程教学活动发生的一切校内外场所及其所发生的教育教学活动。所以课堂具有内涵的严谨性和外延的广泛性。什么样的课堂教学模式才有利于学生核心素养的培养？或者说，什么样的课堂才是好课堂或曰理想的应然的课堂？笔者认为，理想的课堂教学活动应是主体生命的活动，是着眼生长发展的活动，是不断开放生成的活动，是反映社会生活的活动。即是说，理想课堂应当具备生命性、生长性、生成性、生活性等本质属性。因此，"四生"从根本上反映了课堂教学活动的主体、目的、过程和内容等方面的诉求。

"四生课堂"观的提出，更是对自我理论研究和实践探索的突破和超越。这些年来，我一方面开展了从一般课程与教学论研究特别是基础教育课程改革研究到本土课程教学论的构建性研究，另一方面结合自身课堂教学实践进行了的课堂教学模式的创造性实践探索。"四生课堂教学模式理论"正是基于这两方面的研究和探索而提出来的具有原创性、本土性、实践性、批判性和创造性等特性的课堂教学模式理论。见下图。

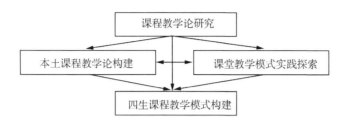

"四生课堂"教学模式构建过程

二、 学生核心素养培育与"四生课堂" 的关系

学生核心素养为当代世界所普遍重视，是各国际组织与主要国家政府在进行教育特别课程改革时密切关注的热点。根据 2016 年 9 月 13 日发布的《中国学生发展核心素养》，中国学生发展核心素养的内涵主要是指学生应具备的能够适应终身发展和社会发展需要的必备品格和关键能力，其框架体系可以概括为"13618"，见下图所示。它围绕"全面发展的人"这一核心和根本目的，涵盖文化基础、自主发展、社会参与 3 个维度，包括人文底蕴、科学精神、学会学习、健康生活、责任担当、实践创新六大素养和 18 种与之相对应的具体品格、能力和行为。如果从核心素养培育即教育教学活动过程的角度来看，这些学生核心素养无不体现出生命、生长、生成、生活这些时代主题。它重视生命特别是学生生命的价值，着眼于学生生命的成长与发展，指向教育教学尤其学生成长发展和学习的过程，关注学生成长、发展和学习于其中的现实生活与未来生活，是个体适应现实与未来生活、促进终身学习、实现全面发展的基本保障。

核心素养不仅关注社会更关注人，关注学生的现时发展乃至终身发展。对于教育来说，它指向的是"培养什么样的人"这个亘古话题。两千多年前，古希腊先哲苏格拉底、柏拉图以及亚里士多德，提出培养具有正义、智慧、勇敢、节制等德性素养的公民，由此构成古希腊公民素养理论。比古希腊先哲更早的东方圣人孔子则提出培养具有"仁智勇"三达德的合格公民——君子和具备"仁智勇艺礼乐"六素质的优秀公民——成人（即健全和谐发展的人）："君

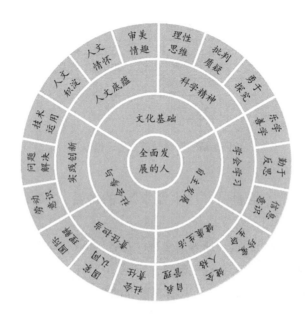

中国学生核心素养框架结构

子道者三，我无能焉：仁者不忧，智者不惑，勇者不惧。"[1] "子路问成人。子曰：'若臧武仲之知，公绰之不欲，卞庄子之勇，冉求之艺，文之以礼乐，亦可以为成人矣。'"[2] 关于"成人"，荀子在《劝学》中有过一段精辟论述："君子知夫不全不粹之不足以为美也，故诵数以贯之，思索以通之，为其人以处之，除其害以持养之；使目非是无欲见也，使耳非是无欲闻也，使口非是无欲言也，使心非是无欲虑也。及至其致好之也，目好之五色，耳好之五声，口好之五味，心利之有天下。是故权利不能倾也，群众不能移也，天下不能荡也。生乎由是，死乎由是，夫是之谓德操。德操然后能定，能定然后能应。能定能应，夫是之谓成人。天见其明，地见其光。君子贵其全也。"可见学生核心素养的问题一直关系到培养什么人的问题。无论是中外先哲还是当今学者，都强调为了适应社会和时代以及自身的发展，个体应当力克片面和狭隘，走向整全和宽广，成为"全人""完人"。要成为这种人，必须消除单一知识、技能、道德、个性的局限，指向所有这些方面的整合。围绕培养"全面发展的

---

① 《论语·宪问》。
② 《论语·宪问》。

人"这个核心而构建的"三维六面十八种"学生核心素养，与长期以来我国所实施的德智体三育（或德智体美劳五育）目标以及新课改倡导的"知识技能、过程方法、情感态度价值观"三维目标在保持继承性、一致性的同时，使教育培养目标更加具体更加明确更具操作更富有时代内涵。

学生核心素养培养无疑是学校教育的核心任务，重点和最佳途径在课堂。"四生课堂"围绕"生"字做文章，其内涵是指具有生命性、生长性、生成性和生活性等特性的课堂教学模式，其目标是指向学生核心素养的养成乃至"全面发展的人"。

生命性是从课堂教学主体的角度来说的。生命是课堂教学的基础和前提，课堂教学的立足点、出发点、依靠点和着眼点都在生命。课堂教学活动是作为生命存在的师生之间的互动活动，生命性是课堂教学活动的基本属性。课堂的生命性意味着课堂教学应遵照生命的特性，依循生命的规律，开发生命的潜能，促进生命的发展。

遵循课堂教学的生命性，首先是要关注学生的生命存在：①尊重学生的主体性，充分发挥学生生命的主观能动性，尽可能让学生的生命尤其是精神生命得到主动发展。②发挥学生的自主性，人生来具有自我认识能力，每个人都会自我独立思考，自主性是指课程教学行为主体在课堂教学活动中的独立性和主动性，表现为能够自由地、独立地支配自己言行的状态。是否具有自主性是衡量一个人个性心理特征高低的重要标尺。自主性强的人自己作出判断，独立完成自己的工作；依赖性强的人没有独立见解，处处附和众议，甚至为了取得别人的好感而放弃个人的主见。课堂中应尽量尊重学生的自主性，多启学生思、多听学生言、多让学生做，促进学生在参与、感受、体验中不断发展、完善和提升。③关照学生的整体性和多样性。课堂教学，"与其守成法，毋宁尚自然，与其求划一，毋宁展个性"[①]。同时要关注教师的生命存在：一是尊重教师的主体性。在课堂教学中，教师同样是具有生命的个体和教学活动的主体，教师只有充分发挥出自己的主观能动作用，才能创造性地组织教学活动，创新教学方式，活化教学过程，创设良好、和谐、充满生机的课堂氛围。二是发挥教师的自主性。"三尺讲台育桃李，独兀春秋捍自由"，教学是教师的独立劳动，学校和教育管理部门应当解除对教师的不适当的制度性束缚，解放教师的思想和

---

① 蔡元培. 新教育与旧教育之歧点 ［J］, 北京大学日刊, 1918 年 5 月 30-31 日.

手脚，鼓励教师大胆探索创新，不断创新教学形式，形成独特教学风格；教师不能囿于现有成就，应不断创新，超越自我，追求卓越，最大限度地实现生命的价值。三是着眼教师的整体性。教师既是物质劳动的主体，也是精神劳动的主体。既要满足教师的合理物质经济欲求，也要提升教师的精神生活追求。教师也要用自己的人格、个性、思想、精神去引领学生、感染学生、潜化学生，在学生面前竖立起一座精神丰碑。"教育是最具生命的事业，它不仅关注生命的发展，而且要基于生命的需求。"生命与教育是密不可分的，教育是属于人的生命的，即属人性；是展现人的生命的，即人为性；是发展人的生命的，即为人性。教育是最具生命的事业，教育就是生命的事业，无生命即无教育，生命即教育，教育即生命。在教学中，尊重教学主体的生命，这应是把握课堂教学实质的关键所在。

生长性是从教学目的即学生发展的角度来说的。生长，不仅是生命的基本特性，也是生命的本能反应，更是生命的根本目的。教学目的的生长性，要求教学应当以促进学生的生长发展为目的。首先，学生的生长具有未完成性。这意味着，一方面学生处于不停息的变化之中，具有无限的发展可能性；另一方面，需要后天的努力和外在因素的作用才能逐步成熟和完善。其次，学生的生长具有自主性。他们好奇心强，乐于探究，敢于尝试。课堂教学应当激励他们，并将他们引向未来。再次，学生的生长具有选择性。学生是能动的个体，有着自己的价值观和独特的个性，对人生有自己的想法及规划，会自主选择自己的路。课堂教学应尽可能满足学生兴趣需求，提供多种可能供他们选择。最后，学生的生长具有不确定性。他们的发展尚未定型，可塑性大，容易受到外在社会环境的影响。课堂教学应帮助学生作出正确选择，使其朝着良好的方向发展。

生成性是从课堂教学过程来说的。"生成"主要是相对于"已成""现成"而言，强调的是事物发展变化过程本身。在课堂教学上，生成指的是师生的活动偏离或超越原有的思路和教案设定的程序、轨迹而走向或偏向另外的主题或方向。在生成性课堂中，教师会根据具体状况，对教学过程进行调整或改变，即调整教学内容、过程、进度、方法、结构及组织形式等，从而使教学活动呈现出一个动态的、变化的、创造的状态。从过程哲学来看，世界不是一成不变的事物的集合体，而是过程的集合体，一切事物都处于发展过程中，都处于永恒变化中，都是动态生成的。生成性就是不把事物（活动）僵硬化、静态化，而应注重柔韧性、灵动性。课堂教学活动虽然是有计划的，但在具体展开进行过程中，碰到许多事先预料不到的情况，应当根据具体过程中的实际情形来加以处理，变通方法，"取其左右而逢其源"①，"教学有法，教无成法"，不能把预设的东西看成必定的情形。因此应当允许和鼓励师生的教学生成。

生活性是从课程与教学内容来说的。生活性课堂一是从本然上讲的，一是针对现时教育脱离社会生活的状况来说的。从本然性上说，教育源于生活，高于生活。教育不能离开生活，倘若离开了生活，那就成了无源之水、无本之木。但教育不仅要反映生活、联系生活，更要引领生活、超越生活。从现实性上说，现时教育情境中，课堂教学的知识内容和学生周遭生活世界似乎是两个绝缘体，互不关联。在课堂上，教师"两耳不闻窗外事，一心只教升学书"，为知识、考试、分数、升学而教，严重脱离现实社会生活实际；学生"两耳不闻窗外事，一心只读升学书"，为知识、考试、分数、升学而学，严重脱离现实周遭生活。这样一来，有关现实社会生活所需要的知识就被拒斥于课堂教学内容之外。学生（也包括教师乃至整个教育界）被知识、考试、分数、升学"四大绳索"严重束缚和禁锢而不得半点动弹。生活性课堂要求：第一，课堂教学要重视与师生周遭的现实生活相联系；第二，将生活内容融入课堂教学，从师生的周遭生活中去寻找知识信息来充实、丰富、拓宽、深化教学内容，"学生活中的数理化，读身边的政史地"，树立新的课程资源观；第三，课堂教学的最终目的是使学生通过学习社会生活知识培养社会生活能力，能够更好地融入生活、学会生活、创造生活。即如陶行知所说：生活应当是教育的中心，应当给生活以教育，用生活来教育，为生活向前向上的需要而教育。教育只有通过生活才能发出力量而成为真正的教育。

"四生"中，第一，生命性是"四生课堂"的关键。"教育的出发点是作为个体和类双重存在的人的生命，是生活中的具体的、丰富的、鲜活的生命个体"。生命个体不仅是教育的对象和出发点，更是教育活动得以展开的最基本的主体性因素，离开了作为生命的人的活动，教育活动的开展就根本无从谈起。而且，实现生命个体的生长更是教育的最终目的。生命性体现在课堂教学过程中，一是要高度尊重生命的地位人格，二是要充分发挥生命的积极作用，三是要十分注重生命的和谐发展，四是要建立体现生命性的师生关系。课堂教

---

① 《孟子·离娄下》。

学的生长性、生成性、生活性都离不开生命性。第二，生长性是"四生课堂"的宗旨。生长是生命的本性，促进生长是后天努力的最终目的和根本任务。教育应以促进生命的持续不断的生长为天职和目的。"教育即生长"是杜威的名言。他说："教育就是不断地生长，在它自身之外，没有别的目的，学校教育的目的在于组织保证生长的各种力量，以保证教育得以继续进行。"① 从这种意义上讲，生长是一个过程。教育的过程就是一个持续不断的促进生命生长的过程。课堂教学应把促进和实现生命的生长作为最终目的。教学过程中，应当根据课堂中出现的各种复杂情况，适时调整教学设计，允许生成并提供相应条件和机会，才能促进学生生长。因此，生长性是"四生课堂"之生命性、生成性、生活性的航标。赞科夫说："只有当教学走在发展前面的时候，才是好的教学。"② 我们要时刻以生长性为目标指向，让课堂教学永远走在发展的前面引导发展。第三，生成性是"四生课堂"的要求。生命性、生长性、生活性的实现，都需要生成性这一过程。在课堂教学中，应当注重落实生成性这一基本要求，以保障"四生"教育的实现。教学是个动态发展的过程。在课堂教学中，不断会有新情况的发生，有时会偏离预定的轨道而达成新的结果，这即是课堂教学的生成性。我国新世纪基础教育课程改革关注课堂教学的动态生成，强调课程教学的生成性。生成性成为新课改背景下课堂教学的一大亮点，它表现为丰富性、开放性、多变性和复杂性，激发了师生的创造性和智慧潜能，从而使课堂真正焕发出生命的活力。生成性同时也是课堂教学的难点，在应试背景下对师生都是一大挑战。生成与预设相对应的同时也对立。教学应当是有计划性的，计划就是一种预设；但教学也应着眼于生成。课堂教学的复杂性决定了课堂教学的生成性，师生生命的独特性及创造性赋予了课堂教学的生成性，社会生活的多变性也让课堂教学过程充满了生成性。课堂教学不是现成知识传授掌握的简单过程，而是师生的生命体验和共同成长的一段旅程。教师要从关注学生终身发展的高度，真诚地尊重学生的生命，细心地呵护学生的生命，积极地营造民主、平等、和谐的教学氛围，巧妙地启迪学生的思维，使课堂真正成为师生互动、生机盎然的舞台，使课堂教学因动态生成而变得更加美丽和谐。第四，生活性是"四生课堂"的内容。教育离不开生活，生活是教学的主

---

① 杜威. 民本主义与教育［M］. 北京. 人民家教育出版社，1990；58.
② 杜殿坤. 原苏联教学论流派研究［M］，西安：陕西人民教育出版社，1993. 4，153.

要内容之一。良好的教育需要生活的支撑。应该在教学内容中融入生活世界的内容，密切联系生活实际，实现教育回归生活。"生活即教育"，"教育即生活"，到处是生活，也到处是教育。生活成为了教育的主要内容。因此，生命性、生长性和生成性都离不开生活性这个坚实基础。关于对教育与生活的关系的描述，无论是杜威的"教育即生活"还是陶行知的"生活即教育"都还不够完善。笔者认为："教育即生活，一是说教育源于生活，教育是生活的一部分；二是说教育是生活的全部，即学校是生活的一部分，当然也只是教育的一部分而不是教育的全部，学校不等于教育；三是说现实生活在教育中，即生活是教育的一部分，应把生活纳入教育的视野来观照，赋予生活以教育意义；四是说教育是生活的需要，即为生活向前向上的需要而教育，亦即教育源于生活而高于生活，其使命在于引领和超越生活。概括起来讲，就是教育在生活中，生活在教育中，教育即生活。"① 生活性课堂的构建应当成为未来课程教学改革的突破口和关键点。

通过上面对学生核心素养培育和"四生课堂"的分析论述，发现二者在理念、内涵、目标、特性等方面存在极大的一致性，十分契合。学生核心素养培育无疑是学校教育的核心任务，重点和最佳途径在课堂。课程改革重在课程实施，课程实施的重点在课堂。学生核心素养培养和课程改革必须落实到课堂教学环节，二者之间就具有了内在的逻辑一致性。换句话说，学生发展核心素养培育必须通过学校课堂教学这个主渠道来进行，是学校课堂教学的根本目标任务和基本内容，体现"四生"的课堂教学模式是培养学生核心素养并使其成为"全面发展的人"最佳途径。"四生课堂"中，尊重生命是关键要素，促进生长是其根本宗旨，凸现生成是其内在要求，关注生活是其基本内容。只有处理好四者的关系，使四者协调一致，才能使课堂教学生机勃勃、活力无限。

三、"四生课堂" 提出的理论依据

"四生课堂"的提出，除了基于前述继承传统生命教育教学思想、现实课堂教学的冷静反思与理论构建、对各种课堂教学模式的批判性审视以及学生核心素养培育的要求之外，还基于哲学之生命论与人本论、教育学之生命教育

---

① 张传燧. 寻觅乡村教育的根魂 [J]. 教育文化论坛，2016. 3：1-16.

论、教育目的论、教育过程论、生活教育论、课程教学论等理论，具有坚实的理论基础和强烈的理论色彩。

（一）哲学之生命论与人本论

与学生核心素养培育以及"四生课堂"构建直接关联的哲学思想主要是哲学之生命论与人本论，它们不仅为本研究提供方法论和价值观，还直接提供了很多思想观点作为其理论依据，对我们思考和提出"四生课堂"的"生命性"以直接的启发。

生命哲学家叔本华认为，人的心灵满足程度的直接取决于人的内在生命性质，环境只对其产生间接的影响。另一位生命哲学家尼采强调，"生命是最高的权力意志，是权力意志的一种特例，权力意志和生命是二而一的东西，除了生命以外，我们没有别的关于存在的概念"。[①] 柏格森则认为，"生命的绵延性就是连续的意识流，是陆续出现的真正时间，具有不可测量性，是一种真正的自我意识状态。"[②] 生命哲学告诉我们，生命是事物存在的基础，我们要拾起对生命的关切，激活生命的潜能，维护生命的尊严，追求生命的境界。在课堂教学过程中，应当充分重视教师和学生这两个主体的生命的价值，并且激发学生关爱生命、尊重生命、发展生命、提升生命的质量和境界。

生命哲学运用到教育领域就形成了生命教育哲学。所谓生命教育，简言之，就是基于生命、顺应生命、尊重生命、养护生命、激活生命、发展生命的教育活动。[③] 我国传统儒道两家教育思想里都有丰富的生命教育思想。《中庸》[④] 及孔、孟的教育思想里，我们可以找到生命教育观的雏形，其中很多思想就直接体现了强烈的生命教育观。现代国外生命教育论比较代表性的有日本学者谷口雅春和美国詹姆斯·唐纳德·华特士（James Donald Walters）。1964 年，谷口雅春出版《生命的实相》一书，呼吁生命教育的重要作用及其

---

① 尼采. 权力意志 [M]. 贺骥译. 桂林：漓江出版社，2000：89.

② 柏格森. 时间与自由意志 [M]. 吴士栋，译. 北京：商务印书馆，1997：49.

③ 叶澜. "教育的生命基础"之内涵 [J]. 山西教育，2004 (6).

④ 关于《中庸》的生命教育教学思想，参见李卯，张传燧. 性—道—教：《中庸》的生命教育思想 [J]. 教育学报，2015；李卯，张传燧. "天命之谓性"：《中庸》的生命思想及其教育哲学意蕴 [J]. 湖南师范大学教育科学学报，2016 (15)：34；李卯.《中庸》尊德性与道问学：本土生命教学思想初探 [J]. 湖南师范大学教育科学学报，2014.

重要性。① 1968 年，美国詹姆斯·唐纳德·华特士（James Donald Walters）明确提出生命教育的思想，并在美国加州开展了生命教育实践。随后，生命教育实践在全球范围内迅速蔓延开来。我国当代研究生命教育的代表性人物主要有叶澜、冯建军、刘济良、朱永新等。叶澜 1997 年发表《让课堂焕发出生命活力——论中小学教学改革的深化》一文，提出："教育是直面生命，为人的生命质量的提高所进行的活动"。② 进入 21 世纪，冯建军出版《生命与教育》一书，认为"生命教育是一种遵循生命本身特性，全面提升生命品质及品位的教育"。③ 刘济良出版《生命教育论》，认为"教育是以学生个体的生命为基础的一种活动，是直面生命并要唤醒生命意识的一种活动，生命教育就是在遵循学生个体生命规律和生命发展特点的基础上，通过一系列有计划、有目的的教育活动，对个体生命进行完整的生命意识培养，从而引导其追求生命价值。"④ 朱永新提出："应该尊重学生的身心发展规律，以学生的生命发展为主要目的，实现知识、生活、生命三者之间的深刻共鸣。"⑤ 尊重学生生命特性，注重学生生命体验，让教师生命个体与学生生命个体达到交流融合，让师生双方都能以独立的生命个体忘我地投入到教育教学活动中去，燃放出璀璨的生命之光，绽开绚丽的生命花朵，这就是生命教育论的基本宗旨。课堂教学是作为"完整的人"的师生双方主体的活动，师生双方都是生命的个体。因此，生命教育论告诉我们：人具有其他动物所没有的教育性，所以课堂教学应当尊重生命的主体性，发挥生命的主动性，达成生命的生长性，从而实现生命的价值。这就是我们思考"四生课堂"的"生命性"之理论前提。

　　人本哲学的出发点是"人"，落脚点也归于"人"。人本哲学可以在我国先秦儒道两家和古希腊先哲那里找到萌芽。现代人本哲学家当数美国的马斯洛和罗杰斯。马斯洛基于个体生命出发，提出了著名的由生理、安全、被爱、尊重和自我实现构成的"需要层次论"。认为在日益竞争的时代和社会环境下，我们每一个人都希望调动自身的一切积极因素以满足自身不同层次的需求，健全

　　① 谷口雅春原著. 生命的实相 [M]. 林瑞金译. 台北：商鼎文化出版社，2003：49.
　　② 叶澜. 让课堂焕发出生命活力——论中小学教学改革的深化 [J]. 教育研究，1997（9）：3-8.
　　③ 冯建军. 生命与教育 [M]. 北京：教育科学出版社，2005：2.
　　④ 刘济良. 生命教育论 [M]. 北京：中国社会科学出版社，2004：5.
　　⑤ 朱永新. 研发卓越课程——朱永新在 2013 年全国新教育实验研讨会主报告 [J]. 读写月报：新教育，2013（9）：54-75.

自我人格、发挥机体潜能、实现自身价值。马斯洛在《人类动机理论》中写道:"人类的需求构成了一个层次体系,即任何一种需求的出现都是以较低层次的需求的满足为前提的。人是不断需求的动物。"① 另一人本哲学家罗杰斯从人的生命本性出发,乐观地相信人的本性是善的或曰向善的,每个人都有"再生自己"及自我实现的本能倾向。这是生命本质的集中体现。而要"再生自我",就必须发挥出人的各种与生俱来的潜能。他把这种"再生自我"或曰"自我实现的人"称之为"完人"、"全人"(fully functioning person)。② 人本哲学告诉我们:在课堂教学过程中,应以学生为本位,以学生为中心,充分尊重和重视学生个体的生命本性,充分发挥其生命潜能,以学生的需要、兴趣和生活实际等为出发点,围绕学生不同的实际需求,努力培养造就"全面""充分"发展的人。

(二)教育学理论

教育学理论中的教育目的论、教育过程论、生活教育论、课程教学论,都为"四生课堂"的提出和研究提供了直接而坚实的理念、思想和方法论依据。

教育目的论所要论述的首要问题是教育要培养什么人、培养人的什么的问题。古今中外众多教育家对此进行过深入论述。在中国,先秦孔子主张培养"君子、成人",孟子强调应当通过"存心养性"③"明人伦"④ 来培养"英才",荀子在主张培养"全人""成人"的最高目的下,把教育目标分成"俗人、俗儒、雅儒、大儒"⑤ 几类,他将其对应地称之为"国妖、国勇、国器、国宝"⑥,使其更加具体明确。近代以来,严复、王国维、蔡元培等都分别提出过具有时代精神的教育目的观。严复主张废科举兴学校以培养具备体智德三种素养的新国民:"夫生民之大要三:一曰血气体力之强,二曰聪明智虑之强,三曰德行仁义之强。""是以今日要政,统于三端:一曰鼓民力,二曰开民智,三曰新民德。"⑦ 王国维 1906 年在《教育世界》上发表《论教育之宗旨》一

---

① 马斯洛. 人类动机理论 [J]. 心理学评论,1943.
② 张传燧. 解读人本主义教育思想 [M]. 广州:广东教育出版社,2006:110-114.
③ 《孟子·尽心上》:"存其心,养其性,所以事天也。"
④ 《孟子·滕文公上》:"学则三代共之,皆所以明人伦也。"
⑤ 《荀子·儒效》。
⑥ 《荀子·大略》。
⑦ 陈学恂. 中国近代教育文选 [M]. 北京:人民教育出版社,1983:172,174.

文，提出教育的宗旨在培养具备体智德美四种核心素养的"完全之人物"。蔡元培1912年发表《对于教育方针之意见》，提出实施"国民教育、实利主义教育、公民道德教育、世界观教育、美感教育"的五育方针，后又发表《普通教育与职业教育》的讲话，主张用"体智德美"四育来培养"健全人格"的共和国公民。在西方，古希腊苏格拉底从"美德即知识"的前提出发，提出教育应培养具有"德性"的治国人才。到近代，德国教育家赫尔巴特认为"道德是人类的最高目的，因此也自然是教育的最高目的"。① 英国教育家斯宾塞认为"教育的目的在于为人的完满生活做准备"。② 美国教育家杜威则认为教育的目的就是促进个体的生长，"除此之外，教育没有其他任何目的"。③ 其他教育家如卢梭、裴斯泰洛齐、凯洛夫、赞可夫、布鲁纳、罗杰斯等人都对教育目的的阐发了独特见解。无论古今中外，教育目的的讨论都是指向促进学生德智体美的全面和谐发展，其生长性取向十分明显。国内外各种教育目的论虽然在表述上各有差异，但基本内容及其实质大体一致，都强调不仅要关注人的知识、能力的发展，更要关注学生道德和情感、个性方面的不断生长。这对我们探索学生的核心素养及其培养以及"四生课堂"的"生长性"提供了深深的启发。

　　教学过程论认为，教学过程是"指教学活动的必经程序，体现了实现教学任务的活动进程，表现为具有时间和逻辑顺序的一系列环节、步骤及阶段"。④ 对教学过程这个教学基本问题的探讨很早就开始了。最早可以追溯到我国伟大教育家孔子，他从"以学论教"观出发，把教学过程划分为"学—思—习—行"四个基本环节⑤。其中，学是教学基础，行是教学目的，思和行则是教学的深入。围绕这一教学过程，孔子提出了多闻多见、常习温故、切问近思、听言观行等教育原则。同时，还主张要乐学好学，注重兴趣、意志、情感等积极因素。之后，墨子持"亲—闻—说—行"说，荀子持"闻—见—知—行"说，《中庸》持"学—问—思—辨—行"说，朱熹持"学—问—思—辨—习—行"说，都是典型的教学过程论。当代则有李秉德的感知、理解、巩固、

---

① 张焕庭. 西方资产阶级教育论著选［M］. 北京：人民教育出版社，1979：259-260.
② 赵祥麟. 教育论［M］. 胡毅译. 北京：人民教育出版社，1962：8.
③ 杜威著. 学校与社会：明日之学校［M］. 赵祥麟，任钟印，吴志宏，译. 北京：人民教育出版社，2005：47.
④ 张传燧. 课程与教学论［M］. 北京：人民教育出版社，2008：255.
⑤ 张传燧. 中国教学论史纲［M］. 长沙：湖南教育出版社，1999：167.

应用四段法，王策三的感知、理解、巩固、应用、检查五段法等。① 在西方，最早建立教学理论的教育家昆体良将教学过程划分为摹仿、讲述、练习三个阶段；教学论之父夸美纽斯认为教学过程由感觉、记忆、理解、判断四环节；赫尔巴特将教学过程明确为明了、联想、系统、方法四阶段，其后，莱茵氏将其拓展为准备、呈现、联想、概括、应用五步，这五步成为19世纪末20世纪初统治欧美学校教学过程的经典模式。这些教学过程理论，特别是中国传统教学过程理论，具有以下特点：第一，知行统一，即将教学过程看成理论知识学习和实践能力训练相统一的过程；第二，以学论教，重视学生的学习，将学生学习过程与教学过程看作等同的；第三，开放生成，将教学过程看成学校、社会、家庭一体化的过程，认为教学过程并不是封闭、固定、预设的，而是开放、弹性和生成的。古今中外各种教学过程理论尽管存在缺陷，但它给我们思考"四生课堂"的"生成性"很大启发：在教学过程中，要关注教学活动的动态性，更要重视教学过程的生成性。

生活教育论主要指的是将教育与生活密切联系起来，教育活动密切关注社会生活的思想观点。在中外教育史上，无论是中国先秦儒家的孔子、荀子，墨家的墨子以及后来的朱熹，王守仁、颜元和近代的陶行知，还是近代英国的斯宾塞，抑或是现代美国的杜威，都论述过生活教育问题。其中，贡献最大的当数杜威和陶行知。《论语》引子夏的话说："贤贤易色，事父母能竭其力，事君能致其身，与朋友交言而有信，虽曰未学，吾必谓之学矣。"② 又说："诵诗三百，授之以政不达，使于四方不能专对，虽多，亦奚以为？"③ 这两句话的意思是说，教育应联系生活，教育在生活中进行，生活就是一种教育，反映了孔子的生活教育思想。荀子说："学恶乎始，恶乎终？曰：其数则始乎诵经，终乎读礼；"④"学至于行而止矣。"⑤《中庸》说："博学之，审问之，慎思之，明辨之，笃行之。"都是强调学习是一个理论与实践、学校与社会生活一体化的过程。墨子更强调"士虽有学而行为本"⑥，将教学坚定地建立在社会实践生

---

① 详见张传燧著《中国教学论史纲》[M]. 湖南教育出版社，1999：166-190.
② 《论语·学而》。
③ 《论语·子路》。
④ 《荀子·劝学》。
⑤ 《荀子·儒效》。
⑥ 《墨子·修身》。

活之上。南宋教育家朱熹说："论先后，知为先行为后；论轻重，知为轻行为重。"①王守仁反对这种说法，他主张"知行合一"："我今说个知行合一"②，"知行原是两个字说一个功夫。"③这和孔子的意思如出一辙。颜元继承墨子的"行为本"思想，主张"习行"之学，"人之为学，心中思想，口内谈论，尽有百千义理，不如身上行一理之为实也。"④"吾辈只向习行上做功夫，不可向言语文字上著力。"⑤到近代陶行知，在"生活即教育"观指导下主张"社会即学校"，做到"教学做合一"。他认为，生活是教育的源泉，生活是教育的内容，生活是教育的途径，生活是教育的目的，因此一方面教育为生活所应有，教育在生活中进行，教育用生活来进行，另一方面教育为生活所必需，教育为生活而进行。在国外，英国近代教育家斯宾塞在《教育论》中提出，教育目的就是"为完满的生活做准备。"人生最主要的问题在于如何生活，如何谋求现世的幸福，这意味着一个人必须能够在各种情况下于生活中的各个方面做出合乎理性和社会准则的行为。教育的目的和主要任务正是在于教会人们怎样生活。美国教育家杜威不同意英国教育家斯宾塞"教育为未来生活做准备"的说法，持"教育即生活"观，他指出："教育是现在生活的过程，而不是将来生活的预备状态。"⑥所以学校应当呈现真实的生活情境，并且课程内容应为当下生活做准备的，也就是说课程内容要着眼于当下生活。生活教育论这些思想观点为我们把握"四生课堂"模式下教学内容的"生活性"提供了思想参照和思维框架。当下教育过度地在封闭教室里进行，过分重视书本知识，与社会和生活几乎完全隔绝开来。"四生课堂"力图打破这种状况，开放地进行教学，立足学生生活来教育，努力让学生了解现实生活，努力使他们获得日后参与社会生活必备的知识技能。

教学主体论是在长期的课程与教学实践活动中，教育家们通过对教育规律的理解和掌握，逐渐概括出关于教学主体的系统理论知识，具体讲就是关于课

①　黎靖德. 朱子语类・卷九・学三・论知行［M］. 北京：中华书局，1994：148.
②　王守仁. 王阳明全集・卷三・传习录下［M］. 上海：上海古籍出版社，1992：96.
③　王守仁. 王阳明全集・卷六・答友人问［M］. 上海：上海古籍出版社，1992：209.
④　颜元.《习斋四存编・习斋先生言行录》卷下［M］. 上海：上海古籍出版社，2000.
⑤　颜元. 颜元集［M］. 王星贤，张芥麈，郭征，点校. 北京：中华书局，1987：663.
⑥　杜威. 学校与社会：明日之学校［M］. 赵祥麟，任钟印，吴志宏，译. 北京：人民教育出版社，2005：6.

程与教学的师生地位观、师生作用观、师生关系观、对师生的素质要求等方面的知识体系。① 对教学主体的界定向来就存在着有许多分歧和存在着诸多不同的观点。其中最为常见的有以下几种，一是单一主体观，这种观点的主要内容是：在课程与教学活动中教师是主体，学生是客体或者是学生是主体，教师是客体；二是双主体观，这种观点认为教师和学生都是课程与教学活动的主体，即教师和学生不仅是各自教或学的主体，更是教学整体活动的主体；三是复合主客体观，这种观点认为，在课程教学过程中，教师和学生既是主体也是客体，存在复合主客体关系。② 事实上，无论哲学上抑或教育学上，主体都是通过主动的行为（意识行为和动作行为）作用于并控制客体的一方，客体都是被主体行为作用和控制的一方。"主动的行为"正是生命的特征及其表现。课程与教学活动的主体包括教师和学生，教师和学生不仅是教学活动的主体，而且是教学的客体，同时又是各自活动（"教"或"学"）的主体和对方活动的客体。"课程"是被师生主体"主动的行为"作用和控制的对象，"活动"则是师生主体"主动的行为"作用和控制课程的表现过程。在课堂教学中，教师和学生作为教学的主体都具有生命性，因为教师和学生都是活生生的人，都是具有主观能动性的生命个体。教师和学生作为课堂教学的主体，应该充分发挥自身的主动性和自主性，同时也应该尊重教师与学生双方的生命特性和注重教师与学生的生命体验。教学主体论为我们研究"四生课堂"的"生命性""生长性""生成性"提供了广泛的视角。

课程内容论是对课程教学内容进行理论探讨的理论知识体系。对于课程内容的探讨由来已久，中国的孔子、荀子、董子、朱子等都表达过他们关于课程的思想。在西方，夸美纽斯提出了著名的"泛智课程"主张。英国教育家斯宾塞1859年提出的"什么知识最有价值？一致答案是科学"即是著名的课程论命题。美国20世纪著名教育家布鲁纳的"结构课程论"将学科课程理论推向了顶峰。目前，课程内容选择的价值取向主要有以下三种："课程内容即学科知识""课程内容即当代社会生活经验""课程内容即学习者的经验"。③ 课程内容是一个内容丰富的综合复杂系统，即包括必要的学科知识，同时也包括社

① 黄林. 我国传统教学主体理论研究 [D]. 长沙：湖南师范大学，2011.
② 张传燧. 课程与教学论 [M]. 北京：人民教育出版社，2008：108.
③ 张华. 课程与教学论 [M]. 上海：上海教育出版社，2000：191-209.

会生活经验和学生个体生活经验。课程内容论给我们研究和实施"四生课堂"的启示是：在"四生课堂"模式中，在课堂教学内容上，要求我们打破就知识谈知识、就学科谈学科的局限，树立开放、广泛的课程资源观，要求我们把课堂教学内容向社会现实生活和学生个体生活经验开放，将社会丰富的知识信息引入课堂教学内容，从而密切课堂教学内容与当前和未来社会生活的联系，促进学生的生长与发展。

四、　余论

此部分恕仅扼要呈现"四生课堂"教学模式的运行结构、课程教学理念、教学特色和实践探索，详细叙述分析，以俟另文专述。

1. "四生课堂"教学模式的运行结构

2. "四生课堂"教学模式秉持的课程教学理念

从教学主体角度，有生命教育观、师生平等观；从教学目的角度，有素质教育观、生长教学观；从教学过程角度，有生成教学观、合作教学观、参与教学观、自主学习观、教学民主观；从教学内容角度，有生活教育观、课程资源观。

3. "四生课堂"教学模式的特色

（1）师生合作互动

不是教师教学生学，而是学生"学"、教师"导"，如下图所示。

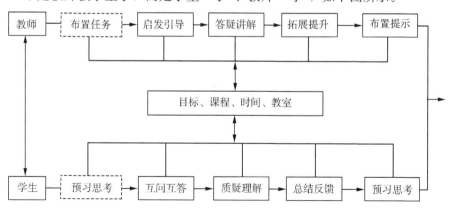

"四生课堂"教学模式运行结构

（2）知识、能力、方法与道德、个性、情感并重

通过教学，使学生不仅应掌握教材知识，掌握学习方法，思维得训练，学会思考，形成教育历史思维，而且应形成对中国悠久、丰富、博大、深刻的教育传统产生浓厚兴趣、喜爱和崇拜、自豪之情。坚持应试教育和素质教育并重结合。

（3）过程和目的并重

过程重参与（100%），目的应达成（95%），采用期末考试：半期作业（撰写小论文）：平时学习（出勤率、课堂表现、课堂听课于读书笔记）＝60：30：10的课程评价模式。

（4）平等、开放、民主

生为本（凸显学生地位与作用：课下学生预习看书和课件并思考，课上学生相互提问和回答并讨论，期末学生命题教师审校，打破传统师为本）、学为主（自主学习课堂，打破传统教为主）、无主题（问题讨论式教学，按单元教学，打破教材章节内容顺序，相对传统教学按章节进行的有明确主题的教学）、全开放（学生与内容、学生与学生、学生与教师、学校与社会、传统与现代、理论与实践、教育史与其他课程、全封闭）、实时化（多媒体课件、网络资源、实时录像、手机查询）。

4．操作实践

我的"四生课堂"教学实践。

一是从2012年开始，我在教育学本科专业2012—2016级的中国教育史课上，进行了我将其特色概括为"生为本、学为主、无主题、全开放、实时性"的"四生课堂"教学实验，深受学生们欢迎。

二是从2013年起，我在学校全日制学科课程教学论专业硕士研究生和教育硕士在职研究生公共专业基础课课程与教学论实施与上同样的课堂教学模式，深受研究生们欢迎。

三是我指导研究生进行初中（王燨）和小学（庄华英、何淑娟）数学、语文"四生课堂"教学实践，取得很好教学与育人效果。

四是我指导长沙高新区明华实验小学、麓谷小学开展"四生课堂"实验，并已列为湖南省教育科学"十三五"规划重点资助课题，正在稳步推进。

第五节　基于"五会型教师"培养的教师教育课程设计①

　　师范教育向教师教育的转变，标志着我国教师培养价值取向由伦理本位向能力本位的转变。基于能力本位的教师教育目标是培养"五会型教师"，为了保障培养目标的实现，必须设计与之相匹配和适应的教师教育课程体系。这个体系由培养实践能力、培养教育理念和培养教师素养等几大板块课程所组成。教师教育课程体系的实施应当做到：必修课与选修课相结合；模块化课程设计；探索和创新理论与实际相结合，高校与地方政府、中小学校合作的培养模式；提供相应的政策和制度保障。

一、从"伦理本位"到"能力本位"：教师教育价值取向的转变

　　长期以来，我国把培养教师的教育称之为"师范教育"，其英语翻译是"normal education"。

　　"师范"一词在我国古已有之。"师""范"原是两个单独的词。"师"，作为名词，一指老师，即通过传授文化知识来教育培养人的人。《礼·文王世子》："师也者，教之以事而喻诸德者也。"《玉篇》说："师者，教人以道者之称也。"二指模范。《玉篇》说："师者，范也。"作为动词，有师表、模范、学习、效法之意。譬如，司马迁《史记·太史公自序》："国有贤相良将，民之师表也。"杨雄《法言》："师者，人之模范也。"南朝刘勰《文心雕龙》曰："相如好书，师范屈（原）宋（玉）。""范"，作为名词，有示范、模范、风范、榜样之意；作为动词，有规范、标准、效法之意。《广韵》："范，法也，式也，

　　①　本节内容是 2013 年 11 月 26—27 日在湛江岭南师范学院（现改名为岭南师范大学）举行的"教师教育课程改革与发展"海峡两岸高端论坛上的演讲稿，《中国教育报》记者李孔文在《中国教育报》2014 年 6 月 9 日以《"教师教育课程改革与发展"两岸高端论坛举行》为题作了报道，其中提到了本人关于教师教育价值取向由"伦理型"向"能力型"转向和基于"五会型教师"培养的课程设计等观点。原文发表于《教师教育学报》2014 年第 3 期，收入本书时个别文字有所改动。

模也。"《疏》:"范谓模范。"《后汉书·赵壹传》:"君学成师范,缙绅归慕。"南朝刘勰《文心雕龙》说"相如好书,师范屈宋",就是说司马相如是以屈原、宋玉的文章为规范。杨雄是第一个将"师""范"二字组合起来使用的人。作为整体意义上的复合词,"师范"具有以下几层意思:第一,学习的模范。《北史·杨播传》:"恭德慎行,为世师范。"宋欧阳修《举章望之曾巩王回等充馆职状》:"臣窃见秘书省校书郎章望之,学问通博,文辞敏丽,不急仕进,行义自修,东南士子,以为师范。"第二,师法、效法之意。南朝梁刘勰《文心雕龙》:"今才颖之士,刻意学文,多略汉篇,师范宋集。"唐刘知几《史通·杂说下》:"或师范五经,或规模三史。"第三,师父、教师之意。元乔吉《金钱记》第二折:"着宋玉为师范,巫娥做生员。"明罗贯中《西游记》第七十七回:"保护唐僧,拜为师范。"

"normal"具有"正常的、正规的、标准的"等意,亦即"可供他人(或他物)参照、仿效的"之意。这样,"normal"就具有了与"师范"一词近似的含意。用"师范"来对照翻译"normal",是比较贴切准确的,强调的是其示范性的道德伦理教育意义。现代意义上的"师范",具有正规、规范、示范、模范、标准等意,强调了"教师"所具有的模范榜样作用,强调了师范教育是培养道德模范式的人才。师范教育,即培养道德模范式人才的活动。师范教育在我国已经有了一百多年的历史,虽以培养现代中小学教育所需的教师为目标,但都强调其培养道德型人才的伦理价值。师范院校曾经长期在"学术性"与"师范性"上争论不休,基本观点是强调"师范性",其实质是强调伦理性。"伦理本位"是其不二的价值取向。

21世纪我国基础教育课程改革及其推进引发了沿袭百年的师范教育改革。2001年5月《国务院关于基础教育改革与发展的决定》中明确提出,要"完善教师教育体系"。这是"教师教育"的概念首次出现在我们国家的正式文件中。同年11月在南京召开的基础教育改革与教师教育国际研讨会,提出了建立多元的、开放的、专业化的、高层次的、具有特色的教师教育体系的建议,并具体论述了教师教育的多元性、多样化、开放性以及专业化和高层次化。2002年2月6日教育部在《关于"十五"期间教师教育改革与发展的意见》中明确指出,教师教育是在终身教育思想指导下,按照教师专业发展的不同阶段,对教师的职前培养、入职教育和在职培训的统称。教师教育的正式提出在我国是在2001年。时间虽短,但它逐渐取代"师范教育"而成为教育生活领域的关键词，我国教师培养也从"师范教育"阶段走向"教师教育"阶段，这并不是简单的概念替换或文字游戏，而是标志着我国教师培养进入一个新的历史阶段，即从伦理性阶段走向了职（专）业性阶段。师范教育在我国已有一百多年，虽以培养现代中小学教师为目标，但都强调其培养道德型人才的伦理价值。师范院校曾经长期在"学术性"与"师范性"上争论不休，基本观点是强调"师范性"，其实质是强调伦理性。

"教师教育"的英文翻译是"teacher education"。"teacher"（教师）是一个中性的表示从事教育教学活动这种具体职业的人的词。它与"normal"的区别是，前者所表达的意思是指从事具体教育教学工作的人，后者所表达的意思则是从事某种具体工作的人所应具备的某些规范属性。因此，"教师教育"与"师范教育"虽然形式上看起来差不多，都是以培养教师为目标，但本质上特别是在价值取向上是有很大区别的。师范教育，指的是提供教师职前预备教育的教育，是一种单一的培养模式，其价值取向是"伦理本位"，重视培养师范院校学生的道德素质，使他们入职后能对中小学生起到榜样示范和先进表率的作用。"教师教育"指的是为教师专业发展全程提供相应服务的活动，包括教师职前教育、入职教育和在职教育的教育活动，是一种多元、连续、立体模式，其价值取向则是"能力本位"，重视培养学生的职业能力，使其成为专业的职业人员，能够胜任教育教学工作。《中华人民共和国教师法》第三条明文规定："教师是履行教育教学职责的专业人员，承担教书育人，培养社会主义事业建设者和接班人、提高民族素质的使命。"《国家教师教育课程标准》（试行）强调教师要"发展实践能力"，以"发现和解决实际问题，创新教育教学模式"。随着"术业有专攻"、职业人员逐渐成为专业人员的时代的到来，要求社会从业人员实现专业化，加强其专业能力培养。教师教育有助于提升职前教师专业素质，推进教师专业化。

二、"五会型教师"：基于"能力本位"的教师教育目标要求

教师教育既不属于素质教育，也不属于学历教育，而属于职业教育，既培养"职业人"的活动。素质教育是以道德品质熏陶为核心，价值取向是"道德本位"；学历教育是以文化知识掌握为核心，价值取向是"知识本位"；职业教育是以技术能力训练为核心，价值取向是"能力本位"。教师教育是培养"职

业人"的职业教育，应当确立"能力本位"的价值取向。能力是指人们顺利有效地完成某种活动所必备的心理条件，表现为一组系列连贯的动作行为。行为是指人们受其思想意识支配而表现出来的一系列简单活动动作。现代教师教育应当以培养具有完备教育教学能力的现代教师为目标。在职业专业化背景下，基于能力本位的能够胜任教育教学工作的现代教师需要具备哪些能力呢？每种能力又由哪些动作行为所组成？笔者认为，从现代学校教育教学工作的实际要求出发，一个现代教师必须具备"五会"，即五个方面的能力，或曰"五项修炼"。"五会"（五项修炼）即会教（教学）、会管（管理）、会研（反思、研究）、会做（动手）、会学（学习）。

会教，即课堂教学能力，这是教师必备的第一项修炼。会教能力是指教师顺利有效地开展并完成教育教学活动所必须具备的心理条件，在课堂教学活动情境中表现为一组系列连贯的教学动作行为。那么，一个教师须表现出哪些动作行为才算会教呢？具体说，教师的教体现在他与学生一起互动地作用于教学对象"课程"知识时的各种表现即动作行为，这些行为大致有"讲解、板书、演示、表情、倾听、动作"等。每一种行为又由一些更具体的技术方式所组成。这些教学行为技术方式是否掌握、是否熟练、是否多样，直接影响到和决定着教师课堂教学能力的强弱和教学效果的优劣。

会管，即课堂管理能力，这是教师必备的第二项修炼。课堂管理是指教师为开展教学活动实现教学目标而对课堂中的人、物、事、时、空以及环境等因素进行处置协调的过程。课堂教学是否有效取决于教师能否对课堂中的各种因素进行有效的组织管理和处置协调。一个教师不仅是一位教学者即"传道授业解惑"的人，也应是一位设计者、组织者、领导者、调控者。只有善于课堂管理，才能成为一名优秀教师。课堂管理需要使用一系列技术。课堂管理技术是教师的课堂管理行为系统，是教师课堂管理能力的外在表现，包括教师为达到课堂管理目的而采取的一系列技术手段和活动方式。这些行为技术手段和活动方式包括活动组织、时间运筹、进程调控、秩序维护、人际沟通、行为激励、氛围营造、事件处理等。这些行为技术的灵活运用，是保证课堂教学有序进行并达到教学预期目的的重要前提条件。

会研，能够进行教育科研，即教学反思与研究能力，这是教师的第三项修炼。所谓教育科研就是运用正确的理论和科学的方法对教育现象及其问题进行研究，以弄清其过程、寻找其原因、揭示和发现其规律以指导教育实践的一种教育实践活动。教育科研与教育实践的关系如下图所示。教育科研还是推进教师自身专业发展的一种重要策略。教师通过教育科研，使自己成为一名反思型或研究型教师，即"教师即研究者"①。教育科研能力是一种综合能力，包括一系列彼此联系的行为过程：发现和提出问题、资料查阅和获取信息、设计研究方案和制定研究计划、落实方案和实施计划、运用各种研究方法和技术、研究报告和科研论文撰写等等。

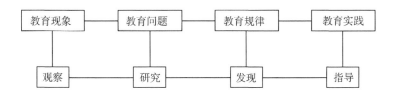

教育研究与教育实践关系图

　　会做，即动手操作能力，这是教师必备的第四项修炼。"会做"是一种不同于以上几种能力的实践能力，是指动手实际操作、运用各种技术工具解决实际问题或制作发明的能力，亦即将上述各种能力以具体的动作行为呈现出来、真正落实到实际活动情境中的能力，陶行知把它形象地比喻为"农夫的身手"。"会做"包括若干具体行为，比如教（玩）具制作、课件制作、环境布置、资源开发、活动组织、实验操作、社会调查等等。"会做"是一个教师实践能力强的具体表现。

　　会学，即学习提升能力，这是教师必备的第五项修炼。会学，是基于以下考虑：第一，教师具有"未完成性"，即成为一个合格乃至成熟的教师不是一次性职前教育就能达到的，而是要经过职后实践训练和不断学习提升才能实现。学习是推进教师专业发展、促进教师自身成长的重要途径和手段。第二，教师要教学生"学会学习"，使学生成为一个学习型的人，自己必须首先"学会学习"，成为一个学习型的人。第三，教育的复杂性和长期性要求教师不断学习。第四，"吾生也有涯，而知也无涯。"（《庄子·养生主》）只有会学，才能适应知识无限发展的客观要求。因此，是否具备学习能力、具备哪些学习能力以及学习能力的强弱对于教师来说就显得非常重要。教师的学习能力是一种

---

　　① 这是英国课程论专家斯腾豪斯在 20 世纪 60 年代的英国"人文课程研究"运动中提出的观点。"教师即研究者"要求教师把教学和研究结合起来。

再学习能力，除已经具备的基本学习能力如注意力、观察力、思考力、应用力、自觉力、记忆力、想象力、创造力等外，一般表现为倾听、温习、阅读、质疑、批判、求异、演讲、整合、写作等特殊能力或行为。

三、 基于"五会型" 教师培养目标的教师教育课程设计

课程目标是需要课程来加以保证的，科学、合理、优化的课程结构才能保障课程目标的实现。一般说来，现代教师的知识结构应当由完善的素养性知识、广泛的通识性知识、精深的本体性知识、雄厚的条件性知识、熟练的行为性知识、丰富的实践性知识等几方面的知识所组成。"与此相适应，教师教育课程也应当由教师修养课程、文化通识课程、学科知识课程、教育理论课程、技能技术课程、实践训练课程等几方面的课程所组成。"[①]（如下图所示）

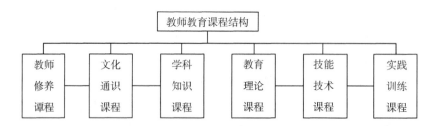

教师教育课程结构图

本研究的重点是讨论如何培养未来教师的从教能力。基于能力本位的"五会型教师"培养目标需要相应的课程体系来加以保证和实现。为了培养未来教师的实践能力，以便他们将来能够解决其在教育教学工作中面临的实际问题，必须突破长期以来师范教育沿袭的伦理本位课程体系和受科学主义影响的知识本位课程体系，设计能力本位的课程体系，才能凸显教师教育的实效性。也就是说，相应的能力培养及其行为训练，需要有相应的课程来匹配、适应和承担。本研究根据《国家教师教育课程标准》（试行）的精神，[②] 基于能力、知识、观念、素养的现代教师培养要求，设计出教师教育（职前）课程结构体系（见下表所示）

---

① 课题组（张传燧）. 教师教育课程标准：设计与实施［J］. 湖南师范大学教育科学学报，2005（3）：23-28，45.

② 中华人民共和国教育部. 教师教育课程标准（试行），2011. 10. 8.

基于能力本位的教师教育课程表

培养目标：五会教师			课程	学分	性质
	五会	行为与技术			
教师能力	会教	讲解、板书、演示、表情、倾听、动作	课程与教学论 课堂教学设计 现代教育技术 教师语言 书写技能	2 2 2 1 1	必修 必修 必修 选修 选修
	会管	活动组织、时间运筹、进程调控、秩序维护、人际沟通、行为激励、氛围营造、事件处理	班级管理策略 心理咨询与辅导	2 2	必修 必修
	会研	发现和提出问题、资料查阅和获取信息、设计研究方案和制订研究计划、方案落实和计划实施、研究方法和技术运用、研究报告和论文撰写	教育研究方法与技术 各科课程标准与教材研究	2 2	必修 必修
	会做	教（玩）具制作、课件制作、环境布置、资源开发、活动组织、实验操作、社会调查	教育见习与实习 教育与社会调查 校（园）本课程开发 综合实践活动设计与指导	 1 1	必修 必修 选修 选修
	会学	倾听、温习、阅读、质疑、批判、求异、演讲、整合、写作等	当代学科发展前沿 当代教育理论前沿 当代大学生综合素养中国传统文化概论	1 1 1 1	选修 选修 选修 选修
教育理论	知识观念	1. 了解人类教育的历史、现状和发展趋势；理解教育对学生成长和社会进步的重要价值；形成对教育现象的专业思考与正确观念。 2. 了解青少年身心发展的一般规律和影响因素；了解儿童发展的主要理论和最新研究成果。 3. 了解青少年认知、品德发展和学习方式、行为习惯形成过程的特点及影响因素	中外教育发展简史 教育哲学 教育原理 青少年心理发展 教育与学习心理学	2 2 2 3 3	选修 选修 必修 必修 必修

续表

教师素养	素养道德	1. 理解教师职业的价值、特点和专业要求；了解教师的权利与责任；遵守教师职业道德规范。 2. 养成终身学习的意愿；了解教师专业发展的阶段、途径和影响因素；掌握制定教师专业发展规划的方法技术。 3. 了解教育政策法规，熟悉儿童权利的内容以及维护儿童合法权益的途径	教师职业道德与修养 教师专业发展 教育政策法规	2 2 2	必修 选修 选修
备注		1. 本研究将图一中的 "技能技术、实践训练" 两类课程完全融合为能力本位课程。因此本表不讨论学科专业课程，只讨论教师教育课程，包括培养能力类课程、培养理念类课程和培养素养类课程。 2. 总学分为 40，教育实习和社会实践的学分不计在内。其中必修课为 24 学分，选修课为 16 学分。该模块课程的学分约占我国大学本科阶段总学分（160 学分）的四分之一，即 25%。取世界各国教师教育课程学分占本科阶段总学分 15%～35% 的中间值，比较合适			

四、 教师教育课程体系的实施要求

第一，确立新的教师教育理念，它包括职业取向理念、能力取向理念等。

第二，针对不同的教师教育模式制定多种课程实施方案。在 "能力本位" 导向下，提倡多种模式举办教师教育。因此应当根据不同举办模式制定多种课程实施方案。教师教育办学模式一般有渗透式、外加式、并行式三种。[①] 所谓 "渗透式"，又叫 "穿插式" 或 "混合式"，即 "学科教育＋教师教育" 的模式。这是一种传统教师培养模式，教师教育课程渗透在本科四年中进行，毕业后或教育学士学位或学科学士学位。我国现在大学本科教师专业大多采用的仍是这种模式。所谓 "外加式"，即 "学科教育＋教师教育" 的模式。国外一般是 "4＋X"，即 4 年学科教育后再学习一段时间的教师教育课程以获取教师资格证书。我国目前一些高校实行的模式有 "3＋1""3.5＋0.5""4＋X" 等。[②] 所谓 "并行式"，即 "学科教育‖教师教育" 的模式，即教师教育与学科教育并行、同

---

① 课题组（张传燧）：教师教育课程标准：设计与实施 [J]. 湖南师范大学教育科学学报，2005（3）：23-28，45.

② 我国目前一些高校如北京师范大学实行的 "4＋2" 模式，即本科毕业后继续攻读 2 年教育硕士的模式，严格说来不是教师教育模式而是学历教育模式。故这种模式不在本研究讨论之列.

时、独立进行，但彼此间不存在"混合式"那样的包含与被包含的复杂关系。无论哪一种模式，都应以培养具备"五会"能力的现代教师为目的。因此，应当制定针对不同模式的课程实施方案，以适应不同模式教师培养的需要。

第三，设计模块化课程。首先，教师教育应是职业教育而非学历教育，因此教师教育课程应设计成为独立于大学本科学历课程之外的职业教育模块而非学历教育课程，以供未来有志于从事教师职业的大学生选修；其次，教师教育课程本身也应做到模块化，即由培养通识类课程、培养专业类课程、培养能力类课程、培养理念类课程和培养素养类课程组成。学生可根据自己的实际选修其中一个至几个课程模块，增强课程的可选择性和适应性。

第四，必修与选修结合，以照顾到学生的个别差异和学习的自由。首先，教师教育课程模块应独立于本科课程之外，供有志于从事教师职业的大学生选修，以作为申请教师资格的先决条件，使教师教育课程成为名副其实的职业教育课程而非学历教育课程；其次，整个教师教育模块课程也分为必修课与选修课，二者学分的比例应为 6∶4，即 60%∶40%，加大选修课的比重，促进学生个性化、特色化发展。

第五，创新教师培养模式。一是探索理论与实际相结合、强化实践过程和环节的培养模式，确保教育实践课程的时间和质量。特别应加强模拟课堂、案例教学、现场教学、情境教学、实践教学、网络教学等多样化的凸显实践性、现代性的教学方式，增强学生对教师职业的亲身体验，增进学生对中小学实际的接触和交流。二是探索建立高校、地方政府、中小学校合作培养教师的新模式和新机制，使中小学校介入教师培养过程，一方面可以反映中小学校对教师培养的要求，另一方面也可以使选修教师教育课程的学生提前了解中小学实际。在这方面，国外"教师发展学校"（PDS）模式[①]值得借鉴。

第六，提供教师教育课程实施的政策和制度保障。首先，国家相关行政部门应研究和制定教师教育改革发展的相关政策，建立相关制度，以保障教师教育课程的顺利实施及其质量。譬如，教师资格证书制度（包括考试与认证）、教师人事制度，教师工资制度等，都应与新的教师培养相配套。其次，应研究教师教育课程的实施与教师资格证书考试制度相衔接相匹配的机制，以避免教师教育机构培养的人才考不上，考上的不是教师教育机构培养出来的人的现象的出现。

[①]　宁虹，刘秀江. 浅论教师发展学校 [J]. 教育研究，2004（5）：59-61.

后　记

　　本书是作者主持的教育部人文社会科学研究 2013 年度一般课题"从课程到课堂：新世纪基础教育课程改革的未来转向研究"的成果之一，作者指导的部分硕士、博士生参与了该课题的研究和本书的撰写工作。因此，本书有些章节内容是师生合作研究的成果，有些章节则是作者在研究生学位论文基础上经过较大修改完善而成。

　　本书初稿的具体撰写工作情况如下：第一章第一节，张传燧、李小花；第二节，张绍军、张传燧；第二章，张传燧；第三章第一节，张传燧；第二节，王煌、张传燧；第三节，庄华英、张传燧；第四节，韩志鹏、张传燧；第四章第一节，张传燧；第二节，李梦婷、张传燧；第三节，邓华、张传燧；第四节，张传燧；第五节，张传燧。

　　谨记之。

作　者

谨识于湖南师范大学长塘山陋室书斋

2022 年 1 月 18 日